Heidi Möller

Was ist gute Supervision?

Grundlagen – Merkmale – Methoden

kassel
university
press

Bibliografische Information der Deutschen Nationalbibliothek
Die Deutsche Nationalbibliothek verzeichnet diese
Publikation in der Deutschen Nationalbibliografie;
detaillierte bibliografische Daten sind im Internet über
http://dnb.d-nb.de abrufbar

Originalausgabe erschienen im Verlag Klett-Cotta.

ISBN 978-3-86219-386-8 (Druckversion)
ISBN 978-3-86219-387-5 (Onlineversion)
URN: http://nbn-resolving.de/urn:nbn:de:0002-33879

2012, kassel university press GmbH, Kassel
www.uni-kassel.de/upress

Umschlaggestaltung: Jörg Batschi Grafik Design, Kassel
Printed in Germany

für Hartwig, Tim und Wolf

INHALT

Einleitung

Der Stellenwert der Supervision im psychosozialen Arbeitsumfeld ist in den vergangenen zwei Jahrzehnten deutlich gestiegen. Auch im Profitbereich und in der Verwaltung beginnt sich Supervision durchzusetzen. Supervision wird als Beratungsansatz für komplexe Aufgaben nachgefragt: seien es Probleme im Personalbereich, Fragen der institutionellen Infrastruktur, des Informationsflusses oder der Kommunikation in Organisationen und Institutionen. Die Aufgaben der Supervisoren und Supervisorinnen sind neben der Förderung der Arbeitseffizienz von Teams die Burnout-Prophylaxe von Mitarbeitern, Kriseninterventionen und Innovationsberatungen von Organisationen.

Im Zuge der Diskussion um Qualitätssicherheit kommt der Supervision eine herausragende Bedeutung zu. Qualität erscheint mit ihrer Hilfe nahezu garantiert. Supervision wird zur Zauberformel und droht auf diese Weise durch Ansprüche überfrachtet zu werden. Dabei wird von Qualität gesprochen, ohne daß »der Begriff der ›Qualität‹ inhaltlich nur angedacht ist« (Petzold 1996, 25). Dabei kann und sollte nicht Sinn der Sache sein, daß alles, was institutionell im Argen liegt, in der Supervision wundersame Spontanheilung erfährt. Eine solche übertriebene Erwartung kann zur Folge haben, sich von der Supervision zu distanzieren und sie damit unwirksam zu machen. Supervision, die meines Erachtens einen Pfeiler in der Qualitätssicherung darstellen kann, sollte nicht zur Leerformel verkommen. Es besteht die Gefahr, Supervision zum Instrument der Sozialtechnologie werden zu lassen. Analog zur Vergabe von Medikamenten an den Indexpatienten darf Supervision nicht konzeptualisiert werden. Ein solches Vorgehen täte der Professionalisierungsdebatte im supervisorischen Diskurs keinen Gefallen.

Noch fehlt es an Qualitätskriterien für supervisorische Prozesse. Die empirische Forschung steckt in den Kinderschuhen: »Es fehlt noch weitestgehend an Qualitätskriterien, die durch empirische Forschung abgesichert sind, weitgehend an Kriterien, die durch explizite und theoretisch konsistente – möglichst schulenübergreifende – Konzeptbildung gestützt wird« (Petzold 1996, 24). Supervisoren gelten als die Spezialisten für die Spezialisten (Ärzte, Lehrer, Psychotherapeuten, etc.). Sie übernehmen verantwortungsvolle Aufgaben.

Ihnen wird ein hohes Maß an psychologischem und organisationssoziologischem Wissen abverlangt, das einhergehen muß mit hoher persönlicher und methodischer Kompetenz. Der Integrität der Supervisoren und Supervisorinnen kommt in der Frage der Qualitätssicherung eine große Bedeutung zu.

An Effizienzforschung liegt im Bereich der Supervision kaum solides Material vor. »Was an Supervision wie und wann warum wirkt, ist zumeist noch auf Theorien gegründet, die oftmals nicht mehr als den Status von Ideologien haben, von wissenschaftlich fundierten Konzepten, von einer Absicherung durch Forschung einmal ganz zu schweigen. Die Qualität von Supervision bedarf fundierter Evaluation auf verschiedenen Dimensionen« (Petzold 1996, 26). Das vorliegende Buch soll einen Beitrag zur Supervisionsforschung leisten, die sich z. Z. noch im vorwissenschaftlichen Stadium befindet. Es will sich der Frage nähern:

Was ist gute Supervision?

Ich möchte davor warnen, daß sich die Supervisionsszene in Zeiten der Proklamierung von Effizienzkontrolle und Qualitätssicherung allzu schnell unter Druck setzen läßt. Übereilt diesem Zeitgeist zu folgen und sich an üblichen und etablierten Forschungsstrategien positivistischer Provenienz zu orientieren, könnte mittel- und langfristig fatale Folgen haben. Die Anwendung eines aus der nomologischen Psychologie stammenden Methodenrepertoires kann ich nur als Antwort auf einen Rechtfertigungszwang interpretieren, der in Zeiten der Verknappung ökonomischer Ressourcen und dem damit zusammenhängenden Kampf um die Pfründe geschaffen wird. Schlichte Modelle werden mit der heißen Nadel gestrickt, und man rettet sich in Scheinsicherheiten. Die Hinwendung zu dieser Form psychologischer Forschung ist allzu fragwürdig, da sie einen Rückschritt hinter längst Erreichtes bedeuten würde.

Die von Devereux (1992) so präzise beschriebene Angst des Forschers vor seinem Gegenüber und seinen eigenen Gegenübertragungsphänomenen sollte nicht in vermeintlich objektivierter Forschungsstrategie gebändigt werden. Die durch die Chaosforschung obsolet gewordenen Versuche, lineare Beziehungen zwischen Erklärung und Prognose zu erstellen, muten gerade in dem komplexen Geschehen der Supervision nahezu anachronistisch an.

Ebensowenig können wir uns auf einen Forschungskontext der

Wertfreiheit zurückziehen. Hinter jeder Effizienzstudie steht eine andere Theorie und eine andere Vorstellung von Effizienz. Natürlich möchten die Vertreter ihrer Schulen die Überlegungen ihres Modells unter Beweis stellen. Das ist auch gut so, denn eine Konkurrenz in diesem sich neu entwickelnden Forschungsgebiet, verstanden als *concurrere* (lat., zusammenlaufen), scheint mir förderlicher, als ein übereilter Konsens à la Luborsky (1975), der davon ausgeht, da alle (Psychotherapieformen) Sieger seien, auch alle einen Preis verdienen. Durch dieses vorschnelle Einlenken würde man m. E. die Möglichkeiten, die aus der Differenz und Nichtkompatibilität unterschiedlicher supervisorischer Modelle entstehen, verschenken.

Unterschiedliche Organisationen, unterschiedliche Supervisanden und unterschiedliche Supervisoren machen jedoch eine Metaanalyse, wie Grawe sie für die Psychotherapie versucht hat, so fragwürdig. Es ist unmöglich, Supervision auf Variablen zu reduzieren und ihre Gegenstände zu isolieren. Die nomologische Psychologie ist von vielen Seiten in Frage gestellt worden. Die Resultate experimenteller Hypothesenprüfung können nicht als empirische Bewährungsfälle, sondern nur als »Anwendungsfälle« oder »Beispielfälle« für eine übergeordnete Begründungstheorie betrachtet werden (vgl. Holzkamp 1986). Die von Holzkamp denunzierte »Pseudo-Empirie« sollte für die Supervisionsforschung nicht übernommen werden.

So wie die Grundvoraussetzung zum qualifizierten Leiten von Supervisionsgruppen die Spannungstoleranz des Supervisors ist, sollte die Supervisionslandschaft einiges an Unsicherheiten in der Supervisionsforschung ertragen, ihren Ambivalenzen nicht ausweichen und auf die Idee der tröstenden Metatheorie noch oder für immer verzichten.

Es sollte in der Supervisionsforschung deshalb nicht so sehr um die Anwendung von Regelwissen oder Einzeltechniken gehen. Angemessener erscheinen mir u. a. Untersuchungen zum menschlichen Expertentum (Dreyfus & Dreyfus 1987). Die Autoren haben in phänomenologischen Untersuchungen zum Kompetenzerwerb vom Neuling zum Experten bei Schachmeistern, Flugzeugpiloten, Wirtschaftsmanagern, Chirurgen, Krankenschwestern und Lehrern festgestellt, daß nur in Anfängerstadien ein mehr oder weniger internalisiertes Regelwissen handlungsleitend ist. Experten handeln dagegen kontextabhängig, »ganzheitlich intuitiv« und getragen von »besonnener Rationalität«, wobei sie die jeweilige Situation nicht in kontextfreie Elemente zerlegen, sondern den Gesamtzusammenhang zu erfassen suchen.

In der vorliegenden Arbeit habe ich als Integrative Gestalttherapeutin und Supervisorin (FPI) psychoanalytische und gestalttherapeutisch fundierte Supervisionsprozesse von Experten und Expertinnen einer Mikroanalyse unterzogen. Teamsupervisionssitzungen in Kliniken wurden mit dem Tonband aufgezeichnet und die einzelnen supervisorischen Interventionen mit der Methode des *stimulated recalls-Methode* vertieft, d. h., es wurden Selbstkonfrontationsinterviews (Sk) zu den einzelnen supervisorischen Interventionen der Experten durchgeführt. Sie wurden in einem Interview mit dem Supervisor der gemeinsamen Reflexion der jeweils gewählten Interventionen und der dahinterliegenden kognitiven und emotionalen Entscheidungsprozesse unterzogen.

Es ging mir darum, in meinem Forschungsprojekt die Regeln supervisorischen Tuns, die Anwendung von Referenztheorien – kurz – die persönlichen Heurismen der Arbeit der Experten beider Schulen genauer kennenzulernen. Es schließt sich ein Vergleich beider supervisorischer Verfahren an, in dem die Möglichkeiten gegenseitiger Befruchtung ausgelotet wurden. Ich denke, daß eine Praxisforschung kompetenter Supervisoren und Supervisorinnen die Merkmale supervisorischer Expertenschaft deutlicher herausarbeiten kann.

Bei all dem braucht eine Supervisionsforschung, die nicht als *Out-Come*-Forschung verflacht, ein hohes Maß an Intimität zwischen Untersucherin und Untersuchten. Das Ausmaß der sehr persönlichen Offenheit und das Bemühen um Aufrichtigkeit war enorm. An dieser Stelle sei meinen Kollegen und Kolleginnen, die sich diesem strapaziösen und zum Teil aufwühlenden Prozeß unterzogen haben, ein herzliches Dankeschön gesagt.

Tiefe Dankbarkeit empfinde ich vor allem gegenüber meiner Erstbetreuerin Frau Prof. Dr. Eva Jaeggi. Sie hat mir den Mut zu dieser Arbeit und zu vielen weiteren Schritten gegeben. Prof. Dr. Dr. Heiner Legewie sei herzlich für seine methodische Beratung gedankt, die ich als Inspiration und Motivationsschub ansehe. Meiner Mutter Anneliese Möller und meinem Kollegen Dr.. Wolfgang Hegener sei Dank für die unermüdliche Korrekturarbeit und das Zur-Seite-Stehen auch in schwergängigen Zeiten.

1 GESCHICHTE DER SUPERVISION

Der Begriff »Supervision« stammt aus dem amerikanischen Sprachraum. Er bedeutete vor mehr als hundert Jahren die sachlich/fachliche Kontrolle von Kollegen. Sowohl beim Militär als auch in erwerbsorientierten Betrieben verkörperte der Supervisor eine Vorgesetztenfunktion. Wie ein Vorarbeiter war er für die Überwachung und Leitung bestimmter Arbeitsprozesse zuständig. Sich die Wurzeln des Supervisionsbegriffs zu vergegenwärtigen, mag ein Weg sein, die Abwehr- und Vorurteilsstruktur gegenüber Supervision zu verstehen, die in profitorientierten Organisationen, aber auch im psychosozialen Umfeld zu finden ist.

Supervision wird heute meist über den Begriff der Beratung im beruflichen Kontext konzeptualisiert. So definiert Gaertner (1988, 563) sie als »regelgeleiteten Beratungsprozeß über Probleme und Konflikte der beruflichen Interaktion«. Ebenso beschreibt Pühl (1992a) Supervision als »berufsbezogene Beratung«, der es um die »Kompetenzerweiterung« gehe. Er unterscheidet zwischen Ausbildungs- und Fortbildungssupervision. Ausbildungssupervision kann dabei im Sinne von Praxisanleitung verstanden werden (Belardi 1992). Von Caemmerer (1970, 13) verwendet in diesem Zusammenhang den Begriff der »Praxisberatung«, in der es darum gehe, »eigenständige berufliche Fachkräfte auszubilden, die Verantwortung für das eigene Weiterlernen als berufliche Haltung internalisiert haben«. Die Fortbildungssupervision ist dadurch gekennzeichnet, »daß die Supervisanden ihre Berufsausbildung abgeschlossen haben und in ihrem Praxisfeld arbeiten« (Pühl 1992a, 121). Es geht dabei um »die Integration des Gelernten in das Spezifische des konkreten Berufsalltags und die Weiterentwicklung der institutionellen Strukturen entsprechend ihrer spezifischen Arbeitsaufgabe«.

Beide Formen der Supervision haben ihre Wurzeln in der Ende des neunzehnten Jahrhunderts in den USA zunehmend erkannten Notwendigkeit einer Fortbildung für ehrenamtlich in der Wohlfahrt tätige Menschen, zumeist Frauen aus bürgerlichen Kreisen. Es wurden hauptamtliche Mitarbeiter eingesetzt, die von ihrer Arbeit »oft frustrierten und enttäuschten« (Kadushin 1990, 7) freiwilligen Helfer nicht nur unterstützten und berieten, sondern auch die Verantwortung für die von ihnen geleistete Arbeit übernahmen. Die soziale Arbeit konnte auf diese Weise effektiver organisiert werden. Damals entstand die heute noch in den USA vertretene Supervision als eine von den Vorgesetzten durchgeführte Anleitung und Hilfe bei konkreten Fällen, die mit einer Kontrolle der geleisteten Arbeit verbunden ist. Diese Anfänge einer Professionalisierung sind vor allem mit dem Werk der Mary Richmond verbunden, die diese Form der Supervision einleitete, seit sie 1889 ihre Arbeit in der Charity Organization Society Baltimores begann. Die Fortbildung in der sozialen Arbeit engagierter Menschen wurde zu ihrem Hauptanliegen. Die hierfür gesammelten Materialien wurden zur Grundlage für ihr 1917 erschienenes Buch *Social Diagnosis*, in dem sie das Konzept des *casework* etablierte.

Diese Fortbildungsbemühungen gingen einher mit einer Professionalisierung der Ausbildung in der Sozialarbeit. Seit 1898 bot die *Charity Organization Society* New Yorks Sommerkurse in Sozialarbeit an. »Im Jahre 1910 gab es in den Vereinigten Staaten bereits fünf Schulen für Sozialarbeit« (Kadushin 1990, 13).

Vor 1933 bildeten *social casework* und Supervision in den USA eine methodische Einheit. Supervision hatte vor allem administrative und berufsqualifizierende Funktion und diente dem reibungslosen Funktionieren der Organisation (vgl. Belardi 1992). Nach der Emigration zahlreicher deutschsprachiger PsychoanalytikerInnen in die USA wurde die Aus- und Weiterbildung der SozialarbeiterInnen stark von psychoanalytischen Konzepten beeinflußt. Psychotherapeutisch zu praktizieren war nicht allen Emigrierten – vor allem NichtärztInnen – ermöglicht worden, so daß sie sich andere Arbeitsfelder suchten und fanden – zumeist in den pädagogischen und sozialarbeiterischen Arbeitsfeldern. Neue Konzepte – analog der Kontrollanalyse innerhalb der psychoanalytischen Weiterbildung – fanden Eingang in die Supervision.

Den Begriff der Kontrollanalyse finden wir seit 1920 bei Freud. Sie stellt eine supervisionsähnliche Reflexion der Behandlungsfälle der Ausbildungskandidaten dar, die sich in psychoanalytischer Weiterbildung befinden. Sie dient der Einübung des Verfahrens und der persönlichen Qualifikation der Kandidaten. Zunächst fand Kontrollanalyse im Einzelsetting statt, heute werden auch Gruppenkontrollanalysen durchgeführt. Die Beziehungsstruktur zwischen Kontrollanalytiker und Ausbildungskandidat gleicht einem Lehrer-

Schüler-Verhältnis, in dem auch enge persönliche Bindungen entstehen. Der berufliche Reflexionsprozeß wurde um die Dimension der speziellen emotionalen Belastung der helfenden Tätigkeit erweitert. Die besondere Qualifikation dieser neuen Mitarbeiter machte Supervision zum Instrument einer weiteren Professionalisierung der Sozialarbeit (s. Weigand 1989).

1.1 Rezeption in Deutschland

In Deutschland finden wir in Seminaren der Jugendwohlfahrt schon vor dem zweiten Weltkrieg supervisionsähnliches Arbeiten. In den 50er Jahren wurde Supervision zum Ausbildungsbestandteil vor allem in der Methodenlehre der FürsorgerInnen. Ähnlich der amerikanischen Supervisionstradition, die mit einzelfallorientierter Sozialarbeit verbunden ist, wurde durch Supervision »praktische Integrationshilfe für Sozialarbeiter« (Conrad & Pühl 1983, 43) geleistet. Die Helfer-Klient-Ebene und die Erweiterung der fachlichen Kompetenz des Helfers stehen hier im Vordergrund. Lander nennt diese Supervisionsrichtung zurecht »Defizitansatz, da Störungen einseitig beim Helfer gesucht werden« (vgl. Conrad & Pühl 1983, 43). Die zunehmende Berücksichtigung psychoanalytischer Konzepte führte dazu, daß die bewußten und unbewußten Beziehungsaspekte nicht nur auf der Helfer-Klient-Ebene, sondern auch auf den Ebenen der Beziehungen der Helfer untereinander, der Helfer zum Supervisor und der Helfer zur Institution mehr und mehr beachtet wurden. Die Einsicht, daß soziales Handeln nur dann adäquat verstanden werden kann, wenn all diese Einflußbereiche berücksichtigt werden, erwuchs dabei aus dem Verständnis der Psychoanalyse als kritische Kulturtheorie, die die Verbindung zwischen sozialen Strukturen und intrapsychischen Vorgängen betrachtet. Entsprechend erweiterte sich das Verständnis von Supervision als Anleitung zur »emanzipatorischen Selbstreflexion« (Conrad & Pühl 1983). Seit den 40er Jahren fanden auch lerntheoretische und soziologische Ansätze ihren Platz in der Praxisanleitung. Anders als in den USA, wo die Supervision stärker administrativ, d.h. an den formalen Institutionsinteressen orientiert ist, spielt im deutschsprachigen Raum dieser kontrollierende Aspekt eine untergeordnetere Rolle.

Ein kurzer Blick auf die Geschichte der Supervision zeigt, daß Supervision leicht zu einem mißverständlicher Begriff werden kann. Wir finden sowohl administrativ genutzte Supervision durch Vorgesetzte als auch edukative Supervision, gefaßt als Praxisanleitung von erfahrenen Kollegen für Berufsanfänger oder Ausbildungskandidaten, und supportive Supervision als *burn-out*-Prophylaxe und Konsultationsmöglichkeit bei Arbeitsüberlastung. Das schillernde Feld der Supervision birgt die Gefahr der Rollendiffusion des Supervisors als Leitungsfigur, als Kontrolleur und als Lehrer. Wir finden ihn sowohl innerhalb hierarchischer Strukturen – etwa als internen Supervisor mit Stabsfunktion – als auch im hierarchiefreien Raum als externen Supervisor, z. B. in der Gruppensupervision.

Ich möchte Supervision in dem vorliegenden Werk als berufsbezogene Beratungs- und Weiterbildungsfunktion fassen. Diese findet in unterschiedlichsten beruflichen Kontexten statt. Der Supervisionsprozeß findet – je nach Setting – in verschiedenen emotionalen Tiefungsebenen statt und variiert in seinem Organisationsgrad. Sind zum Beispiel in der Einzelsupervision die Grenzen zu psychotherapeutischem Handeln durchaus fließend, verbieten sich in der Teamsupervision individuumszentrierte Deutungen.

1.1.1 Berufspolitik

Seit den 70er Jahren hat sich der Berufsstand des Supervisors etabliert. Es finden sich die unterschiedlichsten Grundberufe der Supervisoren, so z.B. Sozialarbeiter, Psychologen, Ärzte, Theologen, Soziologen, Lehrer, Juristen. Supervisoren weisen recht unterschiedliche Formen ihrer Akademisierung auf. Sie arbeiten als externe oder interne Berater, nebenberuflich oder in »freier« Organisationsform. Neben vielen »selbsternannten« SupervisorInnen finden sich – auch aufgrund allgemein zu verzeichnender Professionalisierungsdebatten – zunehmend mehr SupervisorInnen, die durch eine Zusatzausbildung qualifiziert sind.

Seit 1989 besteht als eigener Berufsverband die deutsche Gesellschaft für Supervision (DGSV), in der mehr als 20 Ausbildungsinstitute organisiert sind. In der Theoriebildung von Supervision lassen sich unterschiedlichste Wurzeln aufzeigen, u. a. die Gruppendynamik, die Gruppenanalyse nach Foulkes und Bion, die Balintarbeit, die Systemtheorie ebenso wie humanistisch-psychologische Ansätze. Die Referenztheorien modernen supervisorischen Tuns finden sich eher in der Sozialpsychologie und der Organisationswissenschaft, nicht in der Klinischen Psychologie.

Wir sehen uns also einem recht verwirrenden Markt mit großem Methodenpluralismus gegenüber. Beinahe jede etablierte psychotherapeutische Ausrichtung hat ihren eigenen Supervisionsansatz entwickelt, der mehr oder weniger das Etikett »Supervisionstheorie« verdient.

1.2 Spannungsfeld zwischen Organisationsberatung und Supervision

Während die traditionelle Fallarbeit einen Pool der supervisorischen Landschaft markiert, den ich hier psychotherapeutisch orientierte Supervision nennen möchte, bilden die Organisationsberater den anderen, eher systemisch und organisationstheoretisch ausgeprägten Zugang. Letztgenannte wenden sich schwerpunktmäßig den Binnenproblemen der Institution zu. Mit organisationswissenschaftlichen Kenntnissen werden Fragen der Institution und Hierarchie reflektiert. Die Beziehungen der Mitarbeiter untereinander, die zum Chef und zum Träger werden einer systematischen Analyse unterzogen.

Organisationsberater zu sein, bedeutet heute in der supervisorischen Szene ein hohes Maß an Sozialprestige zu besitzen. Organisationsberater oder Supervisoren mit Doppelqualifikation sind im internen Wertesystem hoch angesiedelt. Da wird zum Teil verächtlich auf diejenigen, die nur »therapeutische« Supervision anbieten, herabgesehen. Hintergrund dieser Phänomene ist u. a. das Streben vieler Supervisoren heraus aus dem psychosozialen Bereich, aus dem sie stammen. Sicherlich locken zunächst einmal im profitorientierten Markt bessere Verdienstmöglichkeiten. Man will sich durch Partizipation an erwerbsorientierten Unternehmen aufwerten. Organisationsberatung etwa bei großen Automobilfirmen anzubieten, scheint Ausdruck eigener Potenz zu sein, wohingegen Supervision von ErzieherInnen eher belächelt wird. Eine unreflektierte Übernahme der Werte von Wirtschaftsunternehmen halte ich für gefährlich, da sie die supervisorische Distanz zu unterlaufen droht. Der »bestechliche« Supervisor ist »gekauft«, er ist zu sehr involviert und seine fehlende kritische Distanz macht ihn unwirksam. Die Frage der persönlichen und fachlichen Kompetenz, die Organisationsberater und Supervisoren mitbringen sollen, und die Indikation der unterschiedlichen Beratungsansätze bestimmen die aktuelle Debatte der Supervisionsszene.

Dennoch scheint mir die Entwertung der eigenen Herkunft zum Teil auch ein *burn-out*-Phänomen zu sein. Die Supervision im psychosozialen Feld hat den einzelnen Menschen mitsamt seinen emotionalen Bezügen im Blick. Über die Veränderung einzelner Personen wird die Veränderung beruflicher Gesamtzusammenhänge angestrebt. Organisationsberater haben die Modifikation von Systemen im Sinn. Verwaltungen, Unternehmen etc. werden mit Hilfe hochkomplexer Diagnosemuster analysiert und variiert. Der einzelne steht nicht so sehr im Zentrum der Optik. Dieser Zugang hat durchaus zunächst einmal emotional entlastende Funktion.

In der Supervisionsszene gibt es unterschiedliche Paradigmen. Die Anthropologie der Organisationsberater bzw. -entwickler vertritt eher einen Blick auf Positionen von Mitarbeitern, hat deren Fachlichkeit im Visier, sieht – pointiert gesagt – zunächst den Menschen als Funktionsträger. Im Lager der psychotherapeutischen Supervision finden wir hingegen Bemühungen, Menschen in ihrer Ganzheitlichkeit wahrzunehmen. Werden im Bereich der Organisationsberatung Menschen als Teil des sozialen Systems gesehen, so versucht das andere Lager sie als Interaktionspartner zu definieren.

Eine zunehmende Soziologisierung in der Supervision ist durchaus zu begrüßen. Es fehlt vielen Supervisoren psychotherapeutischer Provenienz an Wissen über traditionelle Organisationskonzepte, Bürokratiemodelle (Weber 1921) und organisatorische Veränderungsprozesse. Es bedarf spezifischer Wissensstrukturen, um formale Phänomene und Binnenstrukturen von Organisationen analysieren zu können. Es braucht Analyseschemata zur Relation Umwelt-Organisationsstruktur, zum Konfliktmanagement (z.B. Glasl 1994, Beck & Schwarz 1995), über die Effizienz von Entscheidungsprozessen und der Entwicklung von *lean organization*. Fragen nach der Vermeidung von Ressourcenvergeudung, der Steigerung des Engagements der Mitarbeiter, der Entwicklung ihrer Kreativität können nicht nur aus dem Pool der doch recht defizitorientierten psychoanalytischen Diagnoseschemata beantwortet werden.

Die Organisationsberater können ihrerseits auch nicht darauf verzichten, originär psychotherapeutisches Wissen zu nutzen. Zum Beispiel bieten die Gruppendynamik (Lewin 1963), die Lehre von kollektiven Abwehrformationen (Mentzos 1990), das Wissen um informelle Strukturen, unbewußte Phantasien, illegitime Bündnisbildung, die aus der Familien- und Kommunikationswissenschaft stammen, Erfahrungen mit Kleingruppenphänomenen und Veränderungswiderstand unverzichtbare theoretische Fundgruben.

Die Verengung der Perspektive in der einen oder anderen Richtung bedeutet die Vergeudung von Ressourcen, die beide Ansätze auf ihre spezifische Weise beinhalten. Weder »aufgerüstete« Organisationstechniker noch reine Psychotherapeuten stellen den »idealen«, kompetenten externen Dialogpartner dar. Nur zu oft geht es in supervisorischen Prozessen um die Balancierung zwischen Menschsein und Funktionsträgersein, wie es z. B. im Rollenkonzept von Sievers (1977) aufgehoben ist. Weder private menschliche Aspekte dürfen im Sinne einer Humanisierung der Arbeitswelt fehlen, noch dürfen professionelle Aspekte des Daseins ausgeblendet werden. In Diagnostik und Interventionstechnik kann es nur darum gehen, die drei Ebenen menschlichen und organisatorischen Seins, des individuellen, interaktiven und systemischen Paradigmas, flexibel und der jeweiligen Fragestellung angemessen zu handhaben. Einmal mag die fachliche, ein anderes Mal die persönliche Interpretationsebene im Vordergrund stehen. Dabei darf nie vergessen werden, daß die Entscheidung für eine der Interpretationsebenen immer auch eine Werteentscheidung beeinhaltet.

Eine Möglichkeit der Annäherung beider Strömungen ist im Konzept der Organisationskultur gegeben (s. u.). Dort werden Probleme weder individualisiert und emotionalisiert noch ausschließlich strukturell begriffen. Es bietet eine in der Supervision unabdingbare Mehrperspektivität.

Auseinandersetzungen in der Supervisionsszene ähneln dem Schulenstreit in der Psychotherapie und sie verlaufen oft ebenso unfruchtbar. Mögliche Auswege aus dem Dilemma wären:

a) Eine selbstbewußte Haltung zum Erstberuf und den dort erworbenen Feldkompetenzen.

b) Die Vermeidung der Entwertung eigener Herkunft und Anbiederung an vermeintlich wertvollere Organisationskulturen.

c) Die Entwicklung eines persönlichen Qualifikationsprofils. Nicht jeder Supervisor ist firm und motiviert genug, sich ausreichendes Wissen in Bereichen der Arbeits- und Organisationspsychologie zu erwerben und seine Kompetenzen betriebswirtschaftlich auszuweiten.
d) Die Kooperation von Betriebswirtschaftlern und A&O-Experten ausbauen. Eine Vorgehensweise, die zwei Einäugige zum besseren Sehen bringen könnte.

1.2.1 Begriff der »Organisationskultur«

Der »kulturelle Ansatz« gilt heute als einer der wichtigsten Zugänge der Erforschung von Unternehmen. Unternehmen werden von Wissenschaftlern und Praktikern vor allem als »Kulturen« begriffen. Damit eröffnen sich neuartige Möglichkeiten des Verständnisses organisatorischer Zusammenhänge.

Der Begriff wird seit den 80er Jahren in der betriebswirtschaftlichen Organisationstheorie verwandt. Unternehmen werden als Organisationen verstanden, die eine »spezifische Miniaturgesellschaft« (Schreyögg, G. 1990) bilden. Sie schaffen ihre eigene Realität, die sich vor allem in spezifischen kognitiven Strukturierungsmustern, Werthaltungen, Handlungsmustern und Interaktionsprozessen ausdrückt. »Unternehmenskultur« bezeichnet ein von Menschen geschaffenes Phänomen, das über gewisse Zeiträume von mehreren Individuen als kollektives Sinnsystem entfaltet wird (Schreyögg, A. 1995c, 16). Gagliardi (1995, 7) faßt es folgendermaßen: »Unter ›Organisationskultur‹ verstehe ich ein kohärentes Set von Techniken, Wertvorstellungen und professionellen Praktiken bei innerorganisatorischen Interventionen«.

Für die Mitglieder von Organisationen bleiben die kulturellen Muster im wesentlichen implizit. Sie unterlegen das Handeln wie selbstverständlich. Als kollektive Orientierungsmuster bilden sie ein gemeinsames Weltverständnis.

Es werden unterschieden sichtbare und schwer erschließbare Merkmale voneinander. Diese sind allerdings nur durch Interpretationsprozesse erfaßbare Phänomene (Schein 1984). Organisationskulturen lassen sich wie folgt gliedern:

1) Anthropologie: Sie wird in Weltbildern, anthropologischen Prämissen über menschliches Handeln, Wahrheitsvorstellungen der Organisationsmitglieder, Annahmen über Kontext und die Organisationsumwelt, Annahmen über zwischenmenschliche Interaktion und humanitäre Fragen deutlich.
2) Normativität: Sie setzt sich aus dem Regelwerk für die Mitarbeiter, den Wertvorstellungen und Verhaltensstandards, der Ge- und Verbotsstruktur zusammen. Sie beinhaltet auch den Umgangsstil mit Kollegen und Klienten.
3) Symbolsysteme: Die leitende Antropologie und Normativität einer Organisation schlagen sich in Symbolsystemen nieder. Sie manifestieren einen Verhaltenskodex, wie die Kleiderordnung, Raumgestaltung, typische Äußerungsformen, Rituale (z.B. Begrüßungsrituale oder eine spezifische Feierkultur). Sie zeigen sich in Mythen, Geschichten und Legenden, die über Gründerfiguren, Mitarbeiter, Krisen und Ereignisse der Gegenwart und Vergangenheit erzählt werden. Diese Narrationen gelten als identitätsstiftend: Denn, solange Geschichten erzählt werden, lebt eine Kultur (vgl. Petzold 1993).

Aus den Teilstücken bildet sich ein sogenannter »Kulturkern« (Sackmann 1983) heraus, der in die konzeptionelle Festlegung und in die manifeste Standardisierung einfließt. Als organisationskulturprägende Faktoren lassen sich die Branchenspezifität, das Organisationsumfeld, die Unternehmensgeschichte und das Organisationsziel nennen. Auch die Art der Aufgabenerfüllung, die Berufsgruppenzugehörigkeit und das Klientel spielen eine wichtige Rolle. Nach Sathe (1983) variieren Organisationskulturen nach

a) ihrer Prägnanz,
b) ihrem Verbreitungsgrad und
c) ihrer Verankerungstiefe.

zu a) Prägnanz meint die Klarheit und Konsistenz der Werthaltungen und Orientierungsmuster. »Je prägnanter eine Kultur ist, desto höhere Begeisterungskraft weist sie auch bei den Organisationsmitgliedern auf« (Schreyögg, A. 1995c, 20).

zu b) Verbreitungsgrad meint die Homogenität, mit der die Mitglieder einer Organisation die kulturellen Muster teilen.

zu c) Verankerungstiefe bedeutet schließlich den Grad an Internalisierung kultureller Muster durch die Organisationsmitglieder.

Eine »starke« Kultur ist jedoch nicht unbedingt als positiv zu bewerten. Sie bietet zwar einerseits klare Handlungsorientierung, effiziente Kommunikationswege, rasche Informationsverbreitung und Entscheidungsfindung, geringe Kontrollnotwendigkeit sowie hohe Motivation und Loyalität der Mitarbeiter. Starke Kulturen zeichnen sich jedoch andererseits oft durch einen Mangel an Flexibilität, Tendenzen zur Abgrenzung gegenüber der Umwelt und unzureichender Lernfähigkeit aus. Sie können somit als »neurotisch« bezeichnet werden.

Es finden sich oft unterschiedliche Kulturen in ein und demselben Unternehmen, die als »Subkulturen« bezeichnet werden. Je nach Größe des Unternehmens und der damit verbundenen Aufgabenspezialisierung ist diese Differenzierung sogar notwendig, um bestimmte Organisationsziele zu erreichen. Beispielsweise sind in Psychiatrien oder Justizvollzugsanstalten eine Verwaltungskultur sowie eine Therapeutenkultur zu finden. Treffen diese beiden Lebenswelten aufeinander, entsteht immer wieder Reibung. Die Auseinandersetzungen lassen sich jedoch auch unter dem Aspekt der Komplementarität sehen, d. h., daß sie einander u. U. bedingen, um z. B. der Experimentierfreude der Fachdienste einen sichernden Rahmen zu stiften.

Zur Analyse von *Human Service Organisations* hat Brody (1993) eine Typologie vorgelegt. Er unterscheidet bürokratische, unternehmerische, leistungsorientierte und sozial orientierte Kulturen, die in ihrer reinen Form wohl nur selten anzutreffen sind.

a) *Bürokratische Kulturen* (z. B. Gefängnisse, manche Großkrankenhäuser) sind konservativ und hierarchisch strukturiert. Sie zeigen wenig Risikofreude und geben ihren Mitarbeitern ein umfangreiches Regelwerk vor. Anpassung stellt einen hohen Wert dar. Die Mitarbeiter und Leitungskräfte schätzen die Vorhersagbarkeit und Stabilität ihrer beruflichen Aktivitäten. Bürokratische Strukturen bergen die Gefahr der Starrheit, in ihnen sind Neuerungen nur schwerlich zu erreichen.
b) *Unternehmerische Kulturen* (z. B. Werbeagenturen, manche privaten Bildungsträger) sind durch Kreativität und Risikofreude

gekennzeichnet. Effektivität ist die handlungsleitende Maxime. Eine einseitig unternehmerische Kultur trägt die Gefahr von Prinzipienlosigkeit, eklektizistischem Arbeiten, Inhumanität und modischem Opportunismus in sich.

c) *Leistungsorientierte Kulturen* (z. B. Universitätskliniken) suchen die Herausforderungen. Hohe Leistung unter widrigen Umständen zu erbringen gilt als kultureller Wert. Die Mitarbeiter arbeiten oft enthusiastisch an unrealistischen Zielen, was oft Phänomene wie Desillusionierung, Resignation und burn-out zur Folge hat.

d) *Sozial organisierte Kulturen* (z. B. psychosoziale Beratungsstellen, Heime) sind gekennzeichnet von Sorge und Unterstützung. Emotionalität von Teammitgliedern sind seitens der Klienten als auch der Kollegen gefragt. Massives Involviertsein verhindert manchmal die rationale Auseinandersetzung. Orientierungslosigkeit in der Verfolgung organisatorischer Ziele sind die Konsequenz.

Nach Peters und Waterman (1982) sind vor allem die Personen mit dem größten formalen Einfluß auf ein System kulturprägend. Die persönliche Pathologie von Leitungspersonen etabliert Muster der Gesamtorganisation, ein Phänomen, das insbesondere bei Leitungswechseln intensiv zu spüren ist. Nicht weniger prägend ist jedoch die Rolle der informellen Führer, die mit der Schaffung einer Gegenkultur das Unternehmen maßgeblich mitgestalten.

Das Konzept der Organisationskultur läßt sich als Schnittmenge der auf den ersten Blick als unvereinbar erscheinenden Positionen der Kontrahenten – Vertreter der eher psychotherapeutisch ausgerichteten Supervisoren und den Organisationsentwicklern – verstehen. Die Möglichkeiten von Organisationsberatern sind sicher im Bereich betriebswirtschaftlicher Kompetenz und dem Mehr an Wissen über organisatorische Abläufe und Analyseschemata zu sehen. Supervisoren sind jedoch in der Lage, Fallstricke von Veränderung zu suchen, Widerstände von Organisationsberatungsprozessen sinnverstehend zu begleiten.

Wir dürfen uns nicht der Illusion hingeben, daß Organisationskulturen planmäßig veränderbar wären. An dieser Stelle werden viele Organisationsberater rasch eines Besseren belehrt. Neue Kulturen lassen sich nicht »machen«. Eine Neudefinition bedroht die Identität einer Organisation und erzeugt somit zwingend Widerstand. Nur nuanciert ergeben sich neue Sinnsysteme durch fortlaufende kommunikative Akte. Die Funktion von Organisationsberatern und Supervisoren ist vielfach die Präzisierung von bestehenden kulturellen Mustern. Sie können diese durch den Beratungsprozeß aber einer Reflexion zugänglich machen, die oft schon Veränderungen bewirkt. Häufig gilt es, die existierenden innerorganisatorischen Ressourcen und kulturellen Potentiale zu aktivieren und dadurch neue kulturelle Potentiale zu entwickeln.

1.2.2 Erfassung kollektiver Sinnsysteme

Bei der Analyse von Organisationskulturmustern rückt man ab von nur empirisch beobachtbaren und quantifizierbaren Aspekten. Die Verwendung objektiver organisationsanalytischer Muster stößt an ihre Grenzen. Für den latenten Teil des organisatorischen Musters steht wenig methodisches Inventar zur Verfügung. Organisationskulturen lassen sich auch bei größerer methodischer Palette nicht perfekt analysieren. Sie sind nur in Form prozessualer Diagnostik und durch Sinnverstehen annäherungsweise begreifbar: »Die Fülle des Daseins einer Unternehmung kann nur mit holistischen, interpretativen und interaktionellen Forschungsmodellen erfaßt werden« (Gagliardi 1995, 7).

Was in Wirtschaftsunternehmen inzwischen gängig ist, wird im Bereich sozialer Dienstleitung oft vernachlässigt. So finden sich Unachtsamkeiten der Supervisoren gegenüber kulturellen Mustern eines Systems – zum Teil mit fatalen Folgen für den Beratungsprozeß (vgl. Schreyögg, A. 1995c). Supervisoren brauchen eine Diagnostik, die die Perspektive der zu Beratenden zu erfassen hilft: »Supervisorische Diagnostik auf dem Hintergrund dieses Ansatzes fragt nach den Basisannahmen, den Normen und Standards und den Symbolsystemen. Sie fragt auch nach den Protagonisten der Kultur und wie diese die kulturellen Besonderheiten zu wahren suchen« (Schreyögg, A. 1991, 177).

Organisationskulturmuster sind nur dialogisch erschließbar, nur interpretativ zugänglich. Es handelt sich um subjektive Phänomene, von denen sich der Supervisor emotional berühren lassen muß, um die gegenseitigen Wahrnehmungen zum Thema machen zu können. Die viel beschworene Feldkompetenz des Supervisors ist an dieser Stelle m.E. weniger bedeutend als seine Sinnerfassungskapazität des Fremden, auf das er in einer Organisationskultur trifft. Einen »guten« Supervisor macht aus, was er, über das Rationale hinaus, an Bedeutung sprachlicher und nicht sprachlicher Äußerungen der Supervisanden wahrnehmen kann. Er sollte die Wirkung der fremden Kultur auf sich und seine Wirkung auf die fremde Kultur ernst nehmen und sich auf diese Weise in einen fortlaufenden Deutungsprozeß begeben. Dabei möchte ich die Bedeutung des Wissens über unterschiedliche Kulturen nicht schmälern. Dennoch scheint mir das Wichtigste zu sein, daß der Supervisor maximal in die Welt der Supervisanden einzutauchen vermag, um sich dann wieder in die exzentrische Position zu begeben, indem er das ihm neu begegnende System aus der Distanz wahrzunehmen, zu strukturieren und zu verstehen sucht (vgl. Willke 1991). Es geht in der Analyse von Organisationskulturen um einen Wechsel zwischen Involvierung und Distanznahme: sich einzulassen auf die Geschichten der Mitglieder der Organisation, wieder aus ihnen herauszutreten und mit den zur Verfügung stehenden Mitteln der Erkenntnis analytisch klar zu blicken. Petzold (1988) beschreibt diese Haltung als partielles Engagement. Es beschreibt ein Beteiligtsein, ohne verstrickt zu werden, das von Respekt dem zu Untersuchenden gegenüber getragen ist.

Für gute Kenntnisse über Organisationen und ihre Grundmuster können Neugier und Staunen, die Verunsicherung und der Zweifel hilfreich sein. Wenn wir nicht mehr in Frage stellen, vieles für selbstverständlich nehmen, ergeben sich keine neuen Perspektiven. Es entsteht eine Systemblindheit, die der Sache abträglich ist. An dieser Stelle möchte ich ein Plädoyer für Nichtähnlichkeit von Organisation und Supervisor halten, die einer Betriebsblindheit à la »Ja, das kenne ich alles schon« vorbeugen kann.

1.2.3 Die Haltung des Supervisors in der fremden Organisationskultur

Anleihen aus der Ethnopsychoanalyse

Ethnopsychoanalytiker untersuchen die Interdependenzverhältnisse zwischen Kultur und Individuum (bzw. Gruppen) auf einem tiefenpsychologisch-psychoanalytischen Hintergrund. Im Zentrum stehen die unbewußten emotionalen und motivationalen Prozesse der Psyche. Man kann diesen Ansatz mit Fug und Recht als interdisziplinäre Sozialwissenschaft bezeichnen, bei der Ethnologie und Psychoanalyse eine – wie ich meine – glückliche Verbindung eingehen. Die Untersuchung des kulturellen Ausdrucks bildet die Wechselwirkung von Sozialstruktur, Sozialisationsmustern und Persönlichkeitsorganisation ab (vgl. Reichmayr 1995).

Die Verbindung besteht seit den 60er Jahren in Europa (vgl. Adler 1993) und hat ihre Wurzeln bei Roheim, der als erster ausgebildeter Psychoanalytiker ethnologische Studien betrieb. Devereuxs Arbeiten jedoch gelten als grundlegend für den neuen Wissenschaftszweig, mit dem die psychoanalytischen Techniken Einzug in die Feldforschung erhielten. Fast zeitgleich entstanden erste Arbeiten von Parin, Parin-Mathèy und Morgenthaler. Erdheim, Bosse und Nadig entwickelten die Disziplin fort. »Die Psychologie des Ichs wurde so ausgebaut, daß das Wirken gesellschaftlicher Prozesse dort aufgeklärt werden konnte, wo sie sich jedenfalls bemerkbar machen: im Seelenleben des Einzelnen« (Parin 1978, 412).

Gegenstand der Ethnopsychoanalyse ist das Unbewußte in der Kultur (Erdheim 1984, 9). Neben der historischen, soziologischen und ethnologischen Analyse der Makrosozietät richtet die Ethnopsychoanalyse ihr Hauptaugenmerk auf die Wirksamkeit sozialer Strukturen und Produktionsverhältnisse in der individuellen Psyche. Sie beschäftigt sich mit der Evolution von Kulturen, ohne sich auf rein psychologische Theorien zu beschränken. Sie »betont aber zusätzlich jene strukturellen, funktionellen und inhaltlichen psychischen Phänomene, die aus der Umwelt stammen« (Parin 1977, 3). Die Beschäftigung mit dem Unbewußten einer fremden Kultur, die Analyse der Interaktion von psychischen und kulturellen Faktoren scheint für die Supervision von herausragender Bedeutung zu sein. Zum einen, da die Ethnopsychoanalyse lehrt, auch die eigene Kultur fremd werden zu lassen, zum anderen, weil das Eintreten des Supervisors in eine neue Organisationskultur einem »In-die-Fremde-Gehen, um eine fremde Kultur zu entdecken«, gleicht (Nadig 1986). Der von Morgenthaler (Morgenthaler et al. 1984) geprägte Satz: »Look, I'm a foreigner!« beschreibt Analoges.

Dabei ist es sinnvoll, die Fremdheit des anderen Sinnsystems äußerst ernst zu nehmen. Nur so kann der Supervisor eine der gleichschwebenden Aufmerksamkeit in der Psychoanalyse ähnelnden Haltung für den supervisorischen Prozeß einnehmen. Und dieser erscheint mir deshalb so wichtig, da einige Gefahren des allzu Vertrauten damit gemieden werden können: »…,man fixiert das eine Stück besonders scharf, eliminiert dafür ein anderes, und folgt bei dieser Auswahl, seinen Erwartungen und Neigungen. Gerade dies darf man aber nicht; folgt man bei der Auswahl seinen Erwartungen, so ist man in Gefahr, niemals etwas anderes zu finden, als man bereits weiß; folgt man seinen Neigungen, so wird man sicherlich die mögliche Wahrnehmung fälschen. Man darf nicht darauf vergessen, daß man ja zumeist Dinge zu hören bekommt, deren Bedeutung erst nachträglich erkannt wird.« So heißt es bei Freud »Ratschläge für den Arzt bei der psychoanalytischen Behandlung« (1912, 377).

Die Begegnungssituation des Supervisors mit der Kultur einer ihm zunächst fremden Organisation darf demzufolge nicht zu sehr theoriegeleitet sein. Zwar reduziert eine kognitive Vorbereitung die Belastung der Kontaktnahme, aber sie nimmt u. U. eine wichtige Durchgangsphase, die viele Möglichkeiten der Erkenntnisgewinnung enthält. Der Supervisor befindet sich – folgen wir Wellendorf (1996, 179) – zunächst »in einem prinzipiellen und fundamentalen Zustand des Nichtwissens«. »Was er für eine psychoanalytisch orientierte Arbeit mit Institutionen braucht, ist das, was Bion (1971) einmal *negative capability* genannt hat. Er meint damit ›die Fähigkeit eines Menschen, sich in Unsicherheit, rätselhaften Geheimnissen und Zweifeln zu befinden, ohne irritiert nach Fakten zu suchen‹. Sie ist Voraussetzung dafür, daß wir über die Institution etwas Neues – das heißt etwas, was keiner der Beteiligten bisher wahrgenommen und gewußt hat – lernen« (Wellendorf 1996, 179). Supervision wird oft in Krisensituationen von Organisationen nachgefragt. Die Fremde ernst nehmen bedeutet in solchen Situationen, den Blick frei zu haben für Innovatives, das sich nur dann finden läßt, wenn wir zunächst die Sinne schärfen für das Übersehene, Vermiedene, Verleugnete des Systems.

Klare Suchstrategien des Supervisors resultieren aus klaren Supervisionskontrakten. Sie sind auch wünschenswert, dennoch zumeist eine Illusion. »Die Gründe dafür liegen zum Teil in dem Nichtwissen der Nachfrager, was denn nun Supervision ist und zum anderen in dem (verständlichen) Noch-Nichtwissen ihrer eigenen Thematik« (Pühl 1992c, 38). Supervisanden zu schnell in eine dann vermeintliche Klarheit zu drängen, speist sich aus der Unfähigkeit des Supervisors, die notwendige Anfangsverwirrung zu ertragen. Klarheit kann nur das Ergebnis eines zumeist beschwerlichen gemeinsamen Suchprozesses und nicht dessen Voraussetzung sein. So kann man erste gemeinsam verhandelte Supervisionsthemen als Kompromißbildungen verstehen, die ein für alle Beteiligten zu verkraftendes Angstniveau markieren. Erst allmählich ist es möglich, sich in die Tiefe der institutionellen Konfliktdynamik und der informellen Strukturen vorzuarbeiten. Nur im ungünstigen Fall versenken wir das, was uns in der Begegnung mit der Institution überfordert, ins Unbewußte. Hintergrund dessen können die Ängste des Supervisors sein, von der Institution ausgestoßen zu werden, sollte er das Maß an archäologischer Arbeit verfehlen, das die Organisation verdauen kann.

Methodisch geht es darum, die Irritationen als Supervisor verstehen zu lernen: »Daß die Irritationen und vermeintlichen Fehler des Supervisors nicht vorschnell auf seinem privaten Schuldenkonto verbucht werden, sondern als erkenntnisförderndes Material wieder zugänglich gemacht werden« (Pühl 1992c, 39). Das erfordert vom Supervisor die recht schwierige Aufgabe, sich dem Erwartungsdruck der Organisation zu widersetzen und sie nicht duch (vor-)schnelle Antworten zu beruhigen. Es geht darum, die Tastbewegungen des sich miteinander Vertrautmachens nicht zu beschleunigen, deren Dynamik das Nichtwissen darstellt. Sicherlich bedarf es dazu eines klar gesetzten Rahmens, der soviel Sicherheit und Orientierung zu bieten weiß, daß die Mitglieder einer Organisation es wagen können, Abwehrprozesse und Tabuierungen so zu lockern, daß »Dinge zur Sprache kommen, die bisher der Zensur zum Opfer gefallen sind« (Wellendorf 1996, 183).

Was können Supervisoren nun von den Ethnopsychoanalytikern lernen, deren dezidiertes Arbeitsziel es war, in die Fremde einzutauchen? Die Ethnopsychoanalyse verhilft den Supervisoren zunächst einmal zu dem Eingeständnis, daß die Fremde angst macht: »Er (der Forscher) kennt die Sitten und Gebräuche nicht, befindet sich insofern in einer orientierungslosen und angstauslösenden Situation« (Erdheim 1988, 11). Und gerade diese Angst ist seine Chance. In der Professionalisierungsdebatte, in der gefordert wird, Ausbildung an

Ausbildung zu reihen, an Souveränität und umfassendem Wissen zuzulegen (was ich sicherlich nicht als irrelevant bewerten will), vergibt man Möglichkeiten der Diagnose von fremden Organisationskulturen, wenn man nicht bereit ist, die zur Fremde dazugehörige Angst wahrzunehmen und sie nutzbar zu machen. Es gilt »der Angst ins Gesicht sehen, um der Versuchung zu widerstehen, Teile seines Materials zu verdunkeln« (Devereux 1992, 126).

»Der ethnopsychoanalytische Prozeß verläuft als Pendelbewegung zwischen der Analyse der eigenen und derjenigen der fremden Kultur« (Erdheim 1988, 34). Als Forscher in einer fremden Organisationskultur wird es darum gehen, mein Gegenüber mit Deutungen zu konfrontieren, die aus der Gegenübertragungsanalyse gewonnen wurden. Damit kann es gelingen, eigene Ergebnisse zu überprüfen und die Mitglieder der Organisation zu Beteiligten der gemeinsamen Analyse kultureller Muster zu machen. Interessant sind dabei gerade die Bruchstellen, die den Rahmen der bislang leitenden Theorien oder Vorannahmen aller Beteiligten sprengen. Das einzige, was allen Personen im Prozeß der Kulturanalyse gemeinsam zur Verfügung steht, ist die Beziehung, die sie miteinander erleben. Darum muß zunächst die dialogische Struktur, um Verständnis und Verstehensprozesse einleiten zu können, kultiviert und gepflegt werden, denn das Unbewußte der Institution bildet sich in den Interaktionen und Handlungen ab.

Wir machen immer wieder die schmerzhafte Erfahrung, nicht zu durchschauen, nicht zu wissen, d.h. Unsichersein über die eigene Rolle und Identität. Die Realität von Institutionen erleben wir als unüberschaubar komplex. Damit ist eine Gefahr verbunden, denn der Supervisor bewegt sich in der Unbewußtheit der Institution. Er selbst ist Produkt dieses Prozesses. »Er ist in der Gefahr zu übersehen, daß die Einführung der grundlegenden Unterscheidung zwischen bewußten und unbewußten institutionellen Prozessen selbst ein Versuch sein kann, sich von der Verwirrung und Angst zu befreien, welche die Teilnahme am komplexen institutionellen Geschehen auslösen können. Der Analytiker bleibt, was immer mit ihm in seiner Beziehung zur Institution geschieht, Herr über die Unterscheidung, die über institutionelle ›Wahrheit‹ und ›Unwahrheit‹ entscheidet. Das Feld des ›Unbewußten‹ ist sein Herrschaftsbereich« (Wellendorf 1996, 175).

1.2.3.1 Selbstreflexivität

Ähnlich wie die Ethnopsychoanalyse es tut (Morgenthaler et al. 1984; Parin 1978; Nadig 1986, etc.), muß auch in der Supervision der psychischen Einstellung des Supervisors viel Augenmerk gewidmet werden, da seine Gefühle, Hemmungen und Symptome während des Erhebungsprozesses ein janusköpfiges Gesicht zeigen. Sie können auf der einen Seite den Erkenntnisprozeß blockieren oder stören, sie sind aber auf der anderen Seite u. U. auch Abbilder der institutionellen Dynamik. Persönliche Unsicherheiten und Ängste müssen und können nicht im Zählen und Messen bewältigt, sondern können erkenntnisgewinnend berücksichtigt werden. »Es macht Sinn, zu sehen« (Devereux 1974, 126) und nicht vorschnell bedrückendes, herausforderndes und/oder ängstigendes Erkenntnismaterial abzuwehren. Je nachdem, um welche Organisation es sich handelt, werden auch archaische Konflikte angesprochen, die die persönliche Abwehr aktivieren. Im Laufe eines gelungenen Organisationsanalyseprozesses läßt sich die persönliche Abwehrschwelle herabsetzen, die die Wahrnehmung des Supervisors einengt.

Das Fremde verstehen heißt zunächst einmal, das Fremde in sich selbst zu verstehen. Für Berater in Organisationen ist es unabdingbar, sich über die eigenen Mythen, die er transportiert, klar zu werden, diejenigen Paradigmen zu reflektieren, die in die Arbeit einfließen. Seine eigenen Basisprämissen laufen sonst Gefahr, der fremden Kultur übergestülpt zu werden. Er muß sich seiner eigenen sozialen Herkunft, seiner eigenen Perspektivität, seines eigenen gesellschaftlichen Status und vor allem des eigenen Störungspotentials bewußt sein, um seine Gegenübertragungsreaktionen füllig für die Diagnostik und Intervention in fremden Organisationskulturen nutzen zu können. »Daneben wird in der (Rück-)Lenkung der Perspektive des Beobachters, auf dessen Position und Einfluß auf das beobachtete Geschehen die Nähe zum psychoanalytischen Konzept der ›Gegenübertragung‹ deutlich: So hatte Freud in Zusammenhang mit der Gegenübertragung formuliert, ›daß jeder Psychoanalytiker nur so weit komme, als seine eigenen Komplexe und inneren Widerstände es gestatten‹« (zit. nach Adler 1993, 79f).

Die methodische Selbstreflexion wird bei Leithäuser & Volmerg (1988) zum Hauptgegenstand des Forschungsprozesses. Die Methode der Selbstreflexion kommt einer kritischen Hermeneutik der Selbsterkenntnis gleich: »Das Selbst verfremdet sich, stellt sich sich selbst gegenüber, objektiviert sich, macht sich damit zum Gegenstand der Analyse und gelangt auf diese Weise zu Erkenntnissen von seiner Beschaffenheit, Genese und unbewußte Einbettung in die soziale Lebenssituation, wie sie ihm innerlich sind. Ein entscheidender Aspekt in diesem Prozeß der Selbsterkenntnis ist, daß das Selbst (Ich) sich selbst gegenüber Distanz, einen Spielraum gewinnt, der es ermöglicht, sich von verschiedenen Gesichtspunkten aus wahrzunehmen, verschiedene Haltungen sich selbst gegenüber einzunehmen und auszuprobieren. Damit ist die Möglichkeit der Selbstkritik und Selbstveränderung gegeben« (Leithäuser & Volmerg 1988, 214f).

Aus diesem Grunde möchte ich dafür plädieren, in Ausbildungsgruppen für Supervisoren und Organisationsberatern Übertragungsprozesse auf die Ausbilder und die Gruppenmitglieder temporär anwachsen zu lassen und sie nicht im Hinblick auf die »Fachausbildung«, die wir anbieten, im Keim zu ersticken. In dem geschützten Ausbildungsrahmen ist es möglich zu erleben, welche Übertragungsprozesse man durch das Sosein typischerweise in Gang setzt oder auf sich zieht. Dort kann man »ungestraft« Bewußtheit über bislang unbewußte Prozesse erlangen und sich mit dem Fremdbild, das man erzeugt, intensiv beschäftigen. Zu rational orientiertes Arbeiten verschenkt m. E. große didaktische Möglichkeiten. Der Ausbildungsfokus sollte immer auch auf »die persönlichen Verstrickungen mit seinem Material und die Realitätsverzerrungen, die diese Gegenübertragungs-Reaktionen nach sich ziehen« (Devereux 1992, 28) gerichtet sein.

Sehen wir in der Gegenübertragungsanalyse eine angemessene Erkenntnismethode in den Wissenschaften vom Menschen, so sind wir immer wieder mit Angst, Verwirrung, Unverständnis und damit verbundenen aggressiven Impulsen konfrontiert. Gefühle, die durch die Begegnung mit dem Fremden ausgelöst werden. Im Ausbildungskontext kann herausgefunden werden, was genau mir angst in der Fremde macht. Diese Erfahrungen machen zu können und nicht ausmerzen zu wollen, um vorschnell des anderen habhaft werden zu wollen, ist Ziel von Supervisionsausbildung. Dort kann gelernt werden, wie man auf »Zähmungs- und Neutralisierungsbemühungen« (Duerr 1978, 152) durch objektivistische Methodik verzichten kann und daß das Eintauchen in die Fremde auf das Engste mit der eigenen Lebensgeschichte verbunden ist »...daß man vom Fremden nicht sprechen kann, ohne auch von sich selbst zu sprechen« (Erdheim, 1984, VIII).

1.2.3.2 Enkulturationsprozeß des Supervisors

Für Roheim (1932) entspringt die Kultur unbewußten Triebkräften und Sublimationsprozessen insbesondere der Not, den frühkindlichen Erfahrungen von Abhängigkeit und Gefühlen von Hilflosigkeit etwas Stabilisierendes entgegenzusetzen. »Damit wird Kultur zum System, welches in ihren Institutionen Abwehr- und Entlastungsmöglichkeiten für den Einzelnen bereitstellt; stärker noch als bei Freud erhält sie bei Roheim den Charakter einer ›kollektiven Neurose‹« (Adler 1993, 67). Roheim betont die kompensatorische Funktion der Kultur, wohingegen Erikson deren stabilisierende Funktion hervorhebt: »Anstatt zu betonen, was die Zwänge der sozialen Organisation dem Kinde versagen können, wollen wir hervorheben, was die soziale Ordnung dem Kinde zunächst gewährt, indem sie es am Leben erhält und sich auf spezifische Weise seinen Bedürfnissen anpaßt und es in einen bestimmten kulturellen Lebensstil einführt« (Erikson 1984, 43).

Der Supervisor, der eine Organisation betritt, begegnet den kulturellen Mustern der Organisation, denen er kompatibel gemacht werden soll. Er wird schnell einen Sog registrieren, denn es sind zumeist starke Kräfte am Werk, die ihn in die Organisationskultur als übergeordnetes Abwehrsystem integrieren sollen. Die Organisation antwortet sofort auf die Präsenz und Intervention des Supervisors. Dessen Beobachten selbst verändert das Leben in der Organisation, der Beobachter ist immer auch Teil seiner Beobachtung. Dem Prozeß der »Enkulturation des Supervisors« kommt insofern hohe diagnostische Bedeutung zu. Er sollte seine Wahrnehmung auf folgende Aspekte richten:

- Wie reagiert die Organisation auf seine Präsenz? (Vorsicht, Skepsis, Erlösungswünsche)
- Welche Position und Rolle wird ihm zugewiesen?
- Welche Distanzierungs-, Abgrenzungs- oder Absetzwünsche liegen vor?
- Welche Verführungsstrategien werden dem Supervisor gegenüber angewandt?

- Wieviel Einflußnahme wird ihm zugebilligt?
- Wie sehen die Mechanismen gegenseitiger Beeinflussung aus?
- Wie wird auf seine Geschlechtsidentität reagiert?
- Welche Identifikations- und Projektionsmechanismen herrschen vor? (Illusionen und Allmachtsphantasien über Supervisoren, Entwertungen, Vorurteilsanalyse)
- Welche Widerstände lassen sich bei den Supervisanden und dem Supervisor finden?
- Welche Glaubenssätze soll er unbedingt übernehmen?
- An welchen Tabus soll nicht gerührt werden?
- Wie wird der Berater an den Erfahrungsschatz der Organisation angeglichen?
- Wann besteht Gefahr, ausgestoßen zu werden, da der Supervisor zu fremd bleibt und damit zu angstauslösend wirkt?

Die Antworten auf diese umfangreichen Fragen lassen sich am besten durch eine Position der Unvoreingenommenheit finden, durch eine unterstützende Beziehung, die dem Klientensystem größtmögliche eigene Entwicklung zubilligt. Auf diese Weise kann es gelingen, »dem Klienten bzw. dem unterstellten System (zu) helfen, sich über ihre/seine Probleme klar zu werden, zu lernen, mit ihren Sorgen zu leben, die eigenen Widerstände zu erkennen, sie zu analysieren und sich dann einer neuen Situation zuzuwenden. Erst dann wäre es möglich, vielfältigere und kreativere Lösungswege für Probleme zu antizipieren als bisher und dementsprechend frei zu handeln« (Gagliardi 1995, 9).

1.2.3.3 »Gruppen-Ich» und »Clangewissen«

Parin, Morgenthaler und Parin-Matthèy (1963) setzten sich intensiv mit der Etablierung eines »Gruppen-Ich« und des »Clangewissens« in fremden Kulturen auseinander, die das Ich von unerträglichen Ängsten, Schuldgefühlen oder deren archaischen Vorläufern befreit. Sie beschreiben ein Konzept der Anpassungsmechanismen des Ich, die Entwicklung eines »Gruppen-Ich« und eines »Clangewissens«, die »das Ich in ähnlicher Weise von der ständigen Auseinandersetzung mit der Außenwelt entlasten, wie die Abwehrmechanismen das gegenüber den abweichenden Triebansprüchen leisten« (Parin 1977, 485).

»Gruppen-Ich« und »Clangewissen« bergen in sich die Gefahr der Manipulierbarkeit, da das autonome Über-Ich nur schwach ausgeprägt ist. Die Identifikation mit der zugewiesenen Rolle, die Übernahme der Rollen- und Institutionsideologie haben ebenso wie die Verschmelzung mit der Meta-Ideologie des Unternehmens Ich-stabilisierende Funktion. Die Beweglichkeit des Ichs wird eingeschränkt, die konflikthafte Interaktion zugunsten hoher Anpassungsleistung reduziert. Das »ethnische Unbewußte« wird auf Kosten des ideosynkratischen Unbewußten gestärkt. Angleichungs- bzw. sogar Deformationsprozesse des Lebens in Institutionen sollten Supervisoren ihr Augenmerk schenken, so z.B. der Ausprägung kompensatorischer Größen-Selbst-Phantasien. Institutionen erzeugen Wünsche nach Geborgenheit und Zugehörigkeit. Als Rollenträger nimmt man teil an einer Institution und einer Gruppe. »Was an Autonomie verloren ging, wird wettgemacht durch neue Arten der Befriedigung, die die Rolle bietet« (Parin 1978, 118).

Ebenso wichtig scheint mir die Erfassung abweichenden Verhaltens einzelner und seiner Bedeutung für die Gesamtkultur. Denn Systeme können sich auf Dauer nur erhalten, wenn manche Mitglieder Abweichung oder Innovation wagen. Auch Kulturvergleiche, die erfahrene Supervisoren immer wieder anstellen können, helfen zur komplexen Diagnostik von Organisationen. Die Komparation kann u.a. zeigen, welche beruflichen Sozialisationspraktiken welche Persönlichkeitscharakteristiken bedingen und umgekehrt.

1.2.2.4 Forschungsmethodologische Perspektiven

Ein bewährter Zugang zur Erfassung kultureller Muster in Organisationen sind Interviews, die sowohl qualitativ als auch quantitativ ausgewertet werden können. Daneben lassen sich ethnohermeneutische Verfahren wie analytische Gruppendiskussionen, teilnehmende Beobachtung (vgl. Bosse & Knauss 1984) als Instrumente der Institutionsanalyse in der fremden Kultur einsetzen. Dieser Zugang unterscheidet sich deutlich von traditionelleren Herangehensweisen. Mit gleichschwebender Aufmerksamkeit dem psychischen Material gegenüber, das der Interviewte/die Gruppe dem Supervisor liefert, soll dieser möglichst durch keinerlei Muster des Aufmerkens eingeschränkt sein (s. Leithäuser & Volmerg 1988). Ohne einschränkende Scheuklappen, was auch theoretische Abstinenz bedeutet, soll den

Phänomenen Rechenschaft getragen werden. Durch die paradoxe Haltung der Neutralität ist es möglich, daß der Blick nicht an den Tatsachen fixiert bleibt, sondern die unbewußten Prozesse Raum greifen können. Die gleichschwebende Aufmerksamkeit des Supervisors ermöglicht ein Auftauchen der flüchtigen und schnell wieder entschwindenden Phänomene des Unbewußten. Das Unbewußte, das sich im wesentlichen in Prozeßfiguren zeigt, ist schwer eindeutig zu ordnen.

1.3 Spannungsfeld zwischen Psychotherapie und Supervision

Wie gezeigt wurde, gehören psychotherapeutische Verfahren häufig zu den methodischen Grundlagen für den Supervisionsprozeß. Das birgt insofern Schwierigkeiten für die Beratung professioneller Themen, als diese Verfahren darauf abzielen, durch die Thematisierung der persönlichen Probleme der Klienten deren psychische Entwicklung voranzutreiben (vgl. Pühl 1984). Es besteht die Gefahr einer Therapeutisierung, wenn die Arbeit in der Supervision sich nur noch auf die Helfer-Klient-Beziehung konzentriert und damit die komplexen Zusammenhänge der Institutionalisierung von Arbeit auf leichter durchschaubare individuelle Beziehungen reduziert wird. Diese therapeutische Reduktion von Supervision kommt unter Umständen den Supervisanden entgegen, da sie in der Supervision erarbeiteten Inhalten häufig mit inneren Konflikten der Supervisanden in Verbindung stehen und von daher Bedürfnisse nach psychotherapeutischer Aufarbeitung persönlicher Thematiken geweckt werden (s. auch Pühl 1984). Insofern kann Supervision zum Anreiz werden, die vielleicht in ungeahnter Schärfe ins Bewußtsein dringenden persönlichen Konflikte in einem psychotherapeutischen Setting substantiell anzugehen (vgl. Zimmer & Höfler 1990). Die Supervision kann diese Notwendigkeit herausarbeiten, auf sie verweisen oder Empfehlungen geben. Sie darf jedoch ihre Orientierung an den beruflichen Aufgaben und Arbeitsprozessen nicht verlassen. Gerade Psychotherapeuten, die Supervision anbieten, ohne eine spezielle Supervisionsausbildung absolviert zu haben, sog. »wilde Supervisoren«, drohen der Verführung zu erliegen, zu sehr psychotherapeutisch zu intervenieren und sich damit auf das ihnen vertraute und damit Sicherheit stiftende Terrain zurückzuziehen.

Supervision stellt, da sie ihre Wurzeln auch in psychotherapeutischen Verfahren hat, eine Gradwanderung dar. Sie muß folgende Quadratur des Kreises erreichen: originär psychotherapeutische Methoden in den nicht-therapeutischen Raum zu transformieren. Die Thematisierung beruflicher Problemstellungen führt häufig zu einer Thematisierung innerer Konflikte, auf die aber nicht das Hauptaugenmerk gerichtet werden kann, obwohl hier für den Supervisanden vielleicht eine unmittelbar einsichtige Ursache für die berichteten Probleme zu liegen scheint. Gegenstandsangemessene Teamsupervision betrachtet jedoch immer individuell erscheinende Problematik vor dem Hintergrund der Gruppendynamik des Teams und vor allem mit Hilfe der Interpretationsfolie der Organisationszusammenhänge. Diese Gesamtheit spiegelt sich im Individuellen wieder und erfährt im Supervisionsprozeß seine teamspezifische Ausformung. Der deutende, interpretierende oder erklärende Verweis scheinbar persönlichen Erlebens und Verhaltens gilt immer den größeren Zusammenhängen. Da das Persönliche der Supervisanden zumeist Ausgangspunkt supervisorischen Tuns ist, besteht die Gefahr falscher Erwartungshaltungen bezüglich dessen, was in der Supervision verhandelt werden kann. Es entsteht eine Bedürfnisstruktur bei den Supervisanden, deren Sogkraft sich der Supervisor entziehen muß. Behutsame Frustration dieser Erwartungen (vgl. Pühl 1986, Gfäller 1993) und die Motivation zu einer übergeordneten, über die individuelle oder dyadische Interpretationsebene hinausgehende Betrachtungsweisen sind die zentralen Aufgaben des Teamsupervisors.

Supervision dient der Optimierung der Aufgabenerledigung und bietet insofern Hinweise zur persönlichen Entwicklung der Supervisanden. Sie kann Wachstum fördern und ist als Teil der Erwachsenenbildung zu betrachten. Was den Prozeß in der Supervision hemmt und fördert, hat sicherlich wichtige Ursachen in individuellen Prozessen. Aufgrund dieser Analogie zum psychotherapeutischen Vorgehen können Konzepte, die aus der Psychotherapie stammen, zum Verständnis der supervisorischen Prozesse beitragen. Supervision ist aber ein Interventionsprozeß, dessen Ziel das Verständnis der Verschränkung zwischen Individuum und Institution ist. Ein zu persönliches Miteinander und ein hohes Maß an Tiefung in der Interventionsmethodik sind ethisch genauso wenig vertretbar, wie der Sache dienlich. Teamarbeit braucht neben der Kooperationsfähigkeit auch die Exzentrizität ihrer Mitglieder.

1.3.1 Konzeption von Supervision

In der Supervision werden verschiedene Settings unterschieden, in denen der Beratungsprozeß stattfindet. Durch Psychotherapeuten nachgefragte Einzelsupervision weist die meisten Analogien zur Kontrollanalyse auf. Die Nähe zur Psychotherapie ist im Einzelsetting am ehesten gegeben. Die Tiefungsebene verhandeln dabei Supervisand und Supervisor miteinander. Biographisches Material, das z.B. den Blick auf spezielle Problemkonstellationen trübt, läßt sich durchaus im gemeinsamen Einverständnis bearbeiten. Temporäre und zeitlich limitierte Regressionsprozesse sind dabei durchaus möglich, ohne den supervisorischen Kontext zu verlassen. Einzelsupervision als Coaching oder Rollenberatung stellt die Methode der Wahl z.B. für Leiter von Instituten und Führungskräfte dar (vgl. Schreyögg, A. 1995a).

Weiterhin kommt dem Einzelsetting (sinnvoller wäre es m.E., vom dyadischen Setting zu sprechen) in der Ausbildung von Supervisoren ein zentraler Stellenwert zu. In der Lehr- bzw. Kontrollsupervision, die der Ausbildungskandidat durchläuft, wird sein eigenes supervisorisches Arbeiten begleitet. In der Kontinuität der Lehrsupervision wird die Feinarbeit der Prozesse geleistet. Die unterschiedlichen Ebenen der Relationalität (supervidiertes Klientel, deren Klientel, die Institution und das Feld) werden in der Beziehung Lehrsupervisor und Ausbildungskandidat als Spiegelphänomene deutlich und damit interpretier- und veränderbar. Die Phänomene der Übertragung, Gegenübertragung, Widerstand und Abwehr kommen in den Blick, werden lehr- und lernbar und damit verfügbar für die Handhabung supervisorischen Tätigseins des Ausbildungskandidaten.

Eine Gruppensupervision wird dadurch definiert, daß die Supervisanden

a) keine berufliche Beziehung zueinander haben,
b) sich zunächst nicht kennen,
c) aus unterschiedlichen Praxisfeldern stammen und sich
d) freiwillig in einer Gruppe zusammenfinden, um sich in bezug auf

ihre Rolle und ihr professionelles Handeln einem Reflexions- und Qualifizierungsprozeß zu unterziehen.

Der Zugang zur Gruppensupervision wurde aufgrund der Kritik an einer individualistischen Sichtweise von psychischen Konflikten, wie sie etwa in der Familientherapie und der Systemtheorie formuliert wurde, gefördert (vgl. Neidhard 1972). Dabei waren neben den allgemeinen gruppendynamischen Prinzipien (Lewin 1963) vor allem die analytische Gruppentherapie nach Foulkes (1974) und das Modell der Balintgruppe (Balint 1957), in der allerdings noch die Helfer-Klient-Beziehung im Vordergrund steht, die Hauptbezugspunkte. Vor allem die aus der Lewinschen Gruppendynamik stammende Methode des Feedback wurde zum wichtigsten Bestandteil supervisorischer Reflexion. Die Rückmeldungen anderer Gruppenmitglieder in Bezug auf das eigene Verhalten können die Angemessenheit der Selbsteinschätzung erhöhen und die Reflexion eigenen Verhaltens in Gruppen fördern.

Die Teamsupervision hat zur Voraussetzung, »daß alle Mitglieder der Teamsupervision ... Mitarbeiter sind, die in einer Institution arbeiten und ein gemeinsames Aufgabengebiet gegen Entlohnung kooperativ bewältigen sollen« (Conrad & Pühl 1983, 85). Diese Definition weist bereits auf eine wichtige Aufgabe von Teamsupervision hin, nämlich der Verbesserung der aktuellen Arbeitsfähigkeit eines Teams. Insofern ist auch der Begriff der »Teamberatung« (Edding 1985) angebracht. Das Tavistock-Modell des *Human Relation Trainings*, das individuumszentrierte Ansätze (z.B. Rogers) mit gruppendynamischen Ansätzen verbindet, stützt klar diese Sichtweise von Teamsupervision: »Die Aufgabenerledigung hat Priorität vor der individuellen Befriedigung. Individuelle Variablen, wie z.B. die persönliche Leistung, bleiben eindeutig Privatsache der Individuen« (Ricciardi 1981, 378).

Nach Belardi (1992, 113) ist die Teamsupervision heute vermutlich in Deutschland »die häufigste Form der Supervision überhaupt«, was zeige, »wie sehr die Supervision inzwischen in die Organisation eingedrungen ist«. Die Supervision von Arbeitsteams stellt hohe Ansprüche an den Supervisor, da die Arbeitsrollen- und Privatbeziehungen der Teammitglieder Aspekte der Gruppen- und Institutionsdynamik besonders hervortreten lassen. Um diese größere Komplexität zu fassen, ist die Bezugnahme auf systemisch-strukturelle Konzepte unausweichlich, will man der Problematik von Teamsupervision gerecht werden.

1.4 Psychoanalytische Teamsupervisionsansätze

Psychoanalytische Teamsupervision wird von vielen Autoren als ein Anwendungsbeispiel der Psychoanalyse auf eine spezifische Gruppensituation, nämlich der Supervision institutioneller Gruppen und professioneller Arbeitsteams, gesehen. Es fließen in diesen Ansatz sowohl die gruppenanalytische Theoriebildung (Foulkes, Bion) als auch das Wissen und die Erfahrung mit der Balint-Gruppenarbeit ein.

1.4.1 Modell der Balint-Gruppe

In der Balintarbeit steht die Helfer-Klient-Beziehung im Mittelpunkt, die durch die Darstellung von Fällen beleuchtet wird. Sie ist in ihrer ursprünglichen Absicht ein Instrument der Erweiterung hausärztlicher Praxis in Richtung der Etablierung einer ganzheitlichen Medizin. »Es ist eine Gruppe von 8–10 Hausärzten, die unter der Leitung eines ärztlichen Analytikers oder Psychotherapeuten während Jahren alle 1–2 Wochen für zwei Stunden zusammenkommt, um die Probleme der Arzt-Patient-Beziehung zu studieren und um gemeinsam zu lernen, wie den Patienten ganzheitlich, körperlich und seelisch geholfen werden kann« (Knoepfel 1980, 60 zit. nach Rappe-Giesecke 1987).

In der heutigen Balintarbeit geht es meist um das Verständnis der Psychodynamik zwischen Helfer und Klient unter Nutzung des von Balint entdeckten Spiegelungsphänomens: Hierbei handelt es sich um den Zusammenhang zwischen dem Fall, also der problematischen Helfer-Klient-Beziehung, und dem Geschehen in der Gruppe beim Bearbeiten dieses Falles, das durch die Identifikation der anderen Gruppenmitglieder mit emotionalen Aspekten der geschilderten Beziehung strukturiert wird. In der Reflexion des Gruppenprozesses können dann die Beziehungsmuster rekonstruiert werden, die den geschilderten Patienten kennzeichnen.

Gaertner (1988), der sein Teamsupervisionskonzept auf das von Balint entwickelte Modell gründet, geht davon aus, daß sich in der Balintarbeit auch eine Analyse des institutionellen Machtgefüges realisieren ließe. Es entstünden im supervisorischen Prozeß »Gruppenkulturen«, die die Arbeit an den verborgenen Hintergründen ermöglichten. »An den Themen, die die Supervisanden artikulieren, spiegeln sich die Erfahrungen der Supervisanden und die Konfliktzonen der Institution. Dabei bilden sich insbesondere institutionelle Spaltungsprozesse in der Fall- bzw. Problemeinbringungsphase ab« (Schreyögg, A. 1991, 488).

Es mag bezweifelt werden, ob ein Analyseschema, das zur Arbeit an der Dyade oder Triade entwickelt wurde, auch Organisationen und ihre Mehr-Personen-Settings erfassen kann. Reine Spiegelphänomene sind in institutionellen Kontexten nicht zu erwarten. Die hierarchische Struktur, konzeptionelle Fragestellungen, formalstrukturelle Probleme, wie z.B. Arbeitsplatzprofile und Aufgabenverteilungen, Finanzierungsprobleme, Beförderungsmodi, u.v.m. verzerren bzw. überlagern die Wahrnehmung. Auch fließen Beziehungsstörungen der Teammitglieder untereinander in die Fallarbeit ein. Gegenübertragungsanalysen und die Arbeit mit der Reinszenierung können nicht analog dem Ursprungsmodell von Balint genutzt werden. Es bedarf eines zusätzlichen Methodeninventars zur Diagnostik organisatorischer Einheiten. Sonst bestünde die Gefahr, im Supervisionsprozeß zu sehr zu psychologisieren und die in der Teamsupervision auftauchenden Probleme auf emotionale Implikate zu reduzieren. Rappe-Giesecke (1987) schlägt zum Beispiel eine Verbindung von Fallarbeit und Institutionsanalyse in der Weise vor, daß erst dann, wenn die institutionell bedingten Beziehungsprobleme aufgearbeitet wurden, die Balint-orientierte Fallarbeit beginnen kann. Die Supervision wird hier als Ort begriffen, wo die institutionalen Problematiken wiederholt werden. Gruppendynamische Modelle helfen die unbewußten Übertragungsbeziehungen – auch auf die Institution – zu bearbeiten. Das Erleben der Teammitglieder in ihrer Rolle, als Teil der Gruppe und der Institution zu fokussieren, schafft die Freiheit von emotionalen Widerständen und die Kooperationsfähigkeit, die Fallarbeit nach Balint zur Voraussetzung hat.

1.4.2 Analytische Gruppenarbeit nach Foulkes

Foulkes wandte Prinzipien der Gruppendynamik psychoanalytisch an. Die Individualität jedes Gruppenmitgliedes und die Dynamik der Gesamtgruppe werden als wechselseitig aufeinander bezogen begriffen. Der einzelne versucht unbewußt, die in der jeweiligen Primärgruppe erfahrenen Interaktionsmuster, die »verinnerlichte Gruppenmatrix« (Foulkes 1974), in jeder neuen Gruppe zu aktualisieren, so daß eine durch Übertragung und Interaktionsstile, aber auch durch institutionelle Bedingungen (vgl. Schreyögg, A. 1991, 490) fundierte Gruppenstruktur entsteht, die nur eine mehr oder weniger gestörte Kommunikation zuläßt. Das menschliche Grundbedürfnis nach befriedigendem Kontakt hält dabei das Gruppengeschehen aufrecht.

Das Geschehen in der Gruppe entfaltet sich nach Foulkes auf fünf Ebenen:

1) *der primordialen Ebene* mit den tiefsten leiblichen Phantasien,
2) *der Körperebene* mit der Leiblichkeit der Gruppenmitglieder wie auch Phantasien von der Gruppe als dem Körper und seinen Organen,
3) *der Projektionsebene,* auf der es keine klare Trennung zwischen Subjekt und Objekt, Individuum und Gruppe gibt, Verschmelzung und Abgrenzung zentrale Themen sind,
4) *der Übertragungsebene,* wo frühkindliche Situationen in der Gruppe aktualisiert und reinszeniert werden, die Gruppensituation wahrgenommen wird, als sei die Primärsituation der Kindheit wieder lebendig geworden,
5) *der aktuellen Ebene*, wo die Gruppe zur Institution wird, Öffentlichkeit und Gesellschaft repräsentiert (vgl. Becker 1995).

Die Reaktionen der Gruppenmitglieder, verbunden mit den analytischen Interventionen des Therapeuten, führen zu neuen Erfahrungen und Einsichten und machen Neustrukturierungen auf der Interaktions- und Persönlichkeitsebene möglich. Da das Individuum als primär soziales begriffen wird, erscheint seine Persönlichkeitsentwicklung aus der sozialen Erfahrung heraus möglich. Die Wirkmöglichkeiten der analytischen Gruppentherapie erwachsen dabei aus verschiedenen gruppendynamischen Faktoren: zum einen durch die

Sozialisationserfahrungen in der Gruppe, die zu einer verbesserten Kommunikation und Situationswahrnehmung führen, zum anderen durch das Wiedererkennen eigener Anteile im Verhalten des anderen. Drittens erwächst durch die Deutung der Gruppenassoziationen zu dem jeweiligen individuellen Material ein Klima, das latente intrapsychische Konflikte bei allen Gruppenmitgliedern aktiviert (Kondensatorphänomen). Viertens fördert der emotionale Austausch zwischen den Gruppenmitgliedern das Verstehen der eigenen Schwierigkeiten, etwa in der Bezugnahme auf bestimmte Aspekte des Verhaltens eines Gruppenmitglieds, die der eigenen Problematik entsprechen.

Conrad & Pühl (1983) und Gfäller (1993) fundieren ihr Teamsupervisionskonzept auf Foulkes, der individuelle, interaktionistische und systemische Phänomene der Gruppe aufeinander bezog. Die Gruppenmatrix, d.h. das Gesamt der aktuellen Beziehungen, der Übertragungsbeziehungen, die eingeübten Interaktionsmuster, institutionelle Bedingungen und kollektive Abwehrformationen, wird zum Agens der Supervision (vgl. Gfäller 1993). Die recht multiparadigmatische Vorgehensweise, die Erweiterung des Supervisionskonzeptes um die institutionelle Dimension wird dem Gegenstand der Supervision gerechter. Formale Relationen jedoch lassen sich mit diesem Ansatz diagnostisch nicht abdecken. So besteht die Gefahr, daß sachliche Differenzen nach dem Muster eines Familienstreits verhandelt werden.

1.4.3 Modell des »Container-Contained« nach Bion

Lazar (1994) nennt das Bionsche Modell des Container-Contained die psychoanalytische Leitidee in der Praxis der Supervision. Bion sieht die Beziehung zwischen »Container« und »Contained« als biologisch vorprogrammiert. Etwas (Milch, Sperma, Penis, etc.) wird aufgenommen und dadurch verändern sich beide Beziehungspartner.

Die Supervisanden kommen mit Unverstandenem, Ängsten, Rollenunsicherheiten, Erschöpfung und suchen zunächst einmal Entlastung beim Supervisor. Seine *negative capability* (in Anlehnung an den englischen Dichter John Keats) ist gefragt, um »aufzunehmen, ohne zu beurteilen, ohne zu erklären, ein mit dem Erlebten einfach Sein-können, indem man das Ungewisse, das Mysteriöse und das

Zweifelhafte tolerieren kann, ohne dem ›irritierten Greifen nach Tatsache und Begründung‹ (Übers. d. Verfasser)« (Lazar 1994, 381). Die aufnehmende Psyche des Supervisors läßt sich durch das Nichtverstehbare, das Frustrierende, das Hineinprojizierte, das Zweifelnde, Schmerzhafte, Bedürftige berühren. Er kaut es gleichsam durch, um es in verdaulichen Portionen dosiert an die Supervisanden zurückzufüttern. Der Supervisor macht sich auf diese Weise zum Nistplatz der unbewußten Phantasien der Institution, des Teams und des einzelnen Mitarbeiters. Mittels der Haltung der »reverie«, der Träumerei, transformiert er mit viel Geduld das Abgewehrte in einen Zustand der Sicherheit, wenn das Contained verstanden und zurückgegeben ist.

Melzer beschrieb den Prozeß mit folgenden Worten: »Man muß eine Toilette sein können, bevor man eine Brust sein kann«. Dabei wird die Mutualität der Beziehung nicht außer acht gelassen. Der Supervisand ist ebenso wenig inaktiv wie der Säugling. »Der Abfallhaufen des Nichtverstandenen, den der Supervisand mitbringt« (Lazar 1994, 382) wird nicht einfach nur abgeladen, sondern der Supervisand regt den Supervisor zur Produktion von »supervisorischer Milch« an, indem er fragt, Hypothesen bildet und seine Beobachtungen genau vorbringt. Der Supervisor versucht sich introjektiv zu identifizieren, d. h., daß er sich selbst in die gegebene Situation auf der Station hineinversetzt, als ob er dort reagieren müsse. Analog zur Traumdeutung behandelt er Supervisionsfragen so, als ob er seinen eigenen Traum deuten müsse.

Das supervisorische Paar bzw. die supervisorische Gruppe braucht einen geschützten intimen Raum, in dem die Einmaligkeit der Beziehung erlebt und wahrgenommen werden kann. Beide müssen sich aufeinander einlassen, »damit die ›neuen Babys‹, d. h. die neuen Ideen der Supervisionssitzung, zustande kommen können« (Lazar 1994, 382). Einen wichtigen Wirkfaktor sieht Lazar damit wohl auch in der Objektkonstanz des Supervisors. Obwohl diese Dimension nicht explizit genannt wird, scheinen supervisorische Prozesse dieser Art auch ihre Zeit zu brauchen, d. h. die Institution geht mit dem Supervisor eine Beziehung ein, die auf Dauer angelegt ist.

Für die Teamsupervision scheint Bions Verständnis der Gruppe als Mutterleib, die kollektive Übertragungen präödipaler Art evoziert, von zentraler Bedeutung. Sehnsucht nach Erlösung und Bedürfnisbefriedigung lassen sich ebenso wie die Angst vor dem Getrenntsein finden. Daraus resultieren kollektive Widerstandsmuster, die in jeder Kleingruppe entweder aktiv oder als ruhende Bereitschaft zu finden sind (vgl. Kernberg 2000).

Bion unterscheidet drei unbewußte kollektive Widerstandsmuster:

1. Die »abhängige Gruppe«: Die Gruppenmitglieder suchen Schutz beim Leiter oder bei anderen Gruppenmitgliedern, die sie zu Führern stilisieren.
2. Die »Kampf-Flucht-Gruppe«: Die Gruppenmitglieder kämpfen gegen jemanden oder etwas, sie schließen sich gegen »feindliche Mächte« im Sinne eines paranoiden Systems zusammen.
3. Die »Paarbildung«: Die Gruppenmitglieder bilden Zweiergemeinschaften, mit denen sie ihre Angst zu bändigen versuchen und die messianischen Hoffnungen auf Befruchtung und dem Gebären von etwas Neuem aufrechterhalten.

Wichtiges Agens der supervisorischen Arbeit ist u.a., die Teammitglieder ihre jeweiligen Abwehrmechanismen intensiv erleben zu lassen. Kritisch anzumerken ist jedoch, daß die oben beschriebenen Phänomene auch Artefakte eines zu abstinenten Supervisorstils sein können.

Bionsche Supervisionsarbeit beeinhaltet die Gefahr, daß der Supervisor ein »starkes Modell« abgibt. Besserwissen und Besserkönnen des Supervisors wird in der Literatur immer wieder entschieden zurückgewiesen, dennoch spricht der Supervisor durch sein Containingangebot eine Einladung zu Regressionsprozessen aus. Die als förderlich beschriebene Haltung wird deutlich als Analogie zur Mutter-Kind-Interaktion konstruiert und birgt damit ein immenses Machtgefälle und zudem die Gefahr der Infantilisierung der Supervisanden, denen nicht mehr als Kollegen, sondern als Kindern begegnet werden könnte. Sie sollen vom Supervisor lediglich eine »zweite Meinung« (Bion) fordern, nicht die Verantwortung für ihr professionelles Tun an ihn abgeben. Das Regressionsangebot ist jedoch von hoher Verführungskraft. Bions Modell stellt hohe ethische Anforderungen an gut »durchgearbeitete« Supervisoren, die den Verführungen der narzißtischen Selbstüberhöhung – auch unterstützt durch bedürftige Institutionen – widerstehen können.

1.4.4 Neuere psychoanalytische Supervisionsansätze

Der Bedarf einer eigenständigen theoretischen Fundierung psychoanalytischer Supervision wird in letzter Zeit durchaus gesehen (vgl. Becker 1995, Bardé & Mattke 1993). Dennoch definiert Becker (1995, 9) psychoanalytische Teamsupervision recht traditionell: »Unter Teamsupervision wollen wir hier eine in Analogie zum Modell des psychoanalytischen Prozesses gedachte Interventionstätigkeit beziehungsweise eine entsprechende Entwicklung verstehen, deren Gegenstand die unbewußten Arbeitsbeziehungen in einem professionellen Team sind.«

Alle Beziehungen und Beziehungsaspekte sind eingeschlossen, die sich mittelbar oder unmittelbar auf die berufliche Tätigkeit beziehen. Der fallbezogene Ansatz etwa nach dem Muster der von Balint (1955) entwickelten Methode und die konfliktbezogenen, auf die unbewußte Gruppendynamik gerichteten Methoden sind »beides Perspektiven als Teil der psychoanalytischen, auf die Wahrnehmungseinstellung und der daraus resultierenden Disposition zu einer deutenden Aktivität« (Becker 1995, 9).

In der Teamsupervision wird zwischen mehreren Beziehungsebenen unterschieden:

- die Beziehung des Teams zu seinen Klienten,
- die Beziehung der Teammitglieder untereinander,
- die Beziehungen des Teams zu Personen und Gruppen in der Institution.

Priorität erhält bei Becker (1995) die Beziehung des Teams zu den Klienten/Patienten. Eine Haltung, der ich mich anschließen möchte, da Supervisionen, die zur Nabelschau von Teams verkommen (und leider keine Seltenheit darstellen), Vorbehalte gegenüber dem supervisorischen Ansatz erhöhen. Außerhalb des psychosozialen Kontextes, beispielsweise im Produktionsbereich, sind Vorbehalte wie »dieses Psychogequatsche« auch aufgrund der Erfahrung von Überlagerung der Fallarbeit durch Teamkonflikte entstanden. Der Arbeitsauftrag des Teams lautet im psychosozialen Sektor zumeist: »Behandlung und Betreuung von Klienten« und der Supervisor sollte sich diesem ebenso verpflichtet sehen wie das Team (vgl. auch Wellendorf 1993).

Die beiden anderen Beziehungsebenen werden dann wichtig, wenn sie den Arbeitsauftrag erschweren und behindern oder – wie ich ergänzen möchte – die Problematik der Klientel nur mit Hilfe des institutionellen Kontextes als »indirektes Spiegelphänomen« (Kutter 1992) verstehbar ist, wenn etwa die Fallvorstellung Ausdruck teaminterner oder institutioneller Konflikte ist. Die Kunst des Supervisors besteht nun darin, zwischen Reaktionen der Gruppe auf den Fallbericht, gruppeninternen Konflikten und Konflikten der Gruppe mit der Institution zu unterscheiden bzw. das Ineinanderwirken der Faktoren zu analysieren. Seine Aufgabe ist es somit u. a. direkte von indirekten Spiegelphänomenen zu unterscheiden. Dazu kann der Supervisor nicht anders »als in der Supervisionsgruppe auch den Gruppenprozeß wahrzunehmen« (Kutter 1994).

Vorrangiges Ziel psychoanalytischer Supervision ist die Übertragungsdynamik zwischen Patient und einzelnen Mitarbeitern oder Gesamtteam aufzudecken und den latenten Sinngehalt der unbewußten Beziehungsnahme zu verstehen. Daraus kann eine differenziertere Wahrnehmung des Klienten und eine adäquatere Haltung in der Behandlung erwachsen.

1.4.4.1 Vorbereitung

Es ist unabdingbar, zunächst auch die latenten Aufträge für den Supervisor kennenzulernen und die latente Motivationsstruktur der Mitarbeiter, die Supervision nachzufragen, zu erkunden. Der Supervisor muß sich ein Bild über das komplexe Beziehungsgefüge des Teams machen, über den Zustand des »Gruppen-Ichs«, die Rivalitäten im Team, Bündnisse und Cliquenbildung wahrnehmen, die Beziehungen zu Vorgesetzten und Verwaltung eruieren, Institutions- und Teammythen und -phantasien aufspüren, Problemlöseverhalten des Teams und informelle Macht- und Hierarchiestrukturen kennenlernen und vieles andere mehr.

Neben den unbewußten Arbeitsbeziehungen sind durchaus Elemente für die Supervision entscheidend, die dem rationalen Dialog zugänglich sind. An dieser Stelle stellt der psychoanalytische Supervisionsansatz keine Besonderheit dar, sondern beschreibt Handwerkszeug, das in allen Schulen übergreifend für obligatorisch gehalten wird. Zu nennen wären u. a. unterschiedliche Vorstellungen und Erwartungen an den supervisorischen Prozeß, Arbeitsplatzbeschreibungen, aktuelle Arbeitssituation, Aufgabenteilung, Geschichte des Teams und berufliche Sozialisation der Mitarbeiter. Ergänzend scheinen mir die subjektiven Theorien des Teams über ihre Arbeitsstörungen und der gesellschaftliche Kontext, in dem Supervision stattfindet, von zentraler Bedeutung zu sein. In Zeiten der wirtschaftlichen Rezession, also der Veränderung der Systemumwelt verschiebt sich das Aufgabenprofil von Supervision auch in Richtung von Trennungsarbeit, Begleitung des Werdens und Vergehens von Organisationen (vgl. Weigand 2000).

1.4.4.2 Methodik psychoanalytischer Supervision

Die psychoanalytische Grundregel wird für den supervisorischen Prozeß insofern modifiziert, als sich das freie, möglichst assoziative Gruppengespräch auf Arbeitszusammenhänge beschränkt. Der analytische Supervisor reagiert seinerseits auf die freien Assoziationen mit gleichschwebender Aufmerksamkeit, wenig vorstrukturiert, jedoch auf das vom Team gewählte Thema zentriert. Der Sekundärprozeß übernimmt bei der psychoanalytischen Teamsupervision die Führung. Es gilt, die ausgewogene und für Arbeitskontexte verträgliche Balance zu finden zwischen einem zu systematischen Filtern der Einfälle und der Chance der Öffnung des Zugangs zum Unbewußten. Das »eigentlich psychoanalytische« dieses supervisorischen Zugangs soll nicht verloren gehen, dennoch muß eine zu freie Assoziation, die das Team in die Nähe einer Therapiegruppe rückt, vermieden werden (vgl. Lohmer 2000).

Im Zentrum des psychoanalytischen supervisorischen Prozesses steht neben den individuellen unbewußten Bezügen zum Arbeitskontext, zur Klientel und Institution zudem das »Gruppenunbewußte«, das sich aus folgenden Quellen speist:

- der berufsspezifischen Sozialisation,
- der gemeinsamen Teamgeschichte,
- dem Mythos des Teams, sein kollektives Sinngebilde und »Glaubensgrundsätze« (vgl. auch Pühl 1994c),
- der Stellung des Teams in seinem institutionellen Umfeld.

Diese Faktoren bilden die psychische Organisation, um die Arbeitsanforderungen zu bewältigen. Es entsteht ein geheimer Gruppenkodex mit ungeschriebenen Gesetzen und Gruppentabus, in den jedes neue Teammitglied im Zuge des Gruppengeschehens eingeführt wird. »Die habituelle Teamidentität wird in einem kontinuierlichen Prozeß den Arbeitsanforderungen und den gruppendynamischen Verhältnissen angepaßt. Oft spielen familiäre Phantasien eine tragende Rolle. Kämpfe um Macht, Anerkennung und Zuneigung, Entwicklung von Cliquen – alle diese Elemente des Lebens einer Gruppe tragen zu der unbewußten Teamkonfiguration bei« (Pollak 1995, 56).

Der Klient ist während der Supervision nicht anwesend, dennoch entfaltet sich seine Psychodynamik in der Sitzung als Spiegelphänomen (Kutter 1992). Gegenstand der psychoanalytischen Supervision ist die unbewußte Übertragungs-Gegenübertragungs-Beziehung zwischen Team und Klient. Dabei kann die Gegenübertragung des Teams zum einen als eine vom Patienten induzierte, für den Patienten charakteristische Reaktion gesehen werden, was dann Aufschluß über die Übertragung und unbewußte Erlebniswelt des Patienten geben kann. Zum anderen kann sie als eine für das Team charakteristische Reaktion auf einen Patienten aufgefaßt werden, wodurch der Supervisor eher Aufschluß über das Unbewußte des Teams erhält. Wenn hier von Gegenübertragung die Rede ist, dann ist das insofern eine Vereinfachung, als die einzelnen Teammitglieder natürlich nicht als psychodynamische Einheit gesehen werden können. Der Patient entwickelt gegenüber einzelnen Teammitgliedern unterschiedliche Übertragungsfacetten, wie auch die einzelnen Teammitglieder unterschiedliche Gegenübertragungsaspekte entwickeln.

In der unbewußten Übertragungs-Gegenübertragungs-Beziehung zwischen Team und Supervisor spiegelt sich die Dynamik des Patienten ebenfalls wider. Dabei ist zwischen drei Ebenen zu unterscheiden:

1. Die privaten, d. h. ideosynkratischen Übertragungen der Gruppenmitglieder auf den Supervisor und untereinander sowie die privaten Gegenübertragungen des Supervisors auf die Teilnehmer, die nicht Gegenstand der Supervision sind.
2. Übertragungen des Teams als Gruppe auf den Supervisor als Gruppenleiter mit der entsprechenden Gegenübertragung des Supervisors auf das jeweilige Team.
   Hier kommt dem Gruppenprozeß in der Supervision zentrale Bedeutung zu, die Dynamik des habituellen Unbewußten des Teams

stellt den entscheidenden Bezugspunkt dar. Je dichter die Gemeinsamkeit des Arbeitsfeldes ausgeprägt ist, wie etwa bei stationären Teams, desto mehr tritt der Gruppenprozeß zu Tage und desto mehr kommt der Gruppenmatrix (Foulkes 1974) Bedeutsamkeit zu.

3. Die Dimension der Gegenübertragung des Teams auf den Patienten, die in der Supervision in spezieller Weise erscheint und auf die der Supervisor seinerseits mit einer Gegenübertragung zweiter Ordnung reagiert.

Die unbewußte Beziehung zwischen Team und Patient wird in die Supervisionssitzung transponiert und kann dort spürbar und erlebbar werden. Dafür bildet die szenische Funktion des Ich des Supervisanden (Argelander 1970) die Voraussetzung. Seine unbewußte Beziehung zum Patienten, seine Gegenübertragungsreaktionen inszenieren sich in spezieller Weise in der supervisorischen Situation. Der Transpositionsbegriff geht somit über den Begriff der Spiegelung (Kutter 1992) und den psychischen Resonanzbegriff (Loch 1964) hinaus. Der psychoanalytische Prozeß der Supervision besteht nun darin, die Beziehung zwischen Team und Patient im Raum der Beziehung zwischen Team und Supervisor zu analysieren und szenisch – im Sinne Lorenzers (1970) – zu verstehen (vgl. Pollak 1995, 59f).

1.4.4.3 Technik psychoanalytischer Teamsupervision

Der Supervisor tastet die verschiedenen Phänomene, die in der Sitzung zutage treten, für die Deutungsformulierung danach ab, inwieweit sie als Gegenübertragung des Teams auf den Patienten verstanden werden können. Oftmals reproduziert das Team die Arbeitssituation in der Form, indem es sich mit dem Patienten identifiziert und den Supervisor so behandelt, wie es sich vom Patienten behandelt fühlt. Oder: Der Supervisor wird immer mehr in die Rolle der Behandler gedrängt. »Der Supervisor wiederum ist mit dem Team identifiziert. Indem er seine eigenen Reaktionen auf das Team als Ausdruck dieser transponierten Identifikation erkennt, kann er sie deuten: Er bezieht seine Reaktionen gegenüber dem Team – als Gegenübertragung zweiter Ordnung – zurück auf die Reaktion des Teams gegenüber dem Patienten« (Argelander 1980, zit. nach Pollak

1995, 70). In einem zweiten Schritt kann diese Gegenübertragungsreaktion auf die Lebensgeschichte des Patienten oder auf die Geschichte des Teams bezogen werden.

Es finden »interpersonale Angleichungsprozesse« statt: »Der Supervisor soll unbewußt zur Identifikation gedrängt werden, das Team will, daß der Supervisor den Fall gleichsam mit den Augen des Teams sieht. Diese unbewußte Absicht steht dem bewußten Bedürfnis nach Aufklärung entgegen. ... Die wesentliche Differenz zwischen Team und Supervisor besteht nun darin, daß sich letzterer qua psychoanalytischer Kompetenz diesem Druck reflektierend zu entziehen vermag. Dadurch begibt er sich aus dem Mittelpunkt des Geschehens an die Peripherie, an einen dezentralen Standort, von dem aus er seine Interventionen formuliert« (Becker 1995, 91).

Der Supervisor arbeitet an dieser Stelle am ehesten gemäß der klassischen psychoanalytischen Aufgabe, das Bewußtmachen des Unbewußten. Neue Perspektiven, die im supervisorischen Prozeß gewonnen wurden, müssen sich nun erst einmal im Praxisfeld bewähren oder verworfen werden. Die gemeinsame Arbeit ist im günstigsten Fall ein Wechselprozeß zwischen Team und Supervisor.

Neben der Deutung, die als zentrale Methodik auch der psychoanalytischen Teamsupervision angesehen werden kann, wendet der Supervisor auch andere nicht deutende Techniken an. Diese dienen vor allem der Stärkung der Ich-Funktionen. Sie sollen dem regressiven Sog, der stets von Gruppen ausgeht, entgegensteuern. Supervisoren erklären und begründen ihre Interventionsschritte, helfen bei der fachlichen Klarifikation, beantworten Rückfragen, greifen aktiv ein, wenn die Arbeitsfähigkeit der Gruppe – bezogen auf ihr Arbeitsziel – bedroht ist, u. v. m. Jedoch ist diese eher zupackende, aktivierende Strategie, die ich für den supervisorischen Prozeß als Haltung der Wahl beschreiben möchte, nicht unumstritten.

1.4.4.4 Rolle des Supervisors

Ertel (1995, 115) empfiehlt, wie viele andere psychoanalytische Supervisoren, die Abstinenz des Supervisors. Sie soll sich u. a. darin manifestieren, daß er keine Empfehlungen oder Ratschläge hinsichtlich Diagnosenstellung und Behandlung gibt: »Die Gefahr für den psychoanalytischen Supervisor besteht darin, daß er die analytische Position, das heißt Oszillieren zwischen einfühlendem Verständnis und objektivierend-distanzierter Beobachtung verläßt, um gerade das Trennende aufzuheben und ein Gefühl der Komplementarität, Einheit und Harmonie herzustellen. Hinter einem unreflektierten Drang, sich nur als ›gutes Objekt‹ anzubieten und damit zu verständnisvoll und gewährend zu sein, kann sich der Mißbrauch des Teams zur narzißtischen Befriedigung verbergen«.

Pollak (1995) spricht von Entscheidungsabstinenz. Es sollen im Supervisionsprozeß keine fachlichen Entscheidungen getroffen werden. Sicherlich ist es wenig förderlich, wenn der Supervisor das Team stets von seinem Entscheidungsdruck entlastet. Ich halte es nicht für wünschenswert, wenn sich der Supervisor jeglicher Empfehlung enthält. Sicherlich nimmt er damit Werteentscheidungen vor, diese lassen sich jedoch nicht vermeiden. Wenn ich z.B. bei der Beratung eines Kinderladenteams die pädagogischen Differenzen, an den sich ein Konflikt zwischen einer Erzieherin und einem Erzieher entzündet haben, in den Fokus nehme oder auf die heftige erotische Spannung, die mir zwischen den beiden »Streithähnen« im Beratungsprozeß deutlich wird, reagiere, interveniere ich, jeweils mit weitreichenden Folgen für die Konfliktdynamik. Ich lenke und leite als Supervisor massiv, schon durch die Wahl meiner Interventionsebene. Fatal erscheint mir eher, die Macht- und Einflußmöglichkeiten des Supervisors zu verschleiern oder gar zu verleugnen.

Ein aus der psychoanalytischen Behandlung entliehenes Abstinenzprinzip verwischt die notwendige Grenzziehung zwischen supervisorischem und therapeutischem Tun. Zu viel »Enthaltsamkeit« schafft meines Erachtens erst die regressiven Phänomene, die dann wieder durch Abstinenz bewältigt werden sollen. Gefühle von Hilflosigkeit, Unwissenheit, Ohnmacht, Getrenntheit und Verlassenheit entstehen dann, wenn der Supervisor die Übertragungen auf seine Person zu sehr anwachsen läßt, auch dadurch, daß er als Person, mitsamt seinem Unvermögen und seinen Schwächen, zu wenig deutlich wird. Er schafft sich sonst die Verführungssituation, die die narzißtische Dimension der Übertragung kontraproduktiv werden läßt, indem er sich z.B. als »den gerechten Vater, die spendende Mutter oder beides« (Pühl 1992b, 24) aufbaut und seine Unentbehrlichkeit ständig unter Beweis zu stellen sucht.

Gerade in der Supervision scheint mir die Unterscheidung zwischen Arbeit »an der Übertragung« und »in der Übertragung« (vgl.

Ludwig-Körner 1991) zentral. Die Arbeit an der Übertragung ist m. E. zu präferieren. Die Übertragungsdimension sinnhaft zu verstehen, sie als Diagnostikum zu nutzen, sie rückzubinden an das Klientel, die Gruppendynamik und an die institutionellen Bedingungen, scheint mir die Methode der supervisorischen Wahl. Die Übertragung läßt sich auf diese Weise bearbeiten und so weit wie möglich auflösen. Supervisoren sollten sich darum bemühen, die Übertragungsdynamik auf ihre Person so gering wie möglich zu halten, sie z. B. deutend auf den Gruppenprozeß oder die Institutionsdynamik beziehen und damit dem Team zugänglich und handhabbar zu machen. Wird die Haltung des Psychoanalytikers im Gruppen- und Einzeltherapiesetting zu sehr übernommen, entsteht die Gefahr von Machtmißbrauch. Der Aspekt der Kollegialität, der die Supervision anders als die Psychotherapie kennzeichnet, sollte nie außer acht gelassen werden.

Mir scheint es sinnvoll und möglich, Empfehlungen zu geben und dabei die Gefahr, sich in die Teamdynamik zu verstricken, im Auge zu behalten. Interventionen des Supervisors lassen sich in ihrer Bedeutung für die Klienten-, Team- und Institutionsebene transparent machen. Methodisch bieten sich hier sog. Zukunftsproben an, mit denen man unter dem Motto: »Was geschieht, wenn...« längerfristige Effekte supervisorischen Handelns reflektieren kann.

Auch bedeuten Empfehlungen nicht notwendigerweise, die Teilnehmer übermäßig zu entlasten und damit zu entmündigen. Voraussetzung dafür ist die notwendige Spannungstoleranz des Supervisors. Er muß gelernt haben, eigene Angst in Gruppen und Institutionen wahrnehmen und handhaben zu können, damit er sich nicht zu vorschnellem Eingreifen, Strukturierungshilfen und fachlichen Kommentaren hinreißen läßt. Es besteht die Gefahr der Entmündigung eines Teams, ihm zuviel Verantwortung abzunehmen, zu stark Träger von Idealisierungen zu werden oder gar zum kritischen Über-Ich der Institution zu werden. Omnipotente Selbstinszenierungen liegen gerade bei sich ohnmächtig fühlenden Teams nahe. Davor ist der Supervisor je gefeiter, desto mehr er über die eigene Abwehrstruktur weiß.

Es bleibt für die Supervision wichtig, vertraute Kommunikations- und Interaktionsmuster gemäß psychoanalytischer Behandlungskonzeption zu verweigern. Supervision muß immer – will sie hilfreich sein – mit Verunsicherung und Irritationen eigener Gewißheiten einhergehen. Alltagsregeln des Teams sollen in der Supervision so weit wie möglich außer Kraft gesetzt werden, damit neue Perspektiven entwickelt werden können. Dennoch haben Supervisanden einen Anspruch auf Entlastung durch Supervision und ein Recht auf Antworten bei diagnostischen und therapeutischen Unsicherheiten.

1.4.4.5 Der Supervisor als Lehrer

Supervision hat immer pädagogische Effekte (vgl. Pühl 1992b). In Ausbildungs- und Fortbildungssupervision findet Qualifizierung statt. Es kommt einer Vernachlässigung eigener Wurzeln und Ressourcen gleich, wenn die psychoanalytisch orientierten Supervisionsansätze dies übersehen. Balint entwickelte seine Methodik als Didaktik für Hausärzte in Seminarform. Es ging um die emotionale Verarbeitung von Praxiserfahrung mitsamt einer Vermittlung von Theorie zum besseren Verständnis der Problematiken des Arbeitsalltags. Ohne den Fortbildungsaspekt der Supervision verkäme diese zu einem gemeinsamen »Wiederkäuen« (Pühl 1996, mündl. Mitteilung). Ein Lerninput kann zu Recht erwartet werden.

In Supervisionen finden Bewertungen statt. Die therapeutische Qualifikation der Teilnehmer wird quasi öffentlich, Gruppenmitglieder und Supervisor machen sich ein Bild, die Arbeit wird eingeschätzt. Viele Teilnehmer von Supervisionsgruppen fühlen sich, als ob sie auf dem Prüfstand stünden. An dieser Stelle sei nur kurz angemerkt, daß die Scham- und Schuldproblematik in Supervisionsgruppen noch nicht in ausreichendem Maße durchdacht und konzeptionell und methodisch reflektiert worden ist. Diese Phänomene nicht zu berücksichtigen, wirkt einem fehlerfreundlichen Klima eher entgegen.

Daneben erfüllt der Supervisor Modellfunktion, von dem gelernt, an dem sich orientiert und von dem sich abgegrenzt wird. Die Haltung des Supervisors kann Vorbildfunktion für einzelne Supervisanden sein. Via Identifizierung und partieller identifikatorischer Übernahme von Haltungen werden gerade in Ausbildungssupervisionen therapeutische Techniken quasi »eingeschliffen«. Wiederum sei auf die Gefahr übermäßiger Idealisierung des Supervisors hingewiesen. Seine Werte, Anschauungen und Haltungen sollten sicherlich nicht unkritisch übernommen werden. Sich als Identifikationsfigur zur Verfügung zu stellen, kann in gewissem Maße als durchaus förderlich beschrieben werden, denn Lernen funktioniert zu wesentlichen Teilen über eine »Einverleibung« der Lehrenden. Neue Orientierungen werden möglich, das Risiko, bislang Tragendes in Frage zu stellen, kann in anderer Weise eingegangen werden. Übertragung in geringeren »Dosen« dient durchaus den didaktischen Aspekten der Supervision.

Supervision findet nach Möglichkeit »durch einen erfahrenen Fachmann statt, der über besondere Kompetenzen verfügt« (Pühl 1992a, 2). Das heißt, daß Supervision immer in einer Interaktion mit Kompetenzgefälle geschieht, und das scheint mehr als nur legitimes Recht der Nachfragenden nach Supervision. Symmetrische Beziehungsgestaltung (vgl. Schreyögg, A. 1991) mag dabei eine Zielmarke sein, ist in der konkreten Arbeit jedoch als illusionär zu bezeichnen. Der Erfahrungs- und Wissensvorsprung ist es, nicht allein die Übertragungsdimension, der die Supervisionsbeziehung immer leicht asymmetrisch gestaltet. Sicher versteht sich ein guter Supervisor immer auch als auch Lernender, dennoch ist es sein Erfahrungswissen, das er mehr als die Teilnehmer haben sollte, das ihn sein Geld wert sein läßt.

1.4.4.6 Der Supervisor als Leiter

Im folgenden werden Vignetten gezeigt, in denen der Supervisor auch Leiter ist. Die Zusammenstellung erhebt keinen Anspruch auf Vollständigkeit.

a) Gerade in Arbeitsfeldern, in denen das Personal häufig wechselt, wie in Krankenhäusern, und in Berufsfeldern, die viel mit Honorarkräften auskommen müssen, kommt dem Supervisor eine besondere Rolle zu. Er schafft die Kontinuität, die die Institution nicht bereitstellen kann. Oft muß er mit seiner Person und seinem Angebot wie ein Fels in der Brandung gegen Mitarbeiterfluktuation, Abwesenheit von Teammitgliedern als Folge von Schichtarbeit und Dienstplangestaltung, Auftauchen und Verschwinden von Praktikanten anstehen.

b) Fachaufsicht und Kontrolle stellen die Ursprünge des Supervisionsbegriffs in den USA dar (vgl. Belardi 1992). Diese Tatsache ist auf der einen Seite mitverantwortlich für den Schrecken, den der Begriff Supervision bei Nachfragern dieser Dienstleistung auslöst. Auf der anderen Seite macht es Sinn, sich auf die Wurzeln zu berufen, denn viele Leiter von Institutionen sind zwar in der Lage, die Dienstaufsicht zu gewährleisten, haben aber aus zeitlichen Gründen oft keine eigenen Kapazitäten für die fachliche Aufsicht ihrer Mitarbeiter. Ihre beruflichen Kompetenzen liegen im Zuge der Verschiebung der Arbeitsprofile im psychosozialen Sektor oft in anderen Bereichen als die ihrer Mitarbeiter. So ist es ihr legitimes Interesse, Qualitätskontrolle der fachlichen Arbeit, z.B. der Kursleiter in einem Gesundheitsförderungsinstitut der Krankenkasse, in die Hände eines Supervisors zu legen. Unabdingbar scheint es, daß diese Profilverschiebung auch des supervisorischen Arbeitsfeldes für alle Beteiligten (Mitarbeiter, Leitung, Finanziers, etc.) transparent zu machen. Die Verknappung der Gelder im psychosozialen Bereich macht diese Verlagerung bestimmter Aufgaben nach außen – in diesem Fall zum Supervisor hin – notwendig, da die Kürzung materieller Ressourcen einhergehen muß mit Streichung von Aufgaben, um der Überforderung von Leitungskräften entgegenzusteuern.

c) Ebenso denkbar ist die Verkörperung von »Ersatzmanagement auf Zeit« für den Supervisor. Institutionen können in Krisenzeiten auf die Führung durch Supervisoren zurückgreifen und sie mit deren Hilfe bewältigen lernen.
So wird Supervision beispielsweise bei der halbwegs verträglichen Umsetzung von Sparbeschlüssen benötigt. Eine Aufgabe, der sich die Supervision nicht entziehen sollte, wenngleich an dieser Stelle ethische Überlegungen greifen sollten. Supervision findet nicht im Schlaraffenland stetig fließender Gelder statt, und Supervisoren können sich an dieser Stelle nicht auf eine vermeintliche neutrale Position zurückziehen, als ginge sie dies nichts an.

d) Neben der Kontrollfunktion ist die Fürsorgepflicht des Supervisors zu sehen. Anerkennung und Wertschätzung der Mitarbeiter für Arbeit in schwierigen psychosozialen Spannungsfeldern halte ich für eine wichtige *burn-out*-Prophylaxe. Gerade in Bereichen erheblicher emotionaler Belastung, wie z.B. in der Arbeit mit Dissozialen, ist die Organisationskultur oft bar jeglicher Freundlichkeit, Höflichkeit und jedes tragenden Miteinanders. Dort gerade sollte der Supervisor gegensteuern, um die Sensibilität für das Klima in solchen Organisationen bei den Mitarbeitern zu erhalten und durch seine Person eine Gegenkultur modellhaft zu repräsentieren. Supervision kann in solchen Institutionen eine *holding function* im Sinne Winnicotts zukommen. Partielles sich zur Verfügung stellen als Elternsubstitut kann vorübergehend sinnvoll sein. Der Wunsch eines Teams nach Betreuung stellt auf der einen Seite ein Spiegelphänomen des Klientels dar, auf der anderen Seite ist es ein reales, legitimes Bedürfnis.

Dies alles ist dann nicht möglich, wenn Supervisoren sich dem klassischen, den Anforderungen klassischer psychoanalytischer Behandlungsmethodik entlehnten Stil der therapeutischen Abstinenz bedienen. Diese Form der Abstinenz halte ich für supervisorische Prozesse für kontraindiziert. Supervision braucht eben – und das konstatieren auch psychoanalytisch Arbeitende dieser Profession inzwischen (vgl. Bardé & Mattke 1993, Fürstenau 1990, u.v.m.) – eine eigene theoretische Fundierung und kann nicht gradlinig von psychotherapeutischem Tun abgeleitet werden. Psychoanalytisch orientiert arbeitende Supervisoren brauchen neben ihren originären Kompetenzen auch handlungstheoretische und organisationspsychologische Zusatzkenntnisse (vgl. Wolf 1995). Damit kann verhindert werden, daß Fälle überdeterminiert werden, d.h. mit individueller Psychodynamik über die Maßen aufgeladen werden.

1.4.4.7 Wertung psychoanalytischer Zugänge zur Supervision

Ich denke, daß es möglich ist, den didaktischen Aspekten, der Kontrollfunktion, dem Qualifikationsanliegen von Supervision Rechnung zu tragen, ohne die große Ressource der psychoanalytisch orientierten Supervision, das Unbewußte der Teilnehmer und des Gruppenkörpers zu nutzen, zu verraten. Es gilt meines Erachtens, eine gute Balance der Rollenannahme zu finden: Lehrer zu sein, ohne zu dozieren, positive Autorität zu verkörpern, ohne zu entmündigen. Diese Ansprüche lösen am ehesten die Ansätze von Fürstenau (1992) und Rappe-Giesecke (1994) ein.

Fürstenau proklamiert ein psychoanalytisch-systemisch angelegtes Konzept von Teamsupervision. Es zielt darauf ab, vom Team geäußerte Sachverhalte positiv zu konnotieren und dessen Ressourcen zu nutzen. Er will die Motivation des Teams wecken und für die Organisationsentwicklung nutzen. Die Aufgabe des Supervisors besteht vor allem darin, »Klagen, Konflikte und anstößige Verhaltensweisen in lösbare, begrenzte Aufgaben umzuwandeln (182)« und dem Team Selbstachtung und Vertrauen in seine Problemlösungskompetenz zu vermitteln. In Abhängigkeit der anzustrebenden Ziele unterscheidet er folgende Interventionsmodi:

1. »Akzeptieren, Bestätigen,
2. Verstärken, Bekräftigen, Ermuntern,
3. Beschreiben, Fokussieren, konfrontierend Hervorheben, Akzentuieren, Modellieren,
4. In-einen-anderen-Rahmen-(Zusammenhang-)Stellen, Umdeuten, Interpretieren,
5. Eine-Werthaltung-(Position-)Deklarieren,
6. Aufgaben-Stellen, Veranlassen, etwas Bestimmtes zu tun, Fragen« (187).

Rappe-Gieseckes (1994) kommunikationswissenschaftlich fundiertes Konzept enthält Elemente der Balint-Gruppenarbeit, der psychoanalytisch orientierten Gruppenarbeit und Selbsterfahrung, der Organisationsentwicklung und angewandten Gruppendynamik und schließlich soziologischer Systemtheorie. Die Theorie sozialer Systeme liefert das »wissenschaftliche Relevanzsystem für die Beschreibung dieses Supervisionsmodells« (Rappe-Giesecke 1994, 42). Durch die Kombination der verschiedenen Methoden werden deren jeweilige Schwächen kompensiert, »die darin bestehen, daß immer nur ein Aspekt im Fokus der Aufmerksamkeit stehen kann« (Rappe-Giesecke 1994, 14). Um das breite thematische Spektrum in einer Teamsupervision abzudecken, bietet Rappe-Giesecke die Programme der »Fallarbeit«, der »Selbstthematisierung« und der »Institutionsanalyse« an, die miteinander je nach Gruppenthema, das sich konstelliert, und Konfliktfeld, das sich aufspannt, kombinierbar sind. Die Autorin bezieht sich auf die von Giesecke (1988) weiterentwickelte Systemtheorie Luhmanns (1984). Demnach sind Gruppen- und Teamsupervisionen organisierte Sozialsysteme mit unendlich vielen Dimensionen, aus denen sie die »Komplexitäts- und Differenzierungsdimension«, die »dynamische Dimension« und die »selbstreferentielle Dimension« (43f) auswählt. Der Supervisor ist eine Komponente in diesem System, ausgestattet mit einer bestimmten sozialen Rolle, die es sowohl zu erkunden als auch zu deklarieren gilt. Die Sozialsysteme nehmen zu der sie umgebenden Umwelt Kontakt auf, grenzen sich gleichzeitig von ihr ab und sichern auf diese Weise ihre Identität.

Die »Normalformerwartung«, die Gieseke & Rappe (1982) fanden, stellt die Interpretationsfolie des Supervisionsverlaufs dar. Dieser prototypische Verlauf zeigt nach ihrer Hypothese, die durch zahlreiche Verläufe von Supervisions- und Balintgruppensitzungen empirisch gestützt ist, daß es »eine natürliche Logik des Ablaufs der institutionellen Arbeit gibt« (Rappe-Giesecke 1982, 213). Die Geschehnisse in Supervisionsgruppen werden entsprechend eines »komplexen intersubjektiven Erwartungsmusters über einen idealen Verlauf des Gruppengeschehens einschließlich der zur Gewährung dieses Ablaufs erforderlichen Unterstellungen« (Rappe-Giesecke 1982, 216) organisiert. Die Normalformerwartung kann entsprechend als internalisiertes, habituiertes Ablaufschema und als sicherheitsstiftend für die einzelnen Mitglieder der Supervisionsgruppen erachtet werden. Es bezieht sich auf die Rahmenbedingungen, Ziele und Funktion und den Ablauf von Supervision. Ihr Modell stellt einen »Idealtypus« (Rappe-Giesecke 1994, 57) dar. Die Kenntnis der Normalform ermöglicht dem Supervisor, Probleme des Teams, den weiteren Verlauf und erreichbare Ziele zu prognostizieren und die adäquaten Interventionen zu setzen. Abweichungen können Anzeichen für krisenhafte Entwicklungen sein. Sie werden als Informationsquelle für die Diagnostik genutzt. Die Normalformerwartung stellt zugleich eine Kriseninterventionsstrategie dar, da sie Orientierung bietet, wie zum normalen Geschehen zurückzukehren ist.

Weitere systemisch-strukturelle Konzepte (Schlippe & Schweitzer 1997, Brandau 1996, Kersting et al 1988, u.v.m.) werden in dieser Arbeit nicht vertieft, da sie nicht Gegenstand dieser Untersuchung sind. Sie haben jedoch sowohl die psychoanalytischen als auch die integrativen Supervisionskonzepte maßgeblich beeinflußt.

1.5 Der Integrative Supervisionsansatz

Der Begriff »integrativ« zählt zu den am häufigsten strapazierten Worten im psychotherapeutischen und supervisorischen Kontext. Der integrative Supervisionsansatz (Schreyögg, A. 1991) erhebt den

Anspruch, kein wahllos kombiniertes Verfahren zu sein, sondern versucht seine Methodenpluralität in der Supervision stringent theoretisch herzuleiten und zu konzeptualisieren. Die integrative Supervision versteht sich als ein schulenübergreifendes Modell, das an der Theorienentwicklung der supervisorischen Disziplin insgesamt partizipiert und diese zu einem konsistenten Metamodell bündelt, aus dem sich die entsprechende integrative Praxeologie herleitet. Der Ansatz schließt an die in der Integrativen Therapie entwickelten Parameter an. Die Gestalttherapie Fritz Perls' und das Psychodrama Morenos sind die zentralen Referenztheorien des sich seit 26 Jahren entwickelnden psychotherapeutischen und supervisorischen Ansatzes des Fritz Perls Instituts in Düsseldorf (vgl. Petzold 1995, Bünte-Ludwig 1984). Resultat kokreativer Theorieentwicklung ist ein multiparadigmatischer Ansatz mit phänomenologischer Orientierung, der sich durch Theorie- und Methodenpluralität auszeichnet.

Supervision wird bei Schreyögg, A. (1992, 340) gefaßt als »Form angewandter Sozialwissenschaft in geplantem Handeln zwischen zwei (oder mehr) Menschen zum Zwecke der Veränderung«. Petzold (1997a, 22) faßt den Gegenstand Supervision wie folgt: »Supervision ist ein praxisgerichtetes Reflexions- und Handlungsmodell, um komplexe Wirklichkeit mehrperspektivisch zu beobachten, multitheoretisch zu integrieren und methodenplural zu beeinflussen«. Während also einerseits die Themen von Supervision in ihrer ganzen Komplexität und in vollem Umfang reflektiert werden (Diagnoseebene), bietet das Modell andererseits ein umfassendes Instrumentarium, um diese Erscheinungen angemessen zu bearbeiten (Handlungsebene).

Integrative Supervision verfügt über eine klare Gegenstandsdefinition: Im Supervisionsprozeß werden planmäßige sowie nicht planmäßige Deutungs- und Handlungsmuster von Supervisanden aufgegriffen, die in Interaktion mit Klienten zur Anwendung kommen. Nicht planmäßige Deutungs- und Handlungsmuster sind im Laufe des Lebens erworbene Typisierungsschemata oder in der Interaktion entwickelte Rollendefinitionen, die im Gegensatz stehen zu planmäßigen, d.h. bewußtseinsfähigen, konzeptionell orientierten Strategien des Supervisanden. Die Reflexion erfolgt stets mit Hilfe einer Interpretationsfolie, wodurch Supervisanden als Mitglieder organisatorischer Systeme in ihrer professionellen Interaktion in hohem

Maße von dem institutionellen Kontext ihrer beruflichen Tätigkeit beeinflußt sind.

Integrative Supervision erhebt den Anspruch, Beratungsansätze für die wichtigsten Zielebenen von Supervision zu bieten (Hille 1995) (siehe Schaubild):

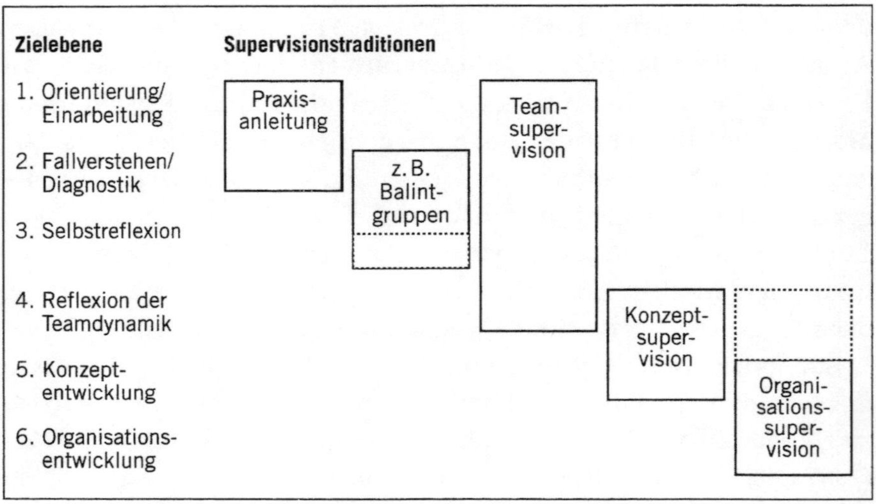

Wie aus der Übersicht zu ersehen ist, können insbesondere unter dem Begriff »Teamsupervision« mehrere Zielebenen bearbeitet werden. Daher bedarf eine Teamsupervision besonders der näheren Vereinbarung, welche Themen in welchem Ausmaße bearbeitet werden sollen.

In dieser Übersicht fehlen die Supervisionsformen Gruppensupervision, Einzelsupervision, Leitungssupervision und das Coaching. Gruppensupervision kann für die Zielebene 1 bis 3 verwendet werden. Die Dynamik in der Gruppensupervision kann punktuell als Lernbeispiel genutzt werden, die unterschiedlichen Arbeitsteams der Teilnehmer bleiben dabei jedoch eher im Hintergrund. Auch Einzelsupervision kann bei den Zielebenen 1 bis 3 angewandt werden, aber die teamdynamischen Aspekte sind dabei kaum noch zu reflektieren. Einzelsupervision hat den Vorteil, daß der Supervisand die volle Supervisionszeit für sich zur Verfügung hat und durch die Zweiersituation auch besonders heikle Themen bearbeiten kann. Leitungssupervision bietet sich für Führungskräfte und Vorgesetzte an. Häufigster Gegenstand einer Leitungssupervision sind das Führungsverhalten und persönliche Schwierigkeiten im Umgang mit

Leitungs- und/oder Veränderungsprozessen. Sie läßt sich für alle o. g. Zielebenen nutzen. Coaching ist eine spezifische Form der Supervision für Führungskräfte (vgl. Schreyögg, A. 1995a).

1.5.1 Struktur des integrativen Supervisionsansatzes

Das planende Handeln des integrativen Supervisors setzt eine Wissensstruktur auf
a) metatheoretischer,
b) theoretischer,
c) supervisionstheoretischer und
d) praxeologischer Ebene voraus.

1.5.1.1 Metamodell

Das Metamodell beinhaltet die anthropologischen und erkenntnistheoretischen Prämissen supervisorischen Tuns. Integrative Supervision wählt einen phänomenologischen Zugang (vgl. Graumann 1977, Herzog 1984) bei der Entwicklung ihres Anwendungsmodells, da er menschliches Erkennen und menschliches Sein am umfassendsten Rechnung trägt. Der Wahrnehmungs- und Erkenntnishorizont wird an ein deutendes, strukturierendes und erkennendes Subjekt gebunden (Berger & Luckmann 1982). Standortwechsel ermöglichen Mehrperspektivität, erweiterte Erkenntnishorizonte und Zugang zum »Verborgenen« (Heidegger 1954).

Der Erkenntnisprozeß wird als dialogisches Prinzip zwischen Menschen konzipiert, die über ihre jeweiligen Wirklichkeitskonstruktionen verhandeln. Die interpretierten Wahrnehmungen der Supervisanden – als Subjekte in ihrer Einheit von Körper, Seele und Geist betrachtet – erfolgen durch eigenleibliches Spüren (Petzold 1997a) und affektive Berührung trotz der Vorrangigkeit des rationalen Dialogs in Supervisionsprozessen. Die Erkenntnis der phänomenalen Welt umfaßt Gegenständliches wie auch Nicht-Gegenständliches, wie z.B. Atmosphären. Phänomenale Erkenntnis geht immer der Deutung voraus und beinhaltet sowohl rationale als auch prärationale Aspekte. In die aktuelle Wahrnehmung fließt Erfahrungswissen mit ein. Die menschliche Wahrnehmung konfiguriert sich szenisch (Lorenzer 1970) und ist stets kontextbezogen. Rationale und nicht-rationale Deutungs- und Handlungsmuster werden als nicht klar trennbar betrachtet. Aus phänomenologischer Sicht existiert das Individuum in seinem individuellen Sein aus allen gelebten Beziehungen und dem Eingebundensein in soziale Kollektive. Diese Eingebundenheit kann reglementierenden Charakter haben und zu einem Spannungsverhältnis mit individuellen Ansprüchen führen. Arbeit wird deshalb als ambivalent angelegt aufgefaßt: Einerseits bringt sie die Anforderung von Selbstdisziplin und Einschränkung mit sich, andererseits ist sie mit Identitätsentwicklung verbunden und bietet Sicherheit.

Der Mensch wird als zugleich frei und determiniert begriffen (Merleau-Ponty 1976). Individualität, Interaktion und Eingebundensein in raumzeitliche Kontextbedingungen sind jeweils unterschiedliche Perspektiven des Menschseins. Institutionen werden im integrativen Supervisionsansatz als zugleich sichernd als auch bedrängend gesehen. Sie geben durch ihr Reglement Sicherheit, der Mensch befindet sich in ihnen jedoch in einem ständigen Aushandlungsprozeß zwischen seinen individuellen und den kollektiven Bedürfnissen. Das Ziel einer idealen Begegnung von Menschen ist die Schaffung von Subjekt-Subjekt-Relationen. Entsprechend der humanistischen Orientierung wird der Lebensprozeß als sich selbst verwirklichend begriffen. Das Leben gilt als Entfaltungsprozeß grundsätzlich bestehender Potentiale. Supervisorische Ethik und supervisorischer Erfolg hat sich daran zu messen, ob in der Praxis bessere Zustände im oben genannten Sinne erreicht wurden und ob die Integrität der Supervisanden und der mit ihnen interagierenden Personen gewahrt wurde.

1.5.1.2 Theorieebene

Die Theorieebene des Modells beinhaltet Deutungs- und Strukturierungsmuster der phänomenalen Vielfalt und theoretische Konstruktionen zur Analyse von Ist- und Sollzuständen. Multitheoretisches Vorgehen hilft dem Supervisor, die Grenzen seiner lebens- und arbeitsweltlichen Erkenntnis zu überschreiten. Theorie soll dazu beitragen, mehrperspektivisch vorzugehen und auch das Nicht-Sichtbare zu erschließen. Die Anliegen der Supervisanden verlangen Konzepte auf der

- individuellen,
- interaktionalen und
- systemischen Ebene.

Die integrative Supervision fordert multiparadigmatische Theorieverwendung, um unterschiedliche Problemformulierungen zu ermöglichen. Aktuelle und historische Phänomene müssen auf unterschiedlichen Deutungs- und Strukturierungshilfen aus der Philosophie, der Soziologie, der Sozialpsychologie, der Entwicklungspsychologie, der (Klinischen) Psychologie sowie der Arbeits- und Organisationspsychologie aufbauen. Die Verwendbarkeit der jeweiligen Referenztheorie bestimmt sich dadurch, ob sie in der Lage ist, »die phänomenale Erfahrung von Menschen abzudecken« (Schreyögg, A. 1992, 343).

In Organisationen werden Handlungen von Individuen zum Zwekke der Aufgabenerfüllung in großem Umfang formal reguliert. Diese Regelungen werden als planmäßige organisatorische Phänomene bezeichnet. Demgegenüber gibt es informelle Zusammenhänge, d. h. nicht-planmäßige organisatorische Phänomene, wie zwischenmenschliche Beziehungsformen, die aus emotionalen Belangen der Beschäftigten resultieren. Um beide Aspekte insbesondere hinsichtlich der dysfunktionalen Anteile erfassen zu können, stehen unterschiedliche organisationssoziologische Theorien zur Verfügung. Sie werden vor allem als Analyseinstrumente eingesetzt und dienen z. T. auch als Gestaltungsgrundlage für organisatorische Strukturen.

Planmäßige organisatorische Phänomene können zum einen über den Ansatz der Bürokratieforschung untersucht werden (Weber 1921), der jedoch die Veränderlichkeit von Strukturen und individuelle Gegebenheiten der Arbeitswelt nicht erfaßt. Dagegen betrachten modernere Organisationstheorien (wie z. B. von Kieser und Kubicek 1983) organisatorische Strukturen als einzelne, sich funktional entwickelnde Variablen, die den Aufgabenstellungen gemäß spezifiziert werden.

Ein Ansatz zur Betrachtung nicht-planmäßiger organisatorischer Phänomene ist die Human-Relations-Schule (vgl. Schreyögg, A. 1991), die die Förderung informeller Gruppenbildung als wesentlich für die humanistische Gestaltung von Organisationen ansieht. Systemische Autoren (Selvini-Palazzoli 1988) stellen informelle Strukturen als »latente Strukturen« dar, die Machteinfluß auf formale Gegebenheiten haben können. Allison (in Bandura 1976) verweist auf die Bedeutung »politischer Prozesse« in Form von komplizierten Aushandlungsstrategien, die hinsichtlich eigener Zugriffsmöglichkeiten auf Ressourcen durch Organisationsmitglieder angewandt werden. Das Konzept der Organisationskultur beschreibt die Organisation als »Miniaturgesellschaft«, die ihre eigene Realität »kreiert«. Im Organisations-Prozeß-Modell werden Organisationen mit Organismen in lebenslanger zyklischer Entwicklung verglichen, die eine Pionierphase, eine Phase der Differenzierung sowie eine Phase der Integration durchlaufen.

Für die Untersuchung interaktiver Phänomene werden die psychoanalytischen Begriffe der Übertragung und der Gegenübertragung integriert, die beide historisch gebildete Erfahrungsmuster eines Individuums in ihrem Einfluß auf aktuelle Beziehungskonstellationen bezeichnen. Übertragung und Gegenübertragung werden als komplementäre Denkfigur aufgefaßt, d.h. die Erfahrungsmuster des einen Partners finden in den Erfahrungsmustern des anderen ihre Entsprechung. Im Gegensatz zu Freud (1912) gilt in der integrativen Supervision eine rollentheoretische Auffassung von Übertragung nach Richter (1969): Übertragung tritt als gegenseitiges »Zuschreibungsphänomen« auf, als Verhaltenseinsteuerung zwischen Interaktionspartnern. Während die Gegenübertragung bei Freud ursprünglich unerwünschte bewußte und unbewußte emotionale Reaktionen des Analytikers auf die Übertragung des Analysanden bezeichnete, wird sie nun im Sinne von Kernberg (1988) aufgefaßt: Die Gegenübertragung ist das wichtigste diagnostische Instrument eines professionellen Aktors und hilft, das Erleben des Supervisanden in seinem Praxiszusammenhang weitgehend zu erfassen. Mit dem Konzept Widerstand können Blockierungen konstruktiver Verständigung durch Individuen in der Situation erfaßt werden. Widerstand wird hier als sinnvolles Verhalten aufgefaßt (z.B. Hartmann 1975), das hilft, Sicherheit für Individuen zu gewährleisten.

Auch sozialpsychologische und kommunikationstheoretische Ansätze werden zur Betrachtung interaktiver Phänomene eingesetzt. In der Supervision setzen sich Individuen immer auch mit den über den Arbeitszusammenhang gegebenen Rollenerwartungen auseinander. Eine mögliche Betrachtungsweise ist die von Mead (1973) postulierte Entstehung von Rollen in sozialer Interaktion als fließenden Austauschprozeß. Erwartungen anderer Personen werden vom Individuum vorweggenommen. Über diese Deutungen steuert es sein Verhalten auf andere ein. Parson (1951) geht davon aus, daß Rollen in sozialen Systemen vorgegeben sind und Individuen lernen, die an sie herangetragenen Rollen immer weiter auszufüllen. Ein zentrales rollentheoretisches Konzept für den supervisorischen Dialog ist Plessners Ansatz, der die gegensätzlichen Positionen von Mead und Parsons integriert (vgl. Schreyögg, A. 1991): »Hierarchien und Rollen sind bereits vorhanden, diese Rollenphänomene werden verhandelt. Über diese Auseinandersetzung lernt sich der Supervisand als Subjekt aus den Augen des Supervisors zu transzendieren und zu verändern« (Schreyögg, A. 1991, 264).

Das sogenannte Konzept der Doppelbindung oder *double-bind* (Bateson 1982) kann für die Betrachtung widersprüchlicher Kommunikation in Vorgesetzten-Mitarbeiter-Verhältnissen herangezogen werden. Einen möglichen Ansatz zur Auflösung von Kommunikationsstörungen stellt der Übergang zur Metakommunikation dar (Watzlawick et al. 1982): Individuen lösen sich gedanklich aus der Interaktion, um aus der erreichten Distanz heraus die Kommunikationsstruktur zu reflektieren.

Die junge Disziplin Supervision selbst verfügt über keinen eigenen Theorie- und Forschungspool, so daß sie Anleihen »zu Themen wie Bewußtsein, Entwicklung, Kommunikation, Identität, Lernen« (Petzold et al. 1997a, 25) machen muß. Dabei kommt der Konnektierung unterschiedlicher Wissensbestände hohe Bedeutung zu. Vernetzung von Theorie soll »wechselseitige Erhellung und vielschichtige Interpretation von Kontingenz ermöglichen und Korrekturmöglichkeiten von Einseitigkeiten oder Dogmatismen gewährleisten« (Petzold et al. 1997a, 22).

Während die Konnektierung die Überprüfung eigener Haltungen und Verfahrensweisen ermöglicht, soll transversales Denken als »Denkform« selbst Vielfalt nachvollziehen. Es wird definiert als »nicht-lineares, pluriformes Denken von Vielfalt in permanenten Übergängen, mehrperspektivisches Reflektieren und Metareflektieren in vielfältigen Bezügen, das durch beständiges Überdenken, Nachdenken und metahermeneutisches Durchdringen der eigenen Positionen und ihrer Kontexte« (Petzold et al. 1997a, 23) Komplexität mehr und mehr erschließt. Mit Mehrperspektivität muß wiederum Komplexitätsreduktion einhergehen, die nach Petzold »emergiert« bzw. hart erarbeitet wird.

1.5.1.3 Supervisionstheorie

Die Supervisionstheorie fokussiert den Veränderungsprozeß vom Ist- in den Sollzustand, grundsätzliche Wirkfaktoren von Veränderung, die Gestaltung der Beziehung zu den Supervisanden und die Handhabungen der aktuellen Situation. Die Zielstruktur integrativer Supervision umfaßt ein individualistisches Prinzip, die ganzheitliche Entwicklung (Leib-Seele-Geist) von Supervisanden und die Aufhebung von Personen-immanenten Blockierungen. Sowohl die historische Genese einer Person, als auch ihre persönlichen Potentiale in personaler, sozialer und fachlicher Hinsicht stehen im Fokus dieser Arbeitsebene. Ziel ist dabei, die Förderung von Kompetenz und Performanz der Berufstätigen zu ermöglichen.

Das interaktionistische Prinzip konstatiert die grundlegende menschliche Bezogenheit. Optimale Beziehungen bestimmen sich demnach als Subjekt-Subjekt-Relationen, sogenannte Seinsbeziehungen (Fromm). Individuell verortete Problemlagen erweisen sich häufig bei genauerem Hinsehen als gemeinschaftlich produzierte Schwierigkeiten. Humanität und Effizienz von Arbeitsteams sind gleichrangig zu verfolgende Ziele.

Das systemische Prinzip konstatiert die Kontextbezogenheit von Mensch und Interaktion. Die Entfaltung des sozialen Kontextes und der sozialen Systeme gilt neben der Störungsbeseitigung als oberstes supervisorisches Ziel. Supervisanden und Supervisor gelten als von sozialem und institutionellem Kontext bestimmt und gleichzeitig auf ihn Einfluß nehmend. Erst eine Analyse der Organisationskultur oder -struktur erhellt z. B. den Konflikt mit Kollegen und/oder Vorgesetzten auf angemessene Weise. Alle auftauchenden supervisorischen Themen sind sowohl in den Bezug zur Organisation als auch zur aktuell sich entfaltenden Gruppendynamik zu setzen.

Berufliche Problemlagen sollen in ihren mehrschichtigen Zusammenhängen von Kontexten in ihrem jeweiligen Kontinuum (Vergangenheit, Gegenwart und antizipierte Zukunft) auf den Mikro-, Meso-, Makro- und Supraebenen reflektiert werden.

Folgende Beispiele verdeutlichen exemplarisch die potentielle Komplexität von Supervisionsthemen in der integrativen Supervision und die unterschiedlichen Kontextebenen:

Sozialer Kontext	Analyseebene
Familie oder enger Freundeskreis	Mikroebene
Nachbarschaft, Arbeitszusammenhang	Mesoebene
Soziale Schicht	Makroebene
Weltzusammenhang, Weltwirtschaftskrise	Supraebene

Eine kontextuelle Erweiterung der Problemanalyse auf den »ökologischen Kontext« könnte folgendermaßen dargestellt werden:

Ökologischer Kontext	Analyseebene
Haus oder Wohnung	Mikroebene
Stadt	Mesoebene
Bundesland, Bildungspolitik	Makroebene
Entspannungspolitik, Wettrüsten	Supraebene

Grundsätzlich läßt sich dieses Betrachtungssystem nicht nur um weitere kontextuelle Zusammenhänge erweitern, sondern auch um die Dimension des Kontinuums. Dies könnte folgendermaßen aussehen (zit. nach Hille 1995):

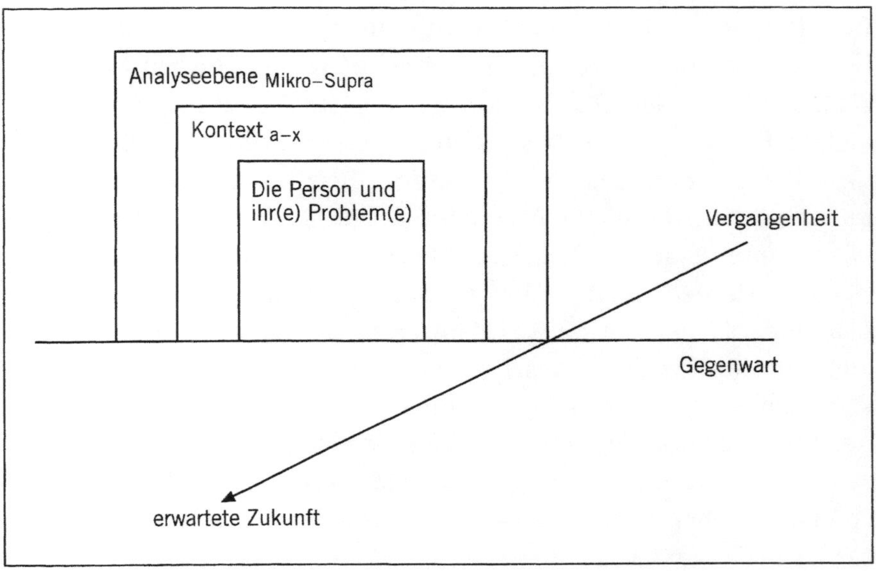

Kontext	Lebensgeschichte des Patienten
Kontext	Lebensgeschichte des Therapeuten
Kontext	Wechselwirkung zwischen Interventionen des Therapeuten und Verhaltensmuster des Patienten
Kontext	Soziale Eingebundenheit des Patienten (Familie, Freunde, Arbeit etc.) außerhalb der Einrichtung
Kontext	Dynamik und Rollenverteilung des therapeutischen Teams
Kontext	Behandlungskonzeption
Kontext	Institutionelle Dynamik (der behandelnden Institution)
Kontext	Interinstitutionelle Dynamik und Vernetzung (die behandelnde Institution und andere Institutionen des Hilfesystems)

So wäre es in der integrativen Supervision z. B. ein Lernschritt, wenn eine Supervisandin, die eine komplexe Teamdynamik bisher unter dem Aspekt persönlichen Machtstrebens und gruppendynamischen Konkurrenzverhaltens betrachtete, zusätzlich das Teamgeschehen als verlagerten Ausdruck institutioneller Konflikte begreifen kann (z. B. zwischen Geschäftsführung und Abteilungsleitung.

1.5.1.4 Praxeologie

In der (Team-)Supervisionssitzung kann potentiell erst einmal alles bearbeitet werden, was von den Teilnehmern vorgebracht wird. Entscheidend für den Supervisor ist, die Rückbindung des Supervisionsthemas an die Institution im Auge zu behalten. Die Bedeutung des Themas und das dazugehörige Übertragungs-Gegenübertragungsgeschehen muß wiederum auf der individuellen, interaktionistischen und systemischen Ebene ausgeleuchtet werden.

Die initiale Rekonstruktion wird so differenziert wie möglich vorgenommen. Sie dient der Präzisierung der supervisorischen Fragestellung, die für den Supervisanden zunächst oft als diffus erlebt wird. Dabei ist erlebnisaktivierenden Methodiken nach Möglichkeit der Vorrang einzuräumen. Die phänomenologisch/szenische Rekonstruktion kann durch Bewegung, Musik, kreative Medien, Puppenspiel und nicht nur durch sprachlichen Ausdruck erfolgen. Der Phantasie des Supervisors sind dabei keine Grenzen gesetzt. Durch den

Wegfall des Handlungsdrucks in der Praxis ermöglicht schon die initiale Rekonstruktion dem Supervisanden, eine exzentrische Position einzunehmen.

Der Supervisor läßt sich durch Darstellung mit allen seinen Sinnen erfassen, d.h., er versucht zunächst so theoriefrei wie möglich auch leiblich auf die Inszenierung zu reagieren. Die szenische Rekonstruktion ist die Grundlage seiner anschließenden theoriegeleiteten Deutungs- und Strukturierungsarbeit und der sich daraus ableitenden Interventionsstrategie. Es kommt vor, daß die initiale Rekonstruktionsarbeit bereits soviel Perspektivenerweiterung mit sich bringt, daß sich eine weitere Supervisionsarbeit erübrigt. Wenn nicht, beginnt nun die gezielte Veränderungsarbeit. Es gilt, Diagnosen zu stellen und mit der Gruppe bzw. dem Team in einen theoriegeleiteten Dialog zu treten. Dabei ist die Arbeit dann am reichhaltigsten, wenn viele unterschiedliche Paradigmen auftauchen können. Die Entscheidung für ein Deutungsmuster liegt immer beim Supervisanden, der erfährt, welches Paradigma ihm am hilfreichsten erscheint. Der gruppale Kontext der Supervision bietet ideale Voraussetzungen zur Etablierung einer Mehrperspektivität, da unterschiedliche Grundberufe, Lebenserfahrungen und Professionalisierungsgrade ein »Mehr als die Summe der Teile« erbringen.

Es schließt sich die Entwicklung professioneller Handlungsmuster an. Durch Methoden der imaginativen Reproduktion, prospektive Experimente oder Rollenspiele kann der Supervisand sein Erleben differenziert wahrnehmen und seine Strategien in die Praxis übertragen. Bewähren sie sich dort nicht, beginnt eine weitere Supervisionsarbeit in der nächsten Sitzung. Immer wieder taucht in der Supervision das Phänomen auf, daß alte inadäquate, nicht professionelle Deutungs- und Handlungsmuster die aktuellen supervisorischen Szenen überlagern. Diese können innerhalb der Supervision, vor allem der Teamsupervision, lediglich benannt, nicht jedoch durchgearbeitet werden. Ein eventueller Verweis auf Psychotherapie muß genügen.

Der Interaktionsstil der Supervisoren ist gekennzeichnet von Nondirektivität, wenngleich sequenzweise der Supervisor als Strukturierungsexperte direktiv interveniert. Die Beziehung zu den Supervisanden soll möglichst symmetrisch gestaltet, Supervisanden als gleichermaßen kompetente Gesprächspartner betrachtet werden. Ein maximal offenes Klima soll dazu beitragen, daß Übertragungen auf den Supervisor nicht forciert werden. Der Supervisor versteht sich im Sinne Morenos (1964) mehr als Moderator und Gruppenleiter. Er stellt gerade bei Teamsupervisionen seine Methodik und seinen Interaktionsstil auf den jeweiligen Kontext ab. Das Team unterhält miteinander zunächst einmal Arbeitsbeziehungen. In der Teamsupervision wird der Supervisor wenig Regression zulassen, die szenischen Rekonstruktionen nicht allzusehr tiefen und viel mit systemischen Deutungen und dem Spiegelphänomen als vorrangige Interpretationskategorie arbeiten.

1.5.2 Methodenpluralität

Die praxeologische Ebene fragt nach den Techniken und Methoden, die Veränderung bewirken und nach den dazu erforderlichen prozessualen Anweisungen. In der integrativen Supervision kommen vor allem Techniken aus der Gestalttherapie zur Anwendung. Zukunftsproben, die Arbeit mit dem leeren Stuhl, das Doppeln und der Rollentausch, der Einsatz kreativer Medien, des Szenokastens, von Organigrammen u.v.m. gelten als erlebnisaktivierend und dienen zugleich der Expressions- und Kreativitätsförderung. Sie sollen die subjektive Sicht des Supervisanden angemessen erfassen und ihm ermöglichen, Supervision als eine Kombination aus rationalem Dialog und psychotherapeutischen Arbeitsformen zu verstehen. Sachthemen und emotionale Phänomene finden gleichermaßen Platz.

Integrative Supervision eröffnet ein umfangreiches Inventar unterschiedlicher Methoden. Für den Supervisor als »professionellem Aktor« (Schreyögg, A. 1994a) stellen sie planmäßige Handlungs- und Deutungsmuster dar, die auf dem Hintergrund eines konzeptionellen Ansatzes existieren. Die Methoden sollen insbesondere dazu dienen, Phänomene in der Situation rekonstruieren zu können und neue Inhalte konstruieren zu helfen, um darüber die personale Entfaltung von Individuen zu fördern. Für die Kreation neuer Inhalte sind z.B. imaginative, experimentelle und z.T. regressive Prozesse erwünscht. Idealerweise wird ein flexibler und kreativer Umgang mit den Methoden im Prozeß angestrebt. Zwei Varianten methodischen Vorgehens lassen sich unterscheiden: die rationale Reflexion im Dialog und psychotherapieorientierte Methoden.

Die rationale Reflexion im Dialog hat zunächst auf allen Ebenen den Vorrang und ermöglicht eine gezielte Auseinandersetzung mit planmäßigen Deutungsmustern der Supervisanden. Über den Dialog können außerdem neue Inhalte und Erfahrungen in alte kognitive Muster der Supervisanden integriert werden.

Psychotherapieorientierte Methoden sollen weiterhin helfen, erlebniszentrierte Erfahrungen unter den Aspekten Leib, Seele und Geist zu ermöglichen und letztlich ebenfalls als kognitive Schemata verfügbar zu sein. Dazu bieten sich Elemente der Gestalttherapie an, mit denen individuelle und interaktionale Phänomene erfaßt werden, sowie Elemente des Psychodramas, mit denen ergänzend auf systemischer Ebene gearbeitet werden kann. Diese Methoden können nicht unreflektiert in die Supervision übernommen werden, da eventuell der Gegenstandsbereich der Supervision überschritten würde: Veränderungsprozesse bei Supervisanden werden immer im aktuellen Zusammenhang mit der Arbeitswelt akzentuiert, im Gegensatz zur Therapiesituation, in der die Persönlichkeitsentwicklung des Klienten im Lebenszusammenhang angestrebt ist.

Methoden der Gestalttherapie (Perls 1976) zielen insbesondere darauf ab, Blockierungen im Wahrnehmen, Erleben und Handeln aufzuheben und Potentiale von Individuen freizusetzen. Postulierte Wirkungsfaktoren der Veränderung sind einerseits die Umstrukturierung innerpsychischer Prozesse, so daß abgespaltene Erlebnisanteile (im Sinne »offener Gestalten«) wieder in die personale Dynamik aufgenommen werden, was der Aufhebung von Blockierungen entspricht. Andererseits wird die Entwicklung neuer Deutungs- und Handlungsmuster als Wirkfaktor angesehen. Beide Prozesse können spontan über das Wiedererleben in dem experimentellen Rahmen der Supervision ablaufen. Veränderungen werden z.B. über folgende Methoden gezielt bewirkt (in Schreyögg, A. 1991): *Awareness*- und Imaginationsübungen, Traumarbeit, Sprachspiele, Anwendung kreativer Medien (z.B. Malen, Modellieren) sowie Rollenspiele. Die Ergebnisse der Anwendung dieser Methoden bilden oft wiederum Dialoggrundlagen oder den Ausgangspunkt für szenische Rekonstruktionen. Das gestalttherapeutische Methodeninventar, das systemische Zusammenhänge nicht erfassen kann, wird ergänzt durch Methoden des Psychodramas.

Die Methoden des Psychodramas zielen darauf ab, den Einzelnen in seinem jeweiligen Kontext zu erfassen, und zwar potentiell auch hinsichtlich verschiedener Zeitebenen (Vergangenheit, Gegenwart und Zukunft). Defizite sollen nicht nur bei einzelnen Personen behoben und Potentiale nutzbar gemacht werden, sondern letztlich auch in sozialen Systemen. Das Psychodrama wurde dazu von Moreno (1936) auch als nicht-klinischer Ansatz entwickelt und läßt sich für supervisorische Themenstellungen anwenden. Als Wirkfaktoren werden Katharsis in emotionaler und kognitiver Hinsicht sowie die Erweiterung von Deutungs- und Handlungsmustern angesehen. Ein Schwerpunkt der Arbeit im Psychodrama liegt auf spontanen Wirkungen bei allen Teilnehmern in der Spielphase.

1.5.3 Tetradisches Prozeßmodell

Analog zu Phänomenen der Kreativitätsforschung (Seiffge-Krenke 1974) und zum psychodramatischen Prozeß ist der Prozeßverlauf von Supervision idealtypisch der folgende:

- Initialphase,
- Aktionsphase,
- Integrationsphase und
- Neuorientierungsphase.

Eine typische Psychodramasequenz läuft ab in der Reihenfolge Anwärmphase, Handlungsphase, Gesprächsphase und Neuorientierungsphase. Das Prozeßmodell integrativer Supervision ist diesem Phasenablauf entsprechend angelegt. Eine exponierte Themenstellung wird in der Gruppe inszeniert, wobei die Teilnehmer unterschiedliche Rollen einnehmen (als Protagonist, Teilnehmer, eventuell nicht teilnehmende Personen usw.). Die im Spiel erfahrenen Inhalte werden anschließend über die Betroffenheit der Teilnehmer geäußert und rational analysiert. Darauf kann wieder eine Neuorientierung folgen, z.B. als ein neues Spiel. In der Spielszene (Handlungsphase) werden z.B. folgende Techniken eingesetzt: Rollentausch, Zukunftsexploration, der leere Stuhl, Einfrieren einer Szene und Spiegeln. Alle Techniken können im Sinne szenischer Rekonstruktionen angewandt werden.

Die Initialphase oder »Anwärmphase« der Supervision dient der Einstellung von Gruppe und Supervisor auf die gemeinsame Supervisionssituation, der Kohärenzbildung als Voraussetzung für produktives Arbeiten, der Themensammlung sowie der Konsensbildung über supervisorische Themenprioritäten und das methodische Vorgehen. In der Eingangsrunde werden alle Teilnehmer gebeten, das Thema zu benennen, welches sie bearbeiten möchten. Die Sammlung der Vorschläge aller erhöht nicht nur die Partizipation, sondern ermöglicht einen rationalen Entscheidungsprozeß über die Reihung der zu bearbeitenden Probleme. Gut definierte Probleme liegen dann vor, wenn die Ist-Soll-Diskrepanz klar beschreibbar ist und lediglich die Wege der Problemlösung noch gefunden werden müssen. Bei »schlecht definierten Problemen« besteht z. B. (noch) Unklarheit darüber, was eigentlich das Ziel ist, oder es bestehen Unklarheiten, wie die Ist-Situation überhaupt beschrieben oder bewertet werden kann.

In der Aktionsphase findet die initiale Rekonstruktion statt. Der supervisorische Fokus wird bestimmt und die Veränderungsrichtung festgelegt. Die Analyse des Problems kann sowohl im rationalen Dialog, als auch durch erlebnisaktivierende Methoden erfolgen.

In der Integrationsphase wird das aus der Aktionsphase erlebte gedeutet und strukturiert. Die emotionale Arbeit tritt hinter theoriegeleitete Diagnosearbeit zurück. Es wird gewichtet und systematisiert.

In der Neuorientierungsphase wird der Transfer in die Praxis vorbereitet. Neue Handlungsformen, wie sie die Aktions- und Integrationsphase (re-)konstruierten, werden in sensu oder in szenischer Konstruktion in Hinblick auf die praktische Relevanz überprüft.

Das tetradische Modell als Strukturierungshilfe läßt sich sowohl an den gesamten supervisorischen Prozeß mit einem Team, an jede einzelne Supervisionssitzung, als auch an die einzelnen thematischen Bearbeitungssequenzen anlegen.

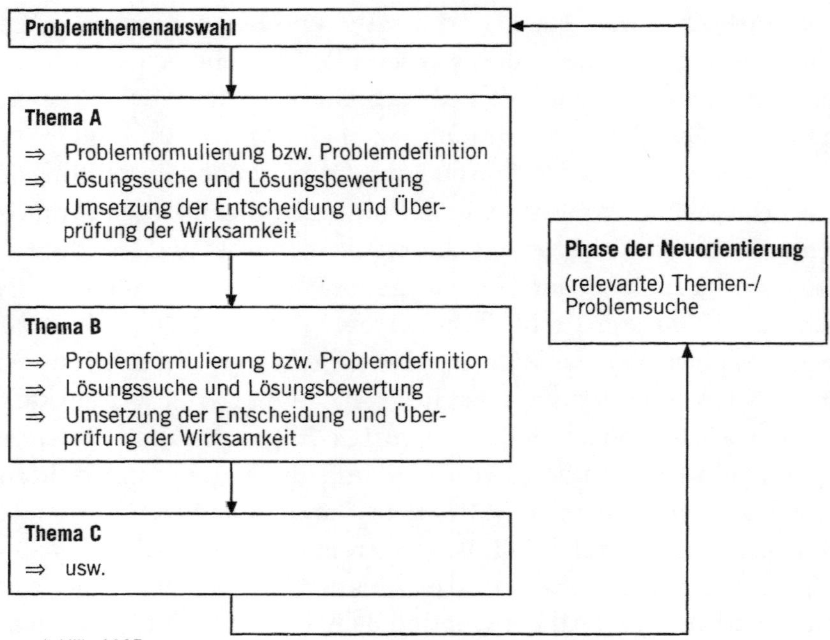

nach Hille 1995

1.5.4 Kritik des Integrativen Supervisionsansatzes

Wenn die Integrative Supervisionstheorie ebenso wie die Integrative Therapietheorie etwas auf ihre Fahnen schreibt, dann ist es die Etablierung einer Metatheorie. Konkrete Praxeologie muß sich in jedem Fall metatheoretisch rückbinden lassen. Supervisorische Methoden und Supervisionstheorie, von Petzold den Theorien mittlerer Reichweite zugeordnet, müssen sich, seinen Anforderungen folgend, anthropologisch und erkenntnistheoretisch fundieren lassen. Petzold löst diese Forderung ein und bezieht aus ihr die Überlegenheit seines Ansatzes gegenüber konkurrierenden Modellen. Der *tree of science*, das Knochengerüst der Integrativen Theorie, durchzieht alle Publikationen und Didaktiken.

Integration wird über eine zugrundeliegende konsistente Wissensstruktur erreicht, die als Basis für die Zusammenführung von Theorien und Methoden als »in sich geschlossenes Gesamtmodell« fungiert (Schreyögg, A. 1991, 78). Gerade diesen Anspruch betrachten andere Autoren jedoch als nicht erfüllt. So bezeichnet Rappe-Giesecke (1994, 10) die Zusammenführung von Theorien und Methoden in der integrativen Supervision »bestenfalls als additiv«. Es finden ausgewählte (z.B. therapeutische) Verfahren Verwendung, deren Anwendbarkeit für den supervisorischen Bereich nicht konkret begründet wird.

Kritisch zu sehen ist die mangelnde Bescheidenheit bei der Entwicklung neuer Modelle. Es fehlt die Einsicht in die notwendige Beschränktheit jeder Einzeldisziplin in der modernen Wissenschaft. Die Illusion von der möglichen Einheitlichkeit der Welterklärung hat sicherlich einen starken Verführungscharakter. Dennoch scheint Petzolds Vorgehen ein anachronistisches Unterfangen zu sein. Einheitlichkeit der Theoriebildung zu fordern ist in der Postmoderne, die gekennzeichnet ist durch das »Ende der großen Erzählung« (Lyotard 1982), obsolet geworden. Metatheoretische Überlegungen sind sicher von Supervisoren zu verlangen. Dennoch bleibt die Frage nach deren Geltungsbereich: Stülpt man nicht einem sicher lohnenden Versuch, den Gegenstandsbereich der Supervision zu systematisieren, einen Wasserkopf von Metatheorie über, die mehr oder weniger die Funktion eines Glaubensbekenntnisses bekommt, als den supervisorisch Tätigen förderlich zur Seite zu stehen?

Es geht nicht darum, daß die sicherlich notwendigen Bemühungen von Praktikern, über ihre anthropologischen Leitideen Referenz abzulegen und sich über die sie leitenden impliziten Erkenntnistheorien Klarheit zu verschaffen, als unsinniges Unterfangen zu denunzieren. Vielmehr sollte es um ein Ringen mit Theorie gehen und den unfertigen Zustand der Supervisionstheorie auszuhalten und die Chancen in ihrer Unvollkommenheit zu nutzen.

Einen großen Vorteil des Integrativen Supervisionsansatzes gegenüber Überlegungen psychoanalytischer Provenienz sehe ich in der expliziten Berücksichtigung sozialphilosophischer Theorien. Die Rollentheorie von Parsons (1951), Goffmans (1977), Meads (1973), Morenos (1964) und Plessners (1970) sowie die kommunikationstheoretischen Überlegungen Batesons (1982) erhalten einen zentralen Stellenwert im theoretischen Gebäude. In diesem Verständnis entstehen Rollen immer im Prozeß sozialen Aushandelns. Diese Interaktion wird als wechselseitig interpretierendes Verhalten auf der Grundlage von symbolisch vermittelten Bedeutungen gesehen. Sinn und Bedeutung konstituieren sich interaktiv im Dialog. Das individuelle Selbst geht aus der sozialen Interaktion hervor. Gesellschaftliche Bedingungsgefüge können mit Hilfe o. g. Ansätze jenseits der Intentionen einzelner aufgedeckt werden. Auch die gesellschaftliche Bestimmtheit des Unbewußten findet auf diese Weise ihren Ausdruck. Gesellschaft stellt nicht einfach nur ein Milieu dar, »sondern ist in ihren Konflikten als konstitutive Strukturbedingung ihrer Subjektivität eingeschrieben« (Buchholz & Streeck 1994, 76). Dem symbolischen Interaktionismus folgend, erzeugen wir auch die Institutionen, in denen und von denen wir leben, fortlaufend selbst.

Es bleibt durch das Integrative Supervisionsmodell also nicht dem »guten Willen« oder der Aufgeschlossenheit des Supervisors überlassen, ob er diese Perspektive gegenseitiger Rollenzuschreibungsprozesse in seiner Arbeit berücksichtigt oder nicht, diese Perspektive ist theorieimmanent. Das gilt ebenso für die sich aus dem symbolischen Interaktionismus ergebende Kontextbezogenheit. Ihre Einflüsse bekommen im Ansatz der integrativen Supervision einen hohen Stellenwert. Mir erscheint jedoch das systemische Denken in der integrativen Supervision eher als modisch annektiert, als im wirklichen Sinne integriert. Die integrative Supervision »als Werk in Arbeit« hat an dieser Stelle noch einiges zu tun.

Supervision braucht aus seiner Gegenstandsdefinition heraus ein breiteres Interventionsspektrum. Das Methodeninventar der Psychoanalyse ist zu eng und ergänzungsbedürftig. Methoden aus der Gestalttherapie (Arbeit mit dem leeren Stuhl, Einsatz kreativer Materialmedien wie Farben, Puppen, Szeno-Kästen), didaktische Rollenspiele, Methoden des Psychodramas (Rollentausch, Doppeln, Hilfs-Ich, etc.) stellen eine Erweiterung dar. Sicherlich bergen sie bei falschem Einsatz die Gefahr des Agierens, sie können jedoch von einem »guten Supervisor« zur Förderung der personalen und fachlichen Kompetenz eingesetzt werden.

2 METHODISCHES VORGEHEN

2.1 Prolegomena zu einer interaktionszentrierten Supervisionsforschung

Vermutlich werden alle in der Supervision Tätigen und wissenschaftlich mit der Supervision beschäftigten Menschen die Bestandsaufnahme von Petzold (1996) im *Informationsdienst der deutschen Gesellschaft für Supervision* teilen, daß die Supervisionsforschung in den Kinderschuhen steckt (vgl. auch Auckenthaler 1995; Carfio & Hess 1988; Martin et al. 1987; Barlett et al. 1983). Dabei läßt sich dieses »vorwissenschaftliche Stadium« auch als Chance begreifen, eine gegenstandsangemessene Methodik zu entwickeln und die Fehler, wie sie zum Teil in der Psychotherapieforschung gemacht wurden, zu vermeiden. Im folgenden werden einige grundsätzliche Überlegungen darüber angestellt, mit welchen Problemen sich die Supervisionsforschung konfrontiert sieht und welche Möglichkeiten des forschenden Zugangs sich eröffnen.

2.1.1 Spannungsfeld zwischen Theorie und Praxis

Das Schisma, das sich durch die gesamte Psychologie zieht, wird durch die grundlagentheoretisch und experimentell orientierten Forscher auf der einen Seite und die therapeutisch und anwendungsbezogenen Praktiker auf der anderen Seite repräsentiert. Theorie und Praxis stehen zum Teil so unvermittelt nebeneinander, daß man von zwei unterschiedlichen Kulturen sprechen kann.

Gegenseitig werden Vorwürfe hin und her geworfen. Den Forschern, die oft den Untersuchungsgegenstand so verkürzen, daß er in ein experimentelles Design paßt, wird die Nutzlosigkeit ihrer Forschungsergebnisse für die Praxis vorgehalten, und es wird über die Banalität der Resultate geklagt. Nur allzu oft sieht sich der Praktiker Altbekanntem, stark Vereinfachtem oder zu wenig Spezifischem aus der Forscherproduktion gegenüber. Die meisten Praktiker können so wenig von der Forschung profitieren, daß sie das Lesen wissenschaftlicher Fachblätter völlig eingestellt haben.

Die »nomologische Psychologie«, die sich als Wissenschaft schlechthin geriert, erzeugt mit ihrer methodischen Einseitigkeit oft eine »überwältigende Eleganz auf Kosten der Sinnhaftigkeit« (Schneider 1990, 524). Bestehende Verfahren werden nach dem Muster »mehr vom Gleichen« perfektioniert und das Untersuchungsmaterial noch vollständiger ausgeschöpft. Praktiker sehen sich in vielen Teil-gebieten der positivistisch orientierten Psychologie einer Vielzahl von Minitheorien gegenüber, die jeweils einen Minibereich der Geltung für sich reklamieren, »die mit Hilfe von auserlesensten mathematischen Modellen und unter kontrolliertesten Bedingungen überprüft und immer weiter verfeinert werden« (Kaiser 1993, 353). Ansätze übergreifender Theoriebildung finden nicht statt. Der Zusammenhang fehlt ebenso wie größere Perspektiven und Fragestellungen. Das Interesse des Praktikers erlahmt, er empfindet die Ergebnisse als langweilig, zum Teil auch als undurchschaubar und nicht mehr nachvollziehbar. Die praktische Relevanz großer Teile der wissenschaftlichen Psychologie vermissen Praktiker schon lange. Koch (1981) attestierte der psychologischen Forschung eine »kognitive Pathologie«, »das Syndrom nicht sinnvollen Denkens« (264); »... eine hochentwickelte Art von kognitiver Beschränktheit, eine Reduzierung von Unsicherheiten durch Verleugnung, durch eine Form von falscher Sicherheit, die erreicht wird durch die versteckte Auslöschung alles Problematischen, Komplexen und Subtilen. ... der Methodenfetischismus trägt zwanghafte und magische Züge« (259). Viele Praktiker würden sich sicherlich der von Royce (1983) aufgestellten Forderung nach einer »philosophischen Verdauungspause« für die in der Forschung Tätigen anschließen können.

Wen wundert das von Grawe (1992) beklagte Phänomen der Nichtzurkenntnisnahme des Ergebnisstandes der Psychotherapieforschung? Das Transferproblem zwischen Theorie und Praxis durch eine Art Zwangsbeglückung zu lösen, dadurch, daß man sich politischer Mittel bedient, wie etwa die Ergebnisse der Psychotherapieforschung qua Psychotherapiegesetz verbindlich zu machen, wie Grawe es vorschlägt, scheint jedoch ein Ausdruck von Hilflosigkeit zu sein, die zudem die Praktiker verunglimpft. Angst, Panikmache und Strafen waren schon immer schlechte Pädagogen.

Die Grundlagenforscher ihrerseits werfen den Praktikern ihre »unwissenschaftliche Praxis« vor und beklagen deren vermeintliche Unexaktheit. Vergessen wird dabei oft, daß »jede angewandte Wissenschaft selbstverständlich Abstriche an den herkömmlichen Kriterien von Objektivität und Exaktheit machen (muß)« (Mertens 1994, 89). Dennoch sind auf der anderen Seite Grandiositätsphantasien von Praktikern zu beklagen, die ihr Vorgehen für das Nonplusultra halten, sich keiner kritische Überprüfung ihrer Arbeit stellen und sich – kurzum – nicht mehr als Lernende begreifen wollen.

Auch die Supervisorenszene wird nicht allein durch die Auseinandersetzung zwischen den unterschiedlichen Schulen geprägt. Es bestehen auch Verständigungsschwierigkeiten zwischen Praktikern und Theoretikern. Ein Dialog findet, wenn überhaupt, nur selten statt und erweist sich dann oftmals als wenig fruchtbar.

2.1.2 Ist das Dilemma unausweichlich?

Eine Supervisionsforschung ist im Entstehen begriffen. Das beinhaltet die Chance, einer Vorurteilsstruktur, wie sie sich im Diskurs der Psychotherapeuten mit oder gegen Psychotherapieforschung herausgebildet hat, frühzeitig entgegenzusteuern. Diesen kennzeichnet Mertens wie folgt: »Während der Praktiker im Forscher häufig nur noch einen verkopften zwanghaften Intellektuellen sieht, ist der Praktiker für den Forscher jemand, der in der Regel schrecklich unwissenschaftliche Dinge treibt, ohne sich darüber Rechenschaft abzulegen« (Mertens 1994, 90f).

Eine Möglichkeit zur Etablierung eines konstruktiven Dialoges sehe ich in einer veränderten Haltung des Forschers seinem Gegenstand gegenüber. Nicht nur die Psychotherapie und die Supervision möchte ich als dienende Tätigkeiten verstanden wissen. Auch der Forschungsbetrieb könnte sich mehr als Serviceangebot für die Supervisoren verstehen, indem er zum Beispiel Fragen aufgreift, die die Supervisoren sich selbst schon lange und immer wieder stellen.

Fragestellungen lassen sich auch gemeinsam aushandeln. Am Anfang könnte eine mühsame, aber oft auch lohnende Begriffsarbeit stehen. Die Kooperation zwischen Praktikern und Theoretikern wäre weiter zu fördern, indem die wissenschaftlich Tätigen ihren Vorsprung durch ein mehr an Übung in der Präzisierung praktikabler Fragestellungen zur Verfügung stellen und die Praktiker aus ihrem unendlichen Erfahrungspool lohnende Suchrichtungen für den Forschungsprozeß in der Supervision anbieten.

Ich glaube, daß es möglich ist, damit aufzuhören, sich gegenseitig die jeweiligen Unzulänglichkeiten nachzuweisen und sich vice versa zu entwerten. Die Forscher auf ihre »Elfenbeinturmexistenz« festzulegen und ihr Oberlehrerverhalten anzuprangern, ist auch motiviert durch Neid und Mißgunst. Denn jenseits des Praxisdrucks Fachliteratur zu lesen, reflektieren zu können und sich mit mehr Ruhe den Fragestellungen gründlich zu widmen, stellt sicherlich einen Wunsch vieler Praktiker dar.

Dennoch läßt sich der Graben zwischen Theorie und Praxis auch in der Supervision nicht einebnen. Jaeggi (1991, 119) prononciert es für die Psychotherapieforschung folgendermaßen: »Müssen wir uns also abfinden mit dem offensichtlich nur vage heuristisch wirksamen Gerüst der Theorie für die Praxis? Ich glaube: ja!«.

Die verbleibende Fremdheit zwischen supervisorischem Tun und forscherischem Denken hat auch förderliche Aspekte. Erstens kann es keine einfachen Ableitungsverhältnisse von Theorie zur Praxis geben. Diese sind weder möglich, denkbar noch sinnvoll. Zweitens ist es genau die Differenz – wollen wir die Forschung für den Moment als Triangulierungschance für die Praxis betrachten –, das Anderssein und der Dialog zweier Kulturen, den ich als fruchtbar für beide Seiten werten möchte. Aus dieser Spannung heraus kann viel erwachsen.

2.1.3 Komplexität von Supervisionsforschung

Sicherlich ist die Diskussion um qualitative versus quantitative Forschung genauso unerquicklich und von einer Vielzahl von Eitelkeiten geprägt, wie die Frage des Theorie-Praxis-Dialogs. Jaeggi zeigt einen schlichten, jedoch richtungsweisenden Weg aus diesem Dilemma: »Quantifizierungen sind nur da angebracht, wo es sich um Quantitäten handelt« (Jaeggi 1994, 59). Hier kann es auch nicht um ein entweder/oder gehen, sondern um eine sinnvolle, der Fragestellung angemessene Integration unterschiedlicher methodischer Vorgehensweisen.

Wir finden innerhalb der Supervisionsforschung weiterhin die Diskussion um die Vorrangstellung der Wirkungs- versus der Prozeßforschung. Geht es um Wirkungsforschung, so fühlt sich ein Praktiker leicht existentiell bedroht. Fragen wie »Bin ich auch gut genug?

Kann ich den Theoretikern genügen? Bin ich belesen und auch theoretisch reflektiert genug? Was ist, wenn ich meine Effizienz nicht nachweise?« hemmen die Bereitschaft von Praktikern, zu kooperieren. Ängste und Vorbehalte bestehen oftmals zu Recht. Lassen Auftraggeber von Supervision die geleistete Arbeit in der Supervision evaluieren, wie es z.B. kirchliche Träger z.Z. vermehrt tun (vgl. z.B. Schneider & Müller 1995), werden die Ergebnisse Auswirkungen auf die Zahlungsfreude der Träger haben. Geschieht diese Evaluation dann in Form von Fragebogenerhebungen, etwa »Mir hat die Supervision etwas gebracht/nichts gebracht« versehen mit einer 5er-Skalierung, so regt sich nur allzu verständlicher Unmut bei den Praktikern. Wissen doch erfahrene Supervisoren, daß die Effekte ihrer Arbeit oft mit Depotspritzen zu vergleichen sind, sie zeigen oft erst auf lange Zeit Wirkung und sind nicht im Anschluß an einzelne Sitzungen meßbar. Manche Effekte supervisorischer Arbeit werden erst nach Beendigung des supervisorischen Kontraktes erlebbar und sichtbar und lassen sich nicht durch inhaltsleere Fragebogenuntersuchungen, die im Anschluß an einzelne Supervisionssitzungen durchgeführt werden, nachweisen. Dabei geht es nicht darum, das berechtigte Kundeninteresse, das externe Kriterium der Zufriedenheit des Auftrags- und Geldgebers, sei es nun der Patient, der Klient, die Institution oder die Organisation, aus den Augen zu verlieren. Ich bin mir sicher, daß man dem berechtigten Wunsch nach Qualitätssicherung in der Supervision auch anders Rechnung tragen kann.

Oft wird in den vorliegenden Untersuchungen gar nicht gefragt, *was* die Supervisoren eigentlich mit ihren Supervisanden machen und *wie* sie dabei methodisch vorgehen, sondern lediglich geforscht, wie sich die Effekte außerhalb des supervisorischen Tuns nachweisen lassen. Betrachtet man nun die Vielzahl der Einflußfaktoren, wie ökonomischer Kontext, Stellenbesetzung, Qualifikation der Mitarbeiter, Hierarchiestruktur der Organisation, Komplexität und Störungsgrad der Klientel etc., wird schnell deutlich, welch ein methodisches Problem die Effizienzkontrolle von Supervision darstellt. Die Fragestellung ist bei weitem komplexer, da viel mehr an Kontextvariablen zu berücksichtigen ist als in der Psychotherapieforschung, deren Ergebnisse auch schon mager sind. Versucht man, gemäß einer traditionellen psychologischen Forschung die Wirk- und Veränderungsstrategien von Supervisoren zu operationalisieren, d.h. Variablen zu bilden und den Supervisionsprozeß mit einem dichten Befragungs- und Beobachtungsnetz zu überziehen, sieht man sich einer schier unlösbaren Aufgabe gegenüber. Das Ausmaß der Interdependenzen der zu berücksichtigenden Faktoren ist so groß, daß man schnell an die Grenzen der Informationsverarbeitung, der ökonomischen und motivationalen Grenzen stößt.

Wollen wir statt dessen herausfinden, was genau in Supervisionsprozessen geschieht, erweisen sich sowohl das facettenreiche Testrepertoire als auch Fragebogenuntersuchungen als unangemessen. Global läßt sich die Effizienz von Supervisionsprozessen zwar nachweisen, Wolff (1994, 39) beschreibt es für die Psychotherapieforschung wie folgt:

- »Gesichert scheint zu sein, daß Psychotherapie wirkt.
- Allerdings lassen sich die verschiedenen Therapiesysteme bezüglich ihrer Wirksamkeit kaum unterscheiden.
- Somit ist nicht nur unklar, warum Psychotherapie wirkt, sondern auch welche Intervention welche Wirkungen zeitigen.«

Betreiben wir jedoch, analog der Bemühungen innerhalb der quantitativen Psychotherapieforschung, Effizienzforschung auch im Bereich der Supervision, so verkürzen wir diese auf einen uniformen Vorgang, »der sich in kausal-linearer Abhängigkeit von stabilen und konstanten Merkmalen« (Bardé & Mattke 1993, 38) vollzieht. Alter, Geschlecht, Sympathie zwischen Supervisor und Supervisanden, Änderungserwartungen, Zielerreichung und Arbeitszufriedenheit zu erfragen ist im Grunde für das Begreifen supervisorischer Prozesse nichtssagend. Zu erfragen, ob Supervision hilfreich war, führt nicht weiter, denn: »Nun wirkt natürlich immerfort alles und deswegen ergeben sich auch immerfort irgendwelche Veränderungen – häufig werden sie auf triviale Weise abgefragt und auch trivial beantwortet« (Jaeggi 1994, 57).

Die oben genannten angeblich so unabhängigen Variablen unterliegen in dem dynamischen Prozeß der Supervision selbst einer Wandlung:

Beispiel 1: Die Zielbestimmung

Im gemeinsamen Reflexionsprozeß von Supervisor und Supervisanden bilden sich die supervisorischen Fragestellungen immer wieder neu, die problematischen Gestalten wandeln sich. Es entstehen neue Perspektiven, die sich mehr oder weniger gut in die vorhandenen Handlungs- und Deutungsmuster des Teams integrieren lassen. Die Zielformulierung in der Supervision selbst ist ein dynamischer Prozeß. Unbewußte Motive spielen genauso eine Rolle, wie eine erfragbare bewußte Motivstruktur. Die sich inszenierenden unbewußten Prozesse sind in der Teamsupervision oft nur langsam zu verstehen und der Supervisor gestaltet diese auch mit seinem Unbewußten mit.

Effizienzforschung in der Supervision darf dem supervisorischen Prozeß keine Gewalt antun, indem sie fragt, ob ihr Arbeitsziel erreicht/nicht erreicht ist. Supervision ist nun mal kein linearer Prozeß, der sich im prae-post-Vergleich abbilden ließe. Auch lassen sich Supervisionsprozesse nur schwer in einem Problemlöseparadigma unterbringen. Ausschließlich planerisches und rationales supervisorisches Geschehen ließe sich eventuell noch objektiv-empirisch überprüfen. Die Realität der supervisorischen Arbeit ist aber zumindest genauso stark durch prärationale Prozesse bestimmt. Diese können jedoch nicht durch die »artifizielle Logik einer abstrakten experimentellen Methodik« (Bardé & Mattke 1993, 39) erfaßt werden.

Beispiel 2: Der Supervisor als Wirkkonstante

Auch der Supervisor ist in seiner Arbeit einem Änderungsprozeß unterworfen. Er ist nach einem abgeschlossenen Supervisionsprozeß – gleichgültig ob er nur fünf Sitzungen umfaßte oder über Jahre ging – nicht mehr der, der er war, als er in den Prozeß einstieg. Er hat im besten Fall von den Supervisanden gelernt. Er ist von ihnen erschüttert, bereichert und irritiert worden. Supervision läßt sich nicht als eine einseitig gerichtete Beeinflussung fassen. Eher ist Supervision als eine Art sokratischen Dialogs zu verstehen. Sie stellt sich als eine lebendige Auseinandersetzung mit Supervisanden dar, die erst im Prozeßverlauf dem Supervisor klarere Auffassungen von der Fall- oder Teamdynamik verschafft. Ergebnisse des Supervisionsprozesses können nicht von vornherein feststehen, sie entwickeln sich im Dialog. Sie entstehen oft durch Verwicklung in Widersprüche und durch sich anschließende Klärung dieser Widersprüche. Alle Beteiligten sind – wenn die Supervision gut läuft – im Anschluß klüger. Die Arbeit des Supervisors ist mit der des Supervisanden der Sache nach zutiefst verschränkt. Beide befinden sich in einem Prozeß des gemeinsamen Hervorbringens von Bedeutungen. Der Interpersonalität des supervisorischen Geschehens muß eine gegenstandsangemessene Forschung Rechnung tragen. Das komplexe Geschehen der Supervision in seiner Verschränktheit läßt sich anschaulich an der Frage von Macht und Ohnmacht in der Supervision (vgl. Schreyögg, A. 1995b) darstellen.

Beispiel 3: Gegenseitige Sympathie
Der erfahrene Supervisor weiß, daß sich hinter einem gemeinsamen Wohlfühlen von Supervisanden und Supervisor unterschiedliche Abwehrarrangements verbergen können, die narzißtische Kollusion, »wir sind alle wunderbar«, sei hier nur exemplarisch benannt. Die schwierige Arbeit findet auch im Dissenz, in der Konflikthaftigkeit und der Konfrontation statt. Ein wesentlicher Teil supervisorischer Arbeit ist das Aushalten von Diskrepanzen. Die förderliche Wirkung o.g. Phänomene läßt sich jedoch nicht in Momentaufnahmen, wie es Fragebogenerhebungen darstellen, adäquat messen.

Unbewußte Prozesse, die für die Supervision zentral sind, lassen sich nicht erfassen, wenn die Supervisionsforschung versucht, eine positivistische Psychotherapieeffizienzforschung zu kopieren, die selbst von vielen Beteiligten des Genres als dem Gegenstand nicht angemessen bewertet wird. Selbst Grawe (1992) fordert eine Hinwendung zu mehr Einzelfallstudien, um das »wie« der Wirkung von psychotherapeutischer Intervention besser erfassen zu können. Um der (noch) verborgenen Logik supervisorischen Tuns »auf die Schliche zu kommen«, sollte sich die Supervisionsforschung zunächst einmal phänomenologisch deskriptiv der eigenen Sache nähern und damit der Prozeßforschung eine Vorrangstellung einräumen.

Jede Supervisionsschule hat ihre eigenen Vorstellungen darüber, was hilfreich ist. Es bleibt abzuwarten, ob sich allgemeine Wirkvariabeln herauskristallisieren werden. Typische Verläufe und günstige Interventionen müssen sich zunächst einmal abbilden. Die entstandenen Gestalten lassen sich in einem weiteren Schritt durch den Praktiker mit seinem Erfahrungswissen abgleichen. Gehen wir zunächst phänomenologisch-deskriptiv und schulenübergreifend vor, so könnte es in einem zweiten Schritt gelingen, allgemeine Wirksubstanzen von Supervision herauszufiltern. Denn in der Supervision sind vermutlich ebenso viele unspezifische Wirkfaktoren anzunehmen, wie sie in der Psychotherapieforschung beschrieben sind: die gemeinsame Sprache von Supervisor und Supervisanden, der kulturelle Rahmen, das Ritual, die Mythologie.

Wir brauchen Forschungsinstrumente, die den Interaktionsprozessen der Supervision in ihrem Ineinandergreifen gerecht werden, die in der Lage sind, die Interpersonalität des Geschehens zu fassen. Eine Supervisionssitzung ist eine von Supervisor und Supervisanden gemeinsam hergestellte Wirklichkeit. Supervisorische Arbeit läßt sich nur als Resultat situationsbezogenen, interaktiven Handelns verstehen. Die Forderung, die Jaeggi für die Psychotherapieforschung aufgestellt hat, gilt in gleicher Weise für die Supervisionsforschung: »Nicht detaillierende, Subjekt-Objekt-trennende Verfahren sind hier angezeigt (jeder Fragebogen zum Prozeß tut dies!), sondern solche, die Sinnverstehen, als ›Szenisches Verstehen‹ (Argelander 1970) begreifen« (Jaeggi 1991, 127).

2.1.4 Supervisionsprozeß als Forschungsprozeß

Ein wichtiger präventiver Schritt gegen die Etablierung einer Vorurteilsstruktur im Diskurs zwischen Supervisor und Supervisionsforscher könnte sein, der Verfestigung der Rollen, also der Identität als Supervisor versus Supervisionsforscher, vorzubeugen. Eine Möglichkeit besteht darin, den Supervisionsprozeß selbst als Forschungsprozeß zu begreifen.

Freud proklamierte für die Psychoanalyse das Junktim von der Einheit von Heilen und Forschen. Seine These lautet: »In der Psychoanalyse bestand von Anfang an ein Junktim zwischen Heilen und Forschen, die Erkenntnis brachte den Erfolg, man konnte nicht behandeln, ohne etwas Neues zu erfahren, man gewann keine Aufklärung, ohne ihre wohltätige Wirkung zu erleben. Unser Verfahren ist das einzige, bei dem dies kostbare Zusammentreffen gewahrt bleibt« (Freud 1927, 293f).

Freud spricht von einer bestimmten Methode des Forschens, »nämlich von der exquisit psychoanalytischen Suchstrategie, Wissen zu generieren, eine Methode, von der er meinte, sie sei in einem bestimmten Sinne Therapie« (Nitschke 1994, 21). Ich folge Freud an dieser Stelle uneinschränkt, es bleibt mir einzig als fragwürdig anzumerken, ob die Exklusivposition, die er dem Junktim zwischen Heilen und Forschen in der psychoanalytischen Einzelbehandlung einräumt, einzig für dieses Setting Gültigkeit haben kann. Für die Supervision, verstanden als Anwendungsbereich der Psychoanalyse, aber auch für supervisorisches Tun ganz allgemein möchte ich dieses Junktim ebenfalls konstatieren.

Hinter jedem Supervisionsanliegen steckt der Wunsch nach Selbstaufklärung. Supervisanden »wollen es wissen« und stellen damit einerseits den motivationalen Pfeiler von Supervision her und benennen andererseits auf diese Weise das Ziel von Supervision: Supervisanden wollen durch mehr Wissen und Einsichten wieder arbeitsfähig(er) werden. Supervision möchte ich zentral verstanden wissen als die Unterstützung eines Selbstreflektionsprozesses der Supervisanden. An dieser Stelle fallen Methodik und Ziel von Supervision zusammen.

Supervision dient sicherlich dem Aneignen erweiterten Wissens, der Übernahme neuer Perspektiven und Referenztheorien. Daneben gilt die gemeinsame Suchstrategie von Supervisor und Supervisanden in großen Teilen auch dem Aufspüren und (Wieder-)Erleben verdrängten Wissens und seiner Wiederaneignung. Kognitives, affektives und organisationsspezifisches Wissen ist ihnen durch innere und/oder äußere Verbote, durch persönliches Sogewordensein, die Teamdynamik und/oder die Institutionsgeschichte und deren politischen Kontext verhüllt. Die Selbstverblendung und ihre Auswirkungen auf die Arbeitsleistung und die Arbeitszufriedenheit ist Hintergrund supervisorischer Fragestellungen und oft Anlaß, sich überhaupt für eine Supervision zu entscheiden.

Die Selbstverblendung von Teams soll durch den supervisorischen Prozeß insofern aufgelöst werden, daß unbewußt motiviertes Nicht-Wissen-Wollen wieder bewußtseinsfähig wird. Dabei geht es sicherlich in der Supervision um mehr als nur um das Unbewußte der Triebkonflikte und der Affekte, sondern z. B. auch um die Verleugnung der Wichtigkeit struktureller Parameter. Der Supervisor hat dabei vor allem die Aufgabe, das Klima herzustellen, das die Minderung von Widerständen und die Perspektiverweiterung ermöglicht.

In der Rekonstruktion des Besonderen, seien es nun Fallgeschichten oder Teamdynamiken, entsteht ein Vorgang einmaliger und unwiederholbarer Subjektivität. Es wird quasi jedesmal aufs Neue ein

»Forschungsgegenstand« etabliert, dessen Verallgemeinbarkeit sicherlich Grenzen gesetzt sind. Supervisor und Supervisanden begeben sich im Anschluß an die Rekonstruktion in einen gemeinsamen Such- und Lösungsprozeß, der immer wieder modifiziert werden kann oder muß, bis ein zufriedenstellendes Arbeitsergebnis vorliegt. So sind sicher nicht alle Teamdynamiken als Spiegelphänomene der Psychodynamik des Klientels zu sehen. Becker (1995, 185) spricht von der Umkehrbarkeit der klassischen Balint-Perspektive, »eine zweite Perspektive, die vom Fall auf die unbewußte Dynamik der Gruppe verweist«. Die Dynamik des Teams speist sich auch aus Fragen der beruflichen und institutionellen Sozialisation. Becker schlägt vor, »Supervisionsgruppen als Forschungsinstrumente zu betrachten, mit deren Hilfe professions- und institutionstypische Haltungen im psychoanalytischen Sinn aufgeklärt werden können. ... Man sieht nun, daß die psychoanalytische Deutungsarbeit in solchen institutionellen Gruppen sich auch auf die soziale Realität, den institutionellen Kontext beziehen muß, gerade so, wie in der klinisch-dyadischen Situation auf die Theorien von der infantilen Entwicklung, auf den genetischen Gesichtspunkt. So kann sich in der psychoanalytischen Supervision einer psychiatrischen Institution ein Forschungsprozeß entwickeln, in dessen Verlauf die unbewußte Entwicklungsgeschichte eines Teams, einer Institution rekonstruiert werden kann, ein konkretes Stück ›Psychoanalyse der Gesellschaft‹« (186).

Ein Weg supervisorischer Arbeit kann die folgende Strategie sein: »Die erfolgreiche Suche nach desintegrierten Vorstellungskomplexen und deren Wiedereingliederung in den Gesamtzusammenhang müßte demnach gleichbedeutend mit Heilung sein, da das Wachbewußte unter dieser Voraussetzung seine durch Vernunft kontrollierten Funktionen wieder ausüben könnte und durch die Einheit des Bewußtseins wieder hergestellt wäre. *Heilen* und *Forschen* wären demnach als Teilmomente *eines* Prozesses zu würdigen« (Nitschke 1994, 26). Der Begriff der Heilung muß sicherlich für supervisorisches Arbeiten abgeschwächt verwandt werden, dennoch mag ich nicht ganz auf ihn verzichten, da der Supervision nicht nur in psychosozialen Arbeitsfeldern eine wesentliche psychohygienische Funktion zukommt.

Ein weiterer Weg ist das gemeinsame Hypothesengenerieren von

Supervisor und Supervisanden und das Überprüfen ihrer Wirksamkeit in der Praxis. Zunächst wird die Angemessenheit eines neuen Deutungs- oder Handlungsmusters, das erarbeitet wurde, in der Supervisionssitzung selbst deutlich. Stimmt die Hypothese des Supervisors, trifft seine Deutung zu, ist sein Interventionsvorschlag angemessen, so wird dies sofort an der Veränderung des Gruppenklimas deutlich. Die Supervisionsgruppe entspannt sich, das emotionale Engagement steigt, die Gruppenmitglieder fühlen sich freier und flexibler in ihrem Handlungsspielraum und sind entschlossen, auch schwierige Dinge in Angriff zu nehmen, die Ideen fließen. Es kann zu dramatischen Änderungen der Perspektivwahl kommen, zu expliziten Äußerungen von Einsichtsänderung. Genauso gut kann es jedoch stiller zugehen und die momentane Stimmigkeit des Supervisionsergebnisses mehr nonverbal als spektakulär vermittelt werden. Leiblichen Resonanzphänomenen auf der Seite des Supervisors wie auf der der Supervisanden kommt eine hohe Bedeutung bei der Überprüfung von Supervisionsresultaten zu.

Das Zutreffen gemeinsam erarbeiteter Ergebnisse muß sich jedoch erst in der Praxis bewähren. Erst die veränderte, als verbessert erlebte Arbeit, sei es mit dem Klientel und/oder des Teams in der Organisation und untereinander, signalisiert die Stimmigkeit der supervisorischen Arbeit. Die Ergebnisse müssen sich in der Praxis bewähren, geschieht dies nicht, wird eine erneute gemeinsame Suchbewegung der Supervisionseinheit eingeläutet. Was ist das so beschriebene Vorgehen anderes als lebendige Forschung? Wir finden in jedem supervisorischen Prozeß folgenden Dreierschritt:

- die Entwicklung gegenstandsangemessener Hypothesen aus der Fallrekonstruktion heraus,
- das Entwerfen daraus abgeleiteter Interventionsstrategien und
- die Validierung in der Praxis.

Da sind zum Schluß die Selbstbeobachtung und die Selbstanalyse des Supervisors zu nennen. Dieser generiert zu allererst Wissen über sich selbst und versucht seine Abwehrvorgänge so klein wie möglich zu halten, um seine Ichfunktionen zu verbessern. Analog der Prozesse innerhalb der psychoanalytischen Behandlung werden in der Supervision Ziel und Methodik kongruent. Auf diese Weise kann der Supervisor sein wesentliches Instrument, die Gegenübertragungsanalyse, füllig nutzen. Die Gegenübertragungsanalyse ist in der Supervision ein wesentliches Agens, sie dient als wichtiges Diagnostikum und ist damit Interventionshintergrund.

Er arbeitet mit einem Arbeits-Ich, das fähig zu *supervisorischer Ichspaltung ist*. Er ist gleichzeitig ein unmittelbar Agierender und ein sich und die Supervisanden Beobachtender. Er ist in der Lage, seine Selbstbeobachtung und die Äußerungen und Mitteilungen der Supervisanden zu integrieren und damit tiefere Einsichten zu generieren. Seine Kenntnis der supervisorischen Paradigmen und sein Können, die Anwendung die Supervision leitender Theorie fallen im günstigen Supervisionsverlauf zusammen. Supervision kann – in Abwandlung von Grünbaums Bewertung des psychoanalytischen Vorgehens: »Erkennen und Erleben – Wissen und Sein in einer originären Einheit« (1928, 206) – verstanden werden, als gemeinsam tätige Erkenntnissuche.

Solch ein Vorgehen liegt »jenseits des Gegensatzes der geisteswissenschaftlichen und naturwissenschaftlichen Psychologie« (Grünbaum 1928, 210). Freud spricht von der »gemischten Rede«, einem Platz, folgt man Nitschke (1994, 35) zwischen beiden Formen der Psychologie: »für den bis heute die Grenzen umrissen sein mögen, dessen Kartographie aber immer wieder verlorengeht – und zwar deshalb, weil wir immer wieder in ein Denken in Gegen-Sätzen zurückfallen, das dem Gegenstand der Psychoanalyse, dem Unbewußten, eigentlich zutiefst widerspricht«. Buer (1996) versucht einen oben skizzierten Weg, indem er Supervisionsgruppen, die an seinem Forschungsprojekt beteiligt sind, zu bestimmten Fragestellungen Material, das in der psychodramatisch orientierten Supervision entsteht, dokumentieren läßt und es einer gemeinsamen Auswertung zuführt. Das Aufspüren »gehäufter Eindrücke«, wie Freud (1933) es nannte, durch einen oben skizzierten supervisorischen Forschungsprozeß, könnte die Etablierung einer Supervisionstheorie vorantreiben.

Es wird an dieser Stelle nicht möglich sein, die gesamte Fülle der empirischen Arbeiten über Supervisionsprozesse darzustellen. Allein in den Jahren 1994 bis 1996 sind international 16000 Titel erschienen, die sich zentral oder am Rande mit Supervision beschäftigen. Die zunehmende Bedeutung des spezifischen professionellen Beratungsansatzes Supervision findet ihren Niederschlag in der steigenden Zahl von Veröffentlichungen in der nationalen und internationalen Fachliteratur. Es sei an dieser Stelle auf zwei Überblicksartikel verwiesen (Märtens & Möller 1998; Möller & Märtens 1999), in denen eine Kategorisierung bisheriger Supervisionsforschung erfolgte und damit eine exemplarische Darstellung der Forschungsarbeiten vorliegt. Die Möglichkeiten und Grenzen bisheriger Versuche, sich dem Kunsthandwerk Supervision zu nähern, zeigen die Fülle methodologischer Probleme, mit denen Praktiker und Forscher, die sich mit diesem hochkomplexen Beratungsangebot beschäftigen, zu kämpfen haben. Auckenthaler (1995, 9) bemängelt das Fehlen einer qualitativ orientierten empirischen Erforschung der Wirksamkeit von Supervision. Supervision sei als Qualitätssicherung der Psychotherapie weitestgehend anerkannt, »...obwohl entsprechende Wirksamkeitsnachweise fehlen«. Allgemein ist die Supervisionsforschung bislang wenig interaktionistisch ausgerichtet. Im wesentlichen lassen sich Ergebnisse finden, die durch Fragebogenerhebungen die Wahrnehmung des Supervisors durch die Supervisanden versuchen abzubilden. Die Ergebnisse sind als recht global zu bezeichnen: »Die Untersuchungsergebnisse haben dementsprechend auch wenig Überraschungswert: Supervisorinnen sollen attraktiv und erfahren sein, sensibel für den Beziehungsaspekt und aufgabenorientiert; sie sollten (u. a.) Vertrauen und Enthusiasmus ausstrahlen, die Supervisandinnen respektieren, ihre Fehler akzeptieren, klares und direktes Feedback geben, Sicherheit vermitteln und Sinn für Humor haben (vgl. dazu z.B. Albott 1984; Allen et al. 1986; Bernler & Johnsson 1993, 218 ff.; Carifio & Hess 1988; Friedlander & Snyder 1983; Heppner & Handley 1982; Krause & Allen 1988)« (zit. nach Auckenthaler 1995, 35). Lobenswerte Ausnahmen bilden zum einen die Erforschung erfahrener Supervisoren und Supervisanden (Goodyear & Bradley 1983; Holloway & Hosford 1983), und erste Video- und Tonbandaufzeichnungen von Supervisionssitzungen (Goodyear et al. 1984; Friedlander & Ward 1984), zum anderen die gesprächs- und diskursanalytischen Auswertungen supervisorischen Geschehens (Holloway et al. 1989; Martin et al. 1987; Strozier et al. 1993).

Vorstöße zur quantitativ-empirischen Erhebung von Wirkungen stehen aus. Vielleicht bleiben sie Illusion, und das aus gutem Grund: »Denn quantitative Supervisionsforschung macht die Operationalisierung von Supervision notwendig, beispielsweise durch die Einführung eines standardisierten Supervisionsschemas. Diese Mittel und die mit ihnen gewonnenen Daten arbeiten der ökonomisch orientierten Außenkontrolle durch die Auftraggeber zu. Unabhängig von der Frage, inwieweit solcherlei Operationalisierungen Supervision überhaupt abbilden kann, ermöglicht hier Wissenschaft die Daten, welche die ihr zunächst fernstehenden politisch-ökonomischen Institutionen zur Durchsetzung ihrer Ziele benötigen« (Wittenberger 1998, 130).

2.2 Eigenes methodisches Vorgehen

Supervisionsgruppen verstehe ich als *joint competence groups*, die die gemeinsame Arbeit antreten. Supervisanden sind aufgrund des Arbeitsbündnisses kompetente Mitspieler. Deshalb muß auch der Forschungsansatz einer sein, der dem Prozeß sozialer Interaktion Rechnung trägt, d.h., daß der Forscher mit seinem »Forschungsgegenstand« so in Kontakt tritt, daß er in ihm seine Fähigkeiten als »natürlicher Sozialforscher« (Buchholz & Streeck 1994) hervorruft. Der Beforschte sollte in seiner Kompetenz gefragt sein und die wissenschaftliche Methodik sich nicht substantiell verschieden von den Methoden, mit denen wir in Supervisionsprozessen arbeiten, zeigen. Die Supervisionsprozesse selbst sind jeweils kleine Forschungsprozesse.

2.2.1 Expertenzugang in der Supervisionsforschung

Es kann deshalb bei der »Kunstlehre« Supervision nicht um eine *Out-Come*-Forschung analog der von Grawe geforderten Psychotherapieforschung gehen, die einzelne Variablen mit großem Aufwand und großer Exaktheit mißt. Supervisionsprozeßforschung könnte – und das ist mein Ansatz – ausgewiesene Experten zum Gegenstand der Forschung machen. Der Expertenzugang stammt aus der KI (künstliche Intelligenz)-Forschung, deren Anfänge darin bestanden, Experten aufzufordern, »laut zu denken«. Newell & Simon (1972) entdeckten dabei, »daß die Probanden nicht etwa systematisch alle möglichen Lösungswege überprüften, sondern heuristische Regeln (›Finderegeln‹) benutzten, die das Problemlösen erheblich abkürzen konnten« (Legewie & Ehlers 1994, 316).

Hubert Dreyfus, ein Kritiker der KI-Forschung, wählte einen anderen Ansatz, da der Problemlöseansatz in der KI-Forschung schnell an seine Grenzen stieß. Die künstliche Intelligenz des Computers wurde der *leibhaftigen* Intelligenz des Menschen, seiner Fähigkeit zu leibhaftiger Situationserfahrung gegenübergestellt. In phänomenologischen Untersuchungen von Experten unterschiedlicher Disziplinen (Schachspieler, Autofahrer, Wirtschaftsmanager, Krankenpflegepersonal, etc.) wurde deren Entwicklung vom Anfängerstadium bis zur Meisterschaft nachgezeichnet. Unabhängig vom Tätigkeitsbereich ließen sich fünf Stufen des Fertigkeitserwerbs finden.

Fünf Stufen beim Fertigkeitenerwerb (nach Dreyfuß & Dreyfuß, 1987)

Stufe	Komponenten	Perspektive	Entscheidung	Einstellung
1. Neuling	Kontext-frei	Keine	Analytisch	Distanziert
2. Fortgeschrittener Anfänger	Kontext-frei und situational	Keine	Analytisch	Distanziert
3. Kompetenz	Kontext-frei und situational	Gewählt	Analytisch	Distanziertes Verstehen und Entscheiden. An Ergebnissen gefühlsmäßig beteiligt
4. Gewandtheit	Kontext-frei und situational	Erfahren	Analytisch	Teilnehmendes Verstehen Distanziertes Entscheiden
5. Experte	Kontext-frei und situational	Erfahren	Intuitiv	Gefühlsmäßig beteiligt

Nur Anfänger handeln demnach nach dem Modell des Problemlösens. Sie gehen nach festen Regeln vor und unterscheiden rational nach zur Verfügung stehenden Alternativen. Mit zunehmender Kompetenz orientieren sich Fachleute nicht mehr an Regelwissen, sondern gehen situationsgebunden, innovativ und ganzheitlich vor: »Wenn keine außergewöhnlichen Schwierigkeiten auftauchen, lösen Experten weder Probleme, noch treffen sie Entscheidungen; sie machen einfach, was normalerweise funktioniert...« (Dreyfus & Dreyfus 1987). Experten bringen ihr Erfahrungswissen mit einer hohen emotionalen Beteiligung in die Arbeit ein. Bei ihnen finden wir kaum routiniertes Arbeiten, sondern sie sind leidenschaftlich bei der Sache. Es stellt sich nun die Frage, *wie* bei Experten neben der Intuition auch Fachwissen und Reflexion zum Tragen kommen. Dreyfus & Dreyfus nennen dies »besonnene Rationalität«, es handelt sich nicht um Problem-lösen, sondern um die kritische Betrachtung der eigenen Intuitionen. »Eine solche besonnene Rationalität versucht nicht, Situationen in kontextfreie Elemente zu zerlegen, sondern ganze Situationen zu erfassen« (zit. nach Legewie & Ehlers 1994, 319).

Der Begriff der Intuition wird häufig als unspezifischer Sammelbegriff dann verwendet, wenn Verhalten von Menschen weder von außen, durch Beobachter, noch von innen, aus der Perspektive des Agenten, erklärbar erscheint. Routinisierte und habitualisierte Handlungsabläufe scheinen verlassen und ungewöhnliche und zugleich zielführende Ideen werden sichtbar. Ein Beobachter wird Intuition attribuieren, wenn das beobachtete Verhalten seine eigenen üblichen emotionalen und kognitiven Bahnungen und Assoziationsketten verläßt. Staunen, Überraschung, Verblüffung mögen als typische Reaktionen gelten, wenn unerwartetes Verhalten erlebt wird.

Ziel dieser Untersuchung war es, die Routine der Denkgewohnheiten von Experten der Supervision zu lockern, indem ihre Interventionen hinterfragt werden. Das gemeinsame Hören der aufgezeichneten Supervisionssitzungen und der Forschungsdialog sollten das intuitive Vorgehen der Experten der Supervision transparent machen, es abbilden und nachvollziehbar machen.

In meinem Projekt benutzte ich den Expertenzugang, um Kriterien für »gute« Supervision aufzuspüren. Ich stellte psychoanalytische und integrative Supervisionsansätze in ihrer Anwendung bei Teams, die im stationären Setting arbeiten, vor. Die einzelnen aufgezeichneten und transkribierten Teamsupervisionen wurden zunächst einer Mikroanalyse (s. u.) unterzogen. Durch die sich anschließenden Selbstkonfrontationsinterviews mit den Supervisoren und Supervisorinnen wurden die Interventionen anhand der Innenschau der Supervisoren ergänzt. Dabei galt es herauszufinden, welche persönlichen Heurismen die Experten der Supervision dieser beiden Schulen leiten. Den Abschluß bildete ein komparativer Schritt, der die ähnlichen und differenzierenden Merkmale supervisorischen Arbeitens herausarbeitete. Es blieb abzuwarten, ob sich die Differenzierung schulenspezifisch fassen lassen oder eher ein Abbild des »persönlichen Stils« der untersuchten Experten darstellen.

2.2.2 Selbstkonfrontationsinterviews mit Experten der Supervision

Wir Forscher und Forscherinnen müssen zum Teil erst einmal sichtbar machen, was die Praktiker und Praktikerinnen intuitiv schon immer »wußten« und konnten und ihnen damit auch die Komplexität ihres Denkens und Handelns zu spiegeln. Supervisoren und Supervisorinnen fühlen sich oft sicher, wenn sie beschreiben sollen, was sie gerade tun. Das steht im Gegensatz zu der von der Forschungsseite proklamierten Hochkomplexität des Gegenstandes. Um die Expertensicherheit als Forschungsressource zu nutzen, entschied ich mich für die Methodik des *stimulated recalls* oder des Selbstkonfrontationsinterviews (SK), wie Breuer (1991) es nennt.

Supervisoren und Supervisorinnen bieten sich geradezu für psychologische Erhebungsverfahren an, in deren Zentrum verbale Selbstauskünfte stehen. Für die Rekonstruktionsarbeit »innerer Handlungsteile« sind sie in ihren oft vorliegenden Doppelqualifikationen als Psychotherapeuten und Supervisoren besonderer Weise befähigt, leibliche Resonanzphänomene, kognitive und emotionale Prozesse zu benennen. Die Arbeit mit Gegenübertragungsphänomenen setzt ein langjähriges Selbstwahrnehmungstraining voraus. Dabei muß davon ausgegangen werden, daß sich innere Prozesse nicht lückenlos abbilden lassen. Die bewußtseinsfähigen Inhalte werden immer hinter den unbewußte Aspekten psychischen Geschehens zurückbleiben (vgl. Freud 1933; Ericsson & Simon 1984). Bei Supervisoren und Supervisorinnen ist jedoch von einer besonders ausgeprägten Selbstaufmerksamkeit und hohen Wahrnehmungskompetenz auszugehen. Sie sind es gewohnt, sich selbst zu explorieren und sich vorbewußten und unbewußten Prozessen zu stellen.

2.2.3 Auswahl der Untersuchungspartner

Als Experten und Expertinnen der Supervision galten bei der Auswahl der Untersuchungspartner diejenigen Praktiker, die seit langen Jahren supervisorisch in den unterschiedlichsten Settings tätig sind. Alle Supervisoren waren über 50 Jahre alt und verfügten über mindestens eine Psychotherapieausbildung. Ihre professionelle Identität war die des Psychoanalytikers und Supervisors oder des Integrativen Therapeuten und Supervisors. Alle Interviewten sind als Lehranalytiker bzw. Lehrtherapeuten sowohl für die Psychotherapie als auch für die Supervision langjährig tätig. Alle Untersuchungsteilnehmer haben sich durch ihre Publikationen auch als Theoretiker der Supervision ausgewiesen. Die Untersuchungsgruppe kann an dieser Stelle nicht genauer spezifiziert werden, um den zugesicherten Datenschutz nicht zu gefährden. Nähere Angaben würden die befragten Personen zu leicht identifizierbar werden lassen.

Supervisor/in	Supervisorische Orientierung	Beobachtungsmodus
Frau Kiesel	Integrative Supervision	Tonkassette
Herr Siebeck	Integrative Supervision	Tonkassette
Herr Mölln	Psychoanalytische Supervision	Tonkassette Teilnahme an der Sitzung

2.2.4 Erhebungssituation der Teamsupervisionssitzungen

Die Supervisionssitzungen habe ich entweder selbst beobachten können oder von den Supervisoren und Supervisorinnen die Tonbandaufzeichnungen ihrer zugesandt bekommen (s. Tabelle). Es stand den Untersuchungspartnern frei, welche ihrer Supervisionssettings im klinisch/stationären Kontext sie auswählten. Ebenso wurde kein Auswahlkriterium für die einzelne Sitzung vorgegeben. Es kamen in der Regel recht pragmatische Wahlen zustande: die Sitzung, welche dem vereinbarten Interview am nächsten lag. Das von mir vorgeschlagene Kriterium, eine Sitzung zu fokussieren, in der er sein Können in besonderer Weise abgebildet sieht, oder in der er in seiner supervisorischen Spezifität adäquat deutlich wird, empfanden die Supervisoren als Stressoren. Sie wollten sich nicht unter Druck setzen, besonders gut zu sein, sondern eine »übliche« Sitzung untersucht wissen.

2.2.5 Ablauf der ergänzenden Interviewuntersuchung

1) Zunächst wurde ein kurzes Interview zur Berufsbiographie geführt. Das fokussierte Interview zur beruflichen Entwicklung sollte

einen Überblick über Ausbildungshintergrund, die leitenden Supervisionskonzepte und Arbeitsschwerpunkte im supervisorischen Feld geben. Ziel war es, das »Sogewordensein« des supervisorischen Experten oder der Expertin im Laufe des beruflichen Lebens kurz nachzuzeichnen.

2) Die Supervisoren und Supervisorinnen wurden zur Supervisionsgruppe befragt. Institutionsmerkmale, der Supervisionskontrakt, die Diagnosenstellung, der bisherige Supervisionsverlauf, die Charakterisierung der Supervisor–Supervisandenbeziehung und die Beurteilung der Arbeitsatmosphäre wurden erhoben. An dieser Stelle fand auch die Frage nach dem Einfluß des Untersuchtwerdens auf das Team und den Supervisor Platz.

3) Zu Beginn des eigentlichen Selbstkonfrontationsinterviews stand die Thematisierung von Erwartungen und Wünschen der Supervisoren und Supervisorinnen an die Untersuchung. Das folgende Resümee über die aufgezeichnete Sitzung und die Performanz ihrer supervisorischen Qualität leiteten das Interview ein.

4) Die Instruktion des Supervisors: Schritt vier stellte den Kern der Untersuchung dar. Gemeinsam wurde die Bandaufnahme der Supervisionssitzung Intervention für Intervention angehört. Ausgehend von der szenischen Funktion des Gedächtnisses sollte der akustische »Reiz« ein möglichst vollständiges, leibliches Erinnern möglich machen. Der Supervisor wurde zu Beginn der »Kernuntersuchung« folgendermaßen instruiert:

»Bitte versuchen Sie, sich möglichst intensiv und genau in die entsprechende Sequenz der Supervisionssitzung zurückzuversetzen. Sie können – genauso wie ich – das Band jederzeit anhalten. Mich interessiert Ihre Sicht auf das Geschehen. Berichten Sie mir möglichst umfassend, was im Zusammenhang mit Ihrer Intervention in Ihnen vorgegangen ist. Versuchen Sie eine möglichst vollständige Wiedererinnerung und Verbalisierung Ihrer psychischen Prozesse: Wahrnehmungen des Prozesses, Gedanken, Gefühle, Hypothesen, Assoziationen und Phantasien aller Art, Erwartungen, Ziele, Pläne, Bewertungen, Intuitionen, leibliche Resonanzphänomene und Empfindungen. Nicht nur klare und eindeutige Erinnerungen interessieren mich, auch Verschwommenes und Vages der Supervisionssequenz ist wichtig.«

Die einzelnen Elemente wurden zur Unterstützung und Erinnerung auf einer Wandzeitung visualisiert. Die Vorgabe war, Intervention für Intervention die Aufnahme durchzugehen. Im Laufe des Erhebungsprozesses stellte sich im Kontakt zum Supervisor ein tranceähnliches Phänomen ein, das mit der gleichschwebenden Aufmerksamkeit in der psychoanalytischen Behandlung zu vergleichen war. Auf diese Weise war es möglich, auch die subliminale Wahrnehmungsebene oder das Vorbewußte (VBW) mit in den For-schungsprozeß einzubeziehen. Anders als es die ursprüngliche Planung vorsah, wurde das Band auch zwischen den Interventionen angehalten und die Gedanken und Körpersensationen benannt, die während der einzelnen Beiträge erinnert wurden. Meine Aufgabe als Interviewerin bestand vor allem darin, durch Nachfragen zur Vollständigkeit der verbalisierten Erinnerung beizutragen. Dabei waren Verständnisfragen genauso möglich wie Paraphrasierungen oder Zusammenfassungen der Beiträge des Supervisors. Vor allem versuchte ich, die Untersuchungspartner zu detailliertem Bericht zu ermuntern und den Gesprächsanteil von Selbstkritiken, Rechtfertigungen und nachträglichen Deutungen klein zu halten.

Dabei stellte die jeweilige Begegnung des Interviewpartners und der Interviewerin ein spezifisches Ereignis dar. Es stand unter dem Einfluß verschiedener Merkmale, wie z.B. dem unterschiedlichen Maß an Vertrautheit der Interaktionspartner. Die Erwartung an die Untersuchungssituation war geprägt von Vorwissen, Vorerfahrung und Vorurteilen mit- und übereinander. Es spielten sowohl Idealisierungen als auch Hierarchien eine Rolle. Es machte einen Unterschied, ob ich als Weiterbildungskandidatin der Psychoanalyse einen Lehranalytiker untersuchte, oder als integrative Supervisorin einen Experten der eigenen Schule befragte.

Auch der Vorlauf bis zur Erhebungssituation beeinflußte die Interviewsituation. Wie kam der Untersuchungskontrakt zustande? Mußte ich lange werben oder wurde mein Anliegen gern und bereitwillig aufgegriffen? Der Kontext der Erhebung variierte zwischen einem entspannten Interview ohne Zeitbegrenzung an zwei aufeinanderfolgenden Wochenenden und einem eher eiligen Gespräch zwischen zwei wichtigen Sitzungen des Supervisors. All diese Momente haben in der Auswertung Berücksichtigung gefunden.

Hauptanliegen dieser Erhebungssequenz war die möglichst umfassende Abbildung des Erlebens der Supervisoren und Superviso-

rinnen. Es galt, sich ihren Entscheidungsprozessen für oder gegen eine bestimmte Intervention zu nähern, die Wahl der jeweiligen Interventionsebene nachzuvollziehen, die sie leitenden Referenztheorien und die Ziele der Interventionen kennenzulernen. Auch das Nichtgesagte sollte abgebildet werden: die verworfenen Gedanken, die Wahrnehmungen, die keine Berücksichtigung auf der Interventionsebene fanden und die Gegenübertragungsphänomene, die die Interventionssetzungen begleiteten.
5) Zum Abschluß fand eine Nachbefragung zur subjektiven Bewertung der Untersuchungssituation und ihres Verlaufs statt.

Das SK-Interview ist ein Interaktionsereignis und kein direktes Abbild der internen, bewußten und eventuell vorbewußten Prozesse des Interviewten. Als Kommunikationsereignis unterliegt das Interview den allgemeinen sozialen Konversations- und den speziellen Interviewregeln. Der Verlauf bestimmte sich durch die Merkmale und Verhaltensweisen beider Interviewpartner. In der sozialen Interaktion bzw. sprachlichen Kommunikation wurden gemeinsam handlungsbezogene Bewußtseinsprozesse *erschlossen*. Die Komplexität des Innerpsychischen der Untersuchungspartner, ihr verbaler und interaktiv-kommunikativer Ausdruck lassen, Breuer (1991, 162) folgend, das Instrument des SK-Interviews unter den »Werkzeugbegriff« fassen: »Die verbalen Berichte eines Aktors im SK-Interview stellen Mittel bzw. Instrumente dar, mit deren Hilfe oder auf deren Grundlage ein Sprecher einem Hörer ermöglicht, bestimmte Informationen bzw. Bedeutungen im Verstehensprozeß zu schaffen. Dieser Verstehensvorgang besitzt aktiven und (re-)konstruktiven Charakter«.

Der Kontext fand insofern Berücksichtigung, als Supervision in dieser Untersuchung verstanden wird als ein soziales Ereignis, das interaktiv hervorgebracht wurde, und in dem sich der Kontext der Klinik widerspiegelte. »Patienten wie Therapeuten erzeugen durch ›Realitätsarbeit‹ den Alltag der Institution ... Der empathische Umgang mit Patienten ist nicht allein bestimmt von persönlicher Kompetenz, sondern auch von theoretisch-kognitiv vorstrukturierter Perspektivität und von institutionell kodeterminierten selektiven Wahrnehmungen ... institutionelle Kontexte erzeugen uns und den Patienten – und wir sie.« (Buchholz & Streeck 1994, 97f). Es wurde davon ausgegangen und stellte sich als zutreffend heraus, daß das soziale Ereignis des Forschungsinterviews Teile der institutionellen Dynamik widerspiegelte.

2.2.6 Auswertungsmethodik

2.2.6.1 Rekonstruktion der Sitzungen anhand der Normalformerwartung

Der erste Arbeitsschritt ist die Deskription der Supervisionsprozesse vor dem Hintergrund der Normalformerwartung (Giesecke & Rappe-Giesecke 1997). Die Normalformerwartung scheint als Hintergrundfolie einer ersten Auswertung insofern sinnvoll, als sie als ein Teil der überindividuell existierenden Supervisionsrealität angesehen werden kann. Man kann von der Normalformerwartung auch als Ergebnis der Supervisionssozialisation sprechen, sie stellt das zentrale Konstrukt der gemeinsam geschaffenen sozialen Wirklichkeit Supervision dar. Es wurde untersucht, an welcher Stelle der jeweilige Supervisionsprozeß mit der Normalformerwartung übereinstimmte und an welchen Stellen er wie und warum abwich. Es konnte nachgezeichnet werden, wie der Übergang zwischen den einzelnen Phasen des Supervisionsprozesses hergestellt wurde.

2.2.6.2 Phasen der Normalformerwartung und Aufgaben der Leiter

In kommunikationswissenschaftlichen Untersuchungen des Verlaufs von Balint-Gruppen (Rappe-Giesecke 1987) konnten durch deskriptive Analysen aus Verlaufsmustern einzelner Supervisionssitzungen sogenannte Normalformerwartungen beschrieben werden. Darunter wird ein zeitlich gegliedertes System von Idealisierungen im Sinne von Erwartungen oder Unterstellungen verstanden, das zur Bewältigung von Verständnisproblemen und zur Lösung von Arbeitsaufgaben dient. Dieses Erwartungsmuster wird trotz immer wieder auftretender Verständigungsschwierigkeiten und Interaktionskrisen beibehalten.

In der Vorphase vollzieht sich der Übergang von der arbeits- und alltagsweltlichen zur institutionellen – auf die Supervision gerichteten – Interaktion. Typische Aktivitäten hierbei reichen auf Seiten der Gruppenmitglieder von der Alltagskommunikation bis hin zu Schweigen und der Aufforderung zum Übergang zur nächsten Phase, auf Seiten des Leiters vom Eröffnen der Sitzung bis hin zu Beiträgen, die die Aushandlung eines Falleinbringers bzw. einer Erzählerin fördern.

In der Aushandlungsphase geschieht die Einigung auf eine Fallvortragende bzw. einen Erzähler, d. h., das Arbeitsthema wird gemeinsam festgelegt. Wir finden sowohl Relevanzprüfungen bei den Gruppenmitgliedern, als auch die Sondierung der Vertrauensbasis beim Erzähler. Die Phase der Falleinbringung, in der eine als problematisch erlebte Beziehung zu einem Klienten erzählt wird, bringt neben dem Erzählen selbst vor allem Aktivitäten wie Zuhören und Nachfragen bei den Gruppenmitgliedern und beim Leiter mit sich.

Die Fallbearbeitungsphase ist besonders vielschichtig: In ihr soll der Geschehensablauf, das Verhalten der Figuren der Erzählung und ihre Beziehungen untereinander sowie das Erleben der Personen rekonstruiert werden. Zudem findet eine Typisierung des in Bearbeitung stehenden, nun reformulierten Themas statt, und es erfolgt eine Verständigung über die Bedeutung der Geschichte für den Erzähler und für das professionelle Handeln der Gruppe. Typische Aktivitäten der Gruppenmitglieder sind hier zum einen Rekonstruktions- und Reformulierungsbemühungen bezüglich der berichteten sachlichen und affektiven Problematik, zum anderen Fallinszenierungen, also Spiegelphänomene. Der Erzähler formuliert und interpretiert die Problemstellung und leistet eine Ratifizierung der Gruppen- und Leiterdeutungen. Der Leiter faßt zusammen, kommentiert und deutet das Geschehen in der Gruppe. Die Aufgaben des Supervisors beziehen sich auf alltagsweltliches und psychoanalytisches Verstehen und Handeln sowie auf die Durchsetzung und Aufrechterhaltung der Situationsdefinition, d. h., er lenkt die Aufmerksamkeit der Supervisanden auf die anstehenden Aufgaben und auf für deren Lösung wichtige Perspektiven, wobei sie viele Bereiche des Sitzungsablaufs mit zunehmender Sicherheit mehr und mehr kontrollieren.

In der Abschlußphase äußern die Gruppenmitglieder ihr Einverständnis bzw. ihre Unzufriedenheit mit der Fallbearbeitung, sie bilanzieren. Der Leiter initiiert das Ende der Sitzung. Es vollzieht sich der Übergang von der institutionellen Interaktion zum alltagsweltlichen Handeln; die Gruppe löst sich auf.

Im Fall einer Interaktionskrise, also einer Abweichung von den Normalformerwartungen, ist der Leiter in seiner Lösungskompetenz gefordert, wenn die Gruppenmitglieder die Normalform nicht selbst wiederherstellen können. Der Supervisor führt das Geschehen auf die nach der Normalform zu erwartenden Aufgabe zurück, z.B. indem er eine Einigung über die institutionelle Situationsdefinition herbeiführt, über Beginn der Fallarbeit oder Bearbeitung der Gruppendynamik entscheidet oder etwa sein eigenes Erleben in Bezug auf das erzählte Problem schildert.

2.2.6.3 Auswertungsperspektiven

Durch die Rekonstruktion der Sitzung galt es, sich in beschreibender Form der Beantwortung folgender Fragen zuzuwenden:

Zu den Arbeitsbündnissen und Definitionen der Settings:

- Wie stellen Supervisor und Supervisanden das soziale Ereignis Supervisionssitzung her?
- Wie erhalten sie es aufrecht?
- Wie gestaltet sich das Arbeitsbündnis?
- Welche Rollenzuschreibungen und Rollenübernahmen lassen sich finden?
- Welche Muster der Beziehungsgestaltung der Teilnehmer untereinander und zum Leiter liegen vor?
- Welcher Typus der Kommunikation herrscht vor?

Zur Interventionsstrategie:

- Wie erfolgt die Konsensbildung während der Arbeit an der Fall-, Institutions- und Teamdynamik?
- Unter welchen Bedingungen werden Interpretationsangebote und Interventionsvorschläge angenommen?
- Unter welchen Bedingungen werden sie nicht verstanden und/ oder verworfen?
- Welche theoretischen Vorverständnisse liegen vor?
- Sind sie bei Supervisor und Supervisanden ähnlich oder unterscheiden sie sich?
- Wie werden sie ggf. konfrontiert und synchronisiert, d.h. ausgehandelt?

Zur Gruppendynamik (ebenso ergänzten gruppendynamische Beschreibungen und Deutungen die Auswertung):

- Wie läßt sich die Gruppendynamik kennzeichnen?
- Welche gruppendynamischen Prozesse stehen eventuell einer Erkenntnisbildung der Supervisanden im Wege?
- Wie bilden sich institutionelle Aspekte in der Dynamik der Gruppensitzung ab?
- Welche Metaphoriken fallen ins Auge?
- Lassen sich Spiegelphänomene finden?

2.2.6.4 Tiefenhermeneutische Auswertung der Teamsupervisionssitzungen

Es schließt sich eine tiefenhermeneutische Auswertung (Leithäuser & Volmerg 1988) der Supervisionssitzungen an. Die tiefenhermeneutische Auswertungsmethodik hat sich aus der psychoanalytischen Textinterpretation entwickelt. Sie erscheint dem Untersuchungsdesign angemessen und mit den oben genannten Vorüberlegungen zur Supervisionsforschung kompatibel. Die Teamsitzungen lagen in verschrifteter Form – als Text – vor. In der psychoanalytischen Textinterpretation wird versucht, zu den verborgenen, latenten Sinngehalten des Textes vorzudringen. Theoretische Vorannahmen besitzen nur dann einen Aussagewert für den Text, wenn sie sich bei der Interpretation am Text bewähren (s. u.). Die Interpretation muß also aus dem Text heraus – in der Sprache des Textes – entwickelt werden. Dabei will die psychoanalytisch orientierte Tiefenhermeneutik auch Zugang zu den aus der Sprache ausgeschlossenen unbewußten Gehalten des Textes gewinnen, die das sprachliche Geschehen gleichsam als seine Unterwelt bewegen.

Bei der Interpretation erschließen wir durch Fragen den Sinngehalt des Textes auf folgenden Ebenen:

1. Worüber wird gesprochen? (propositionaler Gehalt)
2. Wie wird miteinander gesprochen? (metakommunikativer Gehalt)
3. Wie wird worüber gesprochen? (pragmatischer Gehalt)
4. Wozu wird wie worüber gesprochen? (intentionaler Gehalt)

Bei der tiefenhermeneutischen Textinterpretation gibt es fünf Sinnebenen des Verstehens:

- das logische,
- das psychologische,
- das szenische,

- das hermeneutische Verstehen und
- die tiefenhermeneutische Rekonstruktion.

Im ersten Schritt des logischen Verstehens wird der Text als sinnvolle Struktur erfaßt. Es wird bereits jetzt nach Widersprüchen, Inkonsistenzen, grammatikalischen Fehlern u. v. m. als Hinweis auf verdrängte Sinngehalte gesucht. Im zweiten Schritt des psychologischen Verstehens wird auf den affektiven Gehalt der Äußerungen der Beteiligten geachtet. Auch Divergenzen zwischen Gestik, Mimik, Tonfall, etc. und inhaltlich Beschriebenem werden registriert. Der dritte Schritt des szenischen Verstehens (Lorenzer 1972) leistet die umfassende interaktionelle Einbindung sprachlicher Äußerungen. Es wird gefragt, welche lebensweltliche Bedeutung die Interaktionen haben; verschiedene Szenen werden verglichen, um ggf. Muster zu finden. Im vierten Schritt des tiefenhermeneutischen Verstehens soll nun das Verdrängte aufgespürt werden. Vorausgehende Erkenntnisse (s. o.) werden zusammengefaßt und transformiert, indem geschaut wird, wo Sprach- und Interaktionsfiguren sich als Abwehrkonstrukte zeigen. Die Analyse mündet in die Rekonstruktion der verdrängten Sinngehalte und des Sinns der Verdrängung ein: Es geht darum, nachzuzeichnen, was wozu verdrängt.

Anders als bei der Analyse eines literarischen Textes, bei dem es *einen* Autor gibt, liegen uns bei der Analyse einer Teamsupervisionssitzung *unterschiedliche* Erlebnis- und Sprechmuster, *verschiedene* z. T. auch inkonsistente Perspektiven vor. Neben der manifesten Ebene des Transkripts galt es den latenten Text zu entdecken. Das schwer Verständliche des einzelnen und die dynamisch wirksamen unbewußten Beziehungsmuster wurden insbesondere durch die verwirrenden Passagen, den scheinbaren Unsinn, die Mißverständnisse und irritierenden Szenen aufgeschlossen. Dammasch et al. (1997, 147) sprechen von »Fremdkörpern, die als Einstiegsluke dienen, um die unter dem normierten Sprachbewußtsein verborgenen Sinngehalte zu erschließen«. Vor dem Hintergrund der aktuellen Interaktion der Gruppe war die Auswertungsperspektive auf das Abgewehrte, kollektiv ausgeschlossene gerichtet, das in Zusammenhang mit den institutionellen Dynamiken zu sehen ist.

Im Auswertungsprozeß fanden sich also neben der Ebene des logischen Verstehens, das kommunikationstheoretische Verstehen, die

Kontextabhängigkeit der Kommunikation und die bedeutsamen Beziehungsbotschaften des Kommunikationsprozesses. »Diese öffnen den Raum für die dritte Ebene des psychoanalytisch-szenischen Verstehens der unbewußt kommunizierten Beziehungsfiguren« (Dammasch et al. 1997, 149).

Nadig et al. (1991) sehen als Möglichkeit, einen authentischen Bezug zu der Struktur des Materials zu finden, die eigene Subjektivität, d.h. das eigene emotionale und rationale Reagieren: »Das bedeutet, daß sich die Forscherin bei der Auswertung auf das Material einläßt und sich erlaubt, irritiert, abgestoßen, erstaunt und erfreut darauf zu reagieren. Diese emotionale Bewegung muß sie festhalten und im Zusammenhang als Ausdruck kultureller Strukturen zu verstehen suchen« (Nadig et al. 1991, 16). Die eigenen affektiv-kognitiven Reaktionen bringen den Text in Bewegung und lassen sich systematisch durch die Gegenübertragungsanalyse nutzen.

2.2.6.5 Kategorisierung der in den Sk-Interviews beleuchteten Interventionstypen

Die Kategorisierung erlaubte die Kennzeichnung von Interventionstypen mitsamt den sie jeweils motivierenden persönlichen Heurismen. Es wird dargestellt:

- Wie genau gehen Experten vor?
- Wie arbeiten sie in der vorliegenden Sitzung mit Übertragungs-, Gegenübertragungs- und Spiegelphänomenen?
- Auf welche gemeinsamen Wissensbestände berufen sich die an der Supervision Beteiligten? Welche fachlichen Hintergrundannahmen liegen bei den Supervisanden vor?
- Welche theoretischen und welche Alltagskonzepte leiten Supervisoren?
- Welche »intuitiven« Anteile sind zu erschließen?

2.2.6.6 Interaktionsdynamik zwischen den Forschungspartnern

Das Interaktionsgeschehen zwischen den Experten der Supervision und der Untersucherin wurde wiederum tiefenhermeneutisch und rollenanalytisch (vgl. Mead 1973) ausgeleuchtet. Besonderes Augenmerk galt dem Spiegelphänomen, nämlich der szenischen Rekonstruktion der Supervisionsprozesse in der Interviewsituation. Wie gestaltete sich die Beziehung zwischen den Untersuchungspartnern?

Bildeten sie ein *reflecting-team*, oder gab es eine hierarchische Beziehungsgestaltung in der Gesprächssituation? Welche Selbstdarstellungskomponenten ließen sich auf beiden Seiten finden?

Die latenten Sinnstrukturen sollten durch die Schaffung einer Verbindung zwischen der tiefenhermeneutischen Auswertung der Ebenen von Schritt 5 (tiefenhermeneutische Auswertung der Supervisionssitzung) und Schritt 7 der Interaktionsdynamik der Forschungspartner erschlossen werden. Hierzu wurden die aus der Interaktion gewonnenen Daten, das Übertragungs-Gegenübertragungsgeschehen zwischen Interviewer und Interviewtem in ihrer Bedeutung ausgelotet. Es war davon auszugehen, daß sich die Falldynamik nicht nur im Team und in der Beziehung des Teams zum Supervisor spiegelnd abbildet, sondern den Ansatz Kutters (1994) weiterführend, auch in der 3. Ebene, in der Beziehung zwischen Untersuchungspartner und Forscherin zeigte.

2.2.6.7 Komparation der Einzelanalysen

Es galt sich der Frage zu nähern, wie unterschiedlich die Vorgehensweisen von Supervisoren und Supervisorinnen, die sich unterschiedlichen Schulen zurechnen, wirklich sind und welche Ähnlichkeiten und Übereinstimmungen sich finden lassen: Aus der Psychotherapieforschung weiß man, wie schwer es ist, anhand von Transkripten den Therapeuten eindeutig einer Schule zuzuordnen. Gibt es vielleicht auch in der Supervision allgemeine schulenübergreifende Merkmale? Lassen sich u. U. »Modellszenen« erkennen, die supervisorisches Expertentum ausmachen? Wie erstellen Experten der Supervision ein »fehlerfreundliches Klima«, in dem Lernen möglich wird?

2.2.6.8 Kommunikative Validierung der Untersuchungsergebnisse mit den Experten

Die Auswertungsresultate wurden den Experten der Supervision zugesandt und deren Kommentare, kritischen Anmerkungen und Korrekturen erneut einer Analyse unterzogen: Diese neu gewonnenen Daten gingen in die Endfassung des Berichts ein (s. Kap. 5). Die Ergänzungen der Untersuchungspartner lieferten einen fruchtbaren Beitrag zur Findung von Kriterien für »gute« Supervision. Sie halfen die Supervisionsevaluation im Dialog methodisch fortzuentwikkeln.

2.2.7 Supervision als Triangulierungsprozeß

Die Arbeit einzelner Therapeuten und/oder die Kooperation eines Teams wird üblicherweise in einer Supervisionssitzung im Kliniksetting vorgestellt. Der Supervisor, sei es nun ein interner oder ein externer, nimmt zu dem dargestellten Material eine exzentrische Position (Plessner 1982) ein. Er oszilliert zwischen *Involviertheit*, er fühlt sich ein, geht in den inneren Rollentausch mit dem Team als Ganzem oder mit einzelnen Mitgliedern, und *Exzentrizität* zu der Erlebnisebene des einzelnen und zu der sich abbildenden Gruppen- und Institutionsdynamik. Der Supervisor unternimmt immer wieder eine Gradwanderung zwischen seiner Interaktionsabhängigkeit und seiner diagnostischen Objektivität. In diesem Sinne läßt sich Supervision als systematische Perspektivenrotation beschreiben.

Auch der Supervisand rotiert in seiner Perspektivität. Bardé (1991) beschreibt bezugnehmend auf Mead (1973) Supervision als eine systematische Hilfe bei der Perspektivenübernahme. Supervision soll helfen, den Patienten als den »sozialen Anderen« zu verstehen. Durch rollentheoretische Reflexion und Analyse der Übertragungs-Gegenübertragungsdynamik werden Verstrickungen deutlich, die eigene Involviertheit offensichtlich, eigener Trieb- und Affektdruck sichtbar. Supervision heißt für die Supervisanden, sich mit Hilfe des Supervisors von außen zu betrachten. Mit Hilfe der Supervision kann die Triangulation der Beziehung zwischen Patienten und seinem Behandler gelingen. Der Fremde, der Dritte, kann zur Klärung der therapeutischen Dyade beitragen, die unbewußte Teamdynamik aufdecken und die Wirksamkeit institutioneller Bedingungen in der psychosozialen Arbeit benennen helfen. Die Erweiterung der Wahrnehmung durch reflexive Prozesse ist durchaus ein heikles Unterfangen, das oft von Schamaffekten begleitet wird (vgl. Möller 1998). Auf der anderen Seite ermöglicht gerade die Differenz der Wahrnehmung eines Teilnehmers zu der der Gruppe und/oder zum Supervisor Entwicklung in fachlicher und personaler Kompetenz (vgl. dazu Buchholz 1990).

Der oben skizzierte Supervisionsforschungsansatz machte sich diesen Perspektivwechsel systematisch zunutze. Er griff damit ein die Supervision originär bestimmendes Merkmal auf und verfeinerte mikroanalytisch ihr strukturell konstituierendes Merkmal. Der

Forschungsansatz brach die jeweilige Beziehungsdynamik mehrfach. Als erstes Untersuchungsmaterial lag das Transkript der Supervisionssitzung vor (Ebene A). In der Sitzung vollzogen sich bereits einige Perspektivwechsel und/oder -erweiterungen. Die Untersucherin triangulierte beim Durcharbeiten des Transkripts die Fallarbeit und den Gruppenprozeß wieder anders (Ebene B). Ihr supervisorischer Hintergrund kam zusätzlich ins Spiel, sie legte ihre Perspektivität an den Text an. Sie bewegte sich wieder anders zwischen Transkript, Supervisor und Team. Ihre vorläufigen Ergebnisse wurden nun erneut rückgebunden, wenn sie mit dem Supervisor in das durch die Methodik des *stimulated recall* geleitete Interview trat (Ebene C). Ihrer beider Perspektivität triangulierte (vgl. Flick 1991) das supervisorische Geschehen noch einmal, indem beide in einen Verständigungsprozeß traten. Der supervisorische Experte und die Forscherin gingen in einen sinnkonstituierenden Dialog. Gemeinsam stellten sie neue Sichtweisen her, einigten sich auf einen Blick auf den Prozeß und blieben an anderer Stelle dissonant. Es ergaben sich Spiegelphänomene der dritten Ebene, die in der Interaktionsdynamik des Forschungsinterviews sichtbar wurden und die wiederum Rückschlüsse auf die konkrete Fallarbeit zuließen.

Die Auswertung des Interviews wurde den Supervisoren vorgelegt und beide, Forscherin und Beforschte, traten in einen weiteren triangulierenden Prozeß der kommunikativen Validierung (Ebene D). Der Leser, der Rezipient der Ergebnisse, hält jedoch die Letztentscheidung darüber in Händen, als wie brauchbar er die Ergebnisse bewertet (Ebene E). Wir haben es erneut mit einem Dreieck zu tun: die Relation Forscher–Gegenstand, die im Mittelpunkt der wissenschaftstheoretischen und methodologischen Diskussion steht, wird zur Triade von:

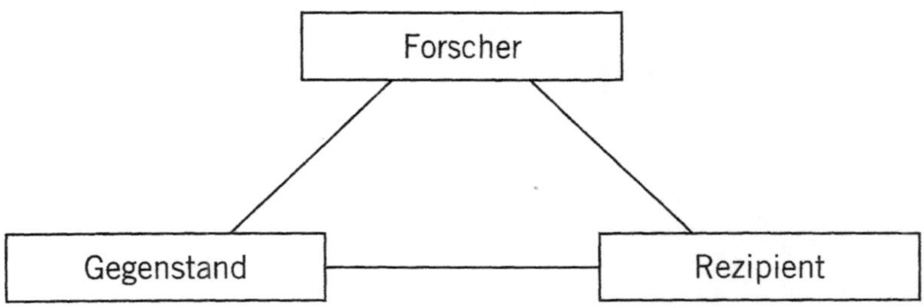

Das Vorgehen der Experten kann dem Leser erfahrbar gemacht werden. Er mag davon für seine eigene Supervisionspraxis profitieren können. Es bleibt abzuwarten, ob die Ergebnisse auch der Supervisionsdidaktik von Nutzen sind.

A	Situation-Interpretation durch Therapeut-Klient (Geschehen in der Therapie)
B	Interpretation in der Supervision (Transkript der Sitzung)
C	Interpretation der Sitzung durch die Forscherin
D	Interpretation der Supervisionssitzung im SK-Interview
E	Interpretation des SK-Interviews durch die Forscherin
F	Interpretation der Interpretation durch die Supervisoren (Dialogische Validierung)
G	Gesamt-Interpretation (endgültiger Forschungsbericht)
H	Interpretation der Leser

3 ERGEBNISSE DER UNTERSUCHUNG

A INTEGRATIVE SUPERVISION

Herr Siebeck: »Fast gewohnheitsmäßig dieses Bündeln, damit es nicht zerfranst, glaube ich.«

3.1 Setting

Herr Siebeck ist seit zwei Jahren als Supervisor in einer Fachklinik für Alkoholabhängige tätig. Die Klinik besteht seit 25 Jahren. Sie hat ihren Ursprung in der Bewegung der »Anonymen Alkoholiker« und deshalb zunächst nur ehemalige Abhängige als Therapeuten beschäftigt.Die stationäre Einrichtung befindet sich in einer ländlicher Region Westfalens und verfügt über 170 Betten. Die Arbeitsteilung in der Klinik verläuft nicht analog einer klassischen Teamstruktur, sondern die Klinik ist in vier Abteilungen gegliedert. Eine Abteilung bildet sich um die vier existierenden Behandlungsgruppen, denen die Patienten fest zugeordnet sind. In einer Abteilung sind jeweils Mitarbeiter zusammengefaßt, die zahlreiche Überschneidungen ihrer Tätigkeit aufweisen: die Gruppentherapeuten, der für die Abteilung zuständige Arzt und die zugeordneten Ergo-, Bewegungs- und Beschäftigungstherapeuten. Sie sind jedoch im Gegensatz zur Teamstruktur nicht alle ausschließlich mit einem Patientenstamm beschäftigt, sondern einzelne Spezialtherapeuten arbeiten auch abteilungsübergeordnet. Jedes dieser »Abteilungsteams« umfaßt zehn bis zwölf Personen.

Das Klinikkonzept sieht als Behandlungskern die Gruppentherapie vor. Zusätzlich werden – je nach differenzieller Diagnosenstellung – spezielle Indikationsgruppen angeboten, die sich als »Zusatzservice« der anderen Dienste um die Kernstelle Gruppentherapie anordnen. Das ärztliche Personal ist in Hinblick auf die Rentenversicherungen als Kostenträger formal als Leitung der Abteilungen bestellt. Informell halten jedoch die Gruppentherapeuten die Macht und damit das Primat der Psychotherapie inne.

Exkurs: Nachdem 1968 das Bundessozialgericht stoffgebundene

Süchte als »Krankheiten« anerkannte, veränderte sich die Landschaft stationärer Suchtkrankenhilfe massiv. Die Kosten der Behandlung mußten von nun an von Kranken- bzw. Rentenversicherungsträgern übernommen werden. Die stationären Systeme »avancierten dann zum großen Teil von der bis dato üblichen ›Heilstätte‹ zur ›Fachklinik‹« (Schreyögg, A. 1995b, 140). Die Folgen dieser Entscheidung waren eine zunehmende Formalisierung und Medizinalisierung der Klinken. Ihr Bestand und die Belegungszahlen wurden sicherer, aber gleichzeitig wurde das Personal stärker professionalisiert. Ärzte, Psychologen, Krankenpfleger wurden eingestellt und die bisher tätigen Diakone, Sozialarbeiter und Ex-User in das zweite bzw. dritte Glied der Hierarchie zurückgedrängt. Die Ex-User stehen oft in einem Spannungsverhältnis zu den jüngeren Professionellen. Es herrscht bei den Altgedienten eine Feindlichkeit gegenüber tiefenpsychologischen Konzepten. Die oft in christlicher Trägerschaft befindlichen Häuser mitsamt ihrer recht partriarchalisch anmutenden Struktur des Hausvaters unterlagen massiven instititutionellen Veränderungen.

3.1.1 Supervisionskontrakt

Der Klinikchef hat den Supervisor vor Zeiten auf einem Kongreß kennengelernt und nach Rücksprache mit und Vorstellung im Team Herrn Siebeck (S) für eine kontinuierlich stattfindende Supervision gewonnen. Er selbst sieht sich vorrangig als Psychotherapeuten engagiert, der eine bestimmte fachliche Orientierung in der Klinik festigen soll. Seinen institutionellen Ansatz von Supervision sieht er durch das Leitungsteam noch nicht ausreichend registriert. Siebecks Supervisionskonzept schließt bei Teamsupervisionen obligatorisch die Beratung der Leitung mit ein. So finden im Anschluß an die monatlichen Supervisionssitzungen von jeweils zwei Zeitstunden in den vier Abteilungen Auswertungsgespräche mit dem Leitungsteam (ärztlicher Direktor, psychotherapeutische Leiterin, Oberärztin, stellvertretende therapeutische Leiterin) statt. Der Supervisionsansatz des Herrn Siebeck sieht für die Klinik nicht nur lösungsorientierte Fallarbeit und die Bearbeitung der Teamdynamik vor, sondern er will dem Gesamtsystem dazu verhelfen, ihre Arbeitsstrukturen zu reflektieren und zu verändern:

S: Vieles Fachliche wurde dann sehr persönlich genommen, also wirklich so 'ne ganz fatale Tendenz, immer alles zu personalisieren und als Beziehungskonflikt das zu inszenieren, so. Denen zu helfen, mehr zu 'ner institutionellen Sicht zu kommen, institutionelle Fragen auf Institutsebene zu verhandeln, und SOLche Dinge. Die also zu 'ner *3* Versachlichung einerseits und institutionellen Sicht und zu einer fachlichen Orientierung mehr und mehr zu kommen.

Sein Supervisionsziel läßt sich wie folgt kennzeichnen: Weg von einer individuumszentrierten, personalisierenden und beziehungsanalytischen Perspektive zu mehr Sachlichkeit und Fachlichkeit. Dies war auch als Stellungnahme zu einer Supervisionsgeschichte gedacht, die nach Auskunft der Teams über große Strecken sehr selbsterfahrungsorientiert war und zu erheblichen persönlichen Verletzungen führte. Die Kontrakte mit den vier Abteilungen variieren in den Details. Übergreifendes Thema scheint jedoch die Interaktionskultur zu sein, d. h. wie Dinge ausgehandelt werden, wie sich aufeinander bezogen bzw. nicht bezogen wird.

3.1.2 Verlauf der Sitzung

Herr Siebeck wertet die vorliegende Sitzung als »*ganz normale Nullachtfünfzehn-Sitzung*«:

S: Auch in der Mischung von institutionellen Fragen und Fall iss das 'ne ganz normale Sitzung.

An der Supervisionssitzung, die dieser Analyse zugrunde liegt, nehmen teil: fünf Gruppentherapeuten (Herr Winter, Frau Adam, Herr Nauen, Frau Claudius, Herr Mäuser), der Abteilungsarzt (Herr Oden), die Funktionsoberärztin (Frau Paulsen), eine Gestaltungstherapeutin (Frau Bern) und ein Beschäftigungstherapeut (Herr Tön-

[1] In den Transkriptionen werden hier und im folgenden Sonderzeichen verwendet:

//	= Unterbrechung des Sprachflusses
#	= Unterbrechung durch anderen Sprecher
3	= drei Sekunden Pause
SOLche	= Großschreibungen kennzeichnen besondere Betonung

nis). Eine der Gruppentherapeutinnen, Frau Claudius, ist zum letzten Mal zugegen, sie scheidet kurz darauf aus dem Dienst aus.

Die Vorphase der Sitzung steht nicht zur Verfügung, da der Supervisor das Band erst in der Sequenz »Einigung auf ein Arbeitsthema, Entscheidung für Fallarbeit oder Gruppendynamik« einschaltet.

3.1.3 Die erste Sequenz

S: (RÄUSPERT SICH) Ja, Sie ham Fragen mit diesen Verabschiedungen und wollen auch noch 'n bißchen Echo *3* Sie wollen über die weggegangene Kollegin was wissen –

M: Ja, das, also – ich bin da überrascht worden, was da wirklich war. Doktor Fritz hat mir schon bißchen was gesacht, und / aber es iss trotzdem für mich also schwer nachvollziehbar, so#

S: #Ja#

M: #sie zu vertreten#.

S: Ihr Anliegen war, jetzt über einen Bereich zu sprechen, und die Frage ist, wie, wir müssen ein bißchen gucken, wie wir die Zeit aufteilen. Sollen wir das mit der Information vorwegmachen? So daß Sie auf den Stand der Dinge kommen?

Die Gruppe eröffnet die Sitzung mit den Themen: Verabschiedung und (plötzlicher) Weggang einer Kollegin. Das Ausscheiden aus der Arbeit und der Abschied von Mitarbeiterinnen wird vom Supervisor zu Beginn der Sitzung wie ein Informationsproblem behandelt. Alle sollen Wissen über Fakten erhalten, um auf den Stand der Dinge zu kommen. Er ordnet das gewünschte Thema zudem in einen organisatorischen (Zeit-)Rahmen ein. Der vom Weggang der Kollegin überraschte Herr Mäuser, der die dem Ausscheiden vorausgegangenen institutionellen Prozesse nicht verstehen kann, soll informiert werden. Den das kürzliche Trennungserlebnis von der Ergotherapeutin und den bevorstehenden Abschied der Gruppentherapeutin begleitenden Gefühlen der Empörung, Trauer, des Zorns und der Wut wird kein Raum gegeben. Herr Mäuser wagt einen »meckerigen« Vorstoß, bleibt aber im Bereich des Sekundärgefühls, sein emotionales Anliegen findet keine Resonanz.

Herr Siebeck interveniert in der ersten Sequenz recht strukturierend. Die Kontrolle über den Gruppenprozeß soll zunächst wohl bei ihm verbleiben. Er interveniert rational und kategorisch. Die Gefühle, die die Abschiede begleiten, sollen (noch?) nicht sichtbar werden. Die Teilnehmer erfahren keinerlei Ermutigung – im Gegenteil der Supervisor scheint eher »die Wogen glätten« zu wollen. Er bagatellisiert die Geschehnisse, indem er von einem »*bißchen Echo*« und ein »*bißchen gucken*« spricht. Große Gefühlsausbrüche scheinen ihm zu diesem Zeitpunkt lästig, nicht angemessen oder ein zu schweres Thema für den Anfang der Supervisionssitzung zu sein. Der Begriff des Echos verwundert an der Stelle, da es sich beim Echo um ein Wiederhören seiner selbst handelt. Die Begriffe »Feedback« oder »Resonanz« würden den Sachverhalt sicher genauer treffen. Den Begriff des »Echos« zu verwenden mag die Einsamkeit und Isoliertheit der Teilnehmer in der Gruppe widerspiegeln.

Die erste Interventionssequenz von Herrn Siebeck führt weg vom Thema, weg von den großen Gefühlen. Es ist unklar, ob er die Gruppe sichern oder durch die Wahl der Ebene der Information sich selbst einen sicheren Stand verleihen will. In der Nachschau wird deutlich, daß seine Interventionsstrategie analog zum »*miesen Klima in der Abteilung*« betrachtet werden muß, denn die Sitzung endet mit Kommunikationsschwierigkeiten im Team. Auf den Wunsch nach Beziehungsklärung werden Antworten gegeben, die auf einer rationalisierenden Ebene sind und damit nicht bezogen erscheinen und einsamkeitsverstärkend sind. Der Supervisor will anscheinend in dieser Anfangssequenz den atmosphärischen Sog der Klinik durch Ordnungs- und Strukturierungversuche beantworten.

Der junge Psychologe Herr Nauen (N) spricht nun die Gestaltungstherapeutin Frau Bern (B) an und weist ihr den Abschiedsfokus als ihr Thema zu:

N: Also ich denke, DEIN Thema, dafür sollten ja möglichst viele da sein, ja?

Er möchte ihr vordergründig zu größerem Publikum als dem augenblicklich anwesenden verhelfen. Das Thema Trennung wird damit zunächst individualisiert und zugleich wieder in die größere Öffentlichkeit geholt. Die Gruppe scheint sich nicht zwischen der Interpretationsebene individuelle Schwierigkeiten eines Teammitglieds mit dem Thema Abschied und Abschied als Gruppenthema entscheiden zu können. Die Körpertherapeutin greift die Unentschiedenheit der Gruppe auf, indem sie einerseits darauf besteht, das »*Thema*« zu behandeln und auf der anderen Seite betont:

B: Nee, das iss für mich 'n Bedürfnis, heute dadrüber zu reden, nächstes Mal iss das wieder anders bei mir.

Ihr Wunsch ist nicht konstant, kann sich wandeln und damit wird ihr Anliegen zu einem flüchtigen Phänomen. Der Psychologe Herr Nauen macht mit seiner Antwort klar, daß das Thema Trennung auf keinen Fall aufgeschoben werden darf. Er versichert der Kollegin, daß einige Kollegen später noch dazu kommen werden und sie dann einen großen Resonanzkörper für »ihr« Thema vorfinden wird und plädiert dafür, die Fallarbeit dem gruppendynamischen und zugleich institutionellen Thema der Trennung zeitlich vorzuziehen. Durch die Beiträge der Gruppentherapeutin Frau Claudius wird Herrn Nauens Vorschlag gestützt. Der Supervisor interveniert mit einem Gegenvorschlag:

S: Hmhm. Also ich denk, die Information gehört an den Anfang, weil da brauchen nicht alle da sein, beim Fall wäre es gerade interessant Odens Meinung oder die von Tönnis zu hören, ne?

Er deklariert das Abschiedsthema erneut als auf der Informationsebene verhandelbar, weist durch seine Definitionsmacht diesem den »richtigen« Platz zu Beginn zu. Er setzt sich durch, der Weggang der Ergotherapeutin wird von der Gruppe als Informationsproblem behandelt. Der Abteilungsarzt Herr Oden beschreibt, wie schnell und für ihn undurchsichtig die Entscheidung (ob der Kollegin oder des Leitungsteams ist noch unklar) gefallen sei. Durch die fehlende Transparenz des Weggangs der Kollegin könnten im Team Ängste virulent werden, »wie schnell man in dieser Institution fliegt«. Diese werden jedoch nicht benannt. Die inhaltliche Dimension des Streits stellt der Dienstetausch dar. Das Leitungsteam berief sich auf vertragliche Vereinbarungen, die anscheinend interpretationsbedürftig sind. Das Zitat der Abschiedsworte der Ergotherapeutin »*Ich gehe und aus*« legt einen trotzigen und damit konflikthaften Ausstieg nahe.

Verständlich wird der Konflikt der weggegangenen Kollegin durch die Darstellung des Teammitglieds nicht, so daß mir das weitere Beharren des Supervisors auf Information allmählich nachvollziehbar wird. Der Beginn des Supervisionsprozesses (s. o.) verläuft informationszentriert, so daß es als Gruppenwiderstand verstanden werden kann, wenn dieser so wirr bleibt. Der Abteilungsarzt Herr Oden beschreibt seine persönlichen Abschiedsrituale: Er sandte der fortgegangenen Kollegin eine Postkarte zu, sammelte im Team für ein Geschenk und gedenkt, sie zu besuchen. Das Trennungsthema landet auf der inoffiziellen persönlichen Ebene. Herr Oden (O) macht damit indirekt als Protagonist deutlich, daß die Gruppe nach Verarbeitungsmodi sucht:

O: Ich kann was dazu sagen. Oder vielleicht erst// fang ich mal mit dem andern an, mit der Verabschiedung. Ich geh ja jetzt rum und sammel für die, und mein Vorhaben ist dann, sie zu besuchen.

Es zeigen sich im weiteren Verlauf zwei Interpretationsmöglichkeiten der Konfliktdynamik:

a) Die Leitung sei unflexibel gewesen, habe sich der Ergotherapeutin, die auch Mutter ist, wenig entgegenkommend gezeigt, so daß diese habe gehen müssen.
b) Trotz des als recht groß beschriebenen Entgegenkommens der Kollegen im Ergotherapiebereich sei es, und zwar aufgrund der Dickköpfigkeit der Kollegin, immer wieder zu erheblichen Konflikten gekommen.

N: Ich habe versucht, sie zu überreden zu bleiben.

Unklar bleibt, ob man um sie geworben hat, oder ob dieses gute Zureden als handfester Druck erlebt wurde. Der Konflikt hat immer größere Kreise gezogen, auch die Schlichtungsversuche des Betriebsrates scheiterten.

Der Supervisor interveniert auf institutioneller Ebene. Er sieht den Konflikt mit der weggegangenen Ergotherapeutin als Problem der sogenannten »*Sonderdienste*« der Klinik. Sie hätten, da keine eigene Supervision stattfände, kein gut funktionierendes Team. In dieser Klinik scheinen seiner Ansicht nach »*Legendenbildung*« an der Tagesordnung zu sein, und diese setzten dann ein, wenn es an Transparenz und Offenheit im Team fehle. Er legitimiert auf diese Weise seine akribische Informationssuche. Das Team folgt ihm zum Teil und entwickelt Verständnis für die Ergotherapeuten, die als Halbtagskräfte recht isolierte Arbeitsbedingungen haben und wenig persönliches Miteinander pflegen können:

M: Na, das ist ja auch kein Team so wie wir. Das sind 1, 2, 3, 4, 4 Halbtagskräfte. Und die machen dann Feierabend, dann ist keine Supervision, dann ist es auch sehr schwer, sich abzusprechen oder persönlich Anteil zu nehmen, dann iss, weil grad geht die U., ich hab glatt vergessen, daß sie heut geht, daß sie mich erinnert hat, das hat aber nix damit zu tun, daß ich die Person nicht schätze, oder daß ich, daß sie mir gleichgültig wär. (RÄUSPERT SICH) Aber ich bin gewohnt, die U. auf Distanz zu erleben.

Andere, z.B. die Gestaltungstherapeutin Frau Bern bemerken, daß die Ergotherapeuten sehr wohl diesen Rahmen haben, ihn anscheinend nur nicht nutzen würden. Auch an dieser Stelle kann sich das Team schwerlich über Fakten einigen: Haben die Ergotherapeuten nun Teamsitzungen oder nicht? Frau Bern bezieht mit ihrer Argumentation eine andere Position als der Supervisor, der strukturelle Defizite konstatiert:

S: Und für mich ist es genau umgekehrt, daß ich glaube, je *3* komplizierter Arbeitsbedingungen sind, also zum Beispiel in der Situation, wo eine Berufsgruppe, die dasselbe WERKstück zu bearbeiten hat, komplizierte Arbeitszeiten hat, umso besser muß bei denen// müssen bei denen Arbeitsbesprechungen geregelt sein. Weil das sonst garantiert in die Hose geht.

Immer wieder gehen einzelne Gruppenmitglieder auf die individuelle Verarbeitungsebene des Trennungserlebnisses. Herr Mäuser mahnt z.B. an, daß heute auch ein Abschied, der der Gruppentherapeutin, ansteht. Er möchte Raum dafür haben zu sagen, was er die letzten Monate versäumt hat und Rückmeldung über die Beziehung zur Kollegin geben. Er scheint sein Abschiedsritual gefunden zu haben. Er entscheidet sich, dieses in den Privatbereich zu verlegen, da er in der Supervisionssitzung keinen Platz dafür gefunden hat.

Der Supervisor begrüßt nun einen später hinzugekommenen Supervisanden, den er noch nicht kennt. Es ist die neue Funktionsoberärztin Frau Paulsen, die als »Neuling« ebenfalls Informationsbedarf anmeldet. Herr Siebeck faßt für sie die anstehenden Supervisionsthemen zusammen, erleichtert ihr damit den Einstieg, heißt sie willkommen und leitet zum Nachfragen über den weiteren Verlauf des Therapieprozesses der Patientin über, die Thema der letzten Supervisionssitzung war. Der Weggang der Ergotherapeutin wird nicht weiter behandelt.

3.1.4 Nachbericht

S: Mhm, mhm. Gut, auch noch mal zur Information, damit dann alle wieder auf'm Stand sind, eine Fallvorstellung, dann geht es um 's Weggehen und dem Wunsch nach Echo. Und es geht um das Klima in der Abteilung. *4* und ich würde ganz gerne noch mal nachfragen, wir haben beim letzten Mal über eine Patientin gesprochen, die Petra, und da würd ich gerne wissen, wie es mit der weitergegangen iss.

B: (LACHT EIN WENIG) Das war ja grad aus der Gruppe C., aber ich wollt da nich soviel sagen, denn ich wollt erst...

M: Will überhaupt jemand? (GELÄCHTER)

Die Ablaufstruktur der Supervisionsprozesse, wie sie für Herrn Siebeck üblich sind, wird an dieser Stelle von ihm durchgesetzt. Er entscheidet, daß nun an die vorherige Sitzung angeknüpft wird. Durch das »Kommen« der neuen Funktionsoberärztin ist das »Gehen« der Ergotherapeutin abhanden gekommen. Es bleibt unklar, ob das Team diese Vorgehensweise mitträgt, es setzt sich jedenfalls nicht zur Wehr. Es kann als Gruppenwiderstand gewertet werden, daß die Fallvorstellerin des letzten Mals zuerst die Mühsal, die Patientin auf die in der letzten Supervisionssitzung erarbeiteten Behandlungsstrategien einzuschwören, thematisiert. Damit sagt sie indirekt, daß die Supervisionsergebnisse nicht sonderlich praktikabel waren.

B: Ich mach Einzel mit ihr, und wir haben uns hier geeinigt dadrauf, daß wir mit ihr dahingehend arbeiten, daß sie zustimmt, daß sie in betreutes Wohnen geht.

Die zuständige Therapeutin äußert Besorgnis, die Patientin könnte im Leben außerhalb der Klinik scheitern. Ebenso wie die Supervisionsgruppe zeigt sie keinen offenen Widerstand. Der Supervisor betont die Notwendigkeit der stützenden Funktion einer betreuten Wohngemeinschaft und arbeitet den Ärger der Patientin heraus. Die Gefühle der Patientin scheinen im Augenblick eher Platz zu haben als die des Teams. Der Supervisor betont, daß ein Scheitern der Patientin außerhalb der Klinik keine Katastrophe sei, denn es würde ihr zu der Einsicht verhelfen, noch Unterstützung zu brauchen. Die Notwendigkeit des Supports scheint er an dieser Stelle für die Patientin und das Team gleichermaßen zu sehen, denn seine Interventionen zu Beginn der Sitzung machen deutlich, daß er die Therapeutengruppe als eine der Lenkung im Supervisionsprozeß sowie in der Therapieplanung bedürftige betrachtet. Die Schwierigkeit, für die Patientin eine geeignete Einrichtung in der Heimatregion zu finden, mag an dieser Stelle als Widerstandsäußerung des Teams gewertet werden. Auch da weiß der Supervisor Rat und nennt die geeignete Stelle. Herr Mäuser rebelliert gegen die Bevormundung, indem er zeigt, daß auch er Ideen hat. Er hat sich die aktuelle Liste von Selbsthilfegruppen und betreuten Wohnmöglichkeiten schicken lassen und zeigt damit, daß er keine Ratschläge braucht. Das Trennungsthema ist durch die Situation der Patientin erneut im Raum. Ihr Abschied von der Einzeltherapeutin steht für morgen an. Das Team ist mit dem Therapieerfolg unzufrieden, denn die Patientin zeigt weiter selbstentwertende Äußerungen. Ihre latente Suizidalität gilt als nicht bewältigt und weitere Stützung durch Medikation scheint unabdingbar zu sein.

3.1.5 Wechsel zur Fallvorstellung

Ein junger Gruppentherapeut, der Diplom-Psychologe Herr Nauen, stellt einen Patienten vor:

S: Sollen wir's hier abschließen?
M: Jo. *4*

S: Gut. (SEUFZT) Womit wollen Sie weitermachen? *5*

N: Also mir wär wichtig, meine Fallbesprechung nich zum Schluß heute zu machen, falls dann vielleicht (LACHT EIN WENIG) irgendwie nochmal so fünfzehn Minuten für mich übrigbleiben oder so, das iss mir zu wenig. Also ich, weil ich brauch da wirklich mehr Hilfe und mir ist wichtig, dem auch Raum zu geben so.

S: Sind Sie damit einverstanden? Oder? *5*

N: Ja gut, dann geb ich mal als erstes das Photo rum. der Patient heißt G. W., also eigentlich H.-G., aber das G. ist der Rufname. *8* Wo fang ich denn mal an. *3* Iss 'n Mann von Anfang 40, jetzt seit *5* sieben oder acht, sieben bis acht Jahren raus aus 'm Beruf, *4* war krankgeschrieben und arbeitslos. Zunächst krankgeschrieben, so. Kann der Herr Tönnis noch 'n bißchen mehr zu sagen, Rückengeschichten, ne, Herzgeschichten auch. Oder Kreislauf, so. Okay, #und du sagst gleich nochmal, ja?

Der Supervisor übernimmt die Strukturierung des Gruppengeschehens, indem er die »Nachtragsrunde« fragend für beendet erklärt. Das Team antwortete mit einem für mich recht unentschieden anmutenden »*jo*«. Der Fallerzähler klagt Zeit ein, er hat Angst, zeitlich (wieder einmal?) zu kurz zu kommen. Die Sequenz läßt vermuten, daß er unter Druck steht und bei einer »*wichtigen*« Frage »*Hilfe*« braucht. Die Fallpräsentation bleibt dann jedoch auffällig emotionslos. Er beginnt mit dem verwunderlichen, dennoch in diesem Team wohl üblichen Ritual des Herumgebens eines Fotos des zu besprechenden Patienten. In mir entstehen Bilder von Fahndungsfotos der Polizei, und ich werde an Rituale der früheren Psychiatrie erinnert, flüchtige Patienten per Bild suchen zu lassen. Das Team scheint sich wie ein Staatsanwalt an die Faktensammlung zu begeben.

Der Psychologe Herr Nauen bricht in seiner Kompetenz während der Erzählung recht schnell ein und rückversichert sich bei seinem ärztlichen Kollegen über den Gesundheitszustand des Patienten. Die Notwendigkeit, sich »Verstärkung« zu holen, kann auch als Hinweis darauf gewertet werden, daß in der Gruppe ein hohes Maß an nicht bearbeiteter Rivalität herrscht. Es scheint schwer, sich mit seiner eigenen Fachlichkeit zu exponieren. Die Konkurrenz auf der Geschwisterebene macht plausibel, weshalb der Fallerzähler, der in den Vordergrund tritt, seine Gefühle und Reaktionen gegenüber dem Patienten verbirgt und sich an äußerlichen Fakten entlang hangelt. Er zeigt sich diffus, unklar und desinteressiert. Die Frage des Supervisors nach der Berufssozialisation des Patienten (*Was war er von Beruf?*) bestätigt das unbewußte Gruppenthema der Professionalität. Die Affekte des Fallerzählens bleiben weiterhin unbenannt. Er verliert sich in Details, z. B. in Unklarheiten über Namen und Rufnamen. Gewissermaßen »durch die Verschiebung auf das Kleinste« wird die zum Fall gehörende Emotionalität abgewehrt. Die weiteren Schilderungen bleiben im Spekulativen über das mögliche Rentenbegehren des Patienten. Der Weg des Patienten in die Therapie wird auf der Verhaltensebene nachgezeichnet. Das Anliegen des Fallerzählers bleibt solange unklar, bis er in einen aggressiven Affekt gerät:

N: #Nein, er erzählt immer# Geschichten, er erzählt auch dieselben Geschichten, die hören sich auch immer wieder genauso an, ja? Also er hat jetzt, hat mir bei der Anamnese dieselben Geschichten erzählt, wie jetzt bei der Vorstellung in der Gruppe zum Beispiel, ne, das sind also wie Platten, die auch so ablaufen. Da gibt's vier, fünf Standardplatten, die werden dann immer so abgespult. *6* Ja, also zum einen ist die Motivation von diesem Mann äußerst fraglich. *7* Wobei es halt schwierig wird dadurch, daß er sagt, »ich WILL ja so gerne,« ja? »Ich will ja so gerne Therapie machen, und abstinent leben.« Aber er verhält sich nicht so, daß das stimmig wäre. Es bleibt ne Aussage, er behauptet *3* In seiner Biographie, die er erzählt, gibt es einige Lücken und Unstimmigkeiten. Also zunächst iss mir aufgefallen, daß er ZWEI große Erfolgserlebnisse hat, das sind diese beiden beruflichen Phasen, von diesen zehn Jahren in der Gastronomie, und vier Jahre als Fensterputzer. Und das sind Erfolgsgeschichten für ihn. Und das sind Erfolge, die attribuiert er internal. Das sind seine Leistungen. So. Und *3* alles andere, alles, was schiefgegangen iss in seinem Leben, attribuiert er external. Ja? Das Trinken, er trinkt angeblich erst seit seiner// seitdem er aufgehört hat als Fensterputzer. Seit er die Bandscheibengeschichten hatte und so große Schmerzen hatte, die er dann nur mit Bier bekämpfen konnte. So.

S: Intravenös.

Der Fallerzähler verfängt sich in einer Art »Patientenschelte«, der der Supervisor zunächst humorvoll zu entgegnen sucht. Er fragt, nachdem der Arzt die Rationalisierungen des Patienten über seinen Alkoholabusus schildert, nach dessen funktionalen Beeinträchtigungen. Die Interaktion von Team und Supervisor bleibt in dieser Phase recht leer. Das Team einigt sich auf Zuschreibungen, die sich zwischen »*Simulant*« und »*Schmarotzer*« bewegen. Die Beschwerden des Patienten werden als »*Geschichten*« bagatellisiert. Die Gestaltungstherapeutin Frau Bern verändert nun die Kommentarebene, indem sie ihre Behandlungsunsicherheiten benennt und die vermuteten emotionalen Nöte des Patienten fokussiert:

B: Er stellt sich in der Gestaltungstherapie so dar, daß er UNfähig ist, IRGENDetwas anzunehmen. Also das kommt noch dazu. Wo ich auch eher den Eindruck hatte, um Gottes Willen, da muß ich mich erst erkundigen, was iss mit dem los. Also er macht da, große Mauer baut er auf.

Der Fallerzähler reagiert jedoch mit weiteren Erzählungen über die Unstimmigkeiten des Patientenberichts. Erste biographische Daten des Patienten tauchen auf: im Alter von siebzehn Jahren mit seiner dreizehnjährigen Freundin durchgebrannt, Ärger mit ihrem und seinem Vater, ein Jahr Arbeit auf der Kirmes bei Schaustellerbetrieben, häufige Schlägereien, erster Alkoholkonsum mit 22 Jahren, Bäckerausbildung, nach anderthalb Jahren abgebrochen. Im Anschluß daran wird sein Verhalten in der Gruppe Thema der Supervision:

N: *11* Ja. Und sehr eigenartig war bei seiner Vorstellung in der Gruppe, letzte Woche, da erzählte er halt seinen Lebenslauf so mit diesen Geschichten, und dann iss es ja üblich, daß da ne Rückmeldungsrunde kommt, ne. Dann sagte er, »nein, ich will keine Rückmeldung«. Hat mich erstmal überrascht. Denn er war, wirkte nicht so furchtbar betroffen, ne? Das gibt 's ja mal, daß jemand nun da in Trauer reinkommt oder in irgendeinen emotionalen Prozeß und dann überfordert iss. Aber den Eindruck hatt ich überhaupt nich, es gab auch keinen Grund, denn er hat auch nich SO bewegende Sachen erzählt von sich. *3* Und als ich dann nachhakte, warum er denn nich darüber reden will, warum er nichts hören will, »na, ich, ich kann nicht«. So. Aber warum er nich kann, was da abläuft. Also das hat mich ziem// auch ziemlich ÄRGERlich gemacht. Das war so 'ne, aus meiner Sicht einfach ne VerWEIgerung. So, ne, vielleicht wär mal 'n Punkt gekommen, wo man hätte therapeutisch arbeiten können oder auch müssen, sollen, und dann sagt er, nee, iss nich. *16* Ja, diese Sache, die du angesprochen hast, ne, »kommen, kommen Sie mir nicht zu nahe,« ne, *3* das seh ich in Zusammenhang mit diesen Schlägereien, die er hatte und auch möglicherweise mit'm *4* aggressiven Klima im Elternhaus, aber das iss nur ne Vermutung. So von sich aus erzählt er darüber nichts. Das war eigentlich alles sehr in Ordnung so. Aber das iss ja so nich plausibel, nich wahr, wenn man wirklich in ein// in ner (LAUT) ordentlichen Familie (NORMAL WEITER) aufwachse, dann hau ich nich von heute auf morgen ab. *4* Find ich ziemlich eigenartig .

Der Arzt greift das Rentenbegehren erneut auf. Die fehlende Motivation des Patienten und das geringe Engagement in der Therapie wird eingeklagt. Die Oberärztin Frau Paulsen (P) bringt seine Perspektive ein:

P: (SPRICHT ABGEHACKT, RUCKARTIG) Na, ich denk folgendes, der iss schon im Prinzip clever genug, sein Leben so zu sehen und zu gucken, wo er den Platz an der Sonne kricht, und das iss ne Aus// schon ne Art von Aussteigerform, vorzeitig in Rente zu gehen. Und das hat er versucht mit seinem Rücken, und ich GLAUBE, daß er weiß sozusagen, daß seine Rente NICHT durchkommt. Und dann iss er mit dem Alkohol drauf aufmerksam gemacht worden, benutzt DIESE Schiene, obwohl er da, Klammer auf, völlig verkehrt liegt. Die Alkoholabhängigkeit wird ihn NICHT so ohne weiteres in die Rente führen, (RÄUSPERT SICH) sondern eher dem Arbeitsmarkt wieder zur Verfügung stellen, er aber die Vorstellung hat, DAS würde den Rentenantrag komplettieren, und zeigt dann aus diesem Grunde hier Motivation.

Die Erregung im Team steigt, es wird durcheinander geredet, der Patient sammele Krankheiten und wolle nur die Rente, ist der einhellige Unterton. Sein Rentenbegehren wird nicht als Hypothese sondern als Realität betrachtet, indem ein älterer Suchtkrankentherapeut eine in seinen Augen gelungene Therapie mit einem Rentenneurotiker schildert, sich dabei als einen findigen und kreativen Therapeuten darstellt und dadurch indirekt Behandlungsempfehlungen für den aktuell besprochenen Patienten erteilt. In der zurückliegenden Behandlung entstand die Therapiemotivation nachdem er dem Patienten bestätigt hat, daß dieser die Rente »verdient« habe. Abstinenz konnte durch die Bewilligung der Rente erreicht werden. Damit stellt er das Therapieziel der Fachklinik, Menschen wieder arbeitsfähig zu machen, in Frage:

M: Der war richtig glücklich. Und er hat die Rente och gekricht. Weil die Rententräger meinten, ist gut, ja wenn er ein Alkoholproblem hat, dann wollen wer ihm das wegholen, und dann ARbeitet er wieder, aber dieser Mann wollte nicht mehr, der wollte nich mehr, der hatt auch so 'ne Geschichte, Maurer, Plattenleger, Knie kaputt, alles, und dann kein Dank und keine Anerkennung zuhaus, sondern immer noch mehr Forderungen. Und er war's halt, er war's leid, und das einzige, was ihm Spaß gemacht hat, war, daß er noch in der Natur war, niemand ihm gesagt hat, so, innerhalb von acht Stunden mußte das und das bringen. Und als man ihm das genommen hat und er unter Kontrolle war, hat er nich mehr mitgespielt. Das iss jetzt, langer Rede kurzer Sinn, der wollte Rente und sonst nix. Und in dem Moment, wo ich ihm gesagt hab, »ich kann dich verstehen, (LACHT) wir probieren's mal,« und dann konnt ich aber begründen, daß eine Therapiebehandlung bei UNS nich sehr sinnvoll iss.

Herr Mäuser benennt einen strukturellen Konflikt vieler Fachkliniken. Patienten streben – warum auch immer – die Berentung an, und das Klinikpersonal sieht sich dem gesellschaftlichen Auftrag beruflicher Rehabilitation verpflichtet. Damit stehen sich die Ziele dieser Patientengruppe und die Ziele der Institution diametral entgegen. Konflikte und Kampfesstimmung sind vorprogrammiert. Herr Mäuser appelliert mit seinem Beitrag an das Verständnis des Teams für den Patienten und wechselt damit von der sich ausbreitenden kämpferischen und entwertenden zu einer konsensorientierten Haltung ihm gegenüber. Ein Bündnis mit dem Patienten für sein Rentenbegehren wird nicht mehr ausgeschlossen. Er sagt damit indirekt, daß institutionelle Ziele auch Ausnahmen im Interesse des Patienten zulassen.

Der Supervisor greift in die sich aufschaukelnde Teamdynamik ein. Er verweist darauf, daß es sich bei der bereits konstatierten »*Rentenneurose*« des vorgestellten Patienten um eine Hypothese des Teams handelt. Er schlägt der Gruppe vor, herauszufinden, wie der Patient zu erreichen sei:

S: ... Die Frage, und das trifft ja für alle Leute mit unklarer Motivation zu, »wie gelingt es mir, mit diesem Menschen in Kontakt zu treten?«, und was Sie schildern, ist, daß der mit Ihnen allen eine Beziehungsstruktur installiert, die Sie eher zu Verfolgern macht. Sie werden seine Verfolger, die ihm irgendwas nachweisen wollen. Oder die ihn irgendwo zu packen kriegen wollen. Die Beziehung, die sich dadraus ergibt, iss, daß er einen// sie WOLLEN ihm was, und er iss ein Flüchtling. *3* Ja? Das iss, egal für was, weder für die Klärung der Motivation, noch für die Klärung der Zielfrage, noch für die Behandlungsbeziehung sehr zielführend. Und Sie schildern das von sich aus, Sie werden immer mißtrauischer, Sie können nicht glauben, »der legt Platten auf und spielt die ab,« dann erzählt der was und will keine Rückmeldung, »dabei iss doch gar nich berührt,« – wissen wir überhaupt nich. Wissen wir nich, ne. Er WIRKT auf Sie nich berührt, Sie können sich nich vorstellen, daß er soweit iss, vielleicht iss er's aber doch. Also die BEZIEHung wird ganz eigenartig. Und ich frage mal SIE, was glauben Sie, müßten Sie tun oder könnten Sie tun, ich bleib erstmal bei Ihnen, um mit dem überhaupt wieder oder ÜBERHAUPT in Kontakt zu kommen?

N: *14* Also erstmal müßt ich ihm sagen, daß er'n armes Schwein iss, wegen seiner Gesundheit.

Das Team wird durch den Supervisor mit seiner vorschnellen Realitätskonstruktion und seiner aggressiven Haltung dem Patienten gegenüber konfrontiert. Seine Intervention schafft augenblicklich eine Entspannung der Atmosphäre, und der Fallerzähler kann erstmalig für diese Sitzung dem Patienten gegenüber Mitleid und Empathie bereitstellen. Erstaunlich ist das schnelle Einlenken des Teams an dieser Stelle. Nur der Fallerzähler bewahrt sich ein größeres Maß an Eigenständigkeit, er widerspricht an mehreren Stellen den Kommentaren des Supervisors. Das Team erscheint erleichtert, durch den Supervisor einen Weg aus der aggressiven Verstrickung von Verfolgung und Flucht gewiesen zu bekommen. Die gesundheitlichen Probleme des Patienten sowie seine Beeinträchtigungen in der Lebensführung können wahrgenommen und betrauert werden. Die zuvor durch Aggression abgewehrte Einfühlung und Trauer verschafft sich Platz. Der Fallerzähler verbündet sich mit den Anteilen des Patienten, die gesunden wollen, die sich nicht resignativ auf einen vorherbestimmten fatalistisch anmutenden Weg schicken lassen wollen:

N: ... der Mann mit 41, nee, iss doch kein Alter.

Der Supervisor setzt nach und versucht das Team zu noch tieferem Verständnis für den Patienten zu führen:

S: Ja. Mhm. Was noch, was könnten Sie noch tun, um mit ihm// jetzt unmittelbar, überlegen Sie mal, gehen Sie innerlich vor's innere Auge, und die anderen, die, die ihn kennen auch, und überlegen Sie mal, was müßten Sie eigentlich tun, um mit dem in Kontakt zu kommen. Also daß der, daß der sich mir ZUwenden kann, daß der mir ZUhören kann, daß der mir erlaubt, daß der MIR erlaubt, mit ihm Kontakt aufzunehmen, daß der sich nicht vor mir verschließen und schützen muß.

Das Team kann seine beruflichen Leistungen und die Verantwortung, die der Patient gegenüber seiner Familie empfindet, kurzfristig sehen. Die aggressive Haltung bricht sich jedoch erneut Bahn. Der Fallerzähler stellt sich als jemanden dar, der nicht gegen das bislang rein hypothetische Rentenbegehren des Patienten kämpft:

N: Von mir aus kann der Mann in Rente gehen, da hab ich kein Problem, nee, also.

Jedoch werden die Erfolgsaussichten seines Ansinnens von allen als minimal eingestuft. Dadurch »kostet« die Toleranz den Behandler wenig. Die Verantwortung wird an die Rentenversicherungsträger delegiert. Archaischere Impulse des Teams geraten an die Oberfläche. Herr Nauen nennt das Verhalten das Patienten nun plötzlich *»asozial«*, Herr Mäuser stimmt ein, indem er sagt: *»bestimmt nicht sozial«*, und Frau Paulsen erweitert die Bewertung kurze Zeit später auf die Kategorie *»unsolidarisch«*:

P: Ja, unsolidarisch, daß er sich aus der eh Gesellschaft ich kann das sehr gut verstehen, und da gibt's eh, genügend, die in dem gleichen Alter sind, die aufgewachsen sind, eh mit eh, in dem positivsten und festen Glauben, daß alles besser eh, wird und eh in den eh, in den letzten eh, Jahren zeigt sich immer mehr, daß man eben Einschränkungen unter- eh, -liegt, und daß alles zurückgefahren wird, eh, und eh, wenn man sich eh, als Bilanz, mit vierzig Jahren die innere Kündigung eh, an unsern Staat aus- spricht, eh, sacht, »okay, ich kuck jetzt mal und such mir'n schönes Plätzchen.«

Frau Paulsen urteilt ebenfalls, zeigt aber, anders als ihre Vorredner, Verständnis. Sie setzt das Verhalten des Patienten in den gesellschaftlichen Bezugsrahmen der allgemeinen wirtschaftlichen Rezession. Die Bewältigungsstrategie des Patienten scheint ihr ein Phänomen zu sein, das sie als typisch für unsere Zeit einschätzt. Frau Paulsen bringt hier ein eigenes und/oder ein Teamthema indirekt zur Sprache. Therapeuten in Suchtkliniken unterliegen aufgrund ihres Arbeitsprofils einer besonders heftigen Abwehr der eigenen Oralität (vgl. Rost 1988). Der Neid auf die Patienten, die sich erlauben, hemmungslos zu trinken und aus dem Arbeitsprozeß auszuscheiden ist stark und wird oft nur mühselig in Schach gehalten.

Die Arbeit mit gesellschaftlichen Randgruppen, wie hier den Alkoholikern, stellt für die im psychosozialen Bereich Tätigen oftmals eine doppelte Belastung dar. Neben der Beanspruchung, die die Arbeit mit Süchtigen eo ipso darstellt, haben sie gegen den sogenannten »Lumpenkomplex« (vgl. Wagner 1985) zu kämpfen, denn die Stigmatisierung der Patienten trifft auch die Mitarbeiter. Die Arbeit in einer Suchtklinik gilt in der Hierarchie der Arbeitsplätze in der Gesundheitsversorgung nicht sonderlich viel. Damit entsteht die Gefahr, daß sich die dort Tätigen um starke Abgrenzung vom Klientel bemühen.

Es ist erneut die Gestaltungstherapeutin, die eine andere Perspektive neben die moralisch wertende Stellungnahme der Männer setzt und damit einen Weg des Zugangs zum Patienten aufzeigt:

B: Ich denke, das ist es, was was MICH so erschüttert hat, als ich ihn dann fragte, »wie alt biste denn eigentlich?«, da sagt er, »einundvierzig«, und da hab ich 'n Riesenschreck gekriegt. Da dacht ich, was hat der für' n Leben hinter sich, daß der so kaputt iss. Also ich hab da so keine Probleme mit gehabt, ich habe ihn gelassen. Ich hab ja nich gesagt, »jetzt kuck mal, was du machst« oder so, weil ich eh wenn so Leute kommen, wir ham ja zunehmend so Leute, die abgebaut sind, also das häuft sich in der letzten Zeit sehr, dann warte ich ab. Weil es eh, es eilt nicht. Und irgendwann frag ich dann mal, »kannst du dich noch mal auf's Fahrradergometer setzen, dann kucken wer mal, was möglich iss« und so, daß mer eben einfach mal abtestet. Und da hab ich'n ganz guten Zugang zu ihm gefunden. Also es gab keinen Widerstand. Er hat ganz viel erzählt von seiner Familie, von seinen Kindern.

Sie zeigt emotionale Berührtheit durch den Patienten und stellt damit eine Nähe zur Interventionsstrategie des Supervisors her. Aber auch sie erreicht nur kurzfristig eine selbstreflexive Haltung bei Herrn Mäuser, der seine Widerstände thematisiert, auch die andere Seite des Patienten zu sehen. Er führt den Konflikt des Teams mit dem Patienten jedoch nach zwei Sätzen des Innehaltens fort, indem er ihn als Simulanten beschreibt. Frau Paulsen bringt ihre Position fast schadenfreudig mit ein:

P: Für mich war er in dem Moment, also ich hab den Patient nur ganz kurz gesehen, für mich war in dem Moment dann, wo ich das konnte, eh, weil eh, mit eh, einem lächelnden Hintergedanken, eh, »du wirst schon sehn, du wirst darauf, eh, auf deine Alkoholtherapie trotzdem deine Rente nicht kriegen, und eh, du wirst da tüchtig Schiffbruch danach erleiden«.

M: Genau.

Der Supervisor versucht zum dritten Mal, das Team in seinem aggressiven Gegenübertragungsagieren zu unterbrechen:

S: Interessant ist zunächst mal, daß zunächst mal bei einigen hier das Erste so'ne aggressive böse Gegenübertragung da iss, ne. »DU Sack!« Eh, »DU Schmarotzer!« Das Interessante, daß ich höre, daß iss ich finde, es iss eben letztlich auch ne Attribuierungsfrage. Mit demselben Recht könnte man Alkoholismus an sich als asozial definieren. ... Ja, nur das diese Art von Asozialität (LACHT EIN WENIG) da fühlen Sie sich zuständig, und die andre macht Sie böse, da iss'n komischer Sprung drin.

P: Vielleicht hab ich ja auch irgendwo geheime Wünsche, in Rente zu gehen, ne.

S: Ja, na, nee, ich will das jetzt auch nich moralisch bewerten, sondern ich will's einfach nur mal nebeneinanderstellen, daß da vieles wirklich ne #Bewertungsfrage iss,#

B: #Stimmt.#

S: und solange wir uns auf dieser Bewertungsebene bewegen, sind wir handlungsunfähig, oder ham nur noch unseren Gegenübertragungsaffekt.

M: Jojo.

S: Und die Frage iss, da müssen wir mal drüber sprechen, die Frage, wie kann man mit ihm in Kontakt kommen. Und Kontakt heißt ja, wenn ich jetzt von Ihrer Profession ausgehe, gibt es irgend etwas, wo was der Patient UND ich ehm, als Problemdefinition beide gleichermaßen respektieren können? *3* Nich? Und MIR fällt als erstes sofort ein, daß ich gut sagen könnte, »ja das scheint deine einzige Idee im Moment zu sein, wie du deine Lebensprobleme lösen kannst, in Rente zu gehen. Was wäre denn damit gelöst?«

Der Supervisor ist an dieser Stelle in der Rolle des Containers (Bion 1971). Er nimmt die aggressiven Impulse und regressiven Tendenzen (*irgendwo geheime Wünsche, in Rente zu gehen*) des Teams in sich auf, um diese zu neutralisieren und anschließend zurückzufüttern.

Der Fallerzähler beschreibt sich noch einmal als der Rentenfrage neutral gegenüberstehend, jedoch ärgere ihn die Beziehungsgestaltung des Patienten gegenüber seiner Familie und dessen Verweigerung, Verantwortung für sein Trinken zu übernehmen. Es folgt der vierte Versuch des Supervisors:

S: Nich, das scheint, das scheint'n #Mensch zu sein, der es uns allen schwierig macht, ehm, ihn als jemanden zu sehen, der'n Problem hat. Was der auslöst, iss »du bist kein guter Mensch, so wie du das da machst und das da machst und das da machst«. Und »du bist unoffen und spielst mit verdeckten #Karten,#

N: #Ja.#

S: willst heimlich was von mir, sagst es aber nich offen.«

N: Ja gut, ja//

S: Erstmal, das Interessante iss, er löst nicht eine Suchbewegung aus, wie Sie das sonst von Ihren Patienten kennen, wo iss die Problemkonstellation, was sind seine Bewältigungsmechanismen, was könnten hier Therapieziele sein, sondern er löst moralische Verurteilung aus. Das find ich erstmal auffällig.

Herr Siebeck ringt um Interesse für den Patienten. Er konfrontiert den Fallerzähler mit der Frage, ob er den Patienten loswerden wolle. Der Gruppentherapeut wehrt sich gegen diese Vermutung und Herr Mäuser findet – wenngleich zögerlich – stellvertretend für die Gruppe den Weg zum endgültigen Perspektivwechsel:

M: Also ich weiß'n Weg, aber (GELÄCHTER)

S: Ich seh etwas, was du nich siehst.

M: NEIN, nein, ich will ja nich die Kreativität eh, unterbinden.

S: Sagen Se's doch ruhig, kann auch anregend sein.

M: Ja, wenn das so iss ja. Wenn ich vorne kuck, dann iss das kein Wälzen mehr, warum der Mann jetzt eh, seit zehn Jahren nix mehr schafft, warum er nix mehr// warum er dauernd krank wird, ehm, dann muß ich// darf ich aber nich hinten kucken, denn dann, dann wird das nich verständlich. Wenn ich aber weiter vor kuck, ja? Eh dann wird das auf einmal klar, mein Gott, der (HAUT AUF DEN TISCH) der hat wirklich alles probiert, eh, iss ihm alles schiefgegangen, eh, und das, was er sich versprochen hat, kriegt er nich. Eh also holt er das, was zu kriegen iss, das iss jetzt aber sehr grob, also wenn ich hinten kuck...

Die Suche nach dem Verschulden des Patienten findet ein Ende. Herr Mäuser verzichtet durch den Blick nach vorn auf die Vorwurfsstruktur der vorhergehenden Beiträge. Dazu benutzt er Daten aus der Vergangenheit des Patienten. Durch die Betonung des vorwärtsgewandten Blicks wird die bevorstehende konstruktivere Arbeit der Therapeuten mit dem Patienten angestoßen. Dessen Scheitern an den gesellschaftlichen Anforderungen, der konfliktreiche Verlauf seiner Pubertät und die enttäuschten Hoffnungen und Wünsche des Patienten, kurz seine »*gescheiterte Lebenskarriere*«, greifen Raum:

M: Paddelt. Und dann gab es mal ne Zeit der Hoffnung, das war die Zeit im Hotel als Koch, das iss ne dolle Zeit, grad für jemand, der bereit iss, sehr flexibel zu sein, die schaffen nachts, die haben mittags nix zu tun, die schaffen morgens, also das *3* eh, dann, dann sind die gut, aber das iss' ne Arbeit, die will auch sonst wieder niemand machen. Weil die ham kein Leben. WIRKLICH nich, die haben kein Leben, die, die schaffen zum Mittagessen, dann ham se nix zu tun, außer Saufen vielleicht, eh, und dann fangen se wieder abends um sechs Uhr an und sind nachts um zwei frei. *3* Ich will jetzt nich eh, allzu emphatisch für ihn reden, aber da iss was dran, auch wenn einer auf die Kirmes geht, der geht nich aus Jux und Dollerei da, dahin. Die, die Schiffschaukeln, das waren ja früher die dollen Monster, das iss ja heut noch schwierig, das waren Schiffschaukeln, mußte anschieben, (LACHT EIN WENIG) und von jedem Besoffenen haste einen an Arsch gekriegt, oder du hast ihm eine gescheuert, ja, und dann biste rausgeflogen.

S: #Gab aber noch mehr,# also die Schiffschaukel anschieben, das war ja eher das angenehmere Stück Arbeit, die eigentliche Knochenarbeit iss der Aufbau. Und das nur unter Druck und Druck und Druck und Druck, und SCHWERSTE körperliche Arbeit, Knochenarbeit.

B: #Das würde erklären# dann, warum der so kaputt iss. Der Mann iss eigentlich kaputt.

M: Und das Geld, das kriegste, wenn der Boss Lust und Laune hat.

Der empathische Zugang zum Patienten, über den sich Herr Mäuser ein wenig erschrickt, wird vom Supervisor durch eindrückliche Wortwahl forciert. Die Opferseite des Mannes kann sichtbar werden. Herr Mäuser setzt das Thema fort, indem er die steigenden Anforderungen moderner Arbeitsplätze beschreibt. Der Perspektivwechsel macht den Patienten dem Team *»sympathischer«*, *»der Ärger hat abgenommen«*, die Distanz zum Patienten ist reduziert. Der Supervisor wechselt, nachdem er mit der Haltung des Teams dem Patienten gegenüber zufrieden ist, auf die Behandlungsebene. Er stellt den hypothetischen Charakter des bislang Erarbeiteten dadurch heraus, daß er die Diagnose mit dem Ausspruch: *»mit aller Wahrscheinlichkeit jedenfalls«* belegt und relativiert die Lösung in der Behandlungsplanung durch den Begriff des *»Türspalts«*:

S: So, damit wäre VIELLEICHT so'ne, so'n Türspalt geöffnet, was als Frage bleibt iss, für mich jedenfalls, was will er denn hier? *4* Eh, und was können WIR miteinander tun? Also das wär so MEIN Anliegen an den. Ich müß// damit ich überhaupt weiß, was das soll, müßt ich wissen, was er will, und was ich für ihn tun kann. *6* Und das würd ich mal gerne wissen, was wissen Sie denn, was er will von Ihnen, was er hier will und was er von Ihnen will. Was sagt er denn?

N: Eh, da bin ich mir eben so höchst unsicher, ne. Ich hab ja eben schon gesagt, die Rente will er mit Sicherheit ja. Und ich glaube auch, daß die in seiner Prioritätenliste vor der Abstinenz steht. Ja? Ehm *3* er nennt als Ziele von sich aus, er will ohne Alkohol leben, er will Schmerzen aushalten, und er will selbstbewußter werden. *3*

S: Noch mal, von Anfang an.

N: Er will ohne Alkohol leben,

S: Ja.

N: Er will Schmerzen aushalten können und selbstbewußter werden. *4*

S: Mhm. Das heißt, er sagt, »ich kann nich ohne Alkohol leben, ich habe Schmerzen und ich habe ein schwaches Selbstwertgefühl«.

N: Ja, vielleicht, das iss vielleicht ne ganz interessante Formulierung. Hier müssen, die Patienten müssen ja nach zwei Wochen schreiben, was will ich erreichen, ja?

S: Ja.

N: Da schreibt er hier als ersten Satz, »ich möchte selbstsicher und mit erhobenen Hauptes diese Klinik verlassen können«.

S: Also er beschreibt sich als einen Gedemütigten.

N: *5* »Es soll keiner meiner Familie sich für mich mehr schämen müssen« (ZITAT).

Die Sequenz beschreibt die Interventionsstrategie des Supervisors, er stellt die patientenzentrierte Perspektive durch Sprachspiele her (Umformulierung in die 1. Person Singular) und verschafft auf diese Weise dem Patienten im Team das Wort. Die vom Patienten bereits formulierten Therapieziele können so beachtet und sinnverstehend angegangen werden. Der Supervisor destilliert aus den Therapiezielen des Patienten die Themen Scham und Wert heraus und schafft einen neuen Zugang zum Thema Rente:

S: Vielleicht hätte er seine Würde wieder, wenn jeden Monat die Rente auf'm Konto wär, und er seine Familie ORDENtlich ernähren könnte.

M: Statt über's Sozialamt.

Der Supervisor beschreibt das Rentenbegehren des Patienten als dessen einzige Idee, die ihm zur Verfügung steht, um seine Selbstachtung wiederzuerlangen. Das Zutrauen, auf dem Arbeitsmarkt mit Jüngeren, Gesünderen und besser Ausgebildeten konkurrieren zu können, fehle ihm. Er setzt seine »*Technik des Zwiebelschälens*« im weiteren Verlauf der Sitzung fort, eine Methapher, die vom Team im folgenden immer wieder aufgegriffen wird:

S: Machen wir mal weiter jetzt, so'n bißchen wie Zwiebelschälen jetzt. Die Schicht, die jetzt da ist: Da iss jemand, der die Achtung vor sich selber verloren hat und sich deswegen schämt, und als einziges Medikament bisher die Rente empfunden hat. Also der seine Möglichkeit gefunden hat. Der nur noch die Möglichkeit sieht, seinen Körper zu instrumentalisieren, um den zu vermarkten. Und damit wieder in Ordnung zu bringen. So wäre für mich das ein WIRKliches Therapieziel, mit ihm darüber zu sprechen, »sag mal, wie was kannst du dir eigentlich selbst vorstellen, wie du wieder Achtung vor dir finden kannst.« Was was braucht'n Men// also das würd mich wirklich interessieren, was DER glaubt, was ein Mensch braucht und vorweisen muß, um ein wertvoller Mensch zu sein. *3* Wie muß 'n Mensch sein, damit man Achtung vor ihm haben kann? Was muß der BRINGEN? *3* Was muß der hinkriegen? Holen Sie sich ihn mal vor das innere Auge und gucken Sie mal, könnte er mit der Frage überhaupt was anfangen. Wann iss 'n Mensch überhaupt wertvoll.

Das Team ist nun in der Lage, auf die Ressourcen des Patienten zu schauen, er wird als *»sensibel, nicht tump und stumpf«* beschrieben, man könne mit ihm auch über Dinge reden, die er sich normalerweise nicht zutraue. Das Team erarbeitet mit Unterstützung des Supervisors langsam einen Ansatzpunkt für die Behandlung:

S: Mhm, ja. Das klingt übrigens auch in den Zielen an, die er selber formuliert. Also ein Patient, der sagt, ich möchte, daß meine Familie sich nich mehr für mich schämen muß, finde ich relativ differenziert, wenn Sie das mal vergleichen mit Zieldefinitionen, wie Sie sie sonst erleben.

N: Stimmt.

S: Ja? Das heißt, das kann nur'n Mensch schreiben, der so was FÜHLEN kann. Der sich einfühlen kann, das macht meiner Frau und meinen Kindern was aus, daß wir jetzt auf Sozialhilfe sind. Der auch innerlich nich drüber hinweggehen kann, sondern einfach eh, für den iss nich darum geht, wieso, iss mir doch egal wir kommen über die Runden, sondern der sich schämt dessen. Der damit in ne Kollision mit seinem Selbstbild kommt. Und das wär der andere Ast, wenn ich mir den anschauen würde. Was war denn mal überhaupt dein Entwurf für dein Leben? Was war ursprünglich mal deine Vorstellung was du auf die Beine stellen wolltest? Wie wolltest du mal alt werden? Was wolltest du deiner Frau und deinen Kindern mal bieten? Iss jemand, der eh an ner Lebensbilanzstelle steht. Ne. Und nich mehr weiter weiß, und dessen Mittel versagen zur Lebensausrüstung. Auch sehr schwach, der hat wenig Mittel entwickelt. Nich. Wenn ich das in'n anderes Bild übertrage, in nem Boxkampf iss das der Boxer, der nich mehr kann, und deshalb in'n Clinch geht. Der sich dem andern wie so'n Schal um die Schulter legt, da kann er wenigstens nicht mehr hauen, der andere. Aber der eigentlich kein Mittel mehr weiß. *3* Nich und *3* das Mittel, das ihm einfällt iss, ich muß Rente haben. Damit kann ich mein Lebensdesaster lösen. Fragen sie da noch mal im Gespräch, und gucken Sie noch mal, wie iss mit dem.

N: Mmm ich hab jetzt'n Ansatzpunkt, ne, wie ich eh, wie ich konkret weitermachen kann. *

Der Supervisor gibt dem Team die Hauptthemen des Gesprächsangebots, die Kontaktform und die Gestaltung der Problemdefinition vor. Er empfiehlt die Hier-und-Jetzt-Orientierung vor dem Hintergrund der für Alkoholiker notwendigen Kapitulation:

S.: ... »Im Grunde bist du mit deinem Leben am Ende und weißt nicht mehr weiter, das kann ich verstehen, und wir müssen jetzt kucken, welche Perspektive kann's geben. Und ich will rauskriegen, was kann ich da für dich tun. Ich will nicht mich an deine Fersen heften, will dich zu nichts überreden aber ich will wirklich rauskriegen, was kann ich für dich tun, und vielleicht gibt es Dinge, die ich für dich tun kann, eh, auf die noch gar nich gekommen bist.«

Herr Siebeck stellt den dienenden Aspekt psychotherapeutischen Tuns in den Vordergrund und unterstützt damit die Möglichkeit für den Patienten, seinen Selbstwert zurückzuerlangen. Er soll dem Therapeuten sagen, wie dieser sich ihm zur Verfügung stellen soll. Das Team ergänzt das Behandlungsthema der fehlenden Sexualität des Patienten (Hypothese von Herrn Mäuser) und deutet die Schmerzsymptomatik des Patienten auf einer recht banal anmutenden Ausdruckstheorie der Psychosomatik:

P: Der muß einfach dann Schmerzen haben, weil er seelisch so verletzt iss, eh, dann hat er Schmerzen. ... Ja, iss die Wirbelsäule ja auch immer das, wo man Rückgrat zeigen muß. (ALLGEMEIN ZUSTIMMENDES BRUMMEN)

Der sinnverstehende Zugang kann nun als etabliert gelten. Die Konstruktion des Supervisors über die Schmerzsymptomatik des Patienten als letzte, ihm zur Verfügung stehende Möglichkeit, um nach Hilfe zu rufen, als »*sein Kapital, mit dem er arbeiten kann*«, wird vom Team übernommen. Das vermutete Drama hinter der Inszenierung kann gesehen werden. Der Supervisor betont den hypothetischen Charakter seiner Ausdeutung durch den Kommentar: »*Wir werden sehen*«, indem er das Team auffordert, auf den Patienten zuzugehen und ggf. in der nächsten Sitzung gemeinsam »*Kurskorrekturen*« vorzunehmen. Der Fallerzähler zeigt sich gespannt auf den neuen Zugang zu dem Patienten. Der Supervisor mahnt behandlungstechnische Gefahren an:

S: Wichtiger Punkt, das iss jemand, WENN es möglich iss, Zugang zu finden, eh, wo es dann lebenswichtig ist iss, vorsichtig zu dosieren. Ehm, weil wenn der zu schnell Einfühlung und Selbstfühlung kriegt für das ganze Drama seines Lebens, halt ich das für suizidgefährdend. Weil da iss nichts. Ne. Also wenn er sich, nich zu schnell nachgibt, immer gut auf die Dosis achten. Kann er das noch tragen, kann er das noch integrieren, oder kommt er in so'n Strudel, bei dem kommen, wenn er das richtig alles FÜHLT, daß er inne depressive, reaktive depressive Verstimmung kommt. Und dann in dieser LEBENSverzweiflung, wenn 's um Lebensbilanz geht, geht's auch um Lebensverzweiflung, möglicherweise sogar suizidal wird. Nich, das also auch so lose im Hinterkopf. Reicht Ihnen das so?

Herr Siebeck fragt an, ob das Team einen Sättigungsgrad bei der Fallbearbeitung erreicht hat und öffnet den Raum für Nachkommentare. Diese erscheinen als Einüben der neuen Verständnisebene:

O: Wenn Schmerz so dargestellt wird, ne, dann iss es verständlich, warum der eher auf Alkohol besser wird als auf Schmerzmitteltherapie.

3.1.6 Selbstthematisierung des Teams

3.1.6.1 Abschied der Kollegin

Der Supervisor schlägt eine Pause vor, das Team ist einverstanden. Nach der Unterbrechung wird ein Programmwechsel vorgenommen. Der Abschied der Kollegin Frau Claudius wird Thema. Damit konkurriert der gleichzeitig entstehende Wunsch nach Selbstthematisierung des Teams.

W: Ja, auf der anderen Seite also ich denke mir, was Frau Bern angesprochen hat, das kann ja eigentlich fast jedem passieren und ich denke, es iss schade, daß die Zeit immer so kurz iss, es iss ja eigentlich 'n Problem, was wir – fast jedesmal auch haben.

B: Also ich find's auch// ich fänd's nich gut, wenn mer das jetzt anreißt, und dann ham wer noch weniger Zeit, und nun es sind jetzt (LACHT EIN WENIG) sind noch fünfzig Minuten, und ich meine, #nee, oder#

S: #Fünfundzwanzig.#

B: fünfundzwanzig, und das iss'n Witz, und ich denke, du gehst, und du warst ne lange Zeit hier, und eh, unsere, unser Klima bleibt (LACHT). Und ich denk mir, eh, ich möchte auch mehr Raum ham, also ich find das nich okay, einen Satz zu sagen, und dann zu sagen, also Schluß. Also das find ich eh, frustrierender, als wenn ich eh, gar nichts sage. Komm ich besser mit zurecht, wenn ich nichts sage.

Der Supervisor schlägt dem Team einen anderen Ort der Bearbeitung des Abschieds der Kollegin Frau Claudius vor und entlastet das Team von einer Entscheidungsfindung:

S: Ja, vielleicht iss, das hört sich vielleicht 'n bißchen komisch an, aber auch ganz gut, so die Frage zu stellen, müssen beide Themen unbedingt in der Supervision behandelt werden? Also weil ich dafür ich glaube, ich kann nichts besonders Tiefschürfendes dazu beitragen, daß Sie das Echo kriegen, was Sie möchten, und ich könnt mir vorstellen, daß Sie sich das auch, genau dasselbe, in nem andern Rahmen holen können. Also das wär für mich die Frage, ich weiß aber nich, ob es für Sie von besonderer wichtig iss, das hier zu machen. ... #Ich find, ich find# es nur wichtig, DASS es geschieht. Ich find es sehr wichtig, daß es geschieht, und ich weiß nich, ob zum Beispiel , in der Abteilungssitzung

Sie sich da Raum schaffen, indem Sie's schlicht und ergreifend auf die Tagesordnung// oder ob's in nem anderen Rahmen, ich weiß es nich, ob's 'n anderen Rahmen gibt?

Es bleibt unklar, ob er mit seinem Vorschlag dem objektiven Kapazitätsproblem einer Supervision, die im Vier-Wochen-Rhythmus stattfindet, Rechnung trägt und damit dem Team die Verantwortung für das kollegiale Miteinander überträgt oder schlicht das Abschiedsthema aus der Supervisionssitzung heraushalten will. Die scheidende Kollegin Frau Claudius nimmt die Anregung von Herrn Siebeck auf und schlägt einen anderen Rahmen vor: die Abteilungssitzung. Das Team ist skeptisch, ob das Arbeitsklima untereinander ausreicht, die Abteilungssitzung als Setting für das Abschieds-Feedback zu nutzen. Das Team stellt sich dem Supervisor gegenüber als hilfsbedürftig in der Gestaltung der Teaminteraktionen dar. Der Supervisor greift das Rollenangebot auf und verschafft der Thematisierung der Teamkultur Platz:

S: Dann wären wir beim zweiten Thema gleich schon mit. (BELUSTIGUNG) Dann wären wir schon gleich wieder beim zweiten Thema, glaub ich, wenn Sie das so definieren möchten. Wieso ist es so, daß – es unterschiedliche Grade von Offenheit gibt, untereinander?

Herr Oden bringt die Figur des Vorgesetzten als ursächlich für die Mühsal der Offenheit ins Spiel, wobei er gleichzeitig betont, wie wichtig es sei, daß der Chef bei der Arbeit zugegen ist. Der Supervisor unterbricht den Prozeß und gibt der ausscheidenden Kollegin Frau Claudius (C) sein Feedback. Motivierend mag die Erwähnung des Vorgesetzten gewesen sein, der ihr nun als »guter Vater« seinen Segen für den Auszug von Zuhause gibt, was diese dankbar aufgreift:

S: Ich find's nur wichtig , daß es überhaupt kommt, ich will wenigstens MEIN Part kurz dazu sagen, denn das (...) nich sein, weil ich dann nich da bin. Ehm, eh, ich *3* ich bedaure das aus verschiedenen Gründen, daß Sie gehen, auch wenn ich Respekt hab, was Sie da bewegt und kann es nachvollziehen, ehm, Sie haben in der letzten Zeit hier genau in diesem Prozeß, was iss hier in der Abteilung los, sehr viel reingegeben, sehr viel Impulse reingetan, find ich, Sie haben das SEHR mit angestoßen, war auch Ihnen ein Anliegen, was ICH bedauerlich finde iss, daß Sie in der Zeit Ihrer Anstellung hier ne ganze Zeit mit ner Hypothek gelebt haben, die erst SEHR spät überhaupt an's Tageslicht kam und verhandelbar wurde. Find ich sehr bedauerlich, weil ich glaube, das hätte früher sein können, und es schade fand, diese Altlast, die es zwischen Ihnen beiden gegeben hat, aber da ist für mich auch so'n, so ISS das Leben manchmal, es gibt Dinge, die lassen sich nicht klären, und ehm, was offengeblieben ist, ist 'ne Frage, wie Sie sie für mich AUCH repräsentiert haben, ehm, ohne daß es Thema wurde, ehm, mit welchem Glaubensbekenntnis darf man hier auftreten. Das ist immer, hab ich immer als Frage von Ihnen wahrgenommen, ohne daß// und ich seh das auch als Abteilungsfrage, aber auch als Klinikfrage, *3* wo geht 's hier eigentlich lang, und was iss die wahre Lehre.

C: Ja, das wurde nicht geklärt, hmm.

S: Und das verkörpern Sie für mich auch. Auch, was ist die offizielle Lehre, und was, es gibt ja 'n Unterschied zwischen der offiziellen und der WAHREN Lehre. (LACHT, RÄUSPERT SICH) Ja. Das waren die Dinge, die ich Ihnen noch gern sagen wollte.

C: Hmm. – Gut. *3*

S: Und nehmen Sie sich Ihren Raum. *3* Geben Sie auch vor, wieviel Zeit Sie haben möchten.

3.1.6.2 Arbeitsklima

Der Supervisor beschreibt den Prozeß der ausscheidenden Kollegin und ihre Bedeutsamkeit für das Team in einem Klima des Bedauerns über ihren Weggang. Er scheint damit ein Defizit des Teams auszufüllen, denn Frau Bern macht sich nun zur Protagonistin für die Bearbeitung der Fragen des Arbeitsklimas. Das Team entscheidet sich damit, trotz der Kürze der verbliebenen Zeit, zur Selbstreflexion. Soeben aus dem Urlaub heimgekehrt, erklärt sie sich für besonders sensibel, die Gruppenprozesse wahrzunehmen. Es fehle ihr an Achtung und Respekt füreinander. Die Arbeit sei von wenig Spaß und Lust gekennzeichnet. Das Anspruchsniveau und damit das Arbeitspensum sei zu hoch, so hoch, daß sie Wünsche entwickle, auszusteigen. Nachdem sie ihrem Ärger Luft verschafft hat, macht sie jedoch einen Rückzieher:

B: Ich könnt es auch an Einzelheiten festmachen, aber ich glaub, da möchte ich heute nich// da iss einfach die Zeit zu kurz, da möcht ich natürlich auch noch Auseinandersetzung haben. Und die wird dann nicht mehr sein, und das iss für mich sehr unbefriedigend. Von daher liegt es mir dadran, das einfach mal so zu sagen, um das Ganze noch mal anzuschubsen. Ich ruh' mich da nich aus, ich müßte auch in, bei manchen Situationen anders reagieren, das muß ich zugeben, aber ich hab' Vertretung gleich nach'm Urlaub und so, und bin da auch, ja, so satt, und dann soviel Leute eh, um mich herum und soviel Gruppen pausenlos und eh, dann kann ich mir nich noch'n eh, Konflikt anhängen. Also dann muß ich auch 'n bißchen aufpassen auf mich. Aber fällig wär das.

Der Supervisor läßt sie nicht weichen, er fordert sie auf, ihre Beobachtungen zu konkretisieren:

S: #Kö- können Sie,# können Sie das, also was Sie jetzt thematisch und an Symptomen beschrieben haben, eh, können Sie das als Frage oder als Aufgabe für die Abteilung formulieren? *4*
B: Ich// die Frage iss, warum sind wir nich menschlicher?
S: Warum sind wir nich menschlicher?
B: Hm. Wobei ich das mit einzelnen sehr gut eh, hinkriege, nur in der Abteilung iss es, also *5*
S: Ja.
B: Also, warum sind wir nich großzügiger miteinander, und warum sind wir nicht toleranter geworden auch andere, warum sind wir nich Menschen// warum bleiben WIR nich das, was wir vom Patienten uns erhoffen, was er nachher tut in seinem Leben.

Das Team wird aufgefordert, Stellung zu beziehen. Die Frage steht im Raum, ob sich alle so rauh, unmenschlich fordernd und maßregelnd sehen, wie die Kollegin es tut. Herr Siebeck sammelt Eindrükke und Erklärungsansätze über das herrschende Abteilungsklima. Diese reichen vom enormen Zeitdruck, dem hohen externen Anforderungsniveau über die Überstrukturierung der Arbeit durch Verwaltungsaufgaben bis zur fehlenden Feierkultur an Geburtstagen und zu Weihnachten. Die Interaktion in der Dyade scheint befriedigend zu verlaufen, aber in der Abteilung nicht. Unter anderem wird die schnelle Bewertung beklagt:

O: Also ich denke nich, daß ich geMASSregelt werde, aber eh, ich werde so mm, komm mir so mmm, ja, zensiert oder so, oder beobachtet irgendwie vor, ne. Also daß ich nich wertfrei stehen kann, das iss 'ne Meinung, das iss'n Argument, sondern es wird, »ABER du mußt doch« oder so.

Die sich anschließende Betonung der Individualität erscheint eher als Beschreibung von Einsamkeit. Herr Oden sieht in der Überbetonung des Fachlichen gegenüber dem Menschlichen einen wesentlichen Grund für die Mißstimmung im Team. Frau Claudius hält offen, ob sie sich den Kontakt anders wünscht:

C: Also du sagtest eben so, das Menschliche fehlt dir, ehm, also ich kann menschlich sein, wenn ich jemand gut kenne, und irgendwas weiß von dem, und mir fällt so auf, daß ich von vielen so persönlich ganz wenig weiß, und daß das irgendwie immer nur so'n, ja, so'n so'n kurzer Kontakt iss, wo das um was sehr Funktionales geht, und das Menschliche auch irgendwo so, so gar nicht MÖGlich iss. Also mich gar nich, ja, mich gar nich so richtig einbringen kann irgendwie, wenn mir jemand gegenüber sitzt und, und ja, irgendwas Zusammengewürfeltes iss, was, was Künstliches von ner halben Stunde jeden Tag, und ehm, also dann für mich so das gar nich so möglich iss. *4* Wo ich das glaub ich, das auf so'ner funktionalen Ebene halten will. Und so, da ich weiß so, daß andere das funktioniert sowieso nich, in der kurzen Zeit.

Der klinikinternen Ideologie, »ein gutes Einverständnis zu haben«, steht das Erleben von Kälte und Unmenschlichkeit kontrastierend entgegen. Der Supervisor bittet um Konkretisierung und eröffnet dem Team damit Handlungsmöglichkeiten. Das Klagen und Jammern soll der Schilderung typischer Interaktionen weichen, die potentiell veränderbar sind. Exemplarisch für diese teamtypische Interaktion mag die Schlußsequenz dieser Sitzung sein:

W: Ja, dir wollt ich mal was sagen, ich bin da mal auf dich zugegangen und wollte dir sagen, daß ich das manchmal so schwierig finde, mit dir so in Verbindung zu treten, daß ich mich dann so abgewiesen fühle.

M: Ja, kann ich jetzt gar nix mit anfangen, sag doch erstmal'n Beispiel.

R: Siehste, GENAU das iss es.

M: Ich weiß überhaupt nich, was de WILLST

S: Ich versuch mal zu beschreiben, was ich beobachtet hab, da war ne Anfrage, da hat Ihnen jemand seine Betroffenheit gesagt, und Sie antworten auf 'ner ganz anderen Ebene und fordern von ihm praktisch Beweise, und ich finde das gar nich so verwunderlich, daß der sich dann wieder abgelehnt fühlt.

R: Ja genau, so iss das.*2*

S: So jetzt, schade, daß an der Stelle wir aufhören müssen, aber – ich glaub, das iss was ganz Wichtiges, und vielleicht iss das ja insgesamt das Problem, das, was sie hier Kälte nennen, daß Sie bei der Verständigung die Ebenen durcheinanderbringen, und daß das dann irgendwie interpretiert wird und daß aber nich mehr klar iss, wer was wie empfindet, weil sie sich alle sehr schnell dann zurückziehen. Das iss so, Sie sind alle furchtbar schnell beleidigt.

Nachdem der Supervisor durch seine Beschreibung der Teaminteraktion das Ende der Sitzung ankündigt und das Band ausschaltet, springt Herr Mäuser vom Sessel auf und brüllt, so etwas würde er nie mehr mit sich machen lassen und läuft türenschlagend aus dem Raum.

3.2 Innenschau der Interventionen

Im folgenden werden die Ergebnisse des Selbstkonfrontationsinterviews dargestellt. Die Beobachtungsdaten und meine Analyse der Teamsupervision werden durch selbstreferentielle Daten des Supervisors ergänzt. Die Darstellung erfolgt analog der des Gruppenprozesses.

3.2.1 Aushandlungsphase

Herr Siebeck beginnt das SK-Interview mit der Erläuterung seines üblichen Vorgehens zu Beginn von Supervisionssitzungen. Er möchte die Gruppe bestimmen lassen, mit welcher Frage sie beginnen will. Seiner Erinnerung nach setzte sich das Thema »Weggang der Ergotherapeutin« durch. Da der Beginn der Sitzung nicht dokumentiert wurde, ist die Frage, wessen Aktivitäten die Themenwahl bestimmten, für die Auswertung nicht zu entscheiden. Deutlich wird jedoch, daß der Supervisor die Informationsebene des Abschiedsthemas fokussiert. Sein Ziel ist dabei:

S: ...sich mit dieser Frage zu beschäftigen und das mal aufzuklären, die verschiedenen Sichtweisen darzustellen, warum und unter welchen Umständen ist da die Ergotherapeutin gegangen.

Der Supervisor macht Herrn Mäuser in seiner Erinnerung zum Informationsbedürftigen. Dieser ist gerade aus dem Urlaub zurückgekehrt und findet eine dezimierte Kollegenschaft vor. Der Supervisor will ihm und sekundär – wie er sagt – sich selbst helfen, den neusten Informationsstand zu erreichen. Die latente Botschaft von Herrn Oden, der darüber spricht, nun für die weggegangene Kollegin zu sammeln und diese dann zu besuchen und damit kundtut, daß es – zumindest ihm – um Abschiedsverarbeitung geht, sieht er nicht. Die Wahl der entemotionalisierenden Intervention bei der Frage des Informationsstandes scheint der Abwehr von Aggression und Trauer zu dienen und dies in zweierlei Hinsicht:

a) Der Supervisor ist selbst überrascht und eventuell verärgert, da auch er »Knall auf Fall« verlassen wurde. Die Problematik der Ergotherapeutin wurde in vorigen Supervisionssitzungen thematisiert, sie griff die Anregungen zur konstruktiven Veränderung ihrer Arbeitsplatzgestaltung nicht auf und machte ihn an dieser Stelle als Supervisor unwirksam:

S: Aber an dem Punkt, wo ich die Frage aufgeworfen hab, mal zu überlegen, was sie jetzt tun könnte, um an ihrer Situation was zu verbessern, sich zurückgezogen hat und das nicht wollte.

b) Der Supervisor will unterbinden, daß die Leitung zum Sündenbock gemacht wird:

S: Da kann ich sagen, was in mir vorgegangen ist, weil das was sehr Typisches ist, daß in Konfliktsituationen Schuld an die Leitung gegeben wird, also »die D«, das ist die therapeutische Leiterin, von der da geredet wird.

Die unterschiedlichen Wahrnehmungen der Situation werden deutlich: »Die Arme wurde von der Leitung unter Druck gesetzt« versus »Die ist trotz des fairen Angebots der Leitung gegangen«. Die jeweilige Haltung zur Leitung, die sich an dieser Stelle zeigt, wird vom Supervisor nicht beachtet. Er steuert vor allem der sich ihm vermittelnden Atmosphäre einer Legendenbildung à la *»der Armen ist übel mitgespielt worden«* entgegen und vermeidet damit die Etablierung eines Bündnisses gegen die Leitung. Zugleich verläßt er die neutrale Position. Im Interview wird deutlich, daß er das Vorgehen der Leitung für fair hält. Er wendet sich gegen »Stimmungsmache«, die er auf dem Hintergrund von Informationsdefiziten häufig beobachtet hat, und steuert der Dämonisierung der Leitung entgegen. Paranoide Phantasien des Teams über Leitung gilt es ihm einzudämmen. Übliche Interpretationsmuster des Teams sollen grundsätzlich gebrochen werden:

S: Auf mich wirkt das häufig wie der Versuch, bestehende Urteile und Vorurteile zu bestätigen. Also Ereignisse werden gerne durch schon auf der Nase befindliche Brillen angekuckt, also es wird solange gesucht, bis man sagen kann, »aha, da ham wir's wieder«.

Das Team stellt – zur großen Freude des Supervisors – in der vorliegenden Sitzung differenzierte Problemsichten nebeneinander. Seine massive Intervention wird dadurch eigentlich überflüssig:

S: Strukturelle Frage, strukturelle Ebene, ja. Also es iss, ich merke, es iss interessant auch beim, beim Wiederhören, WIE ich hier gar nich prinzipiell am Prozeß interveniere, am Hier-und-Jetzt-Prozeß, sondern am großen Bogen des Strukturprozesses. Das hat fast werbenden Charakter, immer wieder. So erleb ich mich oft auch, gerade was diese Strukturfragen angeht da.

Er wählt weiter einen institutionellen Blickwinkel. Die persönlichen Konsequenzen einer Ergotherapeutin werden interpretiert als »Schwierigkeiten der Berufsgruppe der Ergotherapeuten in dieser Klinik«. Im Verlauf des Supervisionsprozesses wirkt diese Intervention wenig organisch. Es drängt sich der Eindruck auf, der Supervisor habe immer schon einmal die fehlenden Artikulations- und Verhandlungsräume dieser Berufsgruppe einklagen wollen und der Anlaß des Weggangs käme ihm gerade recht. Er entschärft damit den Konflikt und bleibt seiner Linie treu, gegen die Personalisierung institutioneller Konflikte – hier speziell Berufsgruppenprobleme – anzugehen. Er geht dabei von einer falschen Sachlage aus, die – möglicherweise in dieser Weise verstellt – von den Ergotherapeuten an ihn herangetragen sein könnte, sie hätten keinen eigenen zeitlichen Rahmen für ihre spezifischen Fragestellungen. Das Team verweigert jedoch die Übernahme seiner Perspektive. Im Wiederhören des Sitzungstonbandes fällt Herrn Siebeck auf, daß:

S: Ich da von irgendwas weggehe, auch von der Richtigstellung weggehe.

Herr Siebeck interpretiert seinen Fokuswechsel als Abwehr. Die Darstellung des Teams, Ergotherapeuten hätten genug Raum und zudem die besondere Aufmerksamkeit der therapeutischen Leiterin genossen, die viel mit ihnen zusammengesessen habe, bringt ihn in einen Konflikt. Er will nicht deutlich werden lassen, daß es der therapeutischen Leiterin augenscheinlich nicht gelungen ist, in angemessener Weise der Problematik der Ergotherapeutin lösungsorientiert zu begegnen und gerät damit in die Rolle des Beschützers der Leitung. Er führt das Team zur Ausgangsfrage zurück: »Wie war's denn eigentlich?«. Im Interview wird deutlich, daß Herr Siebeck durch die Bearbeitung dieser Fragestellung in den beiden anderen Supervisionsgruppen am Vormittag bereits einen Standpunkt zum Weggang der Ergotherapeutin eingenommen hat. Die Position eines Betriebsratsmitgliedes, die Kollegin habe nicht mit offenen Karten gespielt und sich als Opfer stilisiert, hält er für plausibel. Dadurch nimmt der Supervisor eine Wirklichkeitskonstruktion vor, die ihn veranlaßt, dieses Teamthema zu ersticken – auch weil er sich selbst in dieser Frage als gesättigt betrachtet.

Der Supervisor begrüßt im folgenden die neue Funktionsoberärztin, die mit dem Abteilungsarzt später zur Supervisionssitzung stößt. Er war von der Leitung nicht über die Neueinstellung, die er als »*wichtigen institutionellen Vorgang*« gewichtet, informiert worden. Das ärgert ihn, und er klagt über die mangelnde Transparenz der Leitung. Der Supervisor regt den Programmwechsel »Nachtrag zur

Fallarbeit der letzten Sitzung« an, auch um sich mit der neuen ärztlichen Mitarbeiterin über den Arbeitsfokus vertraut zu machen:

S: Jetzt geht's an die Arbeit – ja. Ich, ich war da auch ganz froh, weil ich dachte, so'ne Fallbesprechung iss auch ne gute Möglichkeit, diese neue, mir völlig fremde OBERärztin kennenzulernen, also wie geht die damit um, was// wie sieht die solche Dinge, wie nimmt sie dazu Stellung. Ich hab absichtlich nicht, was ich sonst eher tue, wenn jemand neu ins Team kommt, nach VORbildung gefragt, weil die auf mich persönlich sehr unsicher wirkte, sie aber ne Leitungsfunktion hat, und ich sie// und ich hatte die Befürchtung, ich würde sie entblößen, wenn dann rauskäm, daß sie fachlich für diese Arbeit nich soviel Hintergrund hat.

3.2.2 Fallbearbeitung

Die Nachfrage zur Fallarbeit der letzten Sitzung gehört obligatorisch zum Supervisionsschema des Herrn Siebeck. Er faßt die Ergebnisse der letzten Sitzung noch einmal zusammen und erfragt den weiteren Verlauf der therapeutischen Arbeit:

S: Das hat mit meiner Erfahrung zu tun, daß die manchmal das vergessen.

Damit etabliert er eine bestimmte Systematik der Fallarbeit und gibt dem Team seine Perspektivität als Orientierungsschema – auch für die neue Fallpräsentation – vor. Herr Siebeck spricht davon, »*das Supervisionsergebnis zu sichern*« und das Team auf die erarbeitete Behandlungsstrategie einzuschwören. Er kontrolliert dadurch den Fortgang der Behandlung ähnlich wie die Hausaufgaben von Schülern. Das Team verschenkt seiner Meinung nach viel Zeit mit Gesprächen und Diskussionen, deren Ergebnisse jedoch nicht in Handlung überführt wurden. Durch die klare persönliche Zuordnung bestimmter Aufgaben (»*Wer ist dafür zuständig? Wer macht das? Wer nimmt was in die Hand?*«) konnte er inzwischen erreichen, daß die Supervisionsergebnisse umgesetzt wurden. Sein Unbehagen mit der Arbeit zu Beginn des Supervisionsauftrages in dieser Klinik und seine damit einhergehenden Insuffizienz- und Ineffizienzgefühle deutet er als Resonanz auf die fehlende Handlungsorientierung. Die Wirkungslosigkeit der Supervisionsarbeit in den Anfängen der gemeinsamen Arbeit läßt sich sowohl als Widerstand der Gruppe gegenüber dem direktiven Supervisionsstil des Herrn Siebeck als auch als Widerstand des Teams gegenüber effektiver Arbeit, wie er in emotionalisierten Klimata der psychosozialen Organisationskulturen (vgl. Schreyögg, A. 1995c) häufig anzutreffen ist, sehen.

Der Übergang zur Falleinbringung geht mit einer inneren Alarmhaltung des Supervisors einher. Er hat die Fallbearbeitung der letzten Sitzung noch gut im Ohr. Diese war gekennzeichnet durch Entwertung und Beschimpfung von Patienten. Das Team beklagte sich, die Patientin arbeite nicht an ihren Problemen, sie solle sich insbesondere dem Haß auf ihren Vater stellen. Herr Siebeck geriet in die Rolle, die Patientin vor den Forderungen des Teams zu schützen, dadurch daß er kennzeichnete, an welcher Stelle des Behandlungsprozesses sich diese befände (*»basales Begreifen«*). Er empfahl, die Patientin auf einer *»niederschwelligen Ebene«* zu belassen und dem Team damit zugleich, sein therapeutisches Anspruchsniveau orientiert an »großen Gefühlen« zu senken. Herr Siebeck gibt damit vor, was Suchttherapie heißt.

S: Da sind wir bei so'm Teaching-Aspekt wieder, zu sehen, daß Suchttherapie, auch stationäre, nicht 'n Heilungsding iss, sondern daß es ein Stück auf 'nem möglicherweise sehr langen Weg iss, und daß, wenn SIE damit zufrieden sein können, daß sie DAS geschafft hat, daß sie dann vielleicht wiederkommen kann. Also da werbe, werbe ich auch wieder.

Zu Beginn des neuen Fallberichts reagiert der Supervisor auf die sich verdichtende Aggressivität im Team. Durch den Scherz über den intravenösen Konsumtionsmodus des Patienten versucht er seine Spannung zu lösen und gegen *»dieses Sich-Einschießen«* auf den Patienten anzusteuern. Er wählt zu diesem Zeitpunkt jedoch noch keine explizite Gegenbewegung zu der des Teams, sondern schwimmt mit dessen Strom. Die entwertenden Tendenzen des Teams in der Fallarbeit bereiten Herrn Siebeck Mühe:

S: Also, ich merk das dann häufig, daß ich richtig// es zieht sich in mir was zusammen, hier im Bauch, und dann muß ich wirklich sagen: »komm, ruhig jetzt, zuhören«. Nich, weil das manchmal richtig SCHLIMM iss, also da iss oft so 'ne MENschenverachtung, daß das schwer erträglich iss. Richtig, ich find's manchmal richtig schlimm.

In Teamsupervisionen kann anders als in Balintgruppen das emotionale Geschehen in der Gruppe nicht als reines Gegenübertragungsphänomen genutzt werden. Die Frage der Überlagerung der Gruppendynamik mit Institutionsdynamik und der Eigenübertragungen der Mitarbeiter muß geprüft werden. Herr Siebeck sieht vor allem die Angst vor eigener Entwertung, die durch die Gegenaggression »Patientenschelte« abgewehrt wird. Er zeigt einen recht kritischen Blick auf das Team, das er als *»wenig selbstreflexiv«* beschreibt. Manches andere Team, so sagt er, wäre sich aufgrund der sich zuspitzenden aggressiven Dynamik dem Patienten gegenüber *»auf die Schliche gekommen«* und hätte sich dem Phänomen selbstkritisch zuwenden und es für die Diagnostik nutzen können.

Die erneute Auswahl einer recht rational anmutenden Interventionsstrategie, die Frage nach den körperlichen Beschwerden und dem *»objektiven körperlichen Befunden«* begründet er mit seinem Ziel, Nüchternheit in die Fallarbeit zu bringen. Vermutlich schützt er sich an dieser Stelle selbst davor, aufgrund seiner kritischen Haltung in die Gegenaggression dem Team gegenüber zu geraten. Der Wechsel der Blickrichtung weg vom Patienten hin zur Beziehungsdynamik zwischen den Behandlern und ihm wird von Herrn Siebeck durch erneute Bündelung der Beiträge der Supervisanden erreicht:

S: Also, im// ich// von, von der Interventionstechnik her, bündele ich das und spitze es noch zu, was die gesagt haben, ne, ich mach das so wie 'ne Sammelzusammenfassung. Ich mach das oft an Stellen, solche Sammelzusammenfassung, ohne IRgendeine eigene Stellungnahme und ohne irgend 'ne Richtung von Intervention, wenn ich den Eindruck habe, das iss jetzt eigentlich so'n Punkt, wo das alles, die Stimmung und die Sichten prägnant sind, aber jetzt geht's drum, 'n Schritt weiterzugehen, also an Stellen, wo das sonst ne Endlosschleife wird. Und meine Erfahrung iss auch, wenn ich als SuperVIsor das dann tue, dann gibt das// dann kann's auf ne neue Ebene gehen, als müßte sich das #dadurch sättigen.#

Der Suchtkrankenhelfer Herr Mäuser leitet den Fokuswechsel der

Gruppe daraufhin ein. Durch die Analogiebildung zu einem früheren Patienten, den er in seinem Rentenbegehren hat verstehen und ihm damit helfen können, läßt sich die Aggressivität konstruktiv wenden. Der Supervisor hat die Krankengeschichte des Herrn Mäuser als Interpretationsfolie im Hinterkopf, der selbst aufgrund massiver körperlicher Beschwerden oft krankgeschrieben ist. Herr Siebeck nimmt die unbewußte Identifikation des Suchttherapeuten mit dem Patienten wahr und bildet daraus seine Hypothesen, daß es 1. in der Falldynamik ebenfalls um die Angst geht, entwertet zu werden und daß es sich 2. bei dem Patienten um jemanden handeln muß, der andere Menschen nur schwer an sich herankommen läßt. Herr Mäuser erzählt eine Helden- und Rettergeschichte, stellt seine Genialität zur Schau und wirft damit als Protagonist für das Team dessen Wert- und Entwertungsthema auf. Herr Siebeck geht, nachdem er das Team hat ausreichend schimpfen lassen, »*auf das Grundschulniveau*« zurück. Die Wortwahl zeigt, daß auch er selbst in der Wert- und Entwertungsdynamik steckt.

S: Ich stell ja ne Frage, die, wenn man da nem elaborierten Team sagen würde, die würden das// *3* die würden sich nich ernst genommen fühlen, wenn ich denen sage, »also ne entscheidende Frage in der Begegnung mit Patienten ist ja, wie gelingt es, mit diesem Menschen in Kontakt zu treten«, ne. Und *3* es// die erleben das NICHT als Entwertung und auch nich als Vorwurf, sondern es hilft denen WIRKlich, sich wiederzubesinnen. Nich. Das zeigt//

Der Verfestigung der Rentenneurose-Hypothese, die vornehmlich durch die Funktionsoberärztin vertreten wird, es handele sich bei dem Patienten um jemanden mit einer Rentenneurose, entgegnet er folgendermaßen:

S: Im Grunde sag ich dann an der Stelle, »so Leute, nun machen wir wieder mal' n bißchen Psychotherapie«, ne. ... Auch hier mach ich was, das iss für diese Gruppe typisch. Anderswo würd ich sagen, jetzt kukken Se sich doch mal die Beziehungsstruktur an, kucken Se sich mal Ihr Verhalten an, was machen Sie da eigentlich, wie würden Sie das beschreiben? Meine Erfahrung in DIESER Gruppe ist, daß DANN der ganze Prozeß zerfleddert. Das können// also es iss beklemmend, wenn man sich denkt, das iss'n therapeutisches Team. Aber die KÖNNEN das nicht, wenn sie einmal in dieser aggressiven Abwehr stecken. Die verlaufen sich dann und dann gehen se wieder völlig woanders hin. In anderen Teams kann ich das wirklich sagen, machen Se, treten Se mal'n Schritt zurück und versuchen Sie mal, die Beziehungsstruktur zu beschreiben. Wenn ich das da tue, fängt einer mit Garantie wieder an zu schimpfen oder zu erzählen, was der sich letzthin wieder geleistet hat. Also es iss GANZ ganz ganz schwierig, und da #übernehme ich//#

I: #Ist das ne Dressurübung?

S: Es iss, es iss wirklich bei denen ne ganz// also für mich iss in diesem Team ganz viel Pädagogik, was ich da mache. Also mit der Hoffnung// und wenn ich über die Jahre zurückgucke, hat das tatsächlich was bewirkt, also daß sie früher und mit leichteren Hilfen selber in solche Prozesse kommen können, aber DA kann ich nich einfach sagen, tretet mal zurück und schaut drauf, wie in nem normalen, mittelmäßigen Profiteam. Das kriegen die nich hin.

Herr Siebeck fühlt sich wie ein Grundschullehrer, der an die Tafel die Kernsätze der Grundschulbildung schreibt. Dennoch gelingt es Herrn Mäuser, den Patienten ans Herz zu nehmen. Der Supervisor schildert seine Gegenübertragungsreaktionen während der Fallpräsentation:

S: Ach, da iss vielleicht noch wichtig zu sagen, ich bin die ganze Zeit von diesem MENschen, von diesem Patienten berührt gewesen, ne, und was// und die ja überhaupt nich, die ham sich davon nich im entferntesten berühren lassen. Nicht WIRKlich, also die waren erREGT, aber letztlich nich von dem Menschen berührt. Und *5* DAS iss so was, was ich, was ich an Resonanz auf den Patienten gespürt hab, war Traurigkeit, also meine eigene Resonanz war, daß das mich traurig gemacht hat, nich, daß, ich hab dies LEID von diesem Menschen sehr gespürt. Und jetzt hol ich die da so Stück für Stück ran.

Er berichtet im weiteren, wie er dem Team indirekt eine ganze Menge zuschreibt: »*So wie ihr euch verhaltet, muß der sich vor euch verschließen und schützen.*« Er nennt seine Interventionsstrategie die »*der selbstverständlichen Unterstellung*«, ohne jedoch direkt zu konfrontieren. Auf diese Weise gelingt es ihm, die Behandelnden an die Informationen über den Patienten zu führen, die sie zur Verfügung haben, jedoch nicht nutzen, da sie nicht in die vorgenommene Klischeebildung des Teams passen. Die Scham des Patienten gegenüber seiner Familie und der Wunsch, wieder Verantwortung für sie zu übernehmen, wird bewußtseinsfähig.

Das Team identifiziert sich anschließend mit den regressiven Tendenzen des Patienten. Aus der Therapeutenrolle kann ohne Schuldgefühle zu entwickeln, der Wunsch geäußert werden, auch einmal etwas umsonst kriegen zu wollen, sich nicht mehr anstrengen zu müssen. Die Latenz der Gruppe wird deutlich und Herr Siebeck bemüht sich, das Team wieder handlungsfähig zu machen, d.h. einen Entwurf einer therapeutischen Beziehungsgestaltung zum Patienten zu finden. Die Regressionswünsche werden so stark, daß er den Eindruck gewann:

S: Wenn das noch lange weitergeht, liegen die sich in den Armen, und er inmitten von ihnen.

Herr Siebeck erlebt vor allem Herrn Mäuser als mit dem Patienten unbewußt identifiziert. Er wählt einen recht betulichen Sprachmodus. Der Supervisor kennzeichnet seinen langen Redebeitrag als Kanzelrede. Die Themen der gescheiterten Lebenskarriere, der Lebensbilanz, der Sinnfrage und der Aussöhnung scheinen ihn, den trockenen Alkoholiker, Ende 50, besonders zu beschäftigen. Durch die Metapher des *»untergegangenen Schiffs«* versucht Herr Siebeck diese komplexen Inhalte zu fassen. Metapher wirken seiner Erfahrung nach wie ein Rahmen, der Ausufern von regressiven Tendenzen – hier des Selbstmitleids – verhindert. Der Supervisor spricht in seinen nachfolgenden Interventionen unmittelbar zu Herrn Mäuser. Im SK-Interview wird ihm klar, wieviel Aspekte von *»Therapeutik«* in der Fallbearbeitung für die Funktionsoberärztin Frau Paulsen (deren gescheiterten Lebenspläne s.u.) und den Suchtkrankentherapeuten Herr Mäuser enthalten sind:

S: Also das iss ein ganz komplexes Geschehen von Institutionsdynamik, Teamdynamik und Fallbesprechung, was sich da ineinander webt, und wo mir jetzt erst im Hören auch solche UNbewußten Strategien von mir deutlich werden.

Indirekt teilt Herr Siebeck beiden mit *»Ich höre, daß du es schwer hast«* und spricht damit gleichzeitig die Teamdynamik an. Diese ist von der Angst der altgedienten Suchttherapeuten geprägt, durch die neuen, jungen Professionellen entwertet und nicht verstanden zu werden. Die Einigung des Teams auf die Perspektive des Supervisors, den Patienten als einen Gescheiterten zu betrachten, stellt somit zugleich ein von gegenseitigem Respekt geprägtes Beziehungsangebot untereinander dar. Herr Siebeck wirkt an der Emanzipation des Patienten insofern mit, als er dem Team dessen eigene Problemdefinition vor Augen führt und ihnen erläutert, daß er mehr fühlt und weiß als es für Suchtkranke üblich ist:

S: Ich finde das sehr beRÜHrend. Nich, wenn dieser Mann da in seinen Tagesbericht schreibt, »ich möchte hier erhobenen Hauptes rausgehen können«. Das find ich gewaltig. Also da iss das ganze LEbensdrama drinne, ne, dieses Gescheiterte, der faßt in diesem Satz sein ganzes gescheitertes Leben zusammen. *4* Ja.

Die sich häufenden, fast beschwörend anmutenden Kommentare des Herrn Mäuser über das mangelnde Sexualleben des Patienten ignoriert Herr Siebeck.

M: Und wenn man dann mit dem Mann ins Gespräch kommt, 'n bißchen Beziehung hat, dann wird man feststellen, da, da iss ja noch viel mehr nich mehr menschenwürdig, der als MANN abgewertet. Der hat garantiert zehn Jahre nich mehr mit seiner Frau geschlafen. Dem sind die eigenen Kinder über den Kopf gewachsen, und die werden höher respektiert im Familienverbund, wie er. Also das iss, da ist nicht nur die Arbeit und das Kreuz, da iss also ich glaub schon liegt ja auf der Hand, wenn der noch zehn Jahre was am Kreuz hat, keine Bandscheiben mehr, daß da nicht mehr viel läuft *3* das iss also *3* fast in allen Bereichen nix mehr los. ... Und wenn er es jetzt, sagen wer mal, ECHT mal versucht, mit seiner Frau zu schlafen, hat dann ECHT SO Schmerzen, gerade in den Bereichen, das GEHT dann nich. Und dann kriegt er wieder 'n Teufelskreis (LACHT EIN WENIG). (HAUT AUF DEN TISCH)

Er versteht Herrn Mäusers Kommentare als *»Akt der Selbstempathie«*. Er geht davon aus, daß Herr Mäuser an dieser Stelle indirekt sein Lebensproblem thematisiert, unter dem er massiv leidet. Aufdeckende Interventionen hält er bei dieser Thematik für zu beschämend.

3.2.3 Selbstthematisierung des Teams

Herr Winter, der frühere Heimerzieher und Gruppentherapeut, hielt sich in dieser Supervisionssitzung bislang stark zurück. Er ist derjenige, der seit langer Zeit beharrlich versucht, das Klima in der Abteilung ins Zentrum der supervisorischen Arbeit zu rücken. Auch um ein Exempel zu statuieren hatte er einen zwei Jahre zurückliegenden Konflikt mit der jetzt ausscheidenden Gruppentherapeutin in der Sitzung zuvor angesprochen. Dieser ließ sich zwar in der Nachschau nicht lösen, jedoch gelang den beiden Konfliktbeteiligten ein versöhnlicher Rückblick, der ihnen beiden den Abschied erleichtert.

Die Metapher des Zwiebelschälens, die Herr Siebeck für die Arbeit mit dem Patienten benutzte, wird vom Team für die Selbstthematisierung aufgegriffen, so daß man davon ausgehen kann, daß die Analogie zur Fallarbeit zumindest unbewußt hergestellt ist. Nachdem Frau Bern, die Gestaltungstherapeutin, das Thema wenn auch ambivalent einfordert (s. o.), so macht Herr Mäuser sich zum Protagonisten der rationalisierenden Abwehr. Herr Winter wagt es, seine affektive Berührung zu zeigen. Der Supervisor konfrontiert Frau Bern nicht. Er beläßt den Widerstand, da sie zu »*langwierigen, dauerhaften Gekränktheiten neigt. Zeitüberdauernd.*« Der Aktivitätsgrad des Supervisors ändert sich mit dem Programmwechsel des Teams schlagartig. Er ist froh, endlich beim Thema zu sein und wünscht es sich demnächst an den Anfang der Sitzung:

S: Ja, wie ich mich innerlich zurücklehne, und irgendwie hab ich die da im Schweinsgalopp durch die Pampa geführt vorher, und jetzt iss okay, ne. Jetzt iss auch wieder// nich, auch der Interventionsstil iss ja viel gruppengerichteter. Ne, ich geh da raus und –

Herr Winter übernimmt das Anliegen des Supervisors, indem er das Team mahnt, sich nicht in der Suche nach Außenfeinden zu verirren, sondern die teaminterne Auseinandersetzung appellierend einfordert. Die Kollegen umkreisen die Symptome seiner Beziehungsgestaltung, ohne Handlungsschritte der Beziehungsklärung zu unternehmen. Wieder ist es Herr Winter, der seine Schwierigkeiten mit Herrn Mäuser benennt. Der Supervisor kann sich wieder in die Rolle des Moderators oder Konfliktmediators zurückziehen und aus der Pädagogenrolle schlüpfen:

S: Ja. *4* Also so dieses DRÄNGEN da bei dem Fall seh ich jetzt, da kommt für mich noch'n Akzent dazu, möglicherweise hat das ja auch damit zu tun gehabt, daß ich zu dem andern Thema kommen wollte. Obwohl ich denk, da wär ich schneller zu gekommen, wenn ich gruppengerichteter gearbeitet hätte. Vermute ich. Ne, so muß ich sie 'n bißchen über die Straße zerren. (LACHT EIN WENIG)

Nach zwei Jahren harter Arbeit sei das Team nun in der Lage, sich selbst zu thematisieren. Herr Siebeck bescheinigt den Mitgliedern, daß sie in der Zwischenzeit ein hohes Maß an Konfliktfähigkeit erworben haben. Das Team habe inzwischen den Mut gefunden, selbst »*heftige und verletzende Konflikte*« zu bearbeiten und aufzulösen.

3.2.4 Interaktionsdynamik

Der Supervisor sieht zwei Personen des Teams, die er als strukturähnlich, ängstlich, verletzbar und selbstunsicher beschreibt, als Protagonisten der Teamkonflikte. Sowohl die Gestaltungstherapeutin Frau Bern als auch Herr Mäuser, der zum Ende der Sitzung aus dem Raum läuft, werden von ihm als überkompensiert »*verpanzert und angeblich perfektioniert*« gesehen. Vor allem aber von der »*zentralen Entwerterin*« gehen Anregungen zur Klimathematisierung aus. Der Supervisor deponiert die Be- und Entwertungstendenzen des Teams stark bei ihr und benennt sie als schwierigstes Teammitglied. Dies steht im Gegensatz dazu, daß sie die ihm am Herzen liegenden Themen – wenn auch zum Teil halbherzig – einfordert und sich in der Fallarbeit als diejenige zeigt, die am ehesten einen emotionalen Zugang zum Patienten findet.

S: #Die jetzt# spricht, nee, die jetzt spricht iss die Gestaltungstherapeutin, die iss sehr lange in der Klinik, und das iss die, von der ich sag, das iss der Kern der Entwertung in diesem Team. Die hat// die iss sowas wie die Graue Eminenz. Sie iss von der FunkTION her gar nich so wichtig, sie iss eher ein, eine Zuarbeiterin EIGENtlich, hält sich aber für die kompetenteste Therapeutin, PSYCHOtherapeutin des gesamten Teams, ist aber diejenige, die bei Fallvorstellungen fast immer, wenn sie über Patienten spricht, fast nur be- und meist entwertend, geradezu schimpfend über die spricht, interessanterweise, und das selber NICHT realisiert. *3* DAS iss interessanterweise auch die, die dann das Klima-Thema einbringt.

Herr Siebeck sieht sich in seiner Perspektivität durch das Leitungsteam bestätigt, das sie als »*Spezialistin für Bewertungsproblematiken*« beschreibt. Die affektive Färbung der Beziehung zu ihr wird durch seine Wortwahl prägnant:

S: Die ist richtig verSCHRIEEN für ihre Be- und Entwertungen.

Das durch die beiden o.g. Personen repräsentierte typische Abwehrmanöver des Teams: »verletzten statt selbst verletzt zu werden«, interpretiert der Supervisor nicht als Spiegelphänomen der Klientel der Klinik, sondern wählt die individuumszentrierte Interpretationsebene der Bedingtheit durch deren Persönlichkeitsstruktur. Er sieht den Kurswechsel der Gestaltungstherapeutin als dem sich verändernden Gruppenklima folgend. Meine Hypothese, daß sie ihm zuliebe einen Perspektivwechsel dem Patienten gegenüber im Team vorantreibt, verwirft er. Er sieht diesen angstmotiviert:

S: Das iss wichtig. Das geht mir ganz ganz selten so, aber das// DIE iss einer der wenigen Menschen, wo es mir GANZ schwer ist, IRgendwas an der zu mögen, weil die in einer SOLchen Weise verletzend und entwertend ist, auch leidenden Menschen gegenüber, daß das// und sich selber aber immer als die große Therapeutin stilisiert es iss so schwierig, in einen offenen AUStausch zu kommen. Sie hat dann ne Neigung, sehr schnell so IRgendetwas anzupassen, also daß sie nich, daß BeGEGnung nich richtig geht mit ihr. Und was mir wirklich was ausmacht, iss diese ganz schlimm und// schlimm ent- entwertende Art, das, das// wo, gut, das wird, wird sich im weiteren Verlauf zeigen, ob es möglich sein wird, mit ihr darüber in Dialog zu kommen, aber es war bis jetzt nich möglich.

Die Gestaltungstherapeutin scheint keine Chance beim Supervisor zu haben. Selbst die Konfrontation mit seinen Beobachtungen einige Supervisionsstunden zuvor berührte sie zwar, aber erneut auf einer sekundären Wertebene, wie er sagt. Dies verwundert wenig, denn es wird deutlich, daß der Supervisor fachlich nicht viel von Frau Bern hält und sie deshalb um Respekt und Anerkennung in der Beziehung zu ihm kämpfen muß.

Der Mythos der Mitarbeiter der Klinik lautet »*Wir sind gut und kooperieren gut*«. Vordergründig trifft das Ideal zu, Absprachen beispielsweise funktionieren. Dennoch existieren viele Tabus unter den Mitarbeitern, und es findet sich eine hohe Kränkbarkeit und insgesamt ein hohes Angstniveau. Der Mythos der guten Kooperation scheint der Angstbindung zu dienen. Die Gestaltungstherapeutin Frau Bern und der Gruppentherapeut Herr Mäuser sind in der informellen Hierarchie ranghoch angesiedelt. Sie sind die Dienstältesten und mitsamt der neuen Funktionsoberärztin etwa gleich alt (Ende 40 bis Ende 50). Da sie am schlechtesten ausgebildet sind, muß ihre Angst am größten sein, den geforderten fachlichen Qualifikationen und dem etablierten hohen Anspruchsniveau der Diagnose und Behandlung nicht zu genügen. Den jüngeren Mitarbeitern gelingt es in der Supervision sehr viel besser, ihren Wunsch nach Hilfe zu artikulieren und sich selbst zu thematisieren. Die altgedienten Suchtkrankenhelfer hingegen neigen dazu, den schwierigen Patienten in den Vordergrund zu stellen.

Das Lebensdrama der »*Altgedienten*« bildet sich deutlich in der Falldynamik ab. Die Gestaltungstherapeutin zeigt in ihrem professionellen Leben recht viel Ehrgeiz. Sie strebt die Heilpraktikerprüfung an, absolviert eine Ausbildung zur NLP-Trainerin und denkt darüber nach, sich selbständig zu machen. Diese Bemühungen lassen sich als Karrierewünsche verstehen. Der Status als Gestaltungstherapeutin in einer Suchtklinik scheint ihr nicht zu genügen, so daß sie den Bereich der Behandlung von Privatpatienten ausbauen will und sich über ein verändertes Klientel sowohl materiell als auch ideell verbessern möchte. Dem älteren Suchtkrankenhelfer, dessen Berufsleben sich dem Ende zuneigt und dessen Kinder bereits das Haus verlassen haben, sowie der neuen Funktionsoberärztin, die ihre Praxis aufgegeben hat, gilt die den Fall bestimmende Frage: »*Was mußt du denn noch tun, damit du Achtung vor dir selber haben kannst?*«

S: Die hat sich ne blutige Nase geholt, weil sie die Assistenten leiten wollte, die ham sich das verbeten, *3* und es iss dann aber in 'ner guten Weise ausgehandelt worden, weil die dann auch verstehen konnten, in welche unhaltbare Lage SIE gekommen ist, und ich glaube, es iss auch noch nicht ausgestanden, ob die bleibt oder geht. Wobei ich den Eindruck habe, daß sie bleiben wird, weil sie ihre Praxis, die sie vorher hatte, aufgegeben hat. Also die hatte vorher// die war niedergelassene Allgemeinärztin und hat ihre Praxis aufgegeben, ist auch möglicherweise gescheitert.

Dieser Gruppe stehen der Orientierung suchende junge Psychologe, den Herr Siebeck als durch Frische und Autonomie gekennzeichnet beschreibt, der junge Arzt, der über eine Schwangerschaftsvertretung nun eine feste Stelle in der Klinik gefunden hat, und der in dieser Sitzung recht zurückhaltende Gruppentherapeut, der seine Stellung als Heimerzieher verließ und als Suchtkrankentherapeut seine Position verbessert hat, gegenüber. Die Interaktionsdynamik des Teams ist von der Polarisierung zwischen jung versus alt, Fachkompetenz versus Betriebszugehörigkeit und der damit zusammenhängenden Fragen des Selbstwertes bestimmt.

Der Supervisor fokussiert wenig die Spiegelung der Patienten- in der Teamdynamik. Die Arbeit mit Alkoholabhängigen bedeutet ein ständiges Ankämpfen gegen das Suchtmittel. Die Mitarbeiter müssen sich gegen den Alkohol – häufig genug Ersatzmittel für menschliche Begegnung – zu den Patienten vorkämpfen und sich ihnen als »Ersatzdroge« anbieten. Die Verschmelzungserlebnisse, die das Suchtmittel garantiert, können die seit kurzem trockenen Alkoholiker niemals in der Interaktion mit Mitarbeitern oder Mitpatienten in benigner Form herstellen. Die Therapeuten bleiben vor diesem Hintergrund immer ungenügend und erhalten wenig Bestätigung durch die Patienten. Die Gratifikation durch die Arbeit ist gering, die Rückfallquote hoch. Insuffizienzgefühle sind zum großen Teil als Gegenübertragungsphänomene zu verstehen, die die Mitarbeiter so empfindlich gegenüber Kritik machen, wenn sie diese nicht als solche verstehen. Übersensibilität, Mimosenhaftigkeit, fehlende Konfliktfähigkeit und Flucht- bzw. Rückzugsverhalten sind typische Merkmale von Suchterkrankten (vgl. Rost 1990). Das untersuchte Team reinszeniert in ihrem Kooperationsmodus die Patientenpathologie.

Sie mißtrauen einander, etablieren ein eisiges Abteilungsklima, entwickeln paranoide Phantasien gegenüber der Leitungsebene, tragen viele Spannungen miteinander nicht aus, sondern meckern, verletzen sich und verweigern einander Respekt. In Hinblick darauf mag Herrn Siebecks stark kognitive Interventionsstrategie, die als abwehrstärkend zu betrachten ist, sinnvoll sein, um eine psychotische Regression der Gruppe, wie Kernberg (1988) sie beschreibt, zu verhindern.

3.2.5 Institutionsdynamik

Herr Siebeck kam nach dem Erstgespräch zu folgender Institutionsdiagnose:

S: Das iss interessant, und ich will jetzt mal kucken, ob ich noch finde, was ich mir beim Erstkontakt als Eindruck notiert habe. Da hab ich zum Beispiel schon als Punkt für mich mit Fragezeichen notiert, »Ideologiestreit, schlechter Austausch mit den ärztlichen Teams, Entscheidungsprozesse werden maßgeblich von den Gruppentherapeuten bestimmt, *3* und es gibt kein einheitliches, übergreifendes Inhaltskonzept, es gibt keine Konfliktkultur, es gibt nur GANZ Altgediente und ganz Junge,« und als Ziele hatten die Teammitglieder vor zwei Jahren benannt, »Verbesserung des Informationsflusses, Analyse der Abteilungsstruktur«, also da war schon so'ne Idee über so was Strukturelles, Auseinandersetzung mit Fragen von Diagnostik und Therapieplanung, da kommt also der Anspruch, Entlastung und Unterstützung in der Arbeit, und Klärung und Verbesserung der Teamdynamik. Also diese Dinge waren// standen schon ganz am Anfang.

3.2.5.1 Stellung der Ärzte

Ärzte werden formal als Leitungsfiguren in Hinblick auf die Rentenversicherungsträger bestellt, informell herrscht ein *»geradezu unheilvoller Primat der Psychotherapie«*. Rollenkonflikte und Wertfragen sind somit strukturell angelegt. In der neuen Funktionsoberärztin war die Illusion, eine maßgeblich leitende Funktion zugeschrieben zu bekommen, erzeugt worden. Es stellte sich bei Dienstantritt jedoch heraus, daß sie dem Oberarzt unterstellt und auf der Ebene der anderen Assistenzärzte angesiedelt wurde:

S: Ja, hier diese Funktionsoberärztin. Die, was sich nach und nach rausgestellt hat, iss, daß Leitung auch von ihr gar nich will, daß sie LEITET, sondern daß sie eingestellt worden ist, weil durch ihre Einstellung eine Fachärztin für Allgemeinmedizin im Haus ist, und DAdurch die Klinik pro Bett einen deutlich höheren Tagessatz liquidieren kann. Also, hier hat der Name Funktionsoberarzt eine pikante Doppelbedeutung. Die hat die Funktion, der Klinik Geld zu bringen, aber nich die Funktion des Oberarztes.

Der verdeckte Auftrag empört Herrn Siebeck. Die Entwertung, die der mißbräuchliche Umgang der Klinik mit der beruflichen Qualifikation des neuen Funktionsoberarztes beinhaltet, hätte durch Transparenz in der Verhandlungsführung verhindert werden können:

S: Wenn sie's nicht sagen und er's dann selber rausfinden muß. Die Beschämung, die dadrin liegt, – iss noch schlimmer, weil zu dem Beschämen auch noch ein Reingelegtwerden kommt. *3*

I: Womit wir schon bei der Falldynamik wären.

S: Sind wir genau drin, und ich halte es auch nicht für'n Zufall, warum gerade SIE SO aggressiv auf den reagiert. *3* Ne. Also, hier, das find ich// das, jetzt wird's sehr interessant, weil sich an der Falldynamik ganz viel Institutionelles zeigt. Auch, AUCH teamdynamisch, die ganze Entwertung, die ganze in die Schubladen stecken, nich wirklich hinschauen, sich nich berühren lassen. All das wird wunderbar deutlich an diesem Fall.

Der Supervisor trug erfolgreich seine Idee eines speziellen Supervisionsangebots für Ärzte an die ärztliche Leitung heran. Diese sollen in ihrer Berufsrolle gestärkt werden und Unterstützung bei der Ausprägung einer Gruppenidentität bekommen. Die Ärzte verfügen über keinerlei psychotherapeutische Weiterbildung, oder haben sie erst gerade begonnen, was sie in einer psychotherapeutisch orientierten Suchtklinik von vorne herein unterlegen macht. Der Supervisor – selbst Psychologe – bietet nun den Ärzten eine Art »Nachhilfeunterricht«, um ihre Position in der Institution zu stärken. Er sieht die zunehmende Psychotherapeutisierung der Suchtkrankenbehandlung und die damit zusammenhängende nie ausgetragene Wert- und Ideologieproblematik als das wichtigste Institutionsthema an.

Unterschiedliche Perspektiven ziehen sich wie ein Riß durch die Klinik. Daraus ergibt sich die Zielrichtung seiner Supervision:

S: Wie kann man die Menschen mit ihren verschiedenen ideologischen Systemen ins Gespräch bringen, und wie kommt man zusammen, gemeinsam in einen Prozeß, solche IdeoloGEME, was Sucht ist und wie man mit Suchtkranken umgeht und so, zu, zu überprüfen und zu benennen.

Ältere Suchtkrankenhelfer, die sich stark einem AA-Konzept verpflichtet fühlen, sehen sich jungen psychotherapeutisch orientierten Kollegen gegenüber. Aufgrund der Unattraktivität des Standortes dieser Klinik finden sich dort viele Berufsanfänger. Insuffizienzgefühle kennzeichnen sowohl die alten Mitarbeiter, deren Orientierung nicht mehr in das Profil der Klinik paßt, als auch die jungen Psychotherapeuten, deren Erfahrung noch nicht reichen kann, um ein sicheres, vertieftes Verständnis für die Patienten zu erhalten und diese konsistent zu behandeln. Besonderes Augenmerk verdienen die Ehemaligen, die unter dem Dach verblieben, das ihnen half, sie aber nicht unbedingt heilte. Neben der unterschiedlichen Perspektive auf Suchtgenese und Suchtbehandlung ist die Institutionsdynamik durch einen Generationenkonflikt geprägt.

S: Also diese AA-Ideologie einerseits hat sich sedimentiert in Strukturen, Regeln, subtilen Umgangsformen, die GANZ ganz FEINstrukturell zum Teil sich da abgelagert hat, und auch von, unreflektiert von Neuen mitagiert wird. Also von denen, die sich eigentlich psychotherapeutisch verstehen, aber das nich mal reflektieren. Weil sie da Regeln vorfinden, und an die wird sich gehalten, und es gibt kein Bewußtsein mehr darüber, wo die mal herkamen, und was das bedeutet.

Am Beispiel des Aufnahmerituals der Patienten in die Gruppe »*Ich heiße Heini und bin Alkoholiker*«, dem der Supervisor den Charakter eines Tribunals verleiht, macht er den institutionellen Konflikt deutlich. Die Mitarbeiter sehen den Widerspruch des Rituals zur psychotherapeutischen Orientierung der Klinik nicht. Allerlei Kuriositäten und Inkonsistenzen des Konzepts macht er verantwortlich für die Orientierungslosigkeit der Mitarbeiter. Er sieht diese Faktoren als potentiell verrücktmachend an; das Team wird »*ideenflüchtig oder assoziativ«* wenn es um Fragen der Institution geht. Herr Siebeck sieht sich entsprechend als Kontrapunkt, nämlich als Garant für Versachlichung. Seine Interventionsstrategien zeigen deshalb eher beschwichtigende und Emotionen eindämmende Tendenzen. Die Institution scheint ihm recht viel Strukturbildung abzuverlangen. So duzen sich z.B. in der Klinik alle, die Patienten untereinander, die Therapeuten die Patienten und umgekehrt. Auch die Leitung wird von allen mit Vornamen angesprochen. Der Supervisor bleibt in seiner Arbeit beim Sie und ist seit Beginn bestrebt, diese Unsitte (*»das ist furchtbar«*) abzustellen. Herr Siebeck empört sich an dieser Stelle über die fehlende Fachlichkeit der Supervisanden.

3.2.5.2 Rolle des Supervisors

Sein Selbstbild in dieser Fachklinik formuliert Herr Siebeck wie folgt:

S: Ich glaube, überwiegend bin ich fachliches Leitbild dort für die meisten. Und das ist je nachdem, also bei den Jungen ganz klar, bei den Älteren ambivalent, weil sie das auch ängstigt und die fühlen sich, ich weiß gar nich, ob bewußt oder unbewußt, sicherlich dadurch auch bedroht, das macht'n Teil der Dynamik aus. Ich versuch, das'n bißchen zu mildern und hab auch den Eindruck, das iss so gegangen, indem ich da sehr akzeptierend, sehr unterstützend da auch in der Fallarbeit immer gewesen bin. WERbend eigen// also werbend wäre, wär der richtige Ausdruck, für ne bestimmte Sicht werbend. Weil manches mir von diesen Haltungen, wo immer diese alten AA-Ideologien durchkamen, so herzlos und roh vorkamen, und die jungen Leute sich natürlich an den Alten auch immer orientiert haben und sehr schnell das auch übernommen und introjiziert haben.

Herr Siebeck beklagt auf der einen Seite das in der Klinik herrschende Primat der Psychotherapie, auf der anderen Seite jedoch das fehlende durchgängige psychotherapeutische Konzept. Unter den Mitarbeitern finden sich Vertreter unterschiedlicher Therapieschulen: Verhaltenstherapeuten, Gestalttherapeuten, Familientherapeuten, Integrative und Systemische Therapeuten. Er hält das Reflexionsniveau der Leitung auf die inhaltliche Ausrichtung bezogen für zu gering und wird leistungssubstituierend wirksam:

S: Das iss meine Strategie auf der Leitungsebene, denen zu helfen und die immer wieder aufzufordern, an der inhaltlichen Konsolidierung und KONturierung auch zu arbeiten, weil von der Praxis her würde ich das so, naja, so'n volkstümlich tiefenpsychologisch-systemisches Konzept nennen.

Der Supervisor sieht die Notwendigkeit für die Mitarbeiter der Klinik, Konflikt und Dialog in Fachfragen zu wagen und wählt damit einen rationalistischen Ansatz. Davon ausgehend, daß Konsolidierungsprozesse über das Lehren verlaufen könnten, stellt er den Weiterbildungsaspekt, den Supervision auch haben kann, in den Vordergrund:

S: Viel, viel Teaching, und das iss gerade in der Fallarbeit, mach ich das relativ oft DORT, und ausdrücklich, bis hin daß ich dann auch mal, weiß ich was, theoretisch ne Viertelstunde was zu der Entwicklungspsychologie von dem, was man so allgemein narzißtische Neurose nennt zum Beispiel oder so. Also zu Themen auch mal 'n bißchen was Theorie, bis hin auch, daß ich mal frage, wer denn Lust hat, bis zum nächsten Mal so'n paar Stichworte dazu vorzubereiten, bißchen was zu lesen, ich weis die auf Literatur hin, also solche Dinge.

I: Mhm, – #

S: #Das iss# insofern heikel, als ich damit etwas tue, was die therapeutische Leiterin tun müßte, aber nicht, nich tut, aus welchen Gründen auch immer. Oder jedenfalls SO nich tut. *3* Sich nich traut. Nich, das wäre deren Rolle.

Herr Siebeck hält als einziger Supervisor im Haus eine mächtige Position inne. Sein therapeutischer Stil prägt die Institution. Die Fachaufsicht ist zu großen Teilen an ihn delegiert, und er steht damit in Gefahr, sich zum besseren Leiter zu stilisieren. Es stellt sich die Frage, ob die therapeutische Leitung in dieser Konstellation ihre Rolle wird verkörpern lernen.

S: #Ich mach's# denen leicht, ja. Ich nehm auch Leitung, und wenn ich das unter dem Aspekt sehe, *3* verlange ich ja von der Gruppe wenig. *3* (I: Mhm) *3* Find ich ne interess// hab ich so n-nich gesehen, hmhm. Iss vielleicht insgesamt ganz – ganz sinnvoll, in dieser Klinik, *3* wo es zwar Leitungsrollen gibt, aber doch 'n ziemliches Leitungsvakuum, sowohl auf der Ebene von Dienstaufsicht wie auch Fachaufsicht, daß ich da STÄNdig in Gefahr bin, zuviel zu leiten, also in dies Vakuum reinzugehen und damit Prozesse zu unterlaufen, die ich eigentlich fördern möchte. Also mehr Autonomie bei den Teammitgliedern und so Geschichten.

Seine Rollengestaltung ist von Anfang an in dieser Weise angelegt. Der Klinikchef hatte ihn zunächst für eine Fortbildung gewonnen:

S: Alle Teams waren *3* in 'ner unterschiedlichen Weise, ja, bedürftig und haben das gegenüber der Leitung zum Teil agiert durch *4* ne vorwurfsvolle Ängstlichkeit. Also die wollten eigentlich was von denen, aber immer Angst gehabt, nich gut genug zu sein, es wurde sehr viel Fachliches, das war natürlich auch zum Teil durch die ART, wie Leitung geleitet hat, begründet.

Sein wesentliches Supervisionsziel für die Gesamtinstitution ist es, die therapeutische Leitung in ihrer Rolleneinnahme zu stärken:

S: ...nein, ohne die bloßzustellen. *4* Das find ich ziemlich schwierig. Die Strategie auf der Leitungsebene, die ich eingeschlagen habe ist, SIE und ihre Stellvertreterin, sind beides Psychologinnen, immer wieder zu ermuntern, Fachtagungen, also INterne Fachtagungen zu bestimmten Themen zu organisieren. Die erste Reaktion war dann, daß sie soFORT mich gefragt haben, ob ich denn als Referent dazukäme. Und *3* ich hab dann sehr deutlich gemacht, daß das IHRE Aufgabe ist, und ich hab denen auch gesagt, daß ich sie damit schwächen würde. Die haben auch in den knapp zwei Jahren, die ich jetzt da bin, so vier oder fünf solche Fachtagungen organisiert. Das Problem ist aber, daß sie weder intern als Fachleute gesehen werden, also als fachliche Leitfiguren, noch// und ich glaube, daß sie das auch selber nich glauben, daß sie das sein können, das iss das Problem, und *3* MEIN Dilemma dabei ist, daß ich weiß, daß ich in solchen Situationen eben auch dazu NEIGE, so'ne Rolle einzunehmen. Das macht mir auch Spaß, ich mach das ja auch gerne, ich bring den Leuten ja auch gerne was bei. Aber in dieser Institution iss das ne Gefahr, und das iss auf der Leitungsebene, mei// steht auf meiner Tagesordnung für das kommende Jahr, daß ich Wege finden muß, wie ich die therapeutische Leitung als fachliche Leitung stärker fördere und fordere. Nich, sonst *3* passiert in dem Verhältnis der Teams zu mir das, was ganz häufig in Suchtkrankentherapie passiert, daß die Abhängigkeit auf 'ner anderen Ebene sich fortschreibt, 'ne.

Sein Ziel ist es u. a. durch Versachlichung des Dialoges, den Klinikchef aus seiner Sündenbockfunktion zu entlassen. Die leicht gekränkt wirkende Vorwurfsstruktur während der Thematisierung des Ausscheidens der Kollegin bestätigt seine Interpretationsfolie. Die Kritik an der Leitung kann als Abwehr teaminterner Konfliktkonstellationen gesehen werden. Die Tatsache jedoch, daß das Team immer wieder den Wunsch nach Selbstthematisierung zeigt, sich mit dem Miteinander beschäftigen will, kann nicht nur als Abwehr der fachlichen Diskussion gesehen werden, sondern macht ein *Zuviel* an Teaching im Stil des Supervisors deutlich. Sein Interventionsstil verwundert, wenn man bedenkt, daß Herr Siebeck von seiner Grundorientierung Gestalttherapeut ist. Es mag sein, daß er seine gestalttherapeutischen Wurzeln »verrät«, weil er als »der kühle Kopf« die Inkonsistenz des Chefs und die Weiterbildungsaufgabe der therapeutischen Leiterin kompensiert. Strukturelle Defizite, z.B. die Ineffizienz, die durch die Unverbindlichkeit der Abteilungskonstruktion entsteht, trägt er erst dann an die Leitung heran, wenn sie durch die supervisorische Arbeit evident werden:

S: Wenn, wenn sich das so verdichtet, daß es für mich sinnhaft wird, würde ich das an die Leitung rantragen. Aber erst dann, wenn es auch// wenn aus den Teams heraus auch genug Prägnanz da wäre, daß die sagen, irgendwie iss das total unpraktisch, wie das bei uns gestrickt ist.

Er stellt sein Expertenwissen auch in der Fallarbeit zur Verfügung (wie z.B. seine Kenntnisse über Unterbringungsmöglichkeiten für eine Patientin im Anschluß an die Klinikbehandlung). Herr Siebeck tut es getragen von ambivalenten Gefühlen. Auf der einen Seite stellen seine »praktischen Tips« eine Serviceleistung und damit Entlastung für das Team dar. Auf der anderen Seite unterstützt dieses Vorgehen eher regressive, leiterorientierte Haltungen des Teams, und der Supervisor füllt mit dieser Haltung das beklagte Leitungsvakuum.

Auch in der Fallarbeit des Herrn Siebeck dominiert ein didaktisches Konzept:

S: Da, da verfolg ich jetzt wieder sehr 'n Unterrichtszweig, also der eine Unterrichtszweig iss ja Blick auf die Lebenskarriere als Ganzes, und jetzt kommt der Unterrichtszweig: Aus der Lebenslaufperspektive heraus die gerissenen Lebensfäden wieder anknüpfen und in die Zukunft hinein entwerfen. Aber ich find mich schon arg unterrichtend jetzt.

Seine Interventionen sind gekennzeichnet durch die Befürchtung, die Supervisionsergebnisse könnten nicht tragen:

S: Und die iss ja auch berechtigt, weil es nich so sehr deren eigenes ist, ja? Deshalb versuch ich das noch mal ihnen ein bißchen einzuhämmern jetzt. (LACHT EIN WENIG) Ne, ich sag das noch mal, und ob// also da hör ich sehr die Sorge, iss// habt ihr's auch jetzt wirklich, und läuft das auch. Da wird das Dilemma deutlich, daß das letztlich auf die LANGE Sicht nich hilfreich iss, SO die Leitung zu übernehmen. *4* Merk ich da ja selber.

I: Das iss ja im Grunde auch wieder die Frage, ne, WIE können DEINE pädagogischen Bemühungen einen Anker –

S: Ja.

I: wie kannst du'n Anker werfen, nich. Was// das wird ja im Grunde verhandelt, so dein Problem mit dem Team jetzt auch.

S: #Ja, ja, das spie- spiegelt# sich genau da. Eigentlich beschreib ich das an, an dem// mit, in Projektion auf den Patienten, was ich in diesem Team lösen muß. Nich, also wie kommen wir// also iss'n bißchen auch erschreckend, weil die Frage iss, wie kommen WIR denn in Kontakt. Ich find unsern Kontakt schlecht.

Die Frage nach der Etablierung der therapeutischen Beziehung von Team und Patienten wirft gleichzeitig die der Berührungspunkte zwischen Supervisor und Team auf.

S: Ich find das interessant, weil das ne Intervention iss, die in dieser EIGENtümlichen Art mehrfach vorkommt, daß ich, also das läßt sich ja auf EINER Ebene beschreiben, ich versuche, deren emotionale Resonanz zu wecken zu diesem Menschen. Aber ich mache das auf eine Weise, in der ich eigentlich deutlich mache, »ich traue euch nich ZU, daß ihr das fühlt, deshalb muß ich euch das jetzt vorfühlen«, iss ganz, nee, also entgegen mei// wenn ich das höre, wär meine normale Art, so was zu sagen, »wie berührt Sie das denn, wenn Sie das Lebensdrama dieses Mannes anschauen?«, ne, würd ich #normalerweise fragen. Und offenbar, und offenbar#

I: # Das traust du denen nicht zu, daß die das beantworten können?#

S: Und offenbar und offenbar TRAUE ich denen das nich zu. Das iss eh, wirklich verrückt. Und ich verMUte, jetzt, daß es mehr mit der Teamsituation zu tun hat. Also daß ich mich DA auf deren Unfähigkeit oder Vernageltheit oder Widerstand oder Angst, das iss ja 'n wildes Gemisch, MITeinander und FÜReinander Gefühl zu entwickeln und aufeinander einzugehen und Respekt zu haben und die Verschiedenheit zu respektieren. Ich glaube, daß das damit viel zu tun hat, denn hier// also wenn ich die mir als Team ranhole, das// ich GLAUBE nich, daß die das nich fühlen können im Hinblick auf den Patienten, das kann nich sein.

Das Team befindet sich zum Zeitpunkt der Aufzeichnung im Umbruch. Die Ergotherapeutin ist gegangen, für sie wird eine neue eingestellt; für eine Gruppentherapeutin war es die letzte Teilnahme an einer Supervisionssitzung, es wird eine neue kommen; die Funktionsoberärztin ist zum ersten Mal dabei und der Assistenzarzt ist erst kurz in der Abteilung tätig. Das Team befindet sich damit in einer Neuformierungsphase. Das hohe Maß an Prozeßstrukturierung läßt sich vor diesem Hintergrund als Bemühen des Supervisors verstehen, das Team zusammenzuhalten und ihm in krisenhaften Zeiten Orientierung zu bieten.

Die Nachteile des Settings werden in der Frage des Weggangs der Ergotherapeutin überdeutlich. Die dritte Supervisionssitzung an einem Tag in der gleichen Institution birgt die Gefahr der dritten Variante ein und desselben Themas. Wichtige institutionelle Fragen werden in allen Gruppen auftauchen und für den Supervisor entwikkelt sich die übermenschlich anmutende Anforderung, sich vorbehaltlos offen diesen Themen zu widmen:

S: ..., weil dann in einem selber ja Formierungsprozesse geschehen und Stellungnahmen schon fertig sind, und ich bezweifle, daß ICH dann wirklich, wenn ich das Thema zum dritten Mal höre, wirklich noch offen bin für neue Informationen, weil ich dann mein BILD gemacht habe. Nich, das// also dann hab ich auch Zweifel, oder ich sag's mal andersrum, meine Möglichkeit, einer Gruppe hilfreich bei der Erkenntnis zu sein, iss dann schon eingegrenzt, glaube ich.

3.2.6 Interviewinteraktion

Herr Siebeck beschreibt den Supervisionsprozeß des Teams als durch die Bandaufnahme unverändert. Die Gruppe hat den Forschungsfokus Supervisor verstanden und akzeptiert. Er selbst sei zunächst sehr mit der Technik beschäftigt gewesen, ob alles auch gut zu verstehen sein wird und ärgerte sich über Nuschler und Murmeler, die die Transkription erschweren würden. *»Abgehört«* habe eher er selbst sich gefühlt. Im zweiten Interview stellt Herr Siebeck sich kritisch zu seiner Rolle, die er in der Institution inzwischen einnimmt:

S: Ja, ich bleibe in dem Strom drin. Ich finde es weder besonders verständlich, noch besonders sinnvoll, was ich da gemacht hab.

I: Du bist aber kritisch hier.

S: Ja, naja, ich finde es im// ich find das sehr interessant so zu hören, weil für mich iss das eine unglaublich tolle Nacharbeit so'ner Supervisionssitzung. Also auch, was es mir bis jetzt schon gebracht hat an Metareflektion zur institutionellen Einbindung und meiner institutionellen Rolle, wunderbar. (LACHT) Find ich sehr angenehm.

I: Ist schon der große Papa.

S: #Ja, das iss, das# wird mir, das wird mir sehr bewußt, wie gefährlich das ist, (RÄUSPERT SICH) und das iss zum Beispiel jetzt schon 'n Ergebnis für mich, daß ich DA sehr viel genauer reflektieren will, wie ich da gegensteuern kann, also wie ich emanzipatorischer arbeiten kann, und das bedeutet gleichzeitig auch, wie ich mein Verhältnis zur Leitung ändern kann. Weil mir jetzt nur durch das Zuhören, durch die Nebengedanken klargeworden iss, daß DIE mir nämlich auch ne Leitungsrolle zuweisen. Und ich muß die mehr, mehr und gezielter in die Verantwortung kriegen, weil denen geb ich auch Hausaufgaben, nur bei denen kontrollier ich nich so genau nach. Also der therapeutischen Leiterin oder den beiden therapeutischen Leiterinnen hab ich immer wieder gesagt, an welchen fachlichen Themen sie arbeiten könnten, daß wir überlegen könnten, wie sie das einstielen, wie sie solche Prozesse institutionell in Gang halten. So. Ich will das jetzt nich zu lang, aber was ich sagen wollte, das stößt bei mir vieles an hier. *5*

Das Zitat zeigt anschaulich, wie schwer es Herrn Siebeck fällt, von seiner Rolle loszulassen. Er erläutert seinen Vorsatz und fällt sofort in das alte Muster zurück.

S: Ich hab grade gedacht, ich hätte an der Stelle ja auch ne Frage stellen können und sagen, »ja, wie verSTEhen Sie das denn, daß der Symptome sammelt, was haben SIE denn da für 'ne Hypothese eigentlich«, hab ich aber nich gemacht.

Ich merke an einer Stelle die Willfährigkeit des Teams an, die Perspektive des Supervisors zu übernehmen. Dieser Begriff ist in Herrn Siebeck von Interview I zu Interview II nachgeklungen und als prägnanteste Bemerkung haften geblieben. Er geht während des zweiten Interviews mit sich ins Gericht:

S: Ja, ja, ja, die Frage iss, das hat mich noch sehr beschäftigt. Ich hab inzwischen Zweifel, ob das nötig wäre. Also mich hat das Gespräch sehr angeregt zum weiter Nachdenken, wieweit zum Beispiel so'ne Art zu intervenieren von mir in bester Absicht, aber abhängigkeitsfördernd ist, ne. Und das war für mich ein ganz wichtiges Ergebnis vom letzten Gespräch. Und darum HÖR ich jetzt auch so auf dieses, ich hör mir sehr interessiert da zu (LACHT EIN WENIG). Das zum Beispiel find ich unglaublich auffällig, ich stelle denen, ich stelle denen ne Frage – und beantworte sie selber. Also ich frage die, »wie können Sie sich denn vorstellen, mit dem in Kontakt zu kommen, blablablablabla«, ne, und dann wart ich überHAUPT nich, bis einer IRGENDwas sagt, sondern sage dann, »ICH zum Beispiel könnte mir vorstellen,« ne. Das find ich, DAS find ich richtig auffällig, WIE SEHR ich die da ja eigentlich auch entmündige. Und im Grunde hat es was fast Bemächtigendes, weil, also wenn ich's jetzt sehr übertrieben schildern würde, iss das ja, daß ich denen jetzt meine Therapiekonzeption da aufzwinge. Ne. Das find ich, das find ich, das find ich richtig auffällig da. Mal gucken, wie es weitergeht.

S: Mir fällt auf, daß// ich finde, ich quatsche viel. Und ich bin mir nich sicher, ob DAS nicht ein// mit, mit der Aufnahme zu tun hat.

Daraufhin gerate ich unter Druck und sehe mich genötigt, den Supervisor zu bestätigen:

I: Da bist du ja ein sehr gutes Modell, wie man NICHT in die Gegenübertragungsaggression kommt.

Ich beteuere, wie sehr ich ihn fachlich schätze, entwickle Schuldgefühle, durch die SK-Interviews zu stark konfrontiert zu haben und empfinde die Methodik plötzlich als eine Zumutung. Ich gehe über die Peinlichkeit der Beziehungsthematisierung hinweg. Der Supervisor jedoch greift es im Auto zum Flughafen noch mal auf, indem er bemerkt: »*Es wird sich nicht klären lassen, wie sehr ich Dir auf dem Band erzähle*«.

Herr Siebeck hingegen freut sich über den Aspekt der Selbstaufklärung und beschreibt, daß er keine verurteilenden Gefühle sich selbst gegenüber entwickele, jedoch »*ganz, ganz weit hinten so'n bißchen von Scham empfindet*«. Selbstkritisch merkt er an, wie sehr er sich »*zum Therapeuten aufschwinge*«:

S: #Ja, ja – nein, das iss Interessante iss, daß ich# diese Seite als »das bin doch nich ich« höre. Das heißt, ich begegne ja hier etwas, was meinem eigenen Ideal nich entspricht, meinem inneren Ideal nich entspricht, ne, und das iss erstmal so.

Die Konfrontation mit den Tonbandaufzeichnungen verblüfft ihn. Er ist erschreckt darüber, daß er getragen von einem supervisorischen Ideal der Nondirektivität »*absolut direktiv*« vorgeht. Das Teamthema spricht offenbar auch den Supervisor in seiner Wertfrage an, die sich in tröstenden und bestätigenden Beiträgen meinerseits zeigt.

Vor dem Hintergrund der Suchtklinik als totaler Institution kann sein Supervisionsstil noch einmal anders verstanden werden: Das Initiationsritual beim Eintritt in die totale Institution hat die Funktion, Patienten das zuvor tragende Selbstbild zu rauben. Der Patient »durchläuft« eine Reihe von Erniedrigungen, Degradierungen, Demütigungen und Entwürdigungen seines Ich. Rollenverlust, Erfassung des Lebenslaufes, Abnahme der Habseligkeiten und des frei verfügbaren Geldes und Zuweisung eines Zimmers degradieren den Patienten zu einem Objekt. Nach Schwendter (1991) hat die Praxis totaler Institutionen wenig Übereinstimmung mit den allgemeinen Menschen- und Bürgerrechten. Fachkliniken, die Süchtige behandeln, tragen trotz der Freiwilligkeit der Behandlung Aspekte einer totalen Institution. Sie greifen zum Teil massiv in die Lebensvollzüge der Patienten ein. Der Kontakt zur Außenwelt wird zu Beginn der Entwöhnungsbehandlung in der Regel untersagt, es herrscht Briefkontrolle, Alkoholtests oder Urinkontrollen nach Ausgängen sind üblich. Der Zeitpunkt, die Institution selbständig verlassen zu dürfen, und der Umfang und Charakter der Ausgänge werden vom Mitarbeiterstab festgelegt.

Totale Institutionen lassen ihre Bewohner oft noch schwerer gestört, hilfloser, unselbständiger und abhängiger erscheinen als sie es tatsächlich sind. Die Klinikstruktur mit ihrer Abfolge von Behandlungmaßnahmen fördert regressive Phänomene. Die Fürsorge, die Verwaltung des Lebens der Patienten und das strenge Reglement schaffen gleichsam eine Käseglockenatmosphäre, die die Patienten sich ausliefern und Kind sein läßt. Das multiprofessionelle Angebot läßt es für den Patienten unmöglich werden, sich zu verbergen. Die Allmacht der Klinik überwacht und bespricht alles. Auf der anderen Seite wird von den Patienten viel an Erwachsensein, wie z.B. das Nein zum ersten Bier, gefordert. Die Suchtklinik mit ihrem hierarchischen System der Über- und Unterordnung stellt sich zugleich als strafende und als fürsorgliche Mutter dar. Rost bemerkt hierzu zynisch: »Die strenge Hausordnung wird dann flugs zum Ersatz der fehlenden Ichgrenze, das therapeutische Reglement ersetzt die fehlende Struktur, die Sanktionen ersetzten das Über-Ich, der Therapeut fungiert als Hilfs-Ich, usw. Das Ganze muß der Patient in der Therapie nur noch internalisieren (dies alles im Verlauf weniger Monate!), die äußere Struktur wird zu einer inneren, durch die gestärkt der Alkoholiker dann ins rauhe Leben zurückkehren kann« (Rost 1990, 218).

Auch für die Mitarbeiter ist die Arbeit in einer Suchtklinik konfliktreich. Sie geraten in die Rolle des Über-Ichs und eigene Triebwünsche und Konflikte der Mitarbeiter im Abhängigkeits- und Bindungbereich bleiben im Verborgenen. In einem von hohem Arbeitsdruck gekennzeichneten Arbeitsalltag entsteht oft eine Abhängigkeit zur Institution. Suchttherapeuten überfordern sich oft extrem, sind oft rund um die Uhr in der Klinik und überidentifizieren sich. »Nur wenigen Suchttherapeuten gelingt es, eine auch nur minimale Distanz zu ihrer Arbeit zu gewinnen« (Rost 1988, 59). Die Folge sind eine hohe Fluktuation von Mitarbeitern, häufiger Arbeitsplatzwechsel und ein hoher Krankenstand, der sie selbst Patient sein läßt. Die eigene Süchtigkeit zeigt sich in der Überarbeitung, einhergehend mit einem hohen Maß an Gereiztheit, Aggressivität im Team und einer grundsätzlichen Unzufriedenheit mit dem Arbeitsplatz Suchtklinik.

Ausgleichend braucht es dringend zufriedenstellende Arbeitsbedingungen, die Visionen und Utopien beinhalten, um ein differenziertes, den Klienten gemäßes Therapieangebot machen zu können. Um Erschöpfungssyndromen vorzubeugen, ist ein kollegiales Klima unabdingbar. Es ist existentiell wichtig, um gegen den destruktiven Sog süchtigen Klientels »anzutrotzen«.

Heigl-Evers suchttherapeutischer Ansatz sieht die »Rücknahme der Objekt-Externalisierungen, die Bildung einer Übertragung auf den Therapeuten und eine Fusion von Selbst- und Objektrepräsentanz« (Heigl-Evers 1980, 16) vor. Zunächst geht es nicht um Konfliktverarbeitung, sondern um Nachreifung der unterentwickelten oder gestörten Ich-Funktionen.

Das destruktive Miteinander des Teams kann als Hinweis auf eine nicht gehaltene Grenzziehung zum Klientel gewertet werden. Es ist die Rolle des Supervisors, darauf aufmerksam zu machen, um Veränderungs- und Entwicklungsmöglichkeiten zu erhalten. Der latente Sadismus des Teams ist auch ein Spiegelphänomen der permanenten Bekämpfung des Suchtmittels, des externalisierten bösen Objekts. Herr Siebeck wird zum strengen und allwissenden Vater und kompensiert damit Über-Ich-Defizite der »komplexen süchtigen Institution«.

Frau Kiese: »Ja, dieses Ding ist ein Hammer.«

3.3 Setting

Die Supervisionssitzung, die dieser Untersuchung zugrunde liegt, findet in einer Drogenklinik im bayrischen Raum statt. Die Einrichtung ist neben weiteren stationären Therapieangeboten in der Trägerschaft einer GmbH. Die Klinik besteht seit etwa fünf Jahren und verfügt über 40 Betten für die stationäre Drogenentwöhnung. Der modernisierte Bauernhof stellt den Patienten Zweibettzimmer zur Verfügung. Die Supervisorin beklagt – ebenso wie die Mitarbeiter – die räumliche Enge. Es fehlt insbesondere an Gruppenräumen, so daß die Supervisionssitzungen im Aufenthaltsraum stattfinden müssen. Die Klinik ist eine Langzeiteinrichtung, die Therapiedauer ist jedoch vor kurzem von neun Monaten auf die Zeit von sechs Monaten reduziert worden. Die konzeptuellen Veränderungsprozesse, die die Kürzungen erforderlich machen, sind noch nicht abgeschlossen.

Insgesamt sieht der Stellenplan 12 Mitarbeiter vor: zwei Führungskräfte, ein leitender Psychologe (Herr Oswald) und eine leitende Ärztin (Frau Jürgen), ein Sportlehrer (Herr Reinhard), zwei Arbeitstherapeuten (Herr Neumann, Frau Delius), eine Gestaltungstherapeutin (im Urlaub), eine Sekretärin, vier Gruppentherapeuten (Frau Christ, Herr Hege, Herr Quand, Herr Schachter, alle Sozialarbeiter mit unterschiedlichen Zusatzausbildungen). Eine Stelle ist zur Zeit unbesetzt. In der Klinik herrscht eine hohe Mitarbeiterfluktuation. Die ärztliche Leitung hat seit der Gründung der Einrichtung bereits sechs mal gewechselt. Der psychologische Leiter ist seit Bestehen der Klinik in seiner Funktion. Frau Kiese ist seit neun Monaten als Supervisorin in der Einrichtung tätig, seither haben bereits zwei Mitarbeiter gekündigt.

3.3.1 Entstehungsgeschichte des Supervisionskontraktes

Frau Kiese ist in den fünf Jahren des Bestehens der Klinik die dritte Supervisorin. Ein Supervisor und eine Supervisorin waren vor ihr tätig. Die Gründe für den Wechsel der externen Berater hat Frau Kiese nicht erfragt. Sie wurde von einer Gruppentherapeutin, die sie als Supervisorin in ihrer früheren Arbeitsstelle erlebt hat, empfohlen. Dem Team ist diese Vorgeschichte bekannt. Die Gruppentherapeutin wird von der Supervisorin als einzige Teilnehmerin der Sitzung geduzt und umgekehrt.

Der Supervisionskontrakt läuft über zehn Arbeitseinheiten, die monatlich mit Ausnahme der Sommerpause stattfinden. Die Sitzungen dauern jeweils drei Zeitstunden, inklusive einer halben Stunde Pause. Im Kontrakt ist eine Mischung aus Fall- und Teamsupervision vereinbart. In den ersten Sitzungen wurde jedoch nicht an Fällen gearbeitet. Die vorliegende Sitzung ist die siebte der zehn vereinbarten Termine. Vor Beginn der sechsten Sitzung unterbreitete die Supervisorin den Leitungspersonen den Vorschlag, ihnen eine eigene Leitungssupervision (s. u.) anzubieten. Beide haben sich in der Zwischenzeit für dieses ergänzende Setting entschieden und im Vorfeld der vorliegenden Sitzung um die Vereinbarung eines Termins gebeten. An dieser Stelle wäre als alternative Intervention nachzudenken: Leitungssupervision durch einen anderen Supervisor/in. Frau Kiese wird durch ihre Doppelfunktion in der Institution recht mächtig und für die Institution nahezu unverzichtbar.

3.3.2 Beginn der Sitzung

Das Team zieht aufgrund der Bandaufnahme aus dem Aufenthaltsraum, in dem die Supervisionssitzungen üblicherweise stattfinden, in einen Gruppenraum um. Es gibt an diesem Tage Baulärm, der die Aufnahme nicht stören soll. Der Umzug bringt es mit sich, daß der Beginn der Sitzung nicht dokumentiert ist. Frau Kiese schildert im Interview die Anfangssequenz. Sie beginnt mit einer Runde: *»Was sie beschäftigt und was sie gerne besprechen möchten?«* und öffnet damit den Raum für Mitteilungen sowohl über die Gruppenstimmung, individuelle Befindlichkeiten und Belastungen als auch für die Fallarbeit. Die Schwerpunktsetzung Fall- oder Teamsupervision obliegt somit der Gruppe. Das Team greift die initiale Intervention von Frau Kiese (K) auf, es werden zwei Arbeitswünsche angemeldet: Frau Christ und Herr Oswald möchten ein von ihnen behandeltes Zwillingspaar besprechen, die ärztliche Leiterin den *Ärger in ihrer Position* thematisieren. Sie setzt sich mit ihrem Anliegen durch und beschreibt ihre Überlastungsgefühle. An dieser Stelle beginnt die Tonbanddokumentation:

K: *5* wir waren ja grad bei der Verschärfung der Arbeitsbedingungen, und was das nach innen für eine Konsequenz hat. *5* Und deswegen find ich's wichtig, mal unabhängig von Ihrer persönlichen Befindlichkeit, Frau Jürgen, die Spielräume, die Sie hier in der Klinik haben, *3* gibt es noch welche, und wenn, wie gehen Sie mit den Härten um, die entstehen? *5* Und schön find ich, daß Sie gesagt haben, daß es anderswo auch nicht besser ist.

Die Supervisorin reagiert auf die Beschreibungen mit einer ressourcenorientierten Intervention. Sie lenkt die Aufmerksamkeit auf die Freiheitsgrade, die in den schwierigen institutionellen Bedingungen vorhanden sind. Damit macht sie ihr Verständnis von Leitung normativ deutlich. Sie nimmt die Überlastung des Teams auf, fordert aber die Leiterin auf, die Handlungsebene zu fokussieren. Gleichzeitig relativiert sie damit die Belastungssituation der Mitarbeiter mit dem Verweis auf die eigenen Worte der Ärztin, der klar zu sein scheint, daß auch anderswo keine paradiesischen Arbeitsbedingungen vorherrschen. Frau Kiese fordert die Realitätsprüfung (Sparmaßnahmen in stationären Einrichtungen als ubiquitäres Phänomen) der Leiterin ein. Günstiger erschiene mir an dieser Stelle zunächst ein Containing der Belastungen und Klagen. Durch die schnelle Konfrontation kann im Team ein Gefühl, nicht ernst genommen zu werden, entstehen. In der Folge verhält sich die ärztliche Leiterin dann auch wie ein Kind, das kein Gehör findet, sie quängelt und jammert. Durch die frühe Blockierung des Ausdrucks von Gefühlen der Überforderung wirkt die Supervisorin ungeduldig. Möglicherweise hätte ein mehr an Empathie das Team beruhigt oder sogar befriedigt und die sich anschließende Spirale der Bedrängnis und Beschwernis von Arbeit verhindert.

3.3.3 Beziehung des Teams zum Träger

Frau Jürgen (J) gibt im folgenden ihrer Resignation Ausdruck und beschreibt ihre Ohnmachtsgefühle in der Auseinandersetzung mit der Geschäftsführung:

J: Wie ich damit umgehe, weiß ich noch nicht. Ich bin eigentlich jetzt erst an so Grenzen gestoßen, von denen ich vorher dachte, es könnte sie geben, aber ich hab sie nicht erlebt. Aber jetzt bin ich dran gestoßen, und was mich wirklich, also was für mich wirklich ne menschliche Enttäuschung ist, ist, daß, daß man mir wirklich derartig DUMME, verlogene, peinliche Argumente serviert, und denkt, damit kann man mich abspeisen, aber das Problem ist, man KANN mich damit abspeisen.

Frau Jürgen sieht es offensichtlich als ihr persönliches Defizit an, wenn sie sich von der Geschäftsführung *abspeisen* läßt. Die Supervisorin erkennt die Zunahme des Arbeitsdrucks an, stellt jedoch dessen unterschiedlichen individuellen Niederschläge heraus. Der leitende Psychologe äußert seine Unsicherheit darüber, ob die Gruppe bereits den Arbeitsfokus »Beziehung zum Träger und die sich daraus ergebenden Arbeitsbedingungen« ratifiziert hat. Als einer der Gründerfiguren stellt Herr Oswald den Normalitätsaspekt von Sparmaßnahmen heraus. Schließlich macht er das Thema der ärztlichen Leiterin auch zu dem seinen. Er stellt ein Bündnis mit Frau Jürgen her, indem er die Firmenleitung als wenig unterstützend beschreibt. Er wünscht sich eine andere Haltung des Trägers. Der Arbeitstherapeut Herr Neumann knüpft daraufhin an sein individuelles Supervisionsergebnis der letzten Sitzung an. Die Intervention der Supervisorin, die Einrichtung zu einem *stinknormalen* Arbeitsplatz zu erklären, hat ihn in der Zwischenzeit beschäftigt. Frau Kiese konfrontiert mit ihrer Bewertung der Arbeit in einer Drogenklinik die Mitarbeiter mit ihren Grandiositätsphantasien. Herr Neumann verwendet diese Intervention für den Ausdruck seiner Konfliktlage: »Soll ich die Arbeitsbedingungen hier akzeptieren, oder habe ich ein *Recht, anderes zu erwarten?*« Externe Stimuli wie die Besichtigung einer anderen, offensichtlich räumlich und materiell üppiger ausgestatteten Drogeneinrichtung sowie Gespräche mit Freundinnen machen ihm Mut, an seinen Visionen besseren Arbeitens festzuhalten und sich nicht abzufinden und zu bescheiden. Die Supervisorin differenziert ihren Standpunkt in Hinblick auf die Alltäglichkeit von Beziehungsarbeit. Die von ihr empfundene Notwendigkeit, hier etwas richtigzustellen, verweist auf einen zentralen institutionellen Mythos von Drogeneinrichtungen, die immer in der Gefahr stehen, die Grandiositätsphantasien ihrer Klientel unreflektiert zu übernehmen. Auf der anderen Seite übersieht die Supervisorin, daß in dem Team wenig Bezogenheit herrscht, die Halt geben und nähren könnte. Frau Jürgen mag stellvertretend für das gesamte Team den Mangel an gegenseitiger Fürsorge in der Beziehung zur Supervisorin einklagen. Zudem zeigt sich hier ein zweites Spiegelphänomen: Die Klientel muß in der Einrichtung lernen, sich selbst mit Hilfe der *Peergroup* zu versorgen. Die Notwendigkeit, auf Suchtmittel zu verzichten und die damit verbundene Verantwortung, die Befindlichkeit adäquat regulieren zu lernen, wird trotzig auf der Teamebene abgewehrt.

Der Gruppentherapeut Herr Meiser wendet sich nun der leitenden Ärztin empathisch zu und verschafft ihrem Thema, der konflikthaften Beziehung zum Träger, erneut Raum. Er spricht ihr Anerkennung dafür aus, daß sie das Team eine Zeit lang zur Leitung in Stuttgart abgeschirmt hat. Aktuell dringt der Konflikt erneut ins Team. Frau Jürgen stellt sich als Kämpferin für die Belange der Belegschaft dar, die bescheidene und negativ beschiedene Forderungen stellt und beschreibt ihr hohes Engagement. Die Supervisorin wendet sich noch einmal an die Gruppe: »*Ich weiß jetzt nicht, wir waren ja beim Themensammeln...*« und gibt ihr die Möglichkeit, die Darstellungen der Leiterin über ihren nahezu aussichtslos erscheinenden Kampf und dessen autoaggressiven Verarbeitungsmodus (Selbstbeschimpfung als Idiot) zu unterbrechen. Das Team jedoch nimmt weiter Stellung. Eine Gruppentherapeutin, Frau Christ (C), gibt Frau Jürgen positives Feedback über die entlastende Funktion ihrer Leitungsrolle:

C: Weil, also ne, diese, diese Form der Leitungskompetenz hab ich hier noch nicht erlebt, ich erleb das als, als SEHR gut und als sehr entlastend, das schafft auch hier für mich Spielräume, und auch in der Weise, ne, was Sie an Persönlichem, an der radikalen Selbstverantwortung auch fordern, und das, find ich, ist genau das, was auch zu diesem Arbeitsplatz paßt, und mir auch gefällt.

Frau Christ stützt die ärztliche Leiterin, indem sie ihre gelungene Pufferfunktion zwischen Team und Träger betont. Gleichzeitig artikuliert sie vermutlich stellvertretend für andere Gruppenteilnehmer die Angst, Frau Jürgen könnte aufgrund der Überlastung kündigen und das Team im Stich lassen:

C: ...und also ich hab mir gedacht, ne, wenn Sie demnächst gehen hier, was, was ich mir schon so im Kopf gedacht hab, dacht ich, ich muß mir Sie warm halten, daß Sie mich mitnehmen. (LACHT EIN WENIG).

Ihr Kollege, der Gruppentherapeut Herr Quand (Q) setzt das Thema »Verlassenwerden« fort. Er erinnert zunächst an die vielen Leitungsfiguren, die gegangen sind, und an die Enttäuschungen, die sie hinterlassen haben. Er leitet seinen Beitrag mit einem Lob an Frau Jürgen ein, droht gleichzeitig sowohl ihr als auch dem Team. Findet er interessantere Arbeitsmöglichkeiten, so ist er fort. Darin steckt die

Aufforderung: »Sorgt dafür, daß ich das hier interessant genug finde, sonst seid ihr mich los!«

Q: ... und ich hab das ja auch erlebt, wie sich drei Leute aus'm Team wirklich verheizt gefühlt haben und die Segel gestrichen haben. Und ich hatte auch zweimal meine Kündigung fertig, aber// und bin eigentlich heute noch hier, weil ich dann an irgendeinem Punkt vorgenommen habe so, du gehst nicht daraufhin, was hier drinnen passiert, sondern wenn du gehst, dann gehst du, weil draußen was interessanteres passiert als hier drinnen. Das heißt, wenn ich draußen ne Stelle finde, die mich mehr reizt als die hier, dann geh ich. Und solange ich das Gefühl habe, mein Aufenthalt hier macht'n Sinn, dann bleib ich hier.

Die Drohung der Patienten mit Abbruch der Entwöhnungsbehandlung ist ein übliches Phänomen in Drogeneinrichtungen. Ausgesprochen oder unausgesprochen stellen sich die Patienten die Frage »Flüchten oder Standhalten« nahezu täglich. Therapieabbrüche sind an der Tagesordnung und verursachen immer wieder eine Labilisierung der Institution, der zurückgebliebenen Mitpatienten und des Mitarbeiterstabes. Die Dynamik scheint in diese Teamkultur eingedrungen zu sein. Frau Kiese greift die Feedbacks des Teams zur Leitungskompetenz auf und pointiert sie:

K: Und daß Sie Ihre Funktion, für das Team den Rücken freizuhalten, daß das total schwer und enttäuschend ist, aber es dennoch hier ankommt. (ZUSTIMMENDES MURMELN) *6* Und DAS find ich noch mal wichtig zu sagen, weil Sie sind ja im Moment, so versteh ich es eher, eher in so einer Haltung wie, »es hat keinen Zweck,« sichtlich sagen Ihre Mitarbeiter, es hatte doch Zweck.

Für die ärztliche Leiterin scheint ein Sättigungsgrad noch nicht erreicht zu sein, denn sie setzt ihr Thema fort. Ihre Vorschläge im Zusammenhang mit der Umstrukturierung der Institution sieht sie nur mit *ablehnenden, verlogenen, peinlichen und dummen* Haltungen beantwortet. Sie sieht sich *menschlich enttäuscht.* Die Supervisorin versucht vergeblich, Frau Jürgen zu begrenzen und ihren Klagen Einhalt zu gebieten: *und ich möchte Sie doch irgendwie da auch bitten, die andere Seite nicht aus dem Auge zu verlieren, daß Sie nämlich sichtlich effektiv arbeiten.* Die ärztliche Leiterin läßt sich durch die Supervisorin jedoch nicht einschränken. Sie wählt einen neuen Argumentationsstrang und kämpft um ihre Perspektive: Humanität versus Profitorientierung. Während sie für die humanen Arbeitsbedingungen ihrer Mitarbeiter eintritt, sieht sie bei dem Träger reine Profitmaximierung um jeden Preis am Werk. Die Supervisorin greift aus dem Beitrag der Leiterin das Wort mit der stärksten emotionalen Ladung auf: »*böse*«. Im Weiteren füllt Frau Jürgen den Begriff »*Bösesein*« folgendermaßen: Beim Träger für die Interessen des Teams einzutreten, die Aufstockung materieller und personaler Ressourcen zu fordern und einen anderen Stil der Auseinandersetzung anzumahnen, birgt die Gefahr, sich unbeliebt zu machen. Die ärztliche Leiterin geht jedoch weiter und denunziert das Trägersystem als pathologisch und nicht in Einklang mit herrschenden arbeitsrechtlichen Bestimmungen. Durch die erwogene Intervention beim Dachverband für Drogeneinrichtungen sieht Frau Jürgen ihre Existenz gefährdet. Die Auseinandersetzung mit dem Träger erreicht im Erleben der Leiterin eine dramatische Qualität von »Sein oder Nichtsein«. Nachdem das Team das Miteinanderreden dem Kampf (*sich gegenseitig rauszuwerfen)* gegenüberstellt, interveniert Frau Kiese mit einer Mahnung an strategisch kluges Vorgehen. Während die Supervisorin das Realitätsprinzip einführt (*Sandwich-Position, das sind Sie auch)*, stützt und tröstet das Team seine Leitung. Es wird gemutmaßt, daß der Träger es sich nicht wird leisten können, Frau Jürgen *vor die Tür zu setzen.* Allmählich scheint sich bei der Supervisorin ein Unmut über das recht ausufernde und raumgreifende Verhalten der ärztlichen Leiterin breit zu machen. Sie mahnt Frau Jürgen, ihre Rolle als Leiterin zu verkörpern, weniger schnell gekränkt zu sein und sich eher taktisch zu verhalten, als zu jammern und zu klagen. An dieser Stelle tritt der psychologische Leiter Herr Oswald in den Vordergrund und schließt ein Bündnis mit Frau Jürgen gegen den Träger und damit tendenziell auch gegen die Supervisorin. Er ermuntert sich und das Team jedoch eher, darauf zu schauen, was sie gegenüber dem Träger in die Waagschale zu werfen haben, nämlich fachliche und konzeptuelle Kompetenz. Der Arbeitstherapeut Herr Neumann betont hingegen den Ohnmachtsaspekt, indem er das Bündnis des Kostenträgers mit den Geschäftsführern herausstellt und das Team als die machtlosen *unteren Chargen* bezeichnet. An dieser Stelle rivalisiert das Team mit seiner Problemsicht mit der Perspektive der Supervisorin. Das Muster »die da oben und wir da unten« droht sich zu zementieren, bis die Gruppentherapeutin Frau Christ sich deutlich abgrenzt. Sie fordert die Leitung auf, das Team nicht weiter zu mißbrauchen.

C: Ich würd gerne mal// ich ich finde, daß diese Diskussion hier nicht hingehört, also ich merke, also mir ist das// erstmal, für mich ist das gut, mitzukriegen, wie es Ihnen geht. ... MEIN Anliegen wäre, ja, vielleicht jetzt mehr zu// also nee, erstmal möcht ich sagen, ich möchte die Geschichten auch nicht wissen, weil GENAU das fand ich nämlich toll, daß also Sie in Ihrer wirklich Pufferfunktion, dieser, das fand ich 'n Stück von dieser EFFIZIENZ, ja?, daß ICH nämlich hier arbeiten konnte. Ich würd das gerne erhalten, und ich krieg aber auch mit, daß das notwendig iss, daß SIE Hilfe sich holen, und MIR wäre das im Moment wichtiger, mitzukriegen, wo Sie sich und wie Sie sich Hilfe holen, und das WOANDERS bitte, ja?

Frau Christ wird von der Supervisorin unterstützt, die eine Rollendifferenzierung zwischen Mitarbeitern und Leitung vornimmt. Frau Jürgen dreht eine neue Schleife. Sie drückt ihre Unlust zu kämpfen (*in 'nem Ring zu boxen)* aus und benennt ihre fehlende Qualifikation für derartige Auseinandersetzungen (*dafür bin ich nicht ausgebildet)*. Die Supervisorin drängt auf Entscheidung. Sie versucht, Frau Jürgen zu bremsen und sich als Ansprechpartnerin für die Leitung anzubieten. Sie entlastet das Team und verweist auf den neuen Fokus der Leitungssupervision.

Frau Jürgens schier nicht zu sättigende Bedürftigkeit zeigt sich in ihrem Verharren in einer anklagenden Position. Der Sportlehrer Herr Reinhard nimmt nun eine vermittelnde Position ein. Er verzichtet auf den Anspruch, über alle Geschehnisse auf der Trägerebene in Kenntnis gesetzt zu werden. Alles will er nicht wissen, will sich aber *ungefähr* über die Konfliktlage informiert sehen. Frau Christ präzisiert ihre Position. Für die Leitungsfiguren dieses Teams (*unser Team ist eher Knäckebrot als Buttertoast*) empfiehlt sie Managementberatung und liegt damit auf der Linie der Supervisorin. An finanziellen Fragen will Frau Christ ihren Vorschlag nicht scheitern sehen. Sie nimmt die Leitung auch in die finanzielle Pflicht:

C: Na, ich bezahl meine Supervision AUCH selbst. Ich hab heute abend noch ne Supervision, und ich investiere auch in den Job, und so wie Sie gesagt haben, was Sie von uns erwarten, also ich, geb ich auch immer zurück.

Der bisher schweigsame Herr Schachter mischt sich ein. Er mißbilligt die Breite, die das Gruppenthema bereits eingenommen hat. Eine *Schulung der Leiter*, die Delegation der Konfliktbearbeitung, lehnt er jedoch ab. Er sieht sich mit in der Verantwortung und will weder den Überblick noch seinen Einfluß verlieren. Das Team sammelt weitere Beiträge zum Konflikt mit dem Träger. Den Leitungspersonen wird auch weiterhin viel Empathie entgegengebracht. Die Supervisorin paraphrasiert die Beiträge und interveniert damit ebenso Ichstützend wie die anderen Gruppenmitglieder. Sie meldet die Unterstützung zurück, die vom Team ausgeht und plädiert erneut für eine Aufgabentrennung. Aus ihrer Sicht müssen gesondert vom Team durch die Leitung folgende Themen erarbeitet werden:

K: Was heißt eine Kampfposition, was heißt eine Durchsetzungsstrategie unter dem Aspekt von dem, was Sie gesagt haben, daß das möglicherweise dort oben nicht nur geldgierige Menschen, (LACHT EIN WENIG) so was hab ich verstanden, es war ja so persönlich festgemacht, sondern auch schwierige Personen sind? So. Die irgendwie ihre Firma da auf eine für mich noch undurchschaubare Weise, aber doch, wie Sie es von der moralischen Position her sehen, unangemessen führen, und Sie sagen, ja, ausbeuten.

Frau Kiese betont durch den Begriff *Firma* den ökonomischen Kontext des aktuellen Konflikts und kontrastiert damit die psychosoziale (scheinbar Nonprofit-) mit der Profit-Kultur einer Drogenklinik, die den Spagat zwischen den beiden Welten bewerkstelligen muß. Die vom Team als feindlich erlebte ökonomische Realität drückt sich durch die Konnotationen *böse, Ausbeutung, pathologische Persönlichkeiten* aus. Die Supervisorin relativiert diese Perspektive, indem sie die Subjektivität dieser Wahrnehmungen herausstellt. Sie macht deutlich, daß auch andere Optionen vorhanden sein könnten. Frau Jürgen verteidigt sich und holt zur dritten Runde aus: Sie stoße stets gegen Mauern, es gäbe zu enge Grenzen, und sie habe resigniert. Es scheint, als würden weder die von Empathie getragenen und Ich-stützenden Beiträge der Gruppe noch die der Supervisorin die ärztliche Leiterin erreichen. Sie erscheint oral bedürftig und nahezu nimmersatt. Mir wird die Darstellung des Teamprozesses immer mühsamer, da ich meine massive Gegenübertragungsreaktion kaum im Zaum halten kann. Dem vorgeschlagenen Perspektivwechsel der Supervisorin kann oder will Frau Jürgen nicht nachkommen. Sie, Frau Jürgen, befürchtet, ein Minenfeld zu betreten und fährt mit ihrer Klage fort. Ihr Beitrag nimmt paranoid-projektive Züge an:

J: Weil da wird nämlich ganz viel gelogen, ja? Sie sagten eben, »Sie durchschauen nicht, wie da diese Firma geleitet wird«. Da werden die auch schön für sorgen, daß Sie das nie durchschauen, das wird nämlich intransparent gehalten, kann man nicht hinter, nicht daneben, nicht drüber und nicht drunter gucken, nur davor, und da sieht man nur ne Fassade. Und ich denke, in dem Moment, wo einer anfängt, ja?, nicht mehr einfach nur vor die Fassade zu laufen und zurückzuprallen, sondern unten zu kratzen und Sachen erkennen zu wollen, ist ganz ganz ganz gefährlich. Ich denke, da wird's brandgefährlich. Da weiß ich gar nicht, wo ich meinen Fuß hinsetzen soll.

Frau Jürgen kann die Anregungen zur Entwicklung von Handlungsstrategien nicht umsetzten. Die Supervisorin schlägt eine Pause vor. Vermutlich ist sie es leid, Frau Jürgen ständig zu unterstützen, ohne daß diese Interventionen auf fruchtbaren Boden fallen. Die Pausenankündigung durch die Supervisorin kann als Appell verstanden werden, daß das Team sich Luft verschaffen und sich auf die eigenen Anliegen besinnen soll. Die Supervisorin versäumt, Frau Jürgen einen Rahmen zu geben. Sie hätte an dieser Stelle strukturell Halt geben müssen. Das Feedback der Gruppe wird von der ärztlichen Leiterin augenscheinlich nicht als sättigend erlebt. Die empathischen Spiegelungen fallen ohne Grenzsetzung ins Leere und Frau Jürgen wird immer »gieriger«. Das Team protestiert bislang nicht gegen die mißbräuchliche Nutzung der gemeinsamen Supervision. So kann auch zu diesem Zeitpunkt Herr Neumann nicht unterbrechen und beschreibt die Unterstützung des Teams als noch unzureichend.

Frau Christ nimmt erneut eine differenzierte Haltung ein und beschreibt praktische Möglichkeiten des Teams, *Formen der Koopera-*

tion, die für Sie auch spürbar sind, ja, entwickeln. Die auf das Team und seine Handlungsspielräume bezogenen konstruktiven Anregungen von Frau Christ finden keine Resonanz. Zwei männliche Teammitglieder setzen das Klagen und Einfordern fort. Herr Oswald mahnt eine andere Kultur der Auseinandersetzung bei der Geschäftsführung an, Herr Neumann kommt auf eine abgelehnte Gehaltserhöhung zu sprechen. Sein Anliegen wird jedoch vom Team als ein eigennütziges, nur ihn und nicht das Team betreffend zurückgewiesen. Die Supervisorin scheint der gierig-individuellen Forderungskultur Einhalt gebieten zu wollen:

K: Das ja, weil Sie, wenn Sie hier keinen Toast, sondern weiter Knäckebrot bekommen, auch das Kalorien macht, um zu arbeiten, auch, wenn die Enttäuschung da ist, daß man sich mal 'n anderen Geschmack (BELUSTIGT) gewünscht hätte. So. Also, die Enttäuschung über die, so, wie Sie das auch sagen, über die nicht genehmigte Gehaltserhöhung ist das eine, und die Möglichkeit, daß hier eine andere Art der Auseinandersetzung über Arbeitsplatzfragen entstanden ist, ist das andere. Das hat NICHTS damit zu tun, daß man nicht immer seine persönlichen Befriedigungen kriegt.

Der Sportlehrer Herr Reinhard greift Überlegungen des Teams aus dem vorigen Jahr auf, einen Betriebsrat zu gründen. Er wird sofort in die Verantwortung genommen (*N: Wolltest du das machen? Wollen wir das übernehmen?),* die er jedoch zurückweist. Das Team erinnert sich seiner Geschichte. Ideen zur konstruktiven Problembewältigung seien schon immer wieder *mal da* gewesen, jedoch nie realisiert worden. Das schwache Leitungsniveau mag als Hintergrund der Handlungsblockierung gelten. Rollenadäquat die Initiative zu ergreifen ist hier in allen Hierachieebenen nicht üblich. Das Leitungspaar verkörpert wenig Modell zur Professionalisierung und Handlungskompetenz.

Das Team wird sich langsam des Hintergrundes seiner Delegation an Frau Jürgen bewußt. Die Supervisorin greift die Ängste des Teams auf und konfrontiert es mit den Aspekten selbst geschaffenen Elends:

K: Sich nicht exponieren zu wollen, ist das eine, und das zweite ist, daß, wenn man sich// also das hat ja eine kollegiale Wirkung nach draußen, wenn man betriebsratsmäßig sich hier engagiert, das ist ja eine Botschaft nach draußen. Ob das so viel bewirkt, laß ich mal dahingestellt, und daß Sie wieder also diese Verantwortung nicht nehmen, hat auch was damit zu tun, wie das Team letztendlich versorgt sein will. *4* Ganz schlicht.

Das Team reagiert auf diese massive Intervention recht unterschiedlich. Die Antworten schwanken zwischen Zustimmung (Herr Oswald) und Zurückweisung (Frau Christ) der Perspektive der Supervisorin. Herr Meiser gibt überraschend bekannt, daß er seit Wochen an der Vorbereitung einer Betriebsratsgründung arbeitet, und Frau Kiese macht ihm und dem Team Mut. Das Team kann sich durch die zukunftsgerichtete und praktikable Strategie der Installation ihrer arbeitsrechtlich garantierten Vertretungsorgane vom Thema »Konflikt mit dem Träger« lösen. Herr Meiser mahnt die Pause an. Frau Jürgen fokussiert erneut einen Mangel, diesmal den Mangel an positivem Feedback. Ihre zunächst selbstkritisch anmutenden Einlassungen entpuppen sich gegen Ende ihres Beitrags als recht provokante Beschreibung des Teams als nimmersatte, ansprüchsvolle Küken. Diese recht projektiv anmutende Teamdefinition bleibt unwidersprochen.

J: ... Und so einfach mal so ne offene moralische Unterstützung wäre sicher was Gutes, glaub ich auch. Weil ICH hab manchmal wirklich das Gefühl, ich füttere so'n ganzes Nest und füttere und füttere und füttere, und die sperren immer nur die Mäuler auf und über mir schwebt der Bussard, dem muß ich dann immer entkommen. (LACHT) Ist sehr anstrengend.

Die Supervisorin will ihr nicht das letzte Wort überlassen, nimmt das Zepter in die Hand und stellt einen überindividuellen Zusammenhang zwischen oraler Bedürftigkeit und dem Arbeitsplatzprofil her:

K: Ja, ich find das noch mal wichtig, weil ich das gerne in Zusammenhang bringen möchte mit dem// mit der Supervision vom letzten Mal. Angesichts des beruflichen Verständnisses, daß es// ich sag's mal in Tüddelchen, daß es immer um Leben und Tod geht in dieser Arbeit, und die

Arbeit was ganz Besonderes ist, wird natürlich auf der einen Seite eine besondere Bedürftigkeit sichtbar, und auf der anderen Seite eine Teamkultur, die angesichts von Leben und Tod alles für selbstverständlich hält. Und DAS ist eine, also in der Binnen// in der Innenstruktur, so wie Sie miteinander umgehen, ist das eine Wahnsinns-Falle. So. Jetzt mach ich Pause.

3.3.4 Die Fallbearbeitung

Nach der Pause erfragt Frau Kiese *Nachschläge,* d.h. Resonanzen der ersten Hälfte der Sitzung. Der Gruppentherapeut Herr Oswald beschreibt sich noch nicht als arbeitsfähig (*Ich fühl mich jetzt NICHT so, daß ich jetzt locker zur Fallsupervision übergehen könnte.)* Er ist unsicher, was er brauchen könnte. Die Supervisorin resümiert den konstruktiven Beitrag des Teams und die anstehenden Aufgaben der Leitung. Frau Kiese scheint dem Team ihre Handlungskompetenz bewußt machen und die Selbstthematisierung beenden zu wollen. Sie fordert Fallarbeit ein:

K: ... Und das, was wir besprechen konnten, haben wir besprochen, und damit können wir uns jetzt der Fallarbeit widmen. Das fällt sicher auf fruchtbaren Boden.

Die Supervisorin erfragt die Namen der Zwillinge, die zur Fallarbeit angekündigt worden sind (Karin und Katrin) und holt beide Patientinnen mit ihrer Intervention in die Gruppe. Durch die Nennung ihrer Namen entsteht emotional das unsichtbare Beziehungsgeflecht des Teams zu den beiden Patientinnen. Nach anfänglichem Zaudern entscheidet sich das Team zur Fallarbeit. Frau Kiese gibt zu Beginn methodische Hilfestellung:

K: Ja, ich würd vorschlagen, daß Sie beide alles das erzählen, was Sie an den beiden Damen beschäftigt, und daß wir dann *3* die Voten des Teams einholen.

C: Also nicht die Lebensgeschichte hier, sondern eher die Fragestellung, was iss das Problem gerade?

K: Na, was Sie beschäf// Ko// was dich beschäftigt, kannst du dir aussuchen.

H: Was mich bei der Karin beschäftigt, ist, daß, wenn ich so rein auf der Verhaltensebene gucke, also sagen wir mal, die Art und Weise, wie sie sich in die Gruppe einbringt und womit sie sich in die Gruppe einbringt, dann würde ich zunächst mal sagen, eigentlich macht die hier nicht viel. So. Was sie aber von anderen Patienten unterscheidet, wo meine Einschätzung ist, die wollen hier nix, das ist, daß ich merke, es gibt immer wieder Situationen, in denen sie sich berühren läßt, so gefühlsmäßig, also daß sie// ich merke, daß manche Sätze ankommen, und Traurigkeit kommt hoch, oder auch, daß sie sich ärgert so. Sie bemüht sich um eine sehr glatte Fassade, hat ein, ein// bemüht sich sehr um ein männliches, fast machohaftes Auftreten und versucht, so alles, was sie für weiblich hält zu verstecken. Und was thematisiert ist, das hat sie von// so mit meiner Hilfe thematisiert, ist ein großes Problem, ist, alles unter Kontrolle haben zu müssen, und sehr viel Mißtrauen. So. Und ich bin (im Moment halt) sehr viel mit der Frage beschäftigt, angesichts dessen, was ich mitkriege, wo die Ansprüche der Patientin so sind, was ist jetzt noch genug, was ich mit ihr erarbeite, und wo müßt ich eigentlich sagen »nee, also das geht eigentlich auch an unserem Auftrag vorbei«, denn das ist ja, die macht zwar hin und wieder mal was, aber eigentlich auf, auf lange Sicht hin gesehen macht sie doch nichts. Ja, das so mal knapp umrissen. Und da bin ich fast jeden Tag einmal hin- und hergerissen und denke, das ist schon gut so, und das ist okay, wie's läuft. Und am nächsten Tag denk ich, nee, so langsam mußt du ihr doch mal. Und ich sollte vielleicht noch dazu sagen, so, als ich mit meiner Ausbildung in Psychodrama angefangen hab, ich war SELBER jemand, der sich ganz lange zurückgehalten hat, und ich habe SELBER ganz lange gebraucht, bis ich Vertrauen in die Gruppenleitung hatte und Vertrauen in die Gruppe hatte. Also ich fühl mich da auch irgendwo, ja, insofern 'n Stück, wie soll ich sagen, eher verbunden, daß ich mir nich immer sicher bin, hab ich da eigentlich noch 'n klaren Blick.

In der Fallerzählung spiegeln sich zwei Teamthemen wider: die Fragen der Kontrolle und des Mißtrauens beschäftigt die Gruppe untereinander ebenso wie sie die Patientin umtreibt. Zudem wird die Frage des Anspruchsniveaus auf der Therapeuten- wie auf der Patientinnenseite aufgeworfen. Um sein Maß der Anforderung an die Patientin festzulegen, mißt er sie an sich selbst. Frau Christ stellt ohne Übergang Katrin vor:

C: Ja, Katrin, in Gruppe 1, zeigt sich auf der, auf so'ner ganz harmlos praktischen Ebene sehr engagiert, also die ist mit Mitpatienten in gutem Kontakt, die hat, die organisiert sehr viel, die hat sich sehr engagiert, jetzt zum Beispiel für den Tag der Offenen Tür. Die funktioniert bemerkenswert gut, und also, wo ich so mitkrieg, da hat die// da bringt die ganz viel Kompetenz und Handlungsfähigkeit mit, so im Außen. In der Gruppe ist es eben ganz anders, da hab ich// also da begegne ich ihr auch mit so Ansprüchen, wo ich mehr nachfrage, »was ist, was ist Ihr Ziel hier, was ist wichtig für Sie zu erreichen, wo stehen Sie? Wohin und wobei wünschen Sie sich Begleitung, kann ich Sie begleiten?« Und da kommt mit, daß sie ganz nah an, an Gefühlen ist, sie hat ganz oft so'ne, so'ne zitternde Stimme, daß sie kaum sprechen kann. Also sie macht' n Angebot, irgendso' n Kampfangebot, mit 'ner aggressiven Aktion oder unterstützt jemand so eher so motzig. Und auf Nachfragen, was ihr Anteil ist, wie sie jetzt gerade da ist, kommt ganz viel so Angst, Vorsicht, Zurückhaltung, und GANZ häufig so »da kann ich jetzt nichts zu sagen«. Und also auch mit 'ner sehr deutlichen Ansage: »ich will ja auch nichts dazu sagen«.

Frau Kiese unterbricht mit einer für den weiteren Verlauf entscheidenden Intervention. Sie unterbindet die Wiederholung der Paarbildung in der Fallpräsentation:

K: Kann ich dich mal unterbrechen?

C: Ja, ja.

K: Ich bin die ganze Zeit damit beschäftigt, ob wir jetzt nicht ein Problem fortsetzen, weil wir die Zwillinge hören, und sofort ist der Vergleich da, und ich weiß gar nicht, wieso wir hier die ZWILLINGE besprechen? Das sind zwei Frauen, die hier in Therapie sind, und plötzlich, das ist ja auch so witzig, vielleicht kommt das auch, weil ich hier sitze so,

H: (LACHT)

K: ich kann mich weder der einen oder noch der anderen voll widmen. Wenn wir die als Paar, als Zwillingspaar, was sie zweifellos sind// Ich weiß nicht, wie Ihnen das geht. Jetzt war ich gerade dabei, mich da auf diese Karin innerlich einzustellen, dann erzählst du, und ich würde gerne die erstmal gesondert behandeln, und DANN die Paarproblematik besprechen. Ich weiß nicht, wie dem Team das geht. Vielleicht//

Der Abwehrmechanismus der Paarbildung, den Bion besonders herausgearbeitet hat (s. Kap. 1), scheint sich hier recht plastisch zu entfalten. Frau Christ kann die frühe Intervention der Supervisorin bereits jetzt zur Diagnose nutzen:

C: ..., daß ich denke, daß es um Individuation geht, um die, um die Loslösung, und ich merke gerade, daß ich mit dir zusammen genau das mache, zwei zu einem, was die auch IMMER wieder anbieten, und wo ich auch am Strampeln bin.

Die Supervisorin macht den Anlaß ihrer Unterbrechung transparent. Ihre »Unfähigkeit«, sich zwei Menschen gleichzeitig widmen zu können, wird zur entscheidenden diagnostischen und therapeutischen Leitlinie:

K: Also ich hab hier gesessen und hab gedacht, wir machen jetzt Fallarbeit, es ist keine Familie, also im systemischen Sinne, und ansonsten sind die Geschwister immer virtuell mal vorhanden, in Form von Konkurrenz oder in der Gruppe Unterstützung, Gruppengeschwister, und plötzlich soll ich mich hier auf zwei Sachen konzentrieren. Und Sie beschreiben das ja auch, wie schwer das ist. Also ich glaub, daß die unterschiedlich sind. Also *5* und daß ihnen das auch wahrscheinlich// Also das weiß man ja nun, daß die irgendwie ne wahnsinns Schwierigkeit haben, sich voneinander zu lösen, wenn das von außen auch noch mal verstärkt wird. Sehen// die sehen sich auch sehr ähnlich?

Das Team verfügt im wesentlichen über Informationen, die beide Frauen betreffen. Es kommt zu Verwechslungen und zur unreflektierten Annahme, beide seien gleich. Die Unterscheidungsmerkmale, so wird berichtet, sind zunächst rein äußerliche. Ein Zwilling hat eine Narbe quer durch die linke Gesichtshälfte, die ihr die Schwester in einem gemeinsamen Alkoholrausch geschlagen hat, und die andere trägt eine Hornbrille. Im übrigen gleichen sie einander *wie ein Ei dem anderen*. Das Team merkte sich zur Unterscheidung die aktuellen Kleidungsstücke des Tages und die Nuance, daß Karin weniger breitbeinig geht als ihre Schwester. Die Supervisorin teilt die Überraschung des Teams ob so zahlreicher Übereinstimmungen und erfindet eine Intervention, um die Zwillingsübertragung aufzulösen:

K: Mhm. Von daher würd ich, würd ich gern vorschlagen, ich weiß nich, wie, wie Sie das vom Team her sehen, daß wir uns jetzt auf die, weil er (Herr Hege) begonnen hat, auf die Karin konzentrieren? In der Fallbesprechung, und du vielleicht die Dissonanz feststellst, im inneren Vergleich. Also wo dir deine Klientin tatsächlich anders vorkommt, wo es keine Lösungs// also wo das, was wir hier für sie erarbeiten, keine Lösung ist, und wo sich dann hier aus der, aus dem Kontrast das differenzierte Vorgehen dann ergeben könnte. Ist MEIN Vorschlag. Ich hab das auch noch nie gemacht. Obwohl es mir sehr stimmig erscheint, daß die gemeinsam drogenabhängig sind. Das find ich schon irgendwie nachvollziehbar, oder?

Frau Kiese läßt ihren methodischen Vorschlag vom Team ratifizieren und verleiht ihm durch Beschreibung ihrer Befindlichkeit Nachdruck: *Ja, ist das ne Möglichkeit, so vorzugehen? *4* Sonst fang ich innerlich irgendwie an zu schielen.* Sie faßt das bislang Berichtete zusammen, und Herr Hege formuliert seine Supervisionsfragen: Er komme in der Behandlung der Patientin nie in die Versuchung, sie zu fordern und das Tempo zu sehr zu forcieren. Er betont seinen Zweifel, ob seine bisherige Strategie ausreiche, der Patientin eine Zeitlang ein drogenfreies Leben außerhalb der Klinik zu ermöglichen. An überdauernde Abstinenz glaube er nicht. Herr Neumann fordert zur Spezifikation auf. Er will wissen, ob der Gruppentherapeut Herr Hege (H) etwas wahrnimmt, was er nicht anspricht, das ihn zu nachgiebig und zu wenig konfrontativ intervenieren läßt.

H: Ja, was ich schon sehe, ist, daß sie sehr klaren Überblick hat über das, was momentan im Gruppenprozeß läuft, und daß sie das sehr oft so laufen läßt. Und sie weiß, daß ich das weiß, daß ich das sehe, und sie weiß auch, daß ich nichts dazu sage. Während ich bei manchen Leuten da schon ganz klar was zu sage.

Die Übereinstimmung der inneren Prozesse der Patientin und des Gruppentherapeuten scheinen Frau Kiese nicht geheuer:

K: Da fällt mir spontan ein, dann sind Sie da der Zwilling! ... Also, sie haben gesagt, »sie weiß, daß ich es weiß, und ich weiß, daß sie es weiß, und es wird nicht angesprochen,« das ist doch eine stille Übereinkunft, die trägt.

Herr Hege beschreibt, wie gefährdet er den Kontakt zu seiner Patientin sieht. Er mag sie nicht konfrontieren:

H: Ich habe so das Gefühl, ich beweg mich da auf DÜNNEM Eis, und wenn ich nicht höllisch aufpasse, ist das Bißchen, was da aufgebaut ist, wieder futsch. Ja, und dann, dann weiß ich gar nicht mehr, wo ansetzen. JETZT läuft zumindest.

Frau Kiese greift seine Worte auf und läßt ihn und die Gruppe imaginieren, was geschähe, wenn er sich nicht zurückhielte:

K: Was passiert denn nun Ihrer Phantasie nach, wenn das dünne Eis bricht? Was heißt das denn auf der Beziehungs- und Verhaltensebene? Vielleicht können die anderen auch.

H: Also auf ihrer Seite könnte das heißen, daß sie die Therapie abbricht, da hat sie jetzt vor zwei Wochen das erste Mal offen drüber geredet, daß sie eigentlich seit der Aufnahme ständig überlegt, ob sie nicht abbrechen soll, und sie sagt, WENN sie abbrechen würde und wieder Heroin nehmen würde, dann würde sie sich den Goldenen Schuß setzen. Und dann haben wir im Team überlegt, daß das ja auch so ne Strategie sein kann, die sie für sich selber anwendet, um sich selber sozusagen zu beweisen, »ich habe mein Leben unter Kontrolle, und alles das, was ich hier durchmachen MUSS, MÜSSTE ich nicht durchmachen, sondern ich mach's ja freiwillig und ich hab die Entscheidung darüber, wie lange mach ich's noch«.

An dieser Stelle wird deutlich, daß die Kündigungsdrohungen der Mitarbeiter zu Beginn der Sitzung ein Spiegelphänomen der Klientendynamik darstellt. Mitarbeiter in Suchtkliniken fühlen sich oft von den Patienten durch Abbruch der Therapie bedroht, einem Abbruch, der nicht selten Suizidhandlungen zur Folge hat. Der Patient verarbeitet sein »Weglaufverhalten« zumeist kurze Zeit später als erneute Niederlage und schuldhaftes Versagen. Auch die Teammitglieder verweigern einander die Verläßlichkeit ihrer Arbeitsbeziehungen, die die Voraussetzung dafür wäre, in angemessener Gelassenheit auf die Abbruchdrohungen der Patienten zu reagieren.

Der Gruppentherapeut Herr Hege fokussiert nun die von ihm wahrgenommene Traurigkeit der Patientin und die Mühe, die es ihr offensichtlich bereitet, diese unter Kontrolle zu halten. Er führt die dritte Tochter der Herkunftsfamilie ein:

H: Daß sie sozusagen, die Zwillinge sind ab- abgelehnt worden, von der Mutter, und ich weiß nicht, ob Adoption oder in Pflegefamilien, und die dritte Schwester wurde gehätschelt und gepflegt. Es gibt ein gemeinschaftliches Familiengeheimnis, warum das so ist, ob es da 'n andren Vater gibt, iss meine Phantasie, es gibt ein gehütetes Familiengeheimnis, ist brennend dran interessiert, das zu erfahren, die Mutter// sie stehen in Kontakt zur Mutter, aber trauen sich nicht so richtig.

Die Supervisorin verweist auf die illusorische und tröstende Qualität der Hoffnungen auf Heilung, an die die Aufdeckung des Familiengeheimnisses geknüpft wird. Sie scheint zu befürchten, daß das Team diese Erwartung mitträgt: *»wenn ich das weiß, dann kriegt mein Leben die große Wende, und das stimmt ja nicht«*. Herr Reinhard durchdenkt die Folgen einer Desillusionierung, die ein Festhalten an derartigen kausalen Erklärungsmodellen von Team und Patienten fördern könnte *(vielleicht ganz im Gegenteil, »wenn ich's weiß, muß ich feststellen, daß sich mein Leben nicht radikal ändert«)*. Herr Neumann ist es erneut, der Zweifel (*was ich nicht richtig nachvollziehen kann, deshalb frag ich noch mal nach, das ist ja 'ne Hypothese, die Sie aufstellen)* an Frau Kieses Perspektive anmeldet. Er scheint stellvertretend für das Gesamtteam die Rolle des advocatus diaboli zu verkörpern (*nicht alle eineiigen Zwillinge werden ja drogenabhängig)*. Die Supervisorin wechselt zum intentionalen Gehalt der Suiziddrohung.

K: Sie haben natürlich// also SO haben Sie natür// ist das ständig Ihr Einwand, es IST eine Phantasie von mir, die ich im Kontext dessen gemacht habe, daß sie so sehr belastet erscheint und ja den Goldenen Schuß als Suizidphantasie pflegt. Also daraufhin kam das ja, hat sich ja so ergeben, mit der Traurigkeit. Und die Suizidphantasie ja irgendwie für mich so 'ne Funktion hat, daß DAS eine letzte entlastende Handlungsmöglichkeit ist. Womit// wo ich auch mit ihr drüber sprechen würde. Also die Funktion zu verdeutlichen, ne?

Die ärztliche Leiterin weist darauf hin, daß Suizidgedanken ernst zu nehmen seien und berichtet, daß sie gute Erfahrungen mit Verträgen in der Behandlung von Suizidalität macht, in Karins Fall aber davon abrät. Die Supervisorin unterstützt sie dabei, Karin diese letzte Waffe nicht aus der Hand zu nehmen und ihr das Gefühl von Kontrolle und Freiraum, die ihre Suizidphantasien gewährleisten, zu belassen und parallel andere Handlungsspielräume zu entwickeln. Die Supervisorin kommt auf den Fallerzähler zurück und macht ihm Mut, seine Ambivalenz als Gegenübertragungsphänomen, das eine Menge Information über die Konfliktlage der Patientin enthält, zu nutzen:

K: Und ich wollte Ihnen noch ein Feedback geben, über die// wie, wie Sie Ihre eigene Situation in Resonanz auf die Patientin schildern. Ich fand das ganz sensibel, und finde die Ambivalenz auch ernst zu nehmen, daß Sie etwas spüren, wo Sie ja selber genügend Erfahrung haben, wie Sie sich schwierigen psychischen Themen nähern, nämlich langsam, das ist ja die andere Seite, die Sie geschildert haben. Diese Ambivalenz ernst zu nehmen, in dem Sinne, daß sie Ihnen da etwas mitteilt, was sie nicht mitteilen kann, daß Sie das spüren. Und das äußert sie ja auch, also wäre es wichtig, ihr zu helfen, so die Ambivalenz zu überwinden. Was das nun im konkreten Fall an Unterstützung heißt, und an Begleitung, das weiß ich nicht. Aber jedenfalls titscht sie hin und her. Sonst hätten Sie nicht dauernd das Gefühl, ich tu zu wenig, es ändert sich nichts. Ne.

Der Sportlehrer fragt wie ein artiger Schüler an, ob seine Eindrücke und Erfahrungen mit der Patientin auch gefragt seien.

K: Na klar. Nee, ich hab mich nur in so'n Gespräch verwickeln lassen, ich find es gut, daß Sie sich melden, und ich hatte ja vorher schon gesagt, die anderen Beiträge sind wichtig, aber ich hab mich nicht auf die Gruppe konzentriert in diesem// Bitte? Gerne.

Herr Reinhard beschreibt zögerlich, wie Karin sich in der Bewegungstherapie darstellt. Selbstvertrauen sei vorhanden, sie verhalte sich souverän, wenn es allerdings um Vertrauen auf leiblicher Ebene gehe, dann weiche sie aus. Die Patientin scheint vor allem die Männer zu affektiven Beiträgen zu animieren. Herr Oswald wirbt für Verständnis für Karin, fällt jedoch in seinem Beitrag in die Zwillingsperspektive auf die Schwestern zurück:

H: Zu einem Teil, es wird bestimmt Sachen geben, wo sie auch überrascht ist von dem, was sie da sieht, auf dem Video. Aber ich glaube, ein anderer Teil ist, sie sind ja seit frühester Kindheit mit irgendwelchen Helfern zusammen. Ich mein, wenn ich versuche, mir vorzustellen, was für Kisten voll Rückmeldungen die schon gekriegt haben, von Erziehern im Heim, von irgendwelchen Bürohengsten vom Landschaftsverband, die// ich mein, die haben ja, die haben ja ne Karriere durchgemacht, die haben ja wirklich nichts ausgelassen an, an Helferstationen jetzt. Die waren mit 14 das erste Mal in der Suchtberatungsstelle.

Herr Reinhard (R) zeigt sich im folgenden als der »bessere« und sanftere Mann. Die Abwertung des Kollegen wird in seiner Rede deutlich, sie wird jedoch nicht offen thematisiert:

R: Aber die hat schon so oft gehört, wie sie wirkt, und wie sie aussieht, und das kommt ihr zu den Ohren raus, glaub ich. Ich merk auch, daß ich da so'ne Hemmung habe, der viel Rückmeldungen zu geben, ich versuche, das so sparsam wie möglich zu machen, und versuche, der mehr so mit Blickkontakt und, und so über ne indirekte Kommunikation zu vermitteln so, »Sie sind hier gesehen und Sie sind wichtig für die Gruppe,« aber ich versuche, die nicht vollzulabern so.

Herr Reinhard beschreibt das Durchhaltevermögen der Schwestern, das mit wenig Begeisterung, aber viel Biß in Erscheinung tritt.

K: Ja, aber dieses »es muß sein« ist auch etwas, was Bestätigung gibt, auch, wenn es unter dem Verlust des eigenen Wunsches und der Befriedigung steht. Wobei das wahrscheinlich für die gar nicht spürbar ist. Verstehen Sie, es kann auch befriedigend sein, wenn ich 25, 50 mal den Satz geschrieben habe, »du sollst in der Stunde nicht schwatzen«.

Die Supervisorin zollt den Mühen der Patientin und damit auch denen des Teams Respekt und führt die Behandlungsplanung ein Stück weiter:

K: Ich finde, daß das ausgesprochen passend ist, was Sie beschreiben, wo die Ambivalenz deutlich wird in dem »ich kenne das«, und das würd ich mal auf der, auf der Körperebene über das Sprechen versuchen, wie der nächste Schritt aussähe. Also sie zu ermutigen. Nicht zum Ganzen, und es nicht super zu machen, und sich nicht zu unterwerfen, sondern »wie sieht Karin, für Sie der nächste Schritt aus, der für Sie paßt?«. Und die Gewichtung, wenn sie denn ambivalent ist, was den Körper angeht, und die Gewichtung, also 'n Anhalt zu geben, die zu verschieben, und das trifft da genauso zu.

Herr Reinhard schildert ein ihm eindrückliches Erlebnis mit der Patientin (*da hab ich mal aus Jux und Dollerei irgendwie Akrobatik gemacht*). Sie habe mitgemacht, sei nicht ausgewichen, habe allerdings die Situation mit einem *unweiblichen* Lachen überspielt. Auch die anderen Männer des Teams sind sich einig, wie wenig fraulich Karin sei:

R: Aber sie lacht wirklich wie'n Holzfäller, find ich ... auffallend tiefe Stimme

N: Sie hat, also sie hat wirklich so'n Lachen, so das paßt überhaupt nicht zu ner Frau, find ich.

R: ...groß, also pferdemäßig.

Die drohende Eskalation der Geschlechterdynamik im Team (J: Was haben Sie denn für 'n Bild von 'ner Frau?) wird von Herrn Oswald abgebogen, als er Karins Lachen positiv, als *dreckige, ansteckende* Lache konnotiert, die auch Ausdruck von Lebensfreude sei. Auf der Ebene der Patientinnendynamik können diese Beiträge der männlichen Teammitglieder als Hinweis darauf gewertet werden, daß Karin sich häßlich und unattraktiv darbietet, um Männer von sich zu weisen. Vermutlich liegt bei ihr eine Störung der weiblichen Geschlechtsidentität vor. Traumatisierungen bis hin zu sexuellem Mißbrauch finden sich überproportional gehäuft in den Biographien vieler weiblicher Drogenkonsumenten. Sekundär wird die Entwicklung einer kohärenten weiblichen Identität durch die zwangsläufigen Folgen des Lebens als weibliche Drogenabhängige, nämlich Prostitutions- und Gewalterfahrungen, beschädigt. Karin – *tätowiert all over* – bringt ihre aggressiv-distanzierende Abwehrhaltung für alle augenscheinlich zum Ausdruck. Herr Meiser arbeitet sich mit Hilfe des Kollegen Reinhard zum Kernkonflikt Karins vor:

R: Und ich glaube, daß die da einfach ne Funktion von 'ner Gruppenantenne hat. Die drückt aus, was die ganze Gruppe empfindet, man nimmt das auf sich, das auszudrücken, und dann noch mit der Autorität in Kontakt zu bleiben dabei und sozusagen. Also mir kommt das manchmal so vor, als wenn sie mich um Erlaubnis fragen wollte, dafür, daß sie der Gruppe diesen Dienst erweist. Also ich frag mich manchmal, wie säh es im Moment in der Gruppe 24 aus, wenn sie NICHT dadrin wäre? Ich glaube, die würden da sitzen zur Zeit wie die Ölgötzen.

Als Gruppenclown verbirgt Karin die Tragik ihres Lebens, entschärft die Dynamik der Patientengruppe und verschafft den Gruppentherapeuten Entlastung. Sich selbst zu nähren, die Gruppe für ihre Entwicklung zu nutzen, versteht sie allerdings nicht. Ihre zitierte Kritik an der Gruppentherapie in Gruppe 24 (*weil einfach nichts mehr passiert, total desolater Haufen*) sorgt für Aufregung im Team. Herr Reinhard muß zu einem früheren Zeitpunkt die Auflösung seiner Gruppe angedroht haben. Trotz seiner Richtigstellung erscheint mir die Aufkündigung des wesentlichen therapeutischen Settings, der Gruppenbehandlung, in der stationären Drogentherapie kontraindiziert. Die Aussicht auf Beziehungsabbruch stellt die Übernahme recht gewaltsamer Umgangsformen, wie sie in der Szene der Drogenabhängigen üblich sind, dar. Die Patienten müssen diese Bemerkung des Gruppentherapeuten als strafend empfinden. Der stellvertretende Leiter Herr Oswald nutzt die Kritik der Patientin, eigene Bewertungen vorzunehmen: *Die Gruppe 24, na, diese wilde Gurkentruppe, ne.* Die Geschichte dieser Gruppe wird vom Team rekonstruiert. Die Besonderheit der Namengebung 24 ist begründet in der Zusammenlegung der ehemaligen Gruppen 2 und 4. Die Supervisorin kommentiert: *Das ist zumindest kreativ.* Frau Jürgen scheint in diesem Augenblick mit Frau Kiese identifiziert und unterstützt das *Reframing* der Supervisorin. Sie findet in ihr zu diesem Zeitpunkt ein Modell von Leitung, das das Fehlen ihres Führungsprofils kompensiert. Der durch die Namengebung festgeschriebene Sonderstatus wird im Team problematisiert: *und ich hab immer so, bei 24 hab ich auch ne Assoziation, also wie »die wilde 13«.* Deutlich wird, daß das Team sich wieder mit sich selbst und nicht mit der so wenig anmutigen Patientin beschäftigt. Frau Kiese greift diesen Prozeß auf und führt zur Patientin zurück:

K: Das Wichtige ist aber jetzt, daß diese, dieser Mensch hinter der Gruppe plötzlich verschwindet. So. *5* Und *4* ich wollt es auch jetzt mal abschließen, und Sie beide noch mal so, was wir rausgearbeitet haben, das ernstzunehmen und Ambivalenzen herauszuarbeiten. Also, »ich weiß nicht, ob ich leben oder sterben will, ich will handlungsfähig bleiben, ob ich das schaffe, weiß ich nicht, ob ich mir das zutrauen kann, ob ich hier genug mache oder nicht genug mache«, zum Thema zu machen, und Sie noch mal aus der Bewegungsebene tatsächlich sie zu ermutigen, ein nächstes Wagnis einzugehen. Nicht das volle, das, was Sie gerne wollen, in Anführungszeichen, sondern wie sieht der nächste Schritt aus.

Frau Kiese fragt Frau Christ, die Therapeutin von Katrin, nach ihren Beobachtungen. Ihr sind ihre Erlebnisse *entflogen*. Die Supervisorin hilft ihr mit Stichworten (*Lebensfreude, Lacher, und sie ist diejenige, die der Gruppe was abnehmen kann)* auf die Sprünge. Nachdem das Team mühsam geklärt hat, daß Frau Christ nun die Unterschiede von Karin zu Katrin beschreibt, erscheint das Bild einer lange nicht so *toughen,* weniger agierenden Frau mit einer weniger glatten Fassade. Dieses wird von anderen Teilnehmern relativierend zurückgenommen. Es scheint schwer für das Team zu sein, die Prägnanz der unterschiedlichen Persönlichkeitsmerkmale von Karin und Katrin herzustellen und etwas jeweils Typisches zu finden. Immer wieder ist (auch mir bei der Auswertung) unklar, über wen gesprochen wird. Wenn ein Aspekt der Differenz herausgearbeitet ist, so erfolgt die Kontrastierung mit dem Gegenteil durch ein anderes Teammitglied auf dem Fuße. So erlebt Frau Jürgen – vermutlich aufgrund der ähnlichen psychischen Disposition – gerade Karin als besonders liebebedürftig:

J: Gesehen werden, sucht, gesehen zu werden, ist dienstbeflissen, möchte Aufmerksamkeit und positive Zuwendung von jemand erlangen über Dienstbeflissenheit. Das macht die Katrin nie, also erleb ich nie. Die Katrin seh ich nur alle Jubeljahre, und die Karin seh ich dauernd, und dauernd in irgendeiner Funktion, wo sie, wo sie mir signalisiert, »bemerke mich, bemerke mich, ich geb mir Mühe, dir zu gefallen«.

Frau Delius (D), die sich bislang im Supervisionsprozeß zurückgehalten hat, betont einen ganz anderen Aspekt:

D: Also ich seh es noch mal etwas anders. Die Karin hab ich ja auch ganz kurz nur kennengelernt bei mir, und die war so, wie du es beschreibst, so wie anfangs die Katrin auch war, sehr scheu und zwar aufmerksam und wollte viel erfahren, aber total distanziert und so. Und die Katrin, die ja jetzt in der vierten Woche bei mir ist, die ist zusehends zuversichtlicher und mutiger, ne, vielleicht ist das der Unterschied, die hat, die hat also mehr so Zutrauen, daß, daß sie das bewältigt irgendwie, immer so in kleinen Schritten. Zumeist bei mir in der Arbeit, ne. Und DIE hat ja diese wahnsinns Koordination gemacht, und die hat sich also unglaublich eingesetzt, die ist, die ist, hat sich doppelt und dreifach geschlagen, die war für alles zu haben. Jetzt von wegen dienstbeflissen, ne, da hab ich sie so erlebt, also hochkompetent, und sehr, mit sehr viel Überblick.

Die Supervisorin nutzt die unterschiedlichen Aspekte der Patientin, die vom Team wahrgenommen und verbalisiert wurden, zur Diagnose und bezieht die Neigung des Teams mit ein, vorzugsweise Zwillingsübertragungen auf die Patienten herzustellen:

K: Ich find das so, so typisch für diese Drogenpersönlichkeiten, daß die auf ne bestimmte Art total zupacken können und verläßlich sind in dem Sinne, daß sie Aufgaben und Ansprüche erfüllen, und es dann – wie ein Luftballon – ist es plötzlich weg, und das Selbstwertgefühl ist angesichts der hohen Ansprüche, die man hat, eben down, und von daher find ich auch, daß man die beiden noch mal unterstützen muß. WEIL, es gibt in der Debatte um den Narzißmus ja von Kohut die, die interessante Übertragungssituation, die Zwillingsübertragung heißt, daß solche Menschen, die also sehr tiefe Selbstwertstörungen haben, dazu gehören die Drogensüchtigen, die das auf der Verhaltensebene eben ausagieren, daß die über Beziehungen zu Menschen herstellen, wo das Gegenüber nur die Verhaltensweisen beobachtet und angenommen werden, die ich selber auch habe, und die immer zur Bestätigung herangezogen, nennt man

Zwillingsübertragung, so. Und das ist mir sofort eingefallen, daß die ja eine doppelte Schwierigkeit haben, nämlich einmal das eigene Selbstwertgefühl auf die Reihe zu kriegen, und dann immer noch danach zu gucken, »bist du auch noch da, oder bist du jetzt schon ganz anders, und was mach ich denn, wenn ich dich nicht mehr habe?« Wenn sie auch noch ne Lebensgeschichte haben, die sie so aufeinanderbringt.

Die zuständige Gruppentherapeutin Frau Christ kann die Intervention der Supervisorin für eine veränderte Haltung der Patientin gegenüber nutzen:

C: Und als Konsequenz hieße das, dieser, dieser Aufforderung zu widerstehen, der Zwilling zu sein, und das, nur das zu bestätigen, was sie einfordert, was sie gesehen haben will, und statt dessen neue, andere Seiten mit ins Spiel zu bringen?

K: Genau, aber so, daß sie nicht aus der Beziehung aussteigt. Also das ist genau, wenn ich sage, die Ambivalenz zu verdeutlichen, und zu einem Schritt, der für sie selber ein Wagnis ist, zu ermutigen. Und NICHT nur zu bestätigen und zu stützen und anzuerkennen. Also genau Ihre Ambivalenz, »muß ich jetzt mehr von der fordern,« nee, Sie müssen nicht mehr von ihr fordern, sondern ihr mehr anbieten. »Guck doch mal da genau, wie, wie Sie das tun können,« ihr mehr anzubieten. Und Sie dieses Zögerliche von den beiden in, in dem Team. Und so lange die sich nicht bewegt, hat die keine Not.

Das übrige Team beteiligt sich nun. Ein Konsens über die zukünftige Behandlungsstrategie für die Zwillinge ist gefunden: *die eine kann sich nicht bewegen, weil die andere das nicht will.* Das Team muß geben, mehr Beziehung anbieten, um dem jeweiligen Part des Zwillingspaares Entwicklungsmöglichkeiten zu eröffnen. Das Team muß sich hüten, Entwicklung der Klienten erzwingen zu wollen und Wachstum zu forcieren. Damit ist indirekt das Teamthema der ersten Sequenz angesprochen: die orale Bedürftigkeit. Das Team existiert nicht zur Selbstversorgung, sondern zur Versorgung von Patienten. Die Zielvorgabe hat sich klar herauskristallisiert und wird vom Team getragen: Die Fixierung der Rollen, die Symbiose der beiden Frauen und die sich ständig regenerierende Abhängigkeitsstruktur Karins und Katrins muß aufgebrochen werden:

N: Also in Gruppen sitzen die so händchenhaltend, schmusend, also sich die ganze Zeit berührend, und ich empfinde, daß die Karin daneben völlig gestreßt ist, völlig gestreßt aussieht.

R: Was Frau Kiese gerade GESAGT hat. Die Katrin HAT keine Not im Moment, weil sich bei der Karin wenig bewegt. Deshalb KANN die im Moment ganz locker hier auf anderen Ebenen agieren, kann ihre Beziehung zum Gruppentherapeuten mehr spüren, und kann hier 'n bißchen Verantwortung, und da Organisation. So. Die Frage ist aber, was passiert bei Katrin, wenn Karin in die Gänge kommt?

3.4 Innenschau der Interventionen

Frau Kiese schätzt die vorliegende Sitzung folgendermaßen ein: *Nicht so regressiv wie sonst, obwohl ja diese Leitungsfrau da ihren Eimer ausgekippt hat, fand ich das Team gefaßter und arbeitsfähiger.* Ein störender Einfluß der Bandaufnahme sei nicht spürbar gewesen. Sie habe dem Team erläutert, daß es um ihre Verhaltensweisen gehe. Sie selbst reagierte *in der ersten Runde etwas gestreßt*, der Einfluß der Untersuchung sei ihr spätestens bei der Fallbearbeitung völlig in Vergessenheit geraten.

3.4.1 Leitungsproblematik

Frau Kiese hat aufgrund der facettenreichen und hochkomplexen Team- und Institutionsdynamik eigene Supervision in Anspruch genommen. Daraus resultierte der Vorschlag, den Leitungspersonen der Einrichtung separat Leitungssupervision anzubieten:

K: Vor der letzten Sitzung hab ich mir die Leitungsfiguren geschnappt und denen vorgeschlagen, ob wir nicht die Leitungsfragen abgetrennt vom Team miteinander besprechen können: »Ich habe den Eindruck, daß sie im Team mit der Belastung, die sie haben, zu kurz kommen und im Team mit ihren speziellen Fragen nicht gehört werden können. Ich denke auch, daß sie nicht ins Team hinein gehören und biete ihnen an: Einmal im Monat 1 1/2 Stunden Leitungssupervision.«

Das Angebot wurde vom leitenden Psychologen als »Leitungsschelte«

verstanden: »Ist das denn nötig, meinen Sie denn, wir machen was nicht richtig?« Frau Kiese riet den beiden Leitungspersonen an, die Entscheidung zu bedenken, ohne auf *Überzeugungsarbeit* zu verzichten:

K: »Das ist ein Angebot von mir, sie müssen dem ja nicht nachkommen, das hat keine Konsequenzen für meine Teamarbeit.« Ich habe meinen Standpunkt noch einmal vertreten und die Projektionen, die da drin liegen, zurückgegeben: »Es geht nicht darum, daß ich denke, daß Sie was falsch machen, daß sie ihren Job nicht gut machen, sondern es geht darum, daß ich sie unterstütze bei dem vielen, was sie hier tun, entlasteter tun.«

Frau Jürgen habe sich in Ruhe angehört, wie der Kollege die Leitungssupervision mit Frau Kiese verhandelt hat. Die Leitungspersonen werden wenig als Paar deutlich. Frau Jürgen ist die aktive, der psychologische Leiter hält sich zurück. Auch dieses Phänomen läßt sich als Spiegel der Vaterdeprivation in der Biographie der meisten Drogenabhängigen verstehen. Ein aktiv bezogener, einfühlender und triangulierender Vater täte in der Behandlung des Klientels Not, wird supervisorisch an dieser Stelle leider nicht bearbeitet. Zu Beginn der vorliegenden Sitzung sagen die Leiter zu. Frau Kiese sieht sich in ihrer Diagnose und Interventionsetzung durch die Tonbandaufzeichnung bestätigt:

K: Die ist ja sowas, wie soll ich das mal nennen, ausufernd, die braucht ja das Team, damit die sie tragen.

Sie findet in den Kommentaren zur Bandaufnahme recht drastische Worte, spricht vom *Erguß* der Frau Jürgen, berichtet, wie diese da richtig *hinpinkelt*. Frau Kiese beschreibt ihr Dilemma während der Anfangssequenz der Supervisionssitzung:

K: Wie grenz ich das ein und verweise gleichzeitig das Team auf die Ressourcen, die es hat, mit solch einem Leitungsfauxpas?

Eine mögliche Verhaltensdisposition der Supervisorin wird an dieser Stelle durch die Teamkultur genährt. Die Supervisorin beschreibt ihre

Suchbewegungen auf der einen Seite als teamstärkend, will ressourcenorientiert intervenieren. Auf der anderen Seite muß sie einen nicht gewünschten Nebeneffekt vermeiden, nämlich die fatale Teamkultur zu unterstützen, daß das Team die Leitungsfiguren zu stützen hat:

K: Also die narzißtische Überforderung, sie übernehmen Leitungsfunktionen und Steuerungsfunktionen im Team und sind gleichzeitig für sich selber in der Arbeit nicht gestützt.

Frau Kiese konfrontiert das Team, aber vor allem die Leitungspersonen, mit den Fakten der veränderten Arbeitsbedingungen und ermuntert zur Suche nach den verbliebenen Freiräumen. Sie versucht, durch Realitätsprüfung die projektiven Aspekte der Klage über die Geschäftsführung einzudämmen. Frau Kiese beschreibt sich in dieser Sequenz als *peinlich* berührt. Durch den inneren Rollentausch mit der ärztlichen Leiterin erschließt sich ihr der exhibitionistische Charakter der Darlegung von Leitungsproblemen vor dem Team. Die stellvertretend für Frau Jürgen erlebte Scham ist mit Ärger durchzogen, mit dessen Hilfe sich die Supervisorin distanziert:

K: Und die ist jetzt ungefähr, ein dreiviertel Jahr ist die glaub ich da, diese Frau, und das Ausmaß an Enttäuschung, daß die jetzt zum ersten Mal einen Konflikt hat und ihre Arbeit machen muß und da zwischen oben und unten austarieren, das Ausmaß an Enttäuschung hat mich DA irgendwie bestürzt und gleichzeitig noch mal veranlaßt, daß ich gedacht hab, dann war deine Intervention, die in Leitungssupervision zu nehmen, ja richtig. So.

Ein weiteres Dilemma tut sich auf, es kommt zu einem *social reflecting*, wenn die Supervisorin sich schämt, braucht Frau Jürgen keinen Schamaffekt zu entwickeln und verliert dadurch eine Möglichkeit der Handlungsregulation. Frau Kieses Strategie zu Beginn der Sitzung ist, allen regressiven Tendenzen im Team entgegenzusteuern. Auf ein klares Stoppen der Leiterin verzichtet sie, da sie Frau Jürgen nicht um ihre Autorität in der Gruppe bringen will. Sie läßt den Gruppenprozeß laufen:

K: Wenn ich zum Beispiel sowas sage wie: »Frau Jürgen, ich weiß nicht, ob das jetzt so hierher gehört, und ob Sie dafür nicht eigentlich bezahlt werden, daß Sie das aushalten,« ne? Ich meine, dann bring ich ja das Team gegen sie auf, und das kann ja auch nicht der Sinn der Sache sein.

Ein weiterer Konfliktpunkt ist die kollektive Trägerschelte des Teams (s. u.). Im Interview wird deutlich, daß die Supervisorin die individuelle Problematik der ärztlichen Leiterin als ein Statusproblem gewichtet. Ihr scheint es an Anerkennung durch die Geschäftsführung zu fehlen. Es fehlt ihr an materieller Zufuhr (medizinische Ausstattung, Zuweisung von Geldern für eine eigene Sekretärin), an der sie die Bedeutung ihrer Person ablesen möchte. Frau Kiese ist sicher in ihrer Haltung, daß die Beschwernisse der Leiterin kein Thema einer Teamsupervision sein dürfen:

K: Aber ich finde, was die für Querelen mit Stuttgart haben, gehört nur gefiltert in ein psychosoziales Team, was relativ schwierige Arbeitsbedingungen hat und schwere Arbeit tut.

Zur Problematik der Leitung gehört, daß vor allem Frau Jürgen das Team in eine sie versorgende Position drängt, die Vielzahl der stützenden Angebote aber nicht nutzen kann. Sie scheint nicht satt werden zu können. Auf anteilnehmende Bemerkungen und Anerkennung ihrer Arbeit durch das Team kann sie nicht reagieren. Ihre Reaktionen zeigen, daß sie nicht gestützt und beruhigt werden will. Das unersättliche Verhalten der ärztlichen Leiterin scheint mir ein Durchbruch der Klientendynamik in das Team zu sein und sekundär zur Rollendiffusion zu führen. Stützung durch das Team einzufordern, ist der Leitungsrolle nicht angemessen und kann insofern nicht sättigen. Hintergrund dieser Dynamik mag die persönliche Pathologie der Ärztin sein:

K: Ich finde, daß sie alle eben keine qualifizierte Leitungsarbeit machen. Ich finde noch wichtig, daß die Ärztin ihre ganze Welt damit sortiert, daß sie immer wieder ihr Trockensein immer wieder ins Gespräch bringt und daß sie ja selber mal Alkoholikerin war. Das führt sie an bestimmten Punkten an.

I: Die Expertenschaft aus der Betroffenheit.

K: Genau.

Ähnlich dem Verhalten der Patienten der Klinik, droht Frau Jürgen mit Kündigung, wenn es ihr da, wo sie gerade ist, nicht gefällt. Sie bringt das Team dazu, heftig um sie zu werben, ohne jedoch befriedigt werden zu können. Das Team wird vermutlich mit Insuffizienzgefühlen reagieren. Ihre Ansprüchlichkeit maskiert sie mit einer Fassade der Bescheidenheit. Das Interview macht Frau Kiese ihre Schwierigkeiten in der Anfangssequenz deutlich. Selbstkritisch merkt sie an:

K: Also ich seh das jetzt so, daß ich mich da richtig in eine Falle reinmanövriert habe. Und indem ich die Führungsfunktion verweigere, öffne ich eigentlich der Interaktion, wo dieses Team sich seiner Leitung bemächtigt, der Interaktion öffne ich Tür und Tor und// weil ich irgendwo nicht sagen will, »jetzt ist hier Schluß!«. Warum will ich das eigentlich nicht sagen?

I: Die rotten sich zusammen. *4* Und du läßt sie rotten. Also in der Nachschau würdest du sagen, da wäre sinnvoll gewesen, eher zu intervenieren?

K: Ja, entweder so, wie du es vorher gesagt hast, also ich treffe nicht wirklich eine Entscheidung. ... Das heißt, ich hab schon eine Entscheidung getroffen, ich hab die Entscheidung getroffen, das laß ich hier alles gehen, und bespreche das in der Leitungssupervision und warte eigentlich darauf, daß es einen Anlaß gibt, das elegant abzubiegen, mehr tu ich da nicht.

Die Zurückhaltung der Supervisorin begründet sich auch in der manipulativen Kraft der schwachen Leitung:

K: Es hatte was ganz Resignatives, und von der Teamsituation her hab ich gedacht, »oh GOTT, wenn die jetzt wirklich kündigt,« wirklich kündigt, und zwar, weil ich eigentlich glaube, daß die das auf Dauer nicht aushält. Das ist eine kleine, ganz kugelige Frau, die *7* eigentlich alles als eine Zumutung empfindet. ... Ja, die ist auch klein und richtig, nicht nur, daß sie pyknisch ist, sondern sie ist kugelig und hat einen richtig dicken, schönen, runden Bauch. ... Ja, paßt ja auch mit dem Ex-Alki zusammen, ne. So.

In der Interviewsituation zeigt sich die aggressiv getönte Resonanz der Supervisorin. Sie erinnert sich:

K: Also ich sitz da ja immer nur, wenn sie redet, und denke, »wann hört das endlich auf«. Also nicht begreifend, daß dieses narzißtische Spiel endlos ist.

Die ihr verbleibend erscheinende Option, zu konfrontieren und herauszufordern erwägt sie nicht, da sie befürchtet, dann das Team gegen sich aufzubringen, das einen Gewinn aus seinem Verhalten zieht (s. u.), Frau Jürgen ausufern zu lassen. Sie vermutet, mit strikteren Interventionen hätte sie den Ärger des Teams auf sich gezogen. Frau Kiese räumt ein, daß ihr in der Sitzung keine aggressivere Intervention eingefallen sei. Im Laufe des Interviews »verzeiht« sie sich dies, d. h., es gelingt ihr, den Ärgeraffekt nicht gegen sich selbst zu richten:

K: Und dann hab ich eben gedacht auf der Toilette, ob ich das jetzt eigentlich schlimm finde, daß ich da so ein Tief habe, ne? Und ich finde nicht, ich finde nicht, weil es gibt so viel Informationen, also gerade, wenn wir es jetzt noch mal besprechen, ist ja auch für mich eine Hilfe, und es geht ja nicht darum, jede Intervention präzise zu setzen, also sondern daß man irgendwie so ein mittleres Prägnanzniveau hält.

Frau Jürgen und ihr Team deponieren große Anteile ihrer intragruppalen Aggression beim Träger:

K: Also ich finde, daß das, was sie sagt, genau meiner Hypothese entspricht, daß sie jetzt nämlich mit dem Böse und Gut in die Spaltung hineinkommt, immer auch gedreht und gewendet wird. Also entweder sind die böse oder sie ist böse. *14* Ich bin glaub ich in der Situation, eigentlich fasziniert, wie diese Frau nicht zu bremsen ist. *6* Und ich glaube, ich hab da eher gesessen mit offenem Mund, zu sehen, zuzusehen, wie die sich da ausbreitet.

Frau Kiese gerät eine Zeit lang in die kontrollierende Bindung der Teamdynamik. Über emotionale Spiegelung, Unterstützung, aber auch Drohung setzen die Teammitglieder einander »schachmatt«, und auch die Supervisorin wirkt zunächst wie paralysiert:

K: ...und ich sitze da und gucke der zu. Also gut, jetzt ist aber dann

Schluß. Und ich will drauf hin drängen, daß sie einfach diesen Konflikt aushalten muß.

Die Vorstellung von Frau Jürgen, daß sie, wenn sie den Konflikt mit dem Träger riskiert, zur »Bösen« würde und dann ihre Kündigung drohe, läßt sich als Hinweis auf ihre Allmachtsphantasien werten. Sie stellt heraus, wie bedrohlich sie ist: *Wenn sie richtig losschlagen würde, »dann würden sie sie rauswerfen.«* Sie stellt sich als (vermeintlich) so bedeutsam vor, daß sie als gefährliches Mitglied des Systems ausgestoßen wird:

K: Also, da mußt ich lachen, ne, weil ich einmal damit beschäftigt bin, ne, daß sie am System sägt, das macht mich innerlich schmunzeln, weil für mich das wie so ein Bild auf der Bühne war, wo sie sich so vertut und meint, daß sie da wirklich am Stuhl der GmbH sägt. Also die Form von Überschätzungen, die sie da betreibt.

Die aggressive Tönung der Gegenübertragungsgefühle der Supervisorin und Interviewerin Frau Jürgen gegenüber lassen sich auch als Hinweis darauf werten, daß die Leiterin subaggressiv agiert und wir uns von ihrem Aggressionspotential affizieren lassen. Das fachliche Wissen um die Notwendigkeit, in der Arbeit mit Drogenabhängigen keine Grenzüberschreitungen zu dulden und sowohl versorgend als auch strukturgebend zu behandeln, mag das seinige dazu beigetragen haben. Frau Kiese versucht, eine konstruktive Wendung ihrer Resonanzen zu erreichen. Sie versucht, Frau Jürgen zur Differenzierung zwischen Person und Position ihres Amtes zu drängen:

K: Es war meine Motivation, ihr zu verdeutlichen, daß im Sinne der Rollenanalyse sie eine Position innehat, und die ist mit Rechten und Pflichten verbunden, und da gibt es Spielräume, und sie nutzt die Spielräume im Sinne des emotionalen und persönlichen Konflikts, und ich will sie ununterbrochen// interveniere daraufhin, daß sie sich aus der Position heraus verhält, und zwischen der Position und sich unterscheidet. Und DAS (packe) ich in die Intervention mit dem strategisch und taktisch sich verhalten, und biete ihr dann dabei noch mal ne Unterstützung an und sage, daß das auch ein sich selber Schützen sein kann. Was es ja auch ist. Eine Berufsrolle auszufüllen, ist ja noch mal was anderes, als ständig als Person dazustehen, und das abzufedern. Obwohl, die hat ja so einen dicken Bauch, daß sie das auch kann.

Auf die Unterstützung der Supervisorin (Unterscheidung zwischen Position und Person) reagiert Frau Jürgen mit einem »*Ich will das nicht mehr*«. *Es fehlt ihr an Struktur und Halt,* so meint Frau Kiese, den Konflikt mit dem Träger offensiv anzugehen. Dabei rekurriert sie nicht auf deren psychodynamische Konfliktlage, sondern beschreibt, daß Frau Jürgen *ihr berufliches Verhalten so ausübt.* Im Interview wird deutlich, daß Frau Kiese der Leitung mehr Bestätigung gibt, als sie es aus der exzentrischen Position will. Sie versucht immer wieder, *eine Umdeutung zu ankern.* Ich-stützend will sie Frau Jürgen deutlich machen, daß ihre Bemühungen effektiv sind.

K: Und was mir JETZT dann in der Reflexion noch mal deutlich wird, ist, daß beide Parteien so hoch manipulativ sind, das ist mir bis jetzt nicht aufgefallen. Also sowohl, wie die MICH jetzt hier konkret in der Situation manipuliert, daß ich ihr IMMER noch ein Schäufelchen nachlege.

Die Intervention der Supervisorin, Frau Jürgen als ein *Naturtalent* in Sachen Leitungsfunktionen zu betiteln, erlebe ich als zynisch. Frau Kiese jedoch bewertet ihre Intervention als *spitzenmäßig:*

K: Ich, nein, ich habe überhaupt keinen Bruch, ich habe überhaupt keinen Bruch bei der Intervention, sondern ich finde, daß irgendwie *5* ihr noch mal zu sagen, daß ich sie wertschätze im Sinne der Unterstützung und Akzeptanz. Obwohl sie mir ja auf den Wecker geht und sie mich also vom Prozeß her ein bißchen ausgefahren hat, will ich sie doch noch mal, ihr die Spiegelung und die Bestärkung geben, daß ich ihr Bemühen// die Art und Weise, wie sie das macht, ist sicherlich ineffektiv, und da wird sie immer mit auch auf dem Bauch landen, aber daß ich ihr BEMÜHEN unterstütze.

Die Supervisorin verbündet sich mit der Kraft, die Frau Jürgen einsetzt. Frau Jürgen zeigt – aus welchen Gründen auch immer – Engagement, und Frau Kiese nutzt diese Kraft, um sie zu locken, konzeptioneller zu denken und ihre Position einzunehmen.

3.4.2 Fallbearbeitung

Nach der Pause gelingt es, *die schleimige Masse, die durch alle Türritzen ständig durchkommt,* nämlich Frau Jürgens Mißbrauch der Teamsupervision, einzudämmen. Frau Kiese schlägt dem Team vor, sich *konkret im Hier und Jetzt* mit der Patientin zu beschäftigen und nicht in die Lebensgeschichte *auszuweichen*. Die Supervisorin will die Fallarbeit so erlebnisnah wie möglich gestalten. Ein Bericht der Lebensdaten hieße, eine patientenzentrierte Perspektive einzunehmen. Frau Kiese möchte aber die Beziehung der Behandler zu den Patienten in den Fokus der Aufmerksamkeit stellen. Herr Hege, den Frau Kiese mir, zusammen mit der Gruppentherapeutin Frau Christ, als die heimlichen Leiter vorgestellt hat, bilden das Behandlungspaar der Zwillinge. Interessanterweise sitzen sie jeweils zur Rechten (Frau Christ) und zur Linken (Herr Hege) der Supervisorin. Man könnte meinen, die beiden probten über die Identifikation mit der Supervisorin die Machtübernahme im Team. An ihrer Seite haben sie nahezu die gleiche Perspektive auf die Gruppe und können an der Stärke der Supervisorin im Team partizipieren. Frau Christ sitzt an der rechten Seite, die Frau also, die die Supervisorin in das Team brachte. Sie macht sich gewissermaßen zu ihrer rechten Hand. Dies drückt sich sowohl durch die Sitzposition als auch in der Grenzen setzenden Haltung der Leiterin gegenüber aus.

K: Das ist aber auch diejenige// das ist richtig, die ich von der Abgrenzungsfähigkeit her für am kompetentesten halte. Also für die Kompetenteste halte, und die tatsächlich *17* ja, die tatsächlich für mich die meisten angemessenen, realitätsorientierten Ich-Funktionen zeigt, in der Art, wie sie interveniert.

Frau Kiese findet im Laufe des Interviews für die Rolle der Frau Christ im Team den Begriff *Mother's Little Helper.* Die Supervisorin schätzt deren Arbeitsfähigkeit hoch ein, traut ihr zu, für das Team die Differenzierung zwischen den beiden Patientinnen zu vollziehen. Das Problematische dieses Bündnisses wird weiter unten ausgeführt. Die Position der Supervisorin in der Mitte zwischen den Behandlern führt sie zur entscheidenden Intervention, der Differenzierung der inneren Erlebniswelt der Zwillinge:

K: ... zwischen den beiden Fallgebern. Also wo jeder, der Mann einen Zwilling und die Frau einen Zwilling, und ich sitz da genau dazwischen. Und ich hab plötzlich gemerkt, daß das zu viel ist, und daß ich gar nicht zuhören kann, und daß das um zwei Menschen geht, und die, irgendwie werden die in einen Pott geschmissen, wenn es um ne Fallarbeit geht.

Die Strategie der Supervisorin ist es, zu sammeln, in welchen Punkten sich die Zwillinge – zunächst rein äußerlich – unterscheiden. Sie verfolgt das Ziel, daß das Team merkt, *daß das zwei unterschiedliche Menschen sind*. Im Laufe des Supervisionsprozesses stellt sich heraus, daß die eine (Karin) recht stabil geworden ist, während die andere (Katrin) ein *Hühnchen* (Kosewort des Teams) geblieben ist. Der sich entwickelnde Part des Zwillingspaares wird von Schuldgefühlen gequält, wenn es der anderen nicht gut geht. Die Fallgeschichte zeigt die ubiquitäre Zwillingsproblematik recht drastisch auf:

K: Und wie dicht, wie dicht die Beziehung und Bindung und Autonomie, und um wie vieles intensiver das ist, wenn du immer ein Gegenüber hast, das gleich alt ist, möglicherweise gleich angezogen wird. So. Also ich hab dann drüber nachgedacht, wie schwer das auch ist, dann den eigenen Weg zu gehen. Weil es gibt ja nicht nur ne Ablösung von zuhause, sondern auch noch mal ne Ablösung von diesen nahen Geschwistern, was ja immer ein besonderes Geschwister ist. Das hab ich kurz gedacht. Und dann hab ich gedacht, wenn die beide – die Familiengeschichte kommt ja dann noch, ne – wenn die beide drogenabhängig sind, dann haben die beide sich untereinander nicht erlaubt, unterschiedliche Bewältigungs- und Abwehrmechanismen zu entwickeln, und daß sie beide gemeinsam immer wieder, also fusionsartig über das Suchtmittel sich ins Paradies hin denken, fühlen, nicht denken, sondern transportieren wär richtig, ne.

3.4.3 Geschlechterkampf

Die geschlechtsspezifischen Klischees des Teams, die sich bei der Schilderung des Zwillingspaares offenbaren, spricht Frau Kiese nicht an. Sie deklariert ihre Sensibilität als Feministin gegenüber Rollenstereotypen zu diesem Zeitpunkt zur »Privatsache«:

K: ... hab dann aber gedacht, das ist jetzt hier irgendwie meine Sache. Der kann einfach nicht damit umgehen, daß weibliches Verhalten doch vielleicht variabler ist, als er sich das denken kann, so.

Frau Kiese fällt es schwer (*ich sitze unglaublich in der Bredouille*), ihren *Frauenforschungsstandpunkt* auszuklammern und keine *Lektionen zu halten*. Sie beschreibt diesen Aspekt in ihrer supervisorischen Arbeit als ein sie stets belastendes Moment. Priorität hat es für sie jedoch an dieser Stelle, dem Team Wege zu zeigen, wie es aus der narzißtischen Übertragungssituation, also der *Zwillingsübertragung und Fusion* aussteigen kann. Durch die Vorrangigkeit der Übertragungsanalyse geraten die Potentiale der Patientin aus den Augen:

K: ... also innerlich registriere ich, daß die da sagen, »Holzfäller« und »pferdemäßig« und »tiefe Stimme«, und ich sitze da und denke, und alles, was diese junge Frau an vielleicht verzerrter Kraft und Eigenständigkeit und Vitalität hat, das setzt diese Burschen hier so in Marsch, daß die sich ja jetzt hier ununterbrochen (LACHT EIN WENIG) darüber unterhalten, UND, ja, die müssen ja, da reden ja jetzt nur die Männer, die Frauen sind ja total weg vom Fenster, ne.

3.4.4 Therapeutischer Stil des Teams

Frau Kiese ist voller Respekt den differenzierten Schilderungen des behandelnden Therapeuten gegenüber:

K: Ich finde, daß dieser Kollege eine sehr differenzierte Beschreibung der// wie die Patientin auf ihn wirkt, vornimmt, also daß ich das sehr sorgsam finde und relativ genau beobachtet und wiedergegeben. Einen kleinen Muckser hab ich innerlich getan bei dem »machohaften Auftreten«. ... Ich find das immer beeindruckend, wie da, was solche Menschen, die da tagtäglich arbeiten, sich für so'ne sensible Arbeit Sensibilität bewahren, obwohl ich natürlich weiß, daß das zu dem Abwehrbild dazugehört, ne, die zu beschreiben. Ich find das zum Beispiel eine sehr intensive Beschreibung einer anderen Person. Ne. Und die Sensibilität, die beeindruckt mich in dem Sinne, daß ich denke, das ist auch was, was man als Ressource nutzen kann, und ihnen immer wieder zurückspiegeln, daß sie da kompetent sind. Also, um die Selbstsicherheit, um das Selbstwertgefühl, das professionelle, zu stützen, ne.

Die differenzierte Fallpräsentation Herrn Heges wird dadurch getrübt, daß er sich zum »Maß aller Dinge« macht. Die Supervisorin sieht ihn als Protagonisten eines für das Team typischen Blicks auf die Patienten der Klinik:

K: Ja. Also ich hab// während ich dem zugehört hab, war ich eben so ambivalent, einerseits fand ich das sehr sorgsam, und andererseits fand ich das an SEINEN Empfindungen und SEINEN Sichtweisen orientiert. ... Was ich typisch finde für das Team, daß es also// du kannst ja entweder sagen, ne hohe Identifikation oder eine mangelnde Perspektivübernahme gibt. Weil das, wie sie, die Patientin, sich verhält, mißt er als Maßstab an der Art und Weise, wie er eine Gruppe leitet, und er gefühlsmäßig vertraut oder nicht vertraut ist.

In der Falldynamik spiegelt sich die Teamdynamik, oder, wie Pühl (mündl. Mitteilung) es ausdrückt: »Alle nicht gelösten Fragen der Institution werden dem Supervisor gestellt«.

K: ..., daß es im wesentlichen um Ich-stützende Arbeit geht, und daß es bei dem Team und bei den Patienten sich um unterschiedliche Abwehrmechanismen von Ich-strukturellen, sagen wir mal, Ich-strukturellen Schwächen handelt, ne. Und daß das Ganze noch verstärkt wird durch eine wenig bergende und haltgebende Leitung, und eine wenig bergende und also unterstützende Arbeitssituation derzeit.

Frau Kiese benennt als eine fachliche Schwierigkeit des Teams, eine Haltung zu entwickeln, die weder als verwöhnend noch als verweigernd zu beschreiben ist. Dem Behandler gelingt es nicht, eine präverbale, nicht symbiotische Beziehungsstruktur mit den Klienten auszuprägen:

K: Also da ist ja wieder das Dilemma dieses Teams und dieser Fallbear// also da kehrt es ja wieder, ne. »Sie weiß, daß ich das weiß, und daß ich das sehe, und sie weiß auch, daß ich dazu nichts sage,« ist, einer weiß alles und braucht nichts dazu zu sagen und versteht alles, und es ist eh' alles klar.

I: »Und wir beiden sind Zwillinge« heißt das.

K: Mhm. »Wir brauchen nur einen Blick, um uns zu verständigen, und schon ist die Welt in Ordnung.«

Die anspruchsvolle und anstrengende Arbeit mit Suchtkranken hat auf der einen Seite die symbiotische Beziehungsgestaltung mit den Patienten zu Beginn des therapeutischen Prozesses zur Voraussetzung, damit das Risiko einer Verschmelzung mit einem Menschen statt mit dem süchtig machenden Stoff gewagt werden kann. Auf der anderen Seite bedeutet dieses Vorgehen eine Arbeit auf *dünnem Eis*, da die Frustrationen nach und nach recht behutsam gesetzt werden müssen und stets die Gefahr des Beziehungsabbruchs beinhalten.

Die Parallelität der Team- und Patientinnenproblematik macht diese Supervisionssequenz so schwierig:

K: Und MEINE Haltung an der Stelle ist genau, noch mal auf die Differenzierung zu achten, und ihn zu ermutigen, eine Intervention zu machen, die beziehungsstützend ist, aber dennoch differenzierend.

Für das Team und das Zwillingspaar gilt gleichermaßen, daß es unterschiedliche Positionen gibt *und daß Differenz sein darf und Bindung trotzdem möglich ist*. Geschwisterliche Rangeleien sind sowohl für das Team als auch für das Zwillingspaar notwendige Voraussetzung, um Individuation zu erreichen. Ähnlich wie bei den Zwillingen lassen sich auch im Team Nivellierungstendenzen feststellen. In dieser Klinik ist es schwer, einen eigenen Weg zu gehen, ob in der Behandlung oder der persönlichen Entwicklung. Auch im Team dominiert *Fusion* gegenüber der unterschiedlichen Ausprägung von Bewältigungs- und Abwehrmechanismen. Zu einem Evidenzerlebnis bei einem Teil des Teams führt die Intervention Frau Kieses, die die Funktion von Familiengeheimnissen erläutert. Zeitverzögert geben die Supervisanden der neuen Perspektive nach, die mit einer fachlichen Gewißheit bricht, die das Team bislang geteilt hat: »Die Aufdeckung von Geheimnissen führt automatisch zur Heilung«. Die Supervisorin desillusioniert das Team:

K: Daß ein Geheimnis immer etwas Machtvolles ist, woran ich meinen derzeitigen Zustand aufnehmen kann, ohne was daran ändern zu müssen.

Frau Kiese wiederholt ihre Auffassung des illusionären Charakters der Behandlungsstrategie, die unter dem Motto steht: »Um Heilungsprozesse in Gang zu setzen, ist es notwendig und zielführend, Familiengeheimnisse aufzuspüren«. Ein Teil des Teams mag nicht mit dieser Überzeugung brechen. Frau Kiese will ihre Interpretation nicht *rational einhämmern,* um die Abwehr nicht zu erhöhen:

K: Weil, ich kann mich noch gut entsinnen, daß ich da gesessen hab und gesagt hab, »soso, mit dem Geheimnis, das kapieren sie jetzt nicht, jetzt wiederholst du's ein-, zweimal, und dann läßt du's auch, wahrscheinlich ist es zu viel für sie.« Und das Wichtige ist aber, diesen Menschen mit seiner Karin da handlungsfähig zu halten, und wenn sie ihn mit dem Goldenen Schuß unter Druck setzt, ihm da Entlastung zu verschaffen.

Die Supervisorin beschreibt ihr Ziel in der Fallarbeit: das Kompetenzgefühl des Behandlers unterstützen. Die Interaktion zwischen ihr und dem Sportlehrer Herrn Reinhard gestaltet sich für sie mühsam. Sie hat massive fachliche Einwände gegen seine körpertherapeutische Orientierung:

K: ,...weil ich ja denke, Frauen von// aus der Drogenszene mißbraucht, mißbraucht, verkauft, auf Anschaffe, und dann Körperübungen, und dann unter, wenn auch wohlwollender, männlicher Anleitung, dann hab ich immer den Sachsse im Hinterkopf.

Ihre Bedenken richten sich massiv gegen die Arbeit mit Video. Sie identifiziert sich mit der Patientin, die vom elektronischen Auge, das *kritisiert und modelliert*, überwacht wird. Sie kann kaum zuhören und empfindet die Enge und Kontrolle, die auf die Patientinnen trifft:

K: Und dann stell ich mir vor, das ist ein Zwilling, der sowieso nur halbert ist, der durch eine Heimerziehung gegangen ist, mehrfach, wenn ich's also dazu phantasiere, dann paßt es immer noch, mißbraucht, in der Heimsituation, Drogenszene, und dann soll die durch den Raum gehen, das wird auf Video aufgenommen und besprochen. Ich finde das richtig INtrusiv. Ne. Und damit bin ich beschäftigt, während der spricht. Ich bin da für ne Weile richtig ausgestiegen. Also von der, auch noch mal von den Entwicklungsräumen, die die Patienten tatsächlich in solch einer Institution haben. Also, wie stramm das da zugeht. So.

Die Supervisorin hält Videofeedback für kontraindiziert. Sie bewertet die Methodik als übergriffig und eine nach außen, auf Wirkung gerichtete Abhängigkeitstruktur aufrechterhaltend:

K: Weil sie ist immer wieder angewiesen auf das, was andere ihr sagen, und sie kommt überhaupt nicht dazu, selber was zu entwickeln.

Frau Kieses Überlegungen zielen darauf, den Therapeuten zu ermuntern, die Verbalisierungsfähigkeit der Patientin zu entwickeln und ihn von der erlebnisorientierten Körperarbeit wegzubringen. Sie sieht seine Aufgabe darin, der Patientin den Raum zu geben, in dem sie selbst etwas entwickeln kann.

K: Also daß er mit ihr arbeiten soll über die Phantasien, die sie dazu hat, und nicht, sie das ausführen zu lassen oder so.

Der Sportlehrer versteht sie jedoch nicht und berichtet von akrobatischen *Kunststückchen*. Mit ihrer Intervention sei sie nicht gelandet, so die Supervisorin, sondern habe Herrn Reinhard nur verunsichert, so *daß er sich produzieren muß*. Anders als das Team wertschätzt die Supervisorin die bislang erzielten Erfolge der Patientin. Ihre aktive Mitarbeit in der Institution bringe zwar kein Wachstum, jedoch ein hohes Maß an Realitätsanpassung, das sie für wesentlich hält. Durch das Schulbeispiel (s. o.) möchte sie ihre Haltung illustrieren und das Team dazu bringen, die Kompetenz der Patientin zu sehen. Gleichzeitig will sie das Team von seinen überzogenen Erwartungen an das Klientel abbringen:

K: ... »Ich will weiter,« ne, also das Intrusive noch mal. »Ich brauche mehr von dir.«

Frau Kiese ist mit ihrer zentralen Interventionen äußerst zufrieden.

K: DA dieser kleine Satz, »nicht das Volle, und das, was Sie gerne wollen, in Anführungszeichen, sondern wie sieht der nächste Schritt«// jetzt würd ich noch sagen, »FÜR die Patientin, nicht für SIE, wie sieht der nächste Schritt für SIE, für SIE, die Patientin aus, und nicht für Sie als Therapeut«.

Die Supervisorin will das Team von unüberlegten Impulshandlungen abbringen und mahnt mehr Überlegtheit an. Das Team soll lernen, auf vorgegebene Entwicklungsschritte, die es für die Patienten vor Augen hat, zu verzichten und *einen psychischen Handlungsspielraum zu ermöglichen.* Mit Hilfe der Absenkung des rigiden, recht formalistisch anmutenden Anspruchniveaus des Teams will sie Enttäuschungsprophylaxe nach dem Motto »*Weniger ist mehr*« betreiben.

3.4.5 Zur Interaktionsdynamik des Teams

K: Es begann so, daß sie die ersten drei, vier Male nur Teamsachen besprochen haben und keine Fallarbeit, und dann hab ich gesagt, ich denke, es ist wichtig, tatsächlich nicht immer nur über Beziehungen hier im Team zu sprechen, sondern über Beziehungen anhand von etwas Drittem. Dann haben sie angefangen, doch Fälle zu besprechen. Aber ich mußte das anmahnen.
I: Die hätten sich sonst liebend gern mit ihrem Miteinander...?
K: Ja, unentwegt, unentwegt.

Die Leitung bringt das Team dazu, sich in ihre Leitungsverantwortung einzufühlen und vor allem, die Leiterin zu trösten und ihr Unterstützung zuzusagen. Damit stabilisieren sich einige Teammitglieder, wie z.B. der Gruppentherapeut Herr Meiser. Die Strategie der »Leitungsstützung« sichert dem Team Kontrolle über ihre Dienstvorgesetzten. Durch die Teilhabe der Teammitglieder an der Belastung des Leitungsduos findet ein Egalisieren, die Verwischung der Hierarchieebenen statt:

K: Jetzt beruhigt sie ihn erstmal, und die schließen ihre Koalition, ne. Also jeder beruhigt jeden. ... nach dem Prinzip, es ist besser, ein schlechter Chef, der mich in Ruhe läßt, wo ich machen kann, was ich will, als gar niemand oder jemand, der tatsächlich für mich zur Auseinandersetzung zur Verfügung steht.

Frau Kiese kennzeichnet die Doppelbödigkeit des Teamverhaltens an anderer Stelle folgendermaßen:

K: Die loben sie und stellen gleichzeitig Bindung und Kontrolle her.

Das Team übernimmt mit der narzißtischen Gratifikation der Leitung Kontrollfunktion. Es verkehrt die Rollen, und es läßt die Fürsorgepflicht, die die Vorgesetzte ihren Mitarbeitern gegenüber hat, ihr selbst angedeihen. Wie Schmidtbauer (1997, 179) es ausdrückt, verwandeln sich die Betreuten in die Betreuer. Auf der anderen Seite versetzen sie einander in Angst und Schrecken, indem Verlassen angekündigt wird:

K: Und es ist so, daß es ein Ritual gibt, jede zweite Sitzung droht einer mit Kündigung. Die Sitzung davor war es ein Arbeitstherapeut, der vom Team ein schlechtes Feedback gekriegt hat über seine Arbeit. Er sagt, ich bin ja noch da, die Leitungsfrau sagt auch alle zwei Male, ich weiß gar nicht, ob das nicht unter meiner Würde ist und ich gehen muß. Es wird ununterbrochen mit Kündigung gedroht.

Frau Kiese geht davon aus, daß dieses Ritual die Funktion hat, den einzelnen Teammitgliedern das Gefühl von Autonomie zu verleihen. Weiterhin läßt sich diese Interaktionsform als Drohgebärde und Schutz vor Kritik seitens des Teams und der Leitung verstehen. Die habituellen Weglaufankündigungen sind deshalb so effektiv, da bei der hohen Fluktuation Verlassenheit sowohl auf Patienten als auch auf Mitarbeiterseite ein permanentes Thema darstellt. Frau Kiese reagiert auf die Drohungen weniger empfindlich als ich. Sie sieht sich während des Interviews im Bündnis mit Herrn Hege und Frau Christ, den beiden informellen Leitern:

K: Ja genau. Aber hier, bei dem hab ich das nicht gehört, wahrscheinlich, weil ich den selber als eine sehr entlastende Figur empfinde, also dann geht es um mein Bündnis mit dem, ne. Also, da bin ich dann verwikkelt.

Das Bündnis läßt sich als Abwehrmechanismus der Paarbildung im Sinne Bions verstehen. Supervisorin und die Gruppentherapeutin Frau Christ binden die Angst der Gruppe und spenden damit messianische Hoffnung auf etwas Neues, noch zu Gebärendes:

K: Und in Relation dazu seh ich diese Frau tatsächlich im Bündnis mit mir. So. Ohne, daß ich denke, daß sie *4* für sich// also das find ich noch mal wichtig, daß du mich drauf ansprichst, ich denk tatsächlich, vom Thema der Angstbindung her, oder vom Thema, was ein narzißtisches Thema ist, Autonomie und Abhängigkeit oder so was, ne, ist sie diejenige, die ich für die Flexibelste halte, von all denen, die da hokken, das ist schon wahr.

Ein Frauenpaar füllt das Leitungsvakuum:

K: Naja, und du kannst ja, wenn deine These stimmt, kannst du ja sagen, daß die Paarbildung auch unter dem Aspekt, daß es keine Leitung gibt, eine mögliche Abwehrkonstellation ist, die dann aber auch nötig// also ich seh das dann nicht mehr unter// also die einfach Konflikte reguliert. *4* Und das Chaos abwendet und die Angst bindet.

Die Supervisorin veröffentlicht ihre Gruppendeutung zum unbewußten Selbstverständnis des Teams nicht. Ihre Einschätzung lautet, daß das Team eines ist, *was alles im Griff haben muß, damit es nicht verlassen wird, damit es nicht verletzt wird, damit es keine Enttäuschung hinnehmen muß*. Sie interveniert eher ressourcenorientiert. Bei der ärztlichen Leiterin fruchtet ihre Strategie nicht, sie findet im ersten Teil der Supervisionssitzung kein Ende. Die Supervisorin ärgert sich im Interview darüber, *daß ich es nicht gemerkt habe*. Mit Hilfe einer teamdynamischen Perspektive gelingt es der Supervisorin, den Ärger zu dämpfen:

K: Naja, also ne kleine, ne kleine Entlastung hab ich, indem ich sage, meine These bestätigt sich, daß dieses Team alles tut, um die Führung nicht aus der Hand zu geben. Und DIE lassen die wie am Drahtseil da springen, und die beiden können ackern, wie sie wollen, dieses Team wird entscheiden, was es gut findet und was nicht. So. Das machen sie emotional wie der Arbeitstherapeut, der stottert, entlastend und unterstützend, wie diese Beate, und drohend, das sind die drei Stile. Also das kommt so voraus. Nur die Frage ist, ob das zielführend ist. Also für mich schon, aber in der Situation war es von mir aus nicht geplant, sondern ich war immer nur damit beschäftigt, wie biege ich jetzt ab, daß die sich hier narzißtisch// daß die diese Gratifikationssuche aufhört. Aber das Wichtige ist ja, daß sie es möglicherweise tut, weil das Team das so BRAUCHT, ne, also auf der unbewußten Ebene haben die ja irgendwie super zusammengespielt.

Im Verlauf der Supervisionssitzung wird recht schnell deutlich, daß das Team sich mit Hilfe eines Außenfeindes solidarisiert und teaminterne Konflikte abwehrt. Es formiert sich wie zu einem Schulterschluß:

K: Ich bemerke, daß die diese Arbeit ertragen, oder die sich geeinigt haben, oben den Feind zu sehen. Also einen Außenfeind zu produzieren, um ihre inneren Schwierigkeiten und Belastungen oder Konflikte und Ängste zu bewältigen ... und das Team macht ja, ich glaube, meiner Erinnerung nach da natürlich auch richtig mit, und das gibt mir noch mal irgendwie so'n Aufschluß über die Realitätsangepaßtheit dieses Teams, und das ist wie dieser Bauernhof. Das ist ENG da. Die haben wenig Spielraum, wie sie mit// inneren Spielraum, wie sie mit Konflikten umgehen können.

Die Ich-Schwäche vor allem der ärztlichen Leiterin wird ergänzt durch den Arbeitstherapeuten Herrn Neumann, der als Protagonist für die Gruppe den Maßstab persönlicher Labilität, der im Team geduldet wird, zunächst auslotet und dann festlegt. Frau Kiese nennt ihn das *Gruppenbaby*, seine Beiträge werden fast nie beantwortet. Er zieht aber dennoch keinen Zorn des Teams auf sich. Dies wird verständlich, wenn man die wichtige Funktion betrachtet, die er für das Team erfüllt. Er garantiert die Erlaubnis für psychische Labilität der Mitarbeiter:

K: Also das ist die Inkarnation von persönlicher Labilität, wo die übrige Gruppe dran abmißt, wieviel persönliche Belastung aus meinem persönlichen Konflikterleben heraus kann ich der Gruppe zumuten. Der ist so ein Repräsentant. Und DER ist auch Ex-Alki.

Frau Kiese berichtet, daß Herr Neumann von dem Team viel spiegelnde Resonanz erhält. Alle hören ihm aufmerksam zu. Er kommentiert auf eine Weise, die *völlig neben der Kappe* ist, und entlastet die Gruppe dadurch, daß er alle *Unmöglichkeiten*, die sich niemand getraut zu sagen, ausspricht. Die Reflexion im Interview regt Frau Kiese an, Herrn Neumanns Rolle als Seismograph des Teams für kindliche Bedürfnisse nicht weiter zu fixieren, sondern ihn demnächst *auf der Erwachsenenebene herauszufordern*. Die Supervisorin versucht das kollektive Abwehrmuster zu durchbrechen:

K: Also, wieder Doppelstrategie, nämlich, jetzt probier ich's ja mit einer Umleitung, ne, nämlich, daß das eigentlich, wenn sie jetzt Krach kriegt, ein Erfolg ist für ihre effektive Arbeit, und daß es Zeit ist, sich zu distanzieren und das nicht alles so persönlich zu nehmen. *9* So, das ist meine Intention bei der Intervention. Sie in diese// taktisch und strategisch hab ich absichtlich eingebracht, um aus diesem komischen Übertragungsding, was die da zur Leitung aufbauen, also der Buhmann, und »wenn meine Eltern nur anders wären.« Das mein ich jetzt nicht im Sinne der Familialisierung der Beziehungen, aber »wenn DIE nur anders wären, dann ginge es mir wunderbar«, sondern tatsächlich umzudeuten, und ne Distanz zu schaffen, das ist mir glaub ich das Wichtigste, ob das damit gelungen ist, weiß ich nicht.

3.4.6 Exkurs: Ex-Alkoholiker im Team

In zahlreichen Drogeneinrichtungen arbeiten »Ex-User«, die ihre Suchterkrankung professionalisiert haben. Laienhilfe und professionelle Hilfe gehen eine zumeist konfliktträchtige Bindung ein. Ehemalige Drogenmißbraucher stehen dafür, daß Sucht ein lebenslanges Problem ist, daß es keine Heilung gibt, sondern nur über den Nichtgebrauch von Drogen, das Trockensein erreichbar ist. Damit kränken sie den Heilungsanspruch von Kliniken, Heilstätten zu sein. Sind »Ex-User« in der Regel billige Arbeitskräfte (vgl. Schmidbauer 1997), so sind in der untersuchten Einrichtung die leitende Ärztin und ein Arbeitstherapeut trockene Alkoholiker und mit recht hohem Status versehen. Die dem (ärztlichen) Helferberuf inhärente Ambivalenz (»Nur der verwundete Arzt kann helfen« versus »Arzt heile dich selbst, denn wer kann helfen, ohne selbst geheilt zu sein«) wird in der vorliegenden Teamkultur besonders deutlich. Das Potential der aus eigener Erfahrung abgeleiteten Professionalität läßt sich wie folgt skizzieren: »Wer selbst getrunken oder gefixt hat, der kennt die Ausreden, die Lügen, die Selbsttäuschungen, den zur zweiten Natur gewordenen Betrug so gut, daß er nicht leicht beschwindelt werden kann. Er bietet nicht nur Therapie als Dienstleistung an, er verkörpert diese auch, er beweist mit seiner Person, daß eine Heilung möglich ist« (Schmidbauer 1997, 82). Die berufliche Kompetenz von Frau Jürgen ist jedoch durch ihr Suchtpotential immer wieder überlagert. Sie zeigt gesteigerte narzißtische Bedürftigkeit, vielleicht durch die Tatsache begründet, daß für »Ex-User« der therapeutische Erfolg besonders wichtig ist, da sie in Identifikation mit den Patienten ständig mit ihrem eigenen Leben konfrontiert sind. Die Abwehr narzißtischer Kränkungen und die orale Ansprüchlichkeit sind die Themen von Frau Jürgen, also genau die, »welche die Pathologie der Sucht charakterisieren« (Schmidbauer 1997, 87).

Helfer kompensieren in der Regel frühe Mangelerfahrung als Kind, Defizite und Versagungen mit Selbstidealisierung, deren Kehrseite die Depression darstellt. Süchtige Helfer sind besonders bedroht von Fragilität in der Arbeit mit süchtigem Klientel. Der massiven Selbstschädigung des Klientels kann mit naturwissenschaftlicher Rationalität, die die Stärke des Arztberufes mit sich brächte, nicht begegnet werden. Frau Jürgens »Heilung« scheint primär durch Über-Ich-Übernahme des früheren behandelnden Therapeuten oder einer Selbsthilfegruppe erfolgt zu sein. Auch die Supervisorin wird einerseits zum Identifikations- und Idealisierungsobjekt, auf der anderen Seite läßt Frau Jürgen sie nicht wirksam werden und konkurriert mit ihr.

Das Team untereinander gibt sich gegenseitig wenig Anerkennung. Es tritt nicht miteinander in Beziehung und vermeidet die gruppeninterne Konkurrenz. Innerhalb der Fallbearbeitung zeigt sich zum ersten Mal eine Konkurrenzsituation im Team. Die differenzierten Schilderungen des Herrn Hege rufen den psychologischen Leiter auf den Plan. Herr Oswald möchte durch die Ergänzung mit lebensbiographischen Daten ebenfalls fachlich glänzen. Er stellt sich damit gegen die Strategie der Supervisorin, der es wichtig war, im Hier und Jetzt zu arbeiten. Auch die ärztliche Leiterin scheint sich genötigt zu sehen, die Interventionen der Supervisorin mit ihren fachlichen Ratschlägen (Suizidverträge) zu ergänzen. Frau Kiese versteht ihre Ausführungen als Revolte gegen ihr Bemühen, Frau Jürgen auf ihre Position als Leiterin zu verpflichten:

K: Und das sagt sie mir am Beispiel, wann es gut ist, mit Suizidverträgen zu arbeiten und wann nicht. Und ich hab das schon so gehört, daß sie mir mitteilt, »und du wolltest mich eben auch auf etwas verpflichten, und es ist nicht immer gut, ich will meinen Handlungsspielraum behalten«. So hab ich das verstanden.

Die beiden Leitungspersonen konkurrieren mit der Supervisorin und mit dem Team. Auch die Rivalität zwischen dem leitenden Psychologen Herrn Oswald und dem Sportlehrer Herrn Reinhard wird in der Fallbearbeitung entfacht, weil – so Frau Kiese – *hier wird irgendwie was neu verteilt*.

K: Der Psychologe kriegt so Affektdurchbrüche. Ein ganz ruhiger Mann, ganz liebenswürdig. Aber insbesondere mit einem Mann, dem Sportlehrer, kommt der in so einen Konkurrenzdruck und dann wird der ausfällig. Was ich als ausfällig bezeichnen würde, seiner Sekretärin gegenüber auch. Also vor dem Team so ungehalten, daß ich das als nicht angemessen bezeichnen würde.

3.4.7 Beziehung der Supervisorin zum Team

K: Die haben durch unsere Arbeit (gemeint ist die vorliegende Untersuchung – die Autorin) meine besondere Aufmerksamkeit, und sie beschäftigen mich im Sinne der Gegenübertragung. Auf der Fahrt hin und zurück mache ich mir ziemliche Gedanken, was ich aufschreibe, jenseits der Themen, die auftauchen.

Frau Kiese schildert sich als von der Teamsituation herausgefordert. Das Team schätzt sie, trägt ihr jedoch eine regelrechte Heilserwartung an, die gekoppelt ist an eine recht ängstliche Grundhaltung. Zwei, drei Kränkungen seien von ihr im Laufe des Supervisionsprozesses *schon verteilt* worden. *Die, die gekündigt hatte, meinte: »Ihnen kann ich es ja auch nie recht machen«.* Die Supervisorin wertet den Kommentar, der sie zunächst stutzig gemacht hat, als Hinweis darauf, daß die Mitarbeiterin sie im Sinne ihrer unbewußten Systematik nicht *verwursten* kann. Die Beziehung zur Gruppe als Ganzes schildert sie zu Beginn des Interviews folgendermaßen:

K: Ich hab immer, wenn ich da hin fahre, kennst du das Buch von Makarenko, der hat 'ne Verwahrlostenkolonie beschrieben, das heißt »Der Weg ins Leben«. Auf russisch heißt das irgendwie anders, da werden so Jungengruppen beschrieben, im Krieg der 20er Jahre, nach der Revolution, die sich selber über Wasser halten. Wahrscheinlich sind das so Arbeitskommunen. Der hat ältere und jüngere Kinder zusammengefaßt, die haben sich dann geschwistermäßig über Wasser gehalten. Das fällt mir immer ein, wenn ich zu diesem Team fahre, wobei der Übergang von professioneller Position zu Klientenposition dann nämlich fließend ist. Und sie haben eben keinen Makarenko. In der Leitungsposition nehmen sie heimlich Leitung, die beiden, die das Zwillingspaar vorgestellt haben.

Die Supervisorin nimmt die Emotionen des Teams zu Beginn der Sitzung auf und läßt sie Raum greifen. Später dann strukturiert sie mehr und steuert den regressiven Tendenzen entgegen:

K: Also deshalb nehm ich die Ängste erstmal auf, und gleichzeitig sage ich dem Team, möcht ich das Team eigentlich davon wegführen, und ich sag ja laut, »du, Chefin, bist in einer Sandwich-Position«, das sag ich ja nicht nur zu ihr, sondern während ich es zu ihr sage und sie real bestätige, sage ich es ja auch zum Team, und ich sage gleichzeitig, nicht nur zu ihr, sondern auch zum Team, das geht euch eigentlich nichts an. Das ist deren Arbeit, dafür wird sie bezahlt. Also versuch ich, eine Abgrenzung herbeizuführen. Oder das DENKEN an eine Abgrenzung.

Frau Kiese überläßt dem Team die Aufgabe, die Leitung mit ihren privaten Wünschen einzugrenzen. Es ist die Frau Christ, die die Supervisorin gewann, und sie ist es auch, die im Sinne Frau Kieses interveniert:

K: ...daß ich so lange zugewartet habe, ne, wenn ich nicht den Konflikt wirklich aufnehme, daß ich so lange zugewartet habe, bis eine sagt, »jetzt ist hier aber finito« und da hänge ich mich nun dran. Und dieses Finito ist ja wieder doppelbödig, ne, also in dem Sinne, daß das Team besser Bescheid weiß als die Leitung, und ein Teammitglied, oder damit das Team für mich sagt, »so, mehr kann ich nicht vertragen, jetzt reicht es«.

Das Team reagiert erstaunt, wenn Frau Kiese nicht eingreift, z.B. als der leitende Psychologe in früheren Sitzungen *seine Scharmützel losläßt und die Sekretärin vor dem Team runterputzt.* Frau Kiese vermeidet, in die Recht-sprechende Position gedrängt zu werden.

K: ..., daß ich da nicht eingreife, die halten sich auch raus, wie so'n Blitz geht das durch das Team, keiner bezieht sich darauf, und die erwarten, daß ich was dazu sage. Dem folge ich aber nicht, fällt mir jetzt auf, warum eigentlich?

Das Team weiß zum Zeitpunkt der vorliegenden Sitzung noch nichts von der anstehenden Leitungssupervision. Die Forderungen von Frau Christ (s.o.), Frau Jürgen sollte sich Coaching holen und dies auch selbst bezahlen, macht das unausgesprochene Arbeitsideal des Teams deutlich:

K: Das ist jetzt noch mal, wie das Team eigentlich sein Gruppenideal pflegt, ne. Da ist sie jetzt das Sprachrohr. Was man eigentlich alles tun muß, um in diesem Job fit zu sein. Weil das ein Job ist, wo es um Leben und Tod geht.

3.4.8 Bewertung der Tätigkeit

Frau Kiese möchte die narzißtisch überhöhte Bewertung der Tätigkeit durch das Team mit der Intervention »*Das ist ein stinknormaler Arbeitsplatz.*« verändern. Die Intervention der vorausgehenden Sitzung hat viel Anlaß zur Auseinandersetzung gegeben, so daß in der vorliegenden Begegnung darauf rekurriert wird.

K: Weil, »das ist ein stinknormaler Arbeitsplatz« schafft als Intervention, schafft ja, so war es zumindest von mir beabsichtigt, schafft ja Entlastung und hilft, sich abzugrenzen, und nicht so zu verschwimmen mit dem Arbeitsplatz, ne. Ich find den irgendwie ganz hilfreich. Der sagt ja, der sagt mir ja in der Situation, daß meine Intervention vom letzten Mal angekommen ist, nämlich die Entlastung, normale Ansprüche, so stinknormale Ansprüche stellen zu dürfen, und zu vergleichen und sich zu distanzieren.

Das Ergebnis der letzten Sitzung, die Bemühungen von Frau Kiese, die Arbeit in der Einrichtung zu entdramatisieren, hat im Team viel Widerstand erzeugt. Die Mitarbeiter berichten immer wieder von ihrer Erschöpfung, die die Supervisorin ursächlich in Zusammenhang mit dem das Team leitenden Paradigma bringt. Sie raubt ihnen die narzißtische Überwertigkeit, indem sie ihren Glaubensgrundsatz, Arbeit mit Drogenabhängigen sei per se erschöpfend, mit der Aussage konfrontiert, ihre Tätigkeit sei wie jede andere auch. Ich möchte es als typisches Kulturmerkmal von Suchteinrichtungen werten, daß in diesem Team neben der narzißtischen Selbststilisierung eine orale Anspruchshaltung dominiert.

K: Welche Formen das annimmt, wenn es dort ein Gesetz ist, daß die individuellen Bedürftigkeiten nahtlos zu befriedigen sind, und das der Leitungsposition, die sich das so erlaubt, dann ist das irgendwie kein Wunder, daß das Team miteinander das genauso macht.

In der Fallbearbeitung von Karin und Katrin zeigte sich das hohe Anspruchsniveau des Teams. Die Frage des Fallerzählers Hege kreiste immer wieder um die Frage, ob es gut genug sei, was er leiste. Die Arbeit in Entwöhnungseinrichtungen für Drogenabhängige ist recht anfällig für Kränkungen. Der Behandler steht immer in Konkurrenz zur Droge, die Trost, Verschmelzung und Entspannung sofort gewährleistet. Der therapeutische Prozeß hingegen fokussiert Ambivalenz, Aggression, Auseinandersetzung, Verzicht und Einsamkeit. Die Erfolge von Drogentherapeuten muten im Vergleich zu Behandlern, die vorwiegend mit neurotischem Klientel arbeiten, recht bescheiden an. Die zahlreichen Abbrüche und Rückfälle lassen die Mitarbeiter von Drogenkliniken oftmals mit Insuffizienzgefühlen und fachlichen und persönlichen Zweifeln zurück. Die Supervisorin verkörpert in dieser Hinsicht eine wichtige Modellfunktion gegenüber der Leitung und dem Gesamtteam:

K: Weil die ganze Strategie, die ich vorher fahre, also immer wieder zu amplifizieren, die Luft rauszunehmen, also ist ja auch noch mal modellhaft für das ganze Team, die sitzen ja mucksmäuschenstill und gucken, wie man mit so was Überbordendem umgeht.

Die Supervisorin will das Team aus dem Alles-oder-Nichts-Muster gegenüber der Klientel herausführen. Bislang fordern die Behandler Unterwerfung der Drogenabhängigen, eine Prämisse, unter der die Mitarbeiter »bestens« arbeiten können:

K: ... und wenn sie (die Patienten) dann Aufgaben nicht erfüllen, daß sie dann total zusammenklappen.

Durch die exzentrische Position im Interview wird noch einmal deutlich, wie die Supervisorin mit der Leiterin das Teamthema der Bedürftigkeit am Arbeitsplatz angeht. Die Äußerungen der Leiterinnen lassen sich gruppendynamisch als Ausdruck von Teamkonflikten verstehen. Bedürftigkeit dürfte jedoch lange schon ein institutionelles Thema sein, das vermutlich tabuiert ist. Die sexuelle Beziehung der Vorgängerin von Frau Jürgen mit einem Patienten (s. u.) macht die fehlenden Grenzen, die dem Inzest Vorschub geleistet haben müssen, ebenso deutlich, wie einen Mangel an emotionaler Versorgung der Mitglieder der Institution. In mir entsteht ein Bild einer Leiterin, die auf emotional und sexuell zufriedenstellende Partnerbeziehung zugunsten einer Helferinnenrolle verzichtet. Ihre Asexualität läßt sich als Antwort auf die persönliche und institutionelle Katastrophe (s. u.) werten. Die Metapher von der Arbeit in der Klinik als *Knäckebrot* wirkt wie ein Realitätstraining, den Versagungsaspekt in der Behandlung Süchtiger betonend:

K: Und das Wichtige war mir, daß ich eine Metapher aufgenommen habe, die im Team da ist, also emotional getragen wird, daß es um Bedürftigkeit geht, beim Essen, und daß es bei der Arbeit nicht darum geht, daß man jeden Wunsch erfüllt bekommt. *4* Und daß Wohlfühlen auch mit Verzicht gekoppelt ist. Also ich mache gleichsam jetzt auf der Teamebene, wie der mit seiner Gehaltserhöhung kommt und nicht trennen kann zwischen, was meine persönlichen Belange sind, und wie weit die meine professionellen berühren, und wo ich einfach unterscheiden muß, wo ich welche Bedürfnisse befriedigt bekomme, und daß ein Arbeitsplatz kein großer Lutscher ist. (LACHT) Ja, ist doch wahr. Also insofern denk ich, wird mir immer deutlicher, während wir darüber reden, wieviel Entwicklungsarbeit da einfach zu leisten ist, ohne therapeutisch zu werden.

Die Lehrerinnen-Schüler-Rollendefinition des Sportlehrers während der Fallbearbeitung (»*hier, bitte, ich habe noch eine Frage einzugeben*«) kontrastiert Frau Kiese und unterstützt seinen Wunsch *mitzuspielen*. Sie vermeidet (wenn auch mit Mühe) die fachliche Konkurrenz mit ihm. Frau Kiese macht ihre Kapazitätsgrenzen deutlich, räumt ein, daß sie die Gruppenresonanzen vernachlässigt hat. Durch ihre Transparenz hilft sie dem Sportlehrer, sie zu entidealisieren und seine submissive Position gegen ein partnerschaftliches Arbeitsbündnis einzutauschen:

K: Das habe ich mir sehr gut überlegt, daß ich das tue, und einfach SEINE HALTUNG dann, »ich möchte auch mitspielen, und darf ich mal bitte was fragen«, ist ja sowohl unterwürfig wie vielleicht ein bißchen also jetzt aggressiv, also im Sinne von Durchsetzen, ne, nicht im Sinne von destruktiv, aber so mich da irgendwie nicht einzulassen, sondern das zu akzeptieren, über die Form kann man noch reden, und ihm zu sagen, »ja, es ist gut, daß Sie aufpassen, und ich kann nicht an allen Orten gleichzeitig sein«.

Der Sportlehrer Herr Reinhard macht die Ambivalenz des Teams deutlich. Sie alle wollen in Frau Kiese eine modellhafte Leitungsfigur sehen, die Übernahme ihrer Anregungen erweckt jedoch zugleich Rebellion:

K: Sowie man ihnen etwas vorgibt, dann tun sie es, und es entsteht so eine seltsame Art von, daß sie sich darauf gestoßen fühlen, und es SOFORT zurückgeben und verweigern. Also ich war da noch mal total bestürzt in dem Sinne, daß der auch nichts annehmen kann.

Das Ziel, das die Supervisorin für die Haltungen der Teammitglieder untereinander verfolgt, wird exemplarisch von ihrer Bündnispartnerin Frau Christ verkörpert, die zu Differenzierung und Akzeptanz gleichermaßen befähigt ist:

K: ... noch mal sowas, was ich an dieser Frau ganz produktiv finde, ne. Die kann ja ganz gut differenzieren und sagen, »ja, so war das heute, und ich habe trotzdem einen anderen Standpunkt, kann die Sichtweise des Kollegen anerkennen,« und das find ich irgendwie ganz positiv.

3.4.9 Rolle der Supervisorin in der Institution

Frau Kiese beschreibt zu Beginn des Interviews die implizite Rollenerwartung des Teams an eine Supervisorin: »Sie soll für Ordnung sorgen und die angetragene Führungsposition annehmen«. Die Supervisorin nimmt diesen Auftrag partiell an, da aus ihrem Verständnis Supervision *was mit Ersatzmangement zu tun hat:*

K: Ich habe delegierte Leitungsfunktion, die ist hier besonders gefragt. Wo ich den Bruch sehe mit der Supervisionsaufgabe, daß das hier leicht im Sinn einer Abwehr verarbeitet wird, wenn ich Leitungsfunktion übernehme, ich befürchte, daß die dann regredieren allesamt, weil die das so projektiv beschicken, daß die dann loslassen.

Frau Kiese interveniert sparsamer, als es üblicherweise ihrem Arbeitsstil entspricht. Sie will dem kollektiven Strukturverlust keinen Vorschub leisten. Im Team scheint der Wunsch nach Leitung recht ambivalent besetzt zu sein. Es saugt die Führungsqualitäten Frau Kieses dankbar auf, versucht aber zumindest in der Frage der Pausengestaltung an der Leitungsfigur, die es auch ersehnt, zu sägen:

K: Jetzt geht der ja mit mir um wie mit der Leitung, ne. Also der macht jetzt den Pausenvorschlag, weil ich nicht drauf geachtet habe, und ich steig da sofort drauf ein und laß mir das nicht aus der Hand nehmen.

Die Anzahl der Dilemmata dieser Teamsupervision ist hoch. Die Beschreibung von Frau Kiese *Ich find das einen Wahnsinnsritt auf der Rasierklinge* scheint mir recht angemessen:

K: Sagst du zu viel, bist du draußen, ne?, sagst du zu wenig, haben sie dich fusioniert.

Das Entscheidende für das Gelingen des Auftrags von Frau Kiese, das Team arbeitsfähig zu machen, ist die Etablierung eines gleichschenkeligen Dreiecks zwischen Team, Träger und Supervisorin:

K: So, jetzt fällt mir noch mal ein, tatsächlich die triadische Position, das heraus zu arbeiten, an der Stelle. Weil es geht ja immer weiter hin und her, Leitung, Team und ich als triadische Position noch mal zu benennen, und anzubieten, das einzubeziehen. Daß es nicht nur verschwommene Beziehungsmuster in der Arbeit gibt, sondern tatsächlich ganz klare, wo ich eine dezidierte Position hab, die sich sowohl nach dem Team wie nach der Leitung hin unterscheidet. Ja. Und dann, ich finde es gut, daß ich trotzdem sehe, wie diese Frau da (ringt,) und wie die sich da gegenseitig manipulieren, ich einen herzlichen Ton beibehalten hab. Also das, du hast mir ja schon Zynismus unterstellt, das ist nicht so.

Sie balanciert die Teamdynamik in gelungener Weise aus. Das Team wird bei der Grenzziehung zur Leitung unterstützt und gleichzeitig versucht die Supervisorin, die Kontrolle, die das Team auf die Leitung ausübt, einzugrenzen. Es darf und soll *mit steuern, mit tragen und mit entscheiden,* ohne die Leitungspersonen zu entmachten. Ein weiteres Ziel von Frau Kiese ist, das Team unabhängiger von seinen Klienten zu machen. Gerade zu einem Zeitpunkt, in dem erneut Sparmaßnahmen greifen und das Team in einer narzißtischen Krise steckt, brauchen sie Souveränität gegenüber ihren Klienten:

K: ... Was dieser Mensch beschreibt, ja nun das ist, was es bei narzißtischen Krisenzuständen immer gibt, daß das einen Wahnsinnssog hat und eine manipulative Kraft, und der man sich nur stellen kann, wenn man das wirklich offen macht. Und er ist abhängig davon, wieviel// also was den Erfolg seiner Arbeit angeht, wieviel Leute clean bleiben, wieviel 'n Rückfall bauen, und wieviel hops gehen, natürlich, Leben und Tod. So sehen die das ja da. Und das Wichtige ist, daß ich gerne Alternativen dazu erarbeiten möchte, daß die Abhängigkeit von dem, was die Klienten tun, ein bißchen geringer wird.

3.4.10 Dynamik der Institution

Die Diagnosen und die daraus folgenden Arbeitshypothesen der Supervisorin aus der Kontraktverarbeitung lauten: »Institutionelle

Überlastung, Fluktuation und Veränderung des therapeutischen Konzeptes stellen die Hauptproblembereiche dar«. Das Team sitzt dem Mythos auf, daß sie eine *Arbeit auf Leben und Tod* verrichten. Die institutionelle Einbettung des Teams ist schlecht. Das Verhältnis über die Leitung zur *Firma* ist gespannt bis gestört. *Alle naselang wird denen was aufdiktiert*. Die Belegschaft der Klinik wird nicht als Partner gefragt. Der Konflikt mit dem Träger wird von den Leitungspersonen schlecht abgepuffert und modelliert. Frau Kieses Auffassung der Aufgabe einer Führungsperson läßt sich folgendermaßen skizzieren: »Von oben nach unten institutionell und organisatorisch zu vermitteln«. Das Team scheint sich ihrer Ansicht nach ähnlich wie das Klientel auf einen *gehörigen Schuß von kollektivem Narzißmus* geeinigt zu haben: *Was die natürlich anders und besser bewältigen als die Drogenabhängigen.*

Das Team konstruiert sich als ohnmächtig dem allmächtigen Träger gegenüber. Frau Jürgen zeigt es recht prägnant:

K: Sie baut ein Feindbild auf, und sie macht einen Krieg, und sie setzt auf Sieg und Niederlage, sie überschätzt sich und ihre Kräfte, sie läßt sich aufbauen von ihrem Team, so.

Die negative Idealisierung und die Pathologisierung des Trägers dient der Abwehr von Verantwortung:

K: Die sagen ununterbrochen, wenn die dort oben anders wären, dann ginge es uns hier besser. Und das halte ich für eine ABSOLUT, was auch immer, ich sag jetzt mal im Alltagsdeutsch, eine richtige Macht-Ohnmachts-Strategie, wo ich immer das Opfer bin und KEINERLEI Verantwortung habe für das, was ich tue, und mich immer nur bestätigen kann in der, wie sagt der, ich denk grad an Watzlawick. »Also, wenn du nicht wärst, dann käme ich ganz groß raus. Wenn ich nicht geheiratet hätte, dann wäre aus mir eine ganz große Schauspielerin geworden.« Also die Verantwortung für die eigene Lebensführung auf den anderen abschieben, und damit in die Opferposition zu gehen, und aus der Opferposition heraus zu manipulieren. Natürlich kannst du das Ganze auch noch projektiv fassen, also, alle miesen, geldgierigen Seiten mit Menschen, nicht mit Menschen rücksichtslos umgehen, alles das wird dort oben deponiert und projiziert, und damit ist man rein und edel.

Das Team partizipiert von der Leitungsschwäche dadurch, daß die augenblickliche Teamdynamik sie nicht in Kontakt mit der kollektiv unbewußten Angst vor Bezogenheit und Abhängigkeit bringt. Die Schattenseite dieses Abwehrmechanismus ist die fehlende Sicherheit im Team, zur Leitung und in der gesamten Institution:

K: ..., daß er wirklich plötzlich merkt, ich habe ja ein Stück Bezogenheit und habe mich ja auf ein Stück Struktur, nämlich Vorgesetzte-Untergebene, verlassen, und jetzt merke ich plötzlich, daß das nicht funktioniert, und ich habe mich zugemutet. Also ich darf ja eigentlich nie vergessen, daß ich für mich selber verantwortlich bin, und ich darf mich eigentlich auf niemand andern verlassen, weil dann krieg ich 's eigentlich irgendwann wieder deutlich, daß du meinetwegen leiden mußt. So versteh ich das.

Das Team scheint es moralisch zu betrachten und zu bewerten, daß der Träger mit seinen Kliniken und Ambulanzen Profit erwirtschaftet. Frau Kiese gelingt es, eine neutrale Haltung gegenüber der Geschäftsführung zu bewahren. An einer Stelle kommt sie dem Team mit seinen projektiven Verzerrungen des Trägers zu sehr entgegen:

K: Dann *4* mach ich eine Verkehrung ins (LACHT EIN WENIG) Gegenteil, ich hab noch genau, wie ich das gesprochen habe, und ununterbrochen »unrichtig« wiederholt hab, mußt ich schon innerlich grinsen, weil ich gedacht hab, »Kiese, das ist jetzt zuviel, du denkst das doch gar nicht, du denkst doch gar nicht, daß die unrichtigen Menschen am unrichtigen Ort sind.

Frau Kiese gelingt es, eine qualifizierte Supervision zu machen, ohne der Gefahr aufzusitzen, sich als bessere Leiterin darzubieten.

3.4.11 Mythos der Klinik

Der Mythos vom Leben und Sterben ist für die Supervisorin von zentraler Bedeutung:

K: Die leugnen die eigenen Ängste und eigene Hilflosigkeit, angebunden an die kollektiv geteilte Erfahrung, daß eine dabei hobs gegangen ist, da ist schlicht eine bei hobs gegangen bei dieser Arbeit. Der Mythos hängt, und der hält die unbewußten Vereinbarungen, wie schwer und bedrohlich diese Arbeit ist, aufrecht.

Die Brisanz des zentralen Teammythos wird deutlich, wenn man aus der Vorgeschichte der Klinik weiß: *Diese Belegschaft, daß die traumatisiert ist.* Die Vorgängerin von Frau Jürgen hatte ein Verhältnis mit einem drogenabhängigen Patienten der Klinik begonnen und ihr Arbeitsverhältnis gekündigt, um mit dem Drogenabhängigen zusammen zu leben. Der ehemalige Patient ermordete sie kurze Zeit später:

K: Das ist die Situation, die wie eine schwarze Wolke jetzt über denen schwebt.

Die institutionelle Biographie übermittelt eine recht bedrohliche Sicht auf die Klientel als potentiell todbringend. So mischen sich vermutlich Angst, Zorn, Bedrohung und Schuldgefühle in die Perspektive auf die Patienten. Das Team wird sich die Frage nach der Mitschuld der Kollegen ebenso stellen wie die ihrer fachlichen Mängel, dem Versagen in der therapeutischen Rolle. Die Tötung der Vorgängerin der Frau Jürgen hat der Institution nicht dazu verholfen, die Problematik der Grenzziehung zwischen den Hierarchieebenen befriedigenden Lösungen zuzuführen. Der Mord an der ehemaligen leitenden Ärztin konnte nicht genutzt werden, den Mythos, den Kranken auch um den Preis des eigenen Lebens dienen zu müssen, aufzulösen:

K: Also ich hab mir das auch noch mal angehört, so unter dem Aspekt, was sie modellhaft, modellhaft an Kränkung und Opferbereitschaft und Versagen vorträgt. Weil das ist ja in diesem Team gang und gäbe, daß man sich opfern muß, wenn man die Arbeit gut macht, und wenn man nicht GANZ genau aufpaßt und sich nicht hundertprozentig einläßt, sondern nur wie auch immer, dann geht es nicht.

Die persönliche, aber auch institutionelle Katastrophe wird in der supervisorischen Arbeit nicht direkt bearbeitet. Frau Kiese ist der Funktion dieses Teamgeheimnisses auf der Spur:

K: Ja. Ja, weil ich hab AUCH noch mal dran gedacht, daß sie auch ununterbrochen ein Geheimnis ja teilen mit diesem Mythos von der ermordeten Kollegin. Ne. Und 'n Mythos hat ja immer die Aufgabe, also ein Geheimnis ist ja dann wie ein Mythos, wo du alles reingeben kannst, ne, wie in so'n Container, und hat ja auch die Aufgabe, 'n Mythos hat ja im sozialen Sinne die Aufgabe, Beängstigendes, Fremdes, Bedrohliches im Ritual zu binden. Und das tun sie auch. Oder Beängstigendes, also Verantwortung für das eigene Leben, im Geheimnis zu deponieren, kannst du auch sagen. Und der Herr Oswald, also der Leiter, der sagt ja, der denkt ja, wenn man das Geheimnis entlarvt, daß es dann gut ist. Der hat das ja noch nicht geschnallt, ne.

Die anschauliche Sprache der Supervisorin, die ihre Interventionen zum Teil in recht drastische Worte kleidet, scheint recht gut mit der Teamkultur übereinzustimmen:

K: Was ich irgendwie gut finde an dem Team, fällt mir dabei ein, bei »voll eins auf die Schnauze«, ist, daß ich durch die sparsamen Interventionen, ich bin generell jetzt sparsamer vielleicht, als du mich kennst, ich das bei dem Team geschafft habe, daß die wirklich locker vom Hocker erzählen. Und das find ich irgendwie eigentlich ganz produktiv, weil man natürlich viele Bilder kriegt und viel Möglichkeiten, mit Metaphern zu arbeiten.

3.4.12 Haltung der Supervisorin gegenüber dem Träger

Frau Kiese enthält sich in der Sitzung einer Bewertung der Trägergesellschaft. Im Interview wird deutlich, daß sie es für möglich hält, daß diese *möglicherweise ja viel Anlaß, also sich darüber aufzuregen gibt, was die für eine schrottige Politik machen,* vermeidet aber ein Bündnis mit dem Team. Sie räumt dem Abwehraspekt der Beschwerdeführung über den Träger höchste Priorität ein. Es fällt ins Auge, daß im Laufe der Sitzung vom Team keinerlei konkrete Defizite benannt werden. Es wird von Druck gesprochen, von pathologischen Figuren, jedoch wird keine konkrete Beschwerdeliste erstellt, mit deren Hilfe eine strategische institutionspolitische Planung möglich wäre und eine Aussprache strukturiert vorbereitet werden könnte. Diese Auffälligkeit stützt Frau Kieses These von der Abwehrfunktion des kollektiven Jammers. Das Team bleibt im kindlichen Trotz, ohne ein erwachsenes Begehren zu entwickeln. Die Reifungsebene von Team und Klientel nähern sich in dieser Hinsicht gefährlich an.

K: Das Verhältnis zur übergeordneten GmbH ist nicht gut, weil – das ist jetzt meine Phantasie – der, dem der Laden gehört, ab und zu sich ansagt, eintägige Fortbildungen irgendeiner Art, die ihm gerade in den Sinn kommen. Das ist 'nen Arzt, der im Team Unterricht macht und dann müssen die Leute das anwenden. Da war so'n kräftiger Handlungsimpuls in mir, daß ich drauf drängen will, daß die den ausladen. Der hat sich noch nicht mal angemeldet, jedenfalls hat man mir das so beschrieben. Der kommt dann da reingeschneit, bringt das alles durcheinander, setzt seine Ideen drauf. Die können dann mehr oder weniger damit anfangen. Was aber sicher ist, daß sie in ihrem methodischen Tun verunsichert werden. Also es ist keine konsolidierte institutionelle Situation.

Frau Kiese gelingt es meiner Ansicht nach vorbildlich, die Balance zwischen Team- und Trägerinteressen zu halten. Sie zeigt empathisches Verständnis für die Sorgen und Belastungen des Teams, ohne mit dem Team ein Bündnis gegen den Träger einzugehen. Sie versucht, die projektiven Anteile des Zorns auf den Arbeitgeber von den realen Bedingungen zu unterscheiden. Ihre Strategie lautet:

K: Entschärfung der oben/unten-Übertragungssituation, Amplifizierung, *4* und Entlastung.

Sie gibt dem Team den Raum, sich emotional zu entlasten, ohne zuzulassen, daß sich das Muster »*Ich bin elend und verlassen*« etabliert. Sie fokussiert die Sinngebung der jeweiligen Konstruktionen über die Arbeitgeber:

K: Also, Abgrenzung, Abgrenzung, Abgrenzung. Ich will NICHT, daß er meine Intervention vom letzten Mal jetzt dazu benutzt, das in die Systematik einzubauen, »wenn wir nur eine bessere GmbH hätten, dann würde es uns allen besser gehen«. Das find ich, abgesehen davon, daß ich Wahrnehmungskorrekturen gerade in diesem Team und präzises Verstehen unglaublich wichtig finde. Also weil man sofort irgendwie verwurstet wird.

Sie spricht an einer Stelle (s. o.) von schwierigen Personen in der Trägerschaft und verfolgt das Ziel der angemesseneren Realitätsanpassung:

K: Und das »schwierige Personen« hab ich mir auch gut überlegt, weil (LACHT EIN WENIG) ich finde, daß in diesem Team auch schwierige Personen sitzen, und daß das Recht ist, daß in jeder Position eine schwierige Person sitzen darf, und meine Aufgabe es ist, damit umzugehen, so wie das Team auch mit dieser schwierigen Person, der Frau Jürgen, umgeht. So. Also es ist der erste Versuch, »die oben« zu entmystifizieren, so würd ich das mal sagen.

Zur Entmystifizierung trägt auch bei, daß Frau Kiese eine vom Teamkonsens abweichende Position einnimmt:

K: Das find ich auch noch mal ne wichtige Positionsstellung im Team, ich gebe wieder, was sie gesagt hat, und distanziere mich gleichzeitig davon. Ich sage, »wie SIE es von Ihrer moralischen Position her sehen, unangemessen führen, und SIE ja auch sagen, ausbeuten«. Also es ist für mich noch mal wichtig, zusammenzufassen, daß das deren Position ist, und damit wird auch deutlich, daß ich eine andere habe. »Sie sagen das.« Damit kann man unterstellen, daß man da unterschiedliche Auffassungen dazu hat. Und das wirkt.

3.4.13 Interviewinteraktion

Die Methodik des Sk-Interviews macht, wenn sie ertragreich sein soll, ein hohes Maß an Intimität erforderlich (s. Kap. 4). Dementsprechend hoch waren die Erregungspegel bei meiner Interviewpartnerin und bei mir zu Beginn des sechsstündigen Gesprächs. Die Ängste der Supervisorin, fachlich vernichtet in die Öffentlichkeit gezerrt zu werden, hatten zu Beginn Raum:

I: Möchtest Du noch was zu der Aufregung sagen?
K: Ja, das hat im wesentlichen damit zu tun, daß ich weiß, wen du interviewt hast, daß ich dann irgendwie so in die Konkurrenz gerate. Das ist das und das zweite ich, es gibt ja so ein Supervisionsbuch von Mattke und Bardé, ich hab das selber noch nicht gelesen, da soll was einset-

zen, was ich befürchte: Wenn das dann durch die Lande geht, was das dann mit mir macht, wenn alle sich drauf stürzen und es zerreißen. In dem Buch, da ist auch so'n Transkript...

I: Von dem es heißt, es wär von X.

K: Ja, genau, das finde ich lästig, da habe ich nicht genügend Souveränität, wenn dann alle an mir zerreißen. Es geht mir nicht darum, daß man manche Dinge nicht überblickt und alle Fragen beantwortet, wenn alle sich...

I: Das ist in unterschiedlichen Büchern immer wieder benützt worden und zum Teil recht entwertend diskutiert.

K: Das machen die Analytiker ja gern, nicht nur die Analytiker. Da muß ich mich dann noch mal mit auseinandersetzen, falls es offen wird.

Das Interview gestaltet sich recht partnerschaftlich, in Sequenzen als Metasupervision. Frau Kiese fragt nach meiner Einschätzung einzelner Interventionen, meinen Hypothesen und Positionen. Mir macht es Freude mitzudenken. Zentraler Diskussionspunkt zwischen uns war die Anfangssequenz der Sitzung, in der sie dem Team die Selbstregulation überläßt. Frau Kiese setzt sich im Interview intensiv mit der Frage auseinander »*Wie hätte ich die Teamregulation unterstützen können?*«. Wäre eine stärkere Strukturierung, die ich mir beim Zuhören wünschte, um der ansteigenden Abneigung gegen Frau Jürgen zu entkommen, ein stärkeres Eingreifen von Frau Kiese sinnvoll gewesen? Exemplarisch sei dazu eine Interviewpassage wiedergegeben:

K: Weil, es ist nach wie vor so, ich hab keine Ahnung an der Stelle, wie ich das unterbinden soll. Zudem, also wenn die so lange reden lassen, dann haben die ja auch was davon. Und es geht ja noch ne Weile so, bis eine Kollegin dann was sagt.

I: Es wäre vielleicht eine Möglichkeit, einfach die Konkretisierung einzufordern. Also, wenn sie dann sagt, »die kleinsten Sachen gehen schon nicht«, was für kleine Sachen?

K: Mhm.

I: Also ich fand so vom Zuhören, es ist ja Geschwafel, es verwirrt ja auch, man weiß überhaupt nicht, um was es geht, und ich glaube nicht, daß das Team genau weiß, was die eigentlich meint jetzt gerade, welche kleinen Sachen sie gefordert hat, also daß die die Sachen beim Namen nennen müßte.

K: Ja, das wäre hilfreich. Ja, das ist wahr mit der Konkretisierung. Ich fürchte mich, zu konkretisieren, weil ich denke, dann zieht sich das noch mehr. Aber so, wenn du mir das sagst, zieht es sich ja sowieso. Könnte man noch mal nachdenken, was man noch hätte anders machen können.

An späterer Stelle mache ich Vorschläge:

I: Du hättest sagen können, das gehört hier nicht her.
I: Das was mir einfällt, wär 'ne Aufforderung zum Innehalten und kurz zu schauen, was dann passiert, und eine Entscheidung herbeiführen, ob sie das will.
K: Also die Selbstreflektionsebene.
I: Ja.

Der methodische Zugang des Sk-Interviews ist in den Augen Frau Kieses recht produktiv:

K: Ich find das ganz lehrreich. Also für mich ist es so 'n produktiver Austausch. Also für mich ist es lehrreich von der Selbstreflektion her, und es ist auch bestätigend. Also es ist nicht so ätzend, (LACHT EIN WENIG) wie ich mir das vorgestellt hab, sondern bestätigend in dem Sinne, daß ich mitkriege, daß mein Handlungsrepertoire vielfältig ist.

Ihr Selbstbild als Supervisorin war deutlicher von Aktivität gekennzeichnet: *Ich bin erstaunt, wie verhalten ich bin.* Sie nimmt sich vor, in den folgenden Sitzungen *strikter* zu sein und ihre Ängste, zu autoritär zu wirken, hintanzustellen. Sie will die Kunst, mehr zu intervenieren und es trotzdem der Gruppe zu überlassen, ihren Weg zu finden, weiter verfolgen:

K: Und ich find's gut, so weiter so stützend zu arbeiten, und was ich, da muß ich mal überlegen, aber was ich spontan denke, ist, *8* was hast du noch mal gesagt, ich werde häufiger sie anhalten, Metakommunikation zu machen, also daß sie selbst zu sich in eine selbstreflektorische Haltung kommen, so. Das fand ich ganz hilfreich. Und das hab ich ja kaum gemacht. Wahrscheinlich auch so aus so'm// weil ich ja in so eine Szene hineinkomme, also sie, wenn sie sich selber so überfordern, sie nicht auch noch zu überfordern. Weil ich dann ja auch noch mal ne Ebene einführe, ne. Nämlich auf sich selber drauf zu bringen.

Frau Kiese bekommt durch das Interview noch mehr Sicherheit dafür, daß ihre Leitintervention, Leitungssupervision zu installieren, richtig war. In der Nachschau ist sie mit ihrer Fachlichkeit recht zufrieden. Ihre Ehrlichkeit, ihr Ringen um die angemessenen Interventionen haben mich tief beeindruckt. Ich bewundere Frau Kieses Offenheit, nicht geglückte Interventionen sowohl im Interview als auch während der Supervisionssitzung einzuräumen. Das Team kann sich auf diese Weise entlasten, sein Anspruchsniveau senken und zu einem partnerschaftlichen Miteinander gelangen, wie es kennzeichnend für unser Interview ist.

K: Und ich finde es auch irgendwie jetzt noch mal schön, das zu hören, weil es irgendwie konsequent deutlich macht, daß in den sieben Sitzungen ein Prozeß entstanden ist, daß die das, was ich sage, annehmen, daß die Prägnanz der Abwehrstrategien immer deutlicher wird, und ich nicht das Gefühl habe, daß ich da am Jahresende gehe. So. Und daß auf lange Sicht da sicher viel zu machen ist. So. Obwohl, daß ich dahinten ihr noch mal 'n Schäufelchen nachlege, ist schon kritisch zu sehen.

B PSYCHOANALYTISCHE SUPERVISION

Herr Mölln: »Ich war immer ein sehr guter Nachhilfelehrer.«

3.5 Setting

Die Klinik bietet ein somatisches und psychosoziales Behandlungsangebot bei akuten und chronischen psychosomatischen Krankheiten. Im Zentrum der Rehabilitation steht die Familientherapie, mit deren Hilfe Familien wieder eine positive Lebensperspektive finden sollen und ihnen der Umgang mit chronischer Krankheit zumindest erleichtert werden soll. Die Symptomatik eines Familienmitglieds gilt als Hinweis auf ein gestörtes System, so daß ganze Familien im

Fokus der psychotherapeutischen Diagnostik und Intervention stehen. Das Klinikkonzept ist systemorientiert, d.h., alle Familienmitglieder werden in die Behandlung einbezogen. Nicht immer ist die Präsenz der gesamten Familien gewährleistet (z.B. bei alleinerziehenden Müttern), aber es wird angestrebt, das System Familie so vollständig wie möglich zu behandeln. Die Klinik verfügt über eine Kapazität von drei Stationen (jeweils 12 bis 15 Mütter und Väter und 12 bis 20 Kinder) mit insgesamt 95 Betten. Sie ist als GmbH organisiert, die Träger sind zu gleichen Teilen ein Wohlfahrtsverband und eine Landesversicherungsanstalt (LVA). Es ist hauptsächlich von einer Klientel der unteren Mittelschicht – mit ihrer speziellen Problematik – auszugehen.

Die von mir beobachtete Supervision findet im dreiwöchigen Rhythmus statt. Es handelt sich um eine Balintgruppe für die behandelnden Ärztinnen und Psychotherapeutinnen der Klinik. Herr Mölln ist seit drei Jahren Leiter der Balintgruppe. Zum damaligen Zeitpunkt waren die Belegungszahlen massiv zurückgegangen. Nur etwa 60 % der Betten waren belegt und die Existenz der Klinik damit bedroht. Als Ursachen auch der heutigen durchschnittlichen Unterbelegung sind zum einen die Einsparungen im Gesundheitsbereich zu sehen, die alle Kurkliniken in unterschiedlicher Ausprägung betrifft. Zum anderen verschreiben Ärzte immer weniger Kuren oder raten diese weniger an. Die Kurdauer wurde verkürzt. Die potentiellen Patienten haben Angst um ihren Arbeitsplatz, so daß auch auf Seite der »Kunden« die Nachfrage zurückgeht.

3.5.1 Geschichte der Institution und Supervisionsgeschichte

Neben den globalen Veränderungen im Gesundheitswesen sind jedoch auch andere Faktoren für den Rückgang der Belegung verantwortlich. Das Konzept ist ausgereift und stimmig, das Therapieangebot deckt eine wichtige Lücke in der stationären Versorgung ab. Es existieren lediglich drei Kliniken in der Bundesrepublik, die die Behandlung der ganzen Familie bei psychosomatischen Störungen eines oder mehrerer Familienmitglieder ermöglichen. Es ist zu vermuten, daß auch klinikinterne Faktoren für die niedrigere Belegung verantwortlich sind. Ein früherer Leiter war weder bei seinem Mitarbeiterstab noch beim Kostenträger sonderlich gut gelitten. Die

Unzufriedenheiten des Klinikpersonals (z. B. mit dem fehlenden gemeinsamen Konzept, u. a. zu der Frage einer integrierten Psychosomatik) fanden ihren Niederschlag auf der Ebene der Qualität der Arbeit. Zur Existenz- und Qualitätssicherung wurde die Familienrehabilitation mit neuer Geschäftsführung und Trägerschaft aus der Gesamtklinik für Innere Medizin und Psychosomatik ausgegliedert und ein neuer Chefarzt verpflichtet. Dieser gewann Herrn Mölln als Supervisor. Er kannte ihn aus gemeinsamer fachlicher Tätigkeit und ging vermutlich davon aus, daß der als hochqualifziert für den Bereich der Balintarbeit geltende Kollege Mölln mit seiner supervisorischen Arbeit seinen Anteil an der Rettung der Klinik beitragen würde.

Der Vorgänger des neuen Chefarztes blieb als medizinischer Direktor in verantwortlicher und übergeordneter Funktion im Amt. Der Wechsel der Leitung in dem Teilklinikbereich der Familienrehabilitation führte zu Konflikten in der Belegschaft der Klinik. Die Loyalitäten dem früheren Chef gegenüber waren unterschiedlich stark ausgeprägt. Manche Mitarbeiter fühlten sich verraten, von einer Vaterfigur verlassen, andere waren nur erleichtert und freuten sich auf einen Neuanfang. Der Konflikt entspannte sich, als der medizinischer Direktor einen Leitungsposten in einer anderen Klinik übernahm. Er kehrte jedoch kurze Zeit später zurück, und die Auseinandersetzungen auf der Leitungsebene eskalierten in einer die Mitarbeiter existentiell bedrohenden Form. Heute werden zum Beispiel von der Medizinischen Leitung Weiterbildungsbescheinigungen für die Ärzte im Praktikum im nachhinein verweigert. Damit hat die Konfliktdynamik den Rahmen der Legalität verlassen und ist nach Glasl (1994) eine hohe Stufe der Eskalationsdynamik erreicht. Die Kämpfe vergiften das Arbeitsklima, und die Lobby der Klinik nach außen wird immer weiter geschwächt. Die Auseinandersetzungen haben einen Grad erreicht, der das Risiko beinhaltet, alle Mitarbeiter und leitenden Personen in den Abgrund der Existenzvernichtung zu reißen.

Die supervisorische Arbeit des Herrn Mölln, der auch Lehranalytiker ist, orientiert sich am Balintmodell. Seiner methodischen Orientierung wurde zunächst mit Skepsis begegnet, da im Team keine Psychoanalytiker vertreten sind. Die Ärztinnen und Therapeutinnen haben unterschiedliche Fortbildungen besucht, jedoch verfügt niemand über eine angeschlossene psychotherapeutische Weiterbildung. Der Widerstand der Behandlergruppe konnte nach Erzählungen des Herrn Mölln jedoch geschmolzen werden. Er beschreibt das Thema Sexualität als zunächst besonders abgewehrt. Heute hält er die Balintarbeit in ihrem Facettenreichtum im Team für anwendbar.

Die Arbeitsfrequenz der 14tägigen kontinuierlichen Supervision ließ sich unter den angespannten finanziellen Bedingungen nicht mehr aufrechterhalten. Die stark gekürzten Mittel für Supervisionsprozesse führten zu folgendem Angebot des Supervisors an die Klinikleitung: Die Sitzungen finden im gleichen zeitlichen Umfang (90 Minuten) statt, dies jedoch nur noch alle drei Wochen. Die Einbußen durch die Halbierung des Honorars wurden durch seinen Vorschlag gleichermaßen auf seine und die Schultern des Teams verteilt. Da Herr Mölln sich in gesicherten finanziellen Verhältnissen befindet, stellt sein Verzicht eine deutliche Aussage dar: In Krisenzeiten dem Team Kontinuität zu gewährleisten ist ihm so wichtig, daß er bereit ist, finanzielle Einbußen in Kauf zu nehmen. Damit mag eine Rollenveränderung einhergehen, seine Bedeutung für die Teilnehmerinnen und die Gesamtinstitution steigt.

Meine Präsenz in der Gruppe wird nicht als störend empfunden, sondern vom Leiter der Balintgruppe sogar als Anreiz für das Therapeutenteam gesehen, ihre Arbeitsfähigkeit in Krisenzeiten wiederherzustellen und nach außen demonstrieren zu können. Die vorhergehenden Sitzungen waren massiv durch die Themen der individuellen und institutionellen Existenzsicherung überlagert. Durch Kurzarbeit, die durch das Arbeitsamt genehmigt wurde, und betriebsbedingte Kündigungen wird derzeit der Konkurs der Klinik noch abgewendet. Die Krisendynamik bestimmte somit das supervisorische Geschehen. Dem Team gelingt es meines Erachtens jedoch ausgezeichnet, mir zu zeigen, was sie trotz schwerer Zeiten vermögen. Mein Eindruck vom Team war der einer tapferen, tatkräftigen und professionellen Frauengruppe, die sich selbst in Zeiten, in denen sich die Klinik von Schließung bedroht sieht, durch ein hohes Maß an Kooperationsfähigkeit und solidarischem Miteinander auszeichnet. Während meiner Beobachtung bin ich von Respekt darüber erfüllt, wie groß die Kompetenz des Teams in Krisenzeiten ausgeprägt ist, gute Arbeit zu leisten, ohne jedoch dabei die Bedrohung ihrer materiellen und ideellen Existenz zu verleugnen.

Ich bin besonders froh, daß sich dieses Team in solch schwieriger Lage für die Untersuchung zur Verfügung gestellt hat. Die Veränderungen und Absurditäten des Gesundheitssystems werden in ihrer Auswirkung auf die Teamdynamik, auf die von Kürzungen betroffenen Institutionen und auf der Ebene der Fallarbeit plastisch deutlich. Die Sitzung stellt ein Abbild bundesrepublikanischer Realität im Gesundheitswesen dar und zeigt damit supervisorische Realität in Zeiten knapper werdender finanzieller Ressourcen. Es nehmen an dieser Sitzung teil: die Ärztin Frau Aul (A, gerade aus dem Urlaub heimgekehrt), die Psychologinnen Frau Bauer (B) und Frau Catan (C) und die AIPlerinnen Frau Dassel (D) und Frau Eckardt (E). Die Ärztin Frau Franzen (F) kommt später hinzu.

3.5.2 Einstieg

M: Ja, woll'n wer schon mal anfangen?

A: Okay.

M: Zunächst mal vielen Dank für Ihr Einverständnis, daß Frau Möller heute dabei sein kann. Ich hatte Ihnen ja geschrieben, wenn Sie dann zur Frau Möller und zu Ihrer Arbeit noch Fragen haben, daß Sie die dann stellen können. Daß wir da noch ein bißchen Zeit zum Schluß haben. Dann, wie es in letzter Zeit ja so üblich und notwendig geworden ist, meine Frage, wie es denn jetzt aussieht zur Zeit hier in der Klinik.

Herr Mölln gibt etwa zehn Minuten nach dem offiziellen Beginn der Supervisionssitzung das Signal zu beginnen. Die Therapeutinnen und Ärztinnen kommen zu spät, eine Kollegin entschuldigt sich beim Leiter, sie könne nicht teilnehmen, da es auf ihrer Station einen gravierenden Konflikt gäbe, den sie jetzt klären müsse.

Die Ärztin Frau Aul ratifiziert stellvertretend für die Gruppe den Startschuß des Supervisors, und die Arbeit beginnt mit seiner Nachfrage nach den aktuellen Entwicklungen in der Klinik. Er stellt die Frage der Sicherheit des Arbeitskontraktes an den Beginn der supervisorischen Arbeit, fokussiert die institutionelle Dynamik und verleiht damit der Frage der existentiellen Grundlage der Mitarbeiterinnen Priorität. Frau Aul verknüpft ihre Lageskizze mit einer Erklärung für das nicht übliche Phänomen des Zuspätkommens des Behandlerteams:

A: Die Lage iss und jetzt sind wir aber alle so spät gekommen, weil die Frühbesprechungen, ja, immer länger dauern, um alles abzuklären, und naja, also das Haus ist jetzt praktisch ganz voll, und die Belegung ist reduziert, die Mitarbeiter. (GELÄCHTER) Genau, also wirklich Sommermonate werden schon hart, das war auch zu erwarten, ne. (MEHRERE BRUMMEN ZUSTIMMEND) Wie schafft man das, wie kann man das (LACHT EIN WENIG) bewältigen? Wir sind so unter Druck gesetzt von der Verwaltung und andererseits von den Patienten. Und das sind sehr schwierige Dinge, daß wir alle so circa zwanzig Prozent Mehrarbeit leisten, und das dann abfeiern, wenn es leerer wird.

Den leeren Kassen der Klinik steht eine Überbelegung und damit Überbelastung des Klinikpersonals in den Sommermonaten gegenüber. Die Nachfrage von Patientenseite ist in den Sommerferien der Kinder stets höher als im Jahresschnitt. Der Supervisor nimmt die Rolle des fürsorglichen Vaters ein, indem er zunächst die arbeitsrechtlichen Voraussetzungen der Mehrarbeit überprüft:

M: Das ist auch so mit dem Betriebsrat geklärt?

Um die Arbeitsplätze zu sichern, verzichten die Mitarbeiter auf das Urlaubs- und Weihnachtsgeld. Die Arbeitsatmosphäre ist gekennzeichnet durch ein hohes Maß an Verunsicherung:

A: Immer so was Neues, ne neue Bombe. (LACHT)
B: Wir gucken immer schon in unseren Briefkasten, und wenn nix drin iss, Gott sei Dank. (LACHT) Ist prinzipiell NUR Hiobsbotschaften.
M: Wenn die Kündigungen hier ausgesprochen sind, gibt's denn da, werden die, werden die, wenn die Belegung bleibt Aussicht, daß die Situation sich bessert? Voraussetzung für die Kündigungen war doch also betriebsbedingte.

Herr Mölln klärt die Frage, ob es für das Team Hoffnung auf Besserung gibt. Es stellt sich heraus, daß die kurzfristige Entspannung kein Grund für ein längerfristiges Aufatmen darstellen kann:

B: Na, die Schulden, die sind noch da, die müssen erstmal wieder, die

Schulden müssen ja erstmal wieder reingeholt werden. Also ich denk mir, das dauert bestimmt ein, zwei Jahre.

C: Ja, und zudem wird damit gerechnet, daß das jetzt so ein kurzfristiges Hoch ist.

Alle Teilnehmerinnen der Supervision haben, nachdem die Kurzarbeitsphase vorüber ist, Änderungskündigungen erhalten. Herr Mölln erfragt die unterschiedlichen Arbeitsbedingungen der neuen Verträge und stellt damit Differenzierung und Transparenz im Team her. Die Ärztin Frau Aul und die Psychologin Frau Bauer haben befristete Verträge, sie haben Schwangerschaftvertretungsstellen inne, die jetzt auf 90 % der Arbeitszeit bis zum Jahresende gekürzt sind. Die Stelle von Frau Aul endet im November des Jahres.

A: Also, die haben so gesagt, das wär klar, da würd's überhaupt nix dran zu rütteln geben.

B: (UNRUHE, MEHRERE IM HINTERGRUND). Ich werd arbeitslos sein im Januar.

Die Ärztin Dassel ist AIPlerin und ihr Vertrag endet in drei Wochen. Eine Nachfolge für sie wurde trotz öffentlicher Ausschreibung nicht gefunden. An dieser Stelle zeichnet sich der institutionelle Konflikt ab. Der medizinische Direktor verweigert die Weiterbildungsbescheinigung für die jungen Ärzte und Ärztinnen im Praktikum (AIP). Der Chefarzt, der nicht mehr als 50 % in dem Teilbereich der Klinik anwesend ist, kann keine Weiterbildungsbescheinigung ausstellen. Unter diesen Bedingungen lassen sich keine neuen ärztlichen Kollegen finden. Der Supervisor äußert Unmut über dieses Regelungsvakuum und ergreift damit eindeutig Partei:

M: Ist das immer noch nicht geregelt, das mit der Weiterbildung?

Die Ärztin Dassel weiß kurz vor Ablauf ihres Vertrages noch immer nicht, ob ihr eine Assistentenstelle auf Zeit angeboten wird oder ein Honorarvertrag:

D: Bis jetzt bin ich nur gefragt worden, ob ich mir vorstellen könnte, hier weiterzuarbeiten und unter welchen Bedingungen, das weiß ich nicht so genau. Also mir wurde so avisiert, daß es vielleicht nur das AIP-Gehalt weiterhin sein wird, wobei Frau Eckardt und ich uns da eigentlich einig sind, daß wir das NICHT möchten, daß wir unter den gleichen Bedingungen weiterarbeiten.

M: #Das ist nicht // das ist# überhaupt nicht zulässig.

D: Mm, glaub ich nicht.

M: Ja, denn Sie werden nach Ihren Tätigkeiten bezahlt ... AIPs werden ja im Stellenplan nicht als Ärzte geführt, sondern als sonstiges Personal. Dadurch sparen die Verwaltungen enorm ein. Aber ich denk, da wird der Betriebsrat Ihnen helfen.

Herr Mölln unterstützt die Mitarbeiter, gibt ihnen »Nachhilfeunterricht« in Arbeitsrecht, klärt sie auf und beschützt sie. Er fragt nach den Verträgen der anderen, um ein vollständiges Bild der Arbeitsbedingungen des Teams zu erhalten. Die Änderungskündigung auf 90 % der Arbeitszeit betrifft alle gleichermaßen, wenngleich die Psychologin Frau Catan ebenso wie die entschuldigte Ärztin Frau Franzen einen unbefristeten Vertrag haben. Es scheint Frau Catan wichtig zu sein, nicht die Differenz, sondern die Ähnlichkeit der Situation der Teammitglieder zu betonen:

C: ...also ich hab ja einen unbefristeten Vertrag, und ja, ich denke, es ist, es ist einfach nicht klar, ob diese KLINIKEN weiter existieren. Das ist nach wie vor nicht klar, ne? Wir haben jetzt eine Betriebsvereinbarung zu dieser, diesen Arbeitskonten andiskutiert, und die läuft zum Beispiel nur bis 15.2. ... Also es gibt einfach viele Hinweise, daß man das Gefühl hat, daß sich die Geschäftsführung das offenhält, bewußt offenhält, um mit möglichst wenig Risiko zu entscheiden, wie das hier weitergeht ab Ende des Jahres, ja?

Frau Catan macht klar, daß eine unbefristete Stelle in Zeiten der Existenzbedrohung der Klinik kein Privileg ist und betont den solidarischen Aspekt: »alle sitzen in einem Boot«. Sie geht noch einen Schritt weiter, um die Situation des Teams als Schicksalsgemeinschaft zu illustrieren. Der einzige männliche Kollege, dem betriebsbedingt bereits gekündigt worden ist, klagt seine Stelle beim Arbeitsgericht ein. Sollte er Erfolg haben, wird eine weitere Einbuße von Arbeitsstunden die Folge für die noch tätigen Kollegen sein.

Der Informationsbedarf des Supervisors scheint gesättigt zu sein, denn er nimmt an dieser Stelle einen Fokuswechsel vor. Die zweite AIPlerin Eckardt betritt in diesem Moment den Raum. Er erfragt die Konsequenzen der veränderten institutionellen Bedingungen für das Behandlungskonzept:

M: Ja, das war ja hier die Frage, was wird, was bleibt erhalten aus dem Spektrum der bisherigen Therapie?
B: Ich denke, das ist inzwischen so eine Art Zwitterwesen zwischen Mutter-Kind-Heim und dem alten Konzept. Und schon aus diesem Grund glaub ich eigentlich nicht an die Zukunft dieser Klinik hier. Wir haben das Haus voll, wir haben RIESENgruppen, nur noch GRUPPEN, ja? Und es läuft so auf ne Art Beschäftigungstherapie raus. Soll man halt viel Sport machen, man soll die dann einmal am Tag sehen, in den Gruppen ist eine fürchterliche Stimmung, so wie ich's bisher erlebt hab, weil man könnt fast sagen, die Patienten, die fechten auch was für uns aus, sind sehr unzufrieden und haben konkrete Fragestellungen, hätten TATSÄCHLICH gerne Einzeltermine, und es geht halt nicht. Und die regen sich auch auf über die Personalknappheit, haben wenig Ansprechpartner, und ja, ich, es, die Klinik wär besser beraten gewesen, auf Qualität zu setzen, vielleicht den Verlust in Kauf zu nehmen, erstmal, um den vielleicht langfristiger zu kompensieren. Ich hab auch ziemlich viel so Vertrauen verloren da, auch in die Zukunft, ne. Aber das ist schwierig damit.
C: Also konkret kann man schon sagen, ne, daß das Gruppenkonzept favorisiert wird, auch als Form einer Anbindung der Patientinnen und Patienten, und wir sehen da deutlich auch Grenzen. Man kann nich alles in Gruppen von fünffzehn bis zwanzig Personen auffangen, ne.
M: Gruppe quasi als Auffang- und Notmaßnahme und nicht...
A: ...als Therapiekonzept, ja.

Die Psychologin Frau Bauer betont den Beschäftigungs- und Verwahraspekt der momentanen Arbeit. Sie stellt deutlich heraus, wie schwer es für sie ist, hinter den Ansprüchen der früheren Arbeit, die auch konzeptionell verankert ist, zurückbleiben zu müssen. Die Bewertung der Einzeltherapie als »Krönung« psychotherapeutischer Intervention wird deutlich. Dem gruppentherapeutischen Ansatz wird – zumal bei dieser Gruppengröße – weniger Wirksamkeit zugeschrieben. Es fällt ihr offensichtlich schwer, die Abstriche hinzunehmen. Sie macht sich zur Anwältin der Patienten, deren berechtigte Versorgungswünsche sie enttäuscht sieht. Die frustrierenden Arbeitsbedingungen finden ihren Niederschlag auf der Klientenebene. Frau Bauer macht deutlich, wie sich die institutionellen Bedingungen in den Patientengruppen spiegeln. Sie hat andere Vorstellungen darüber, wie diese Klinik zu retten sei. Ihr bleibt jedoch nur, sich resignativ zu fügen. Der Supervisor paraphrasiert und interveniert, indem er die emotionale Beteiligung verbalisiert. Die Psychologin Frau Catan ergänzt ihre Perspektiven, verbalisiert die Kundeninteressen der »betrogenen Patienten« und beschreibt die von ihr befürchteten langfristigen Auswirkungen des momentanen Krisenmanagements der Klinik:

A: Nö, ich seh einfach das Problem, wir haben das auch intern schon diskutiert, ne, wenn jetzt die Patienten unzufrieden sind, die rufen ihre Kassen an, die sagen, »ich bin mit den und den Erwartungen gekommen, das und das steht im Prospekt und nichts passiert,« und also es wird auch jetzt so ne Phase // oder bei einigen hab ich einfach das Gefühl, zum Teil auch wirklich zu Recht, so eine Phase der Negativöffentlichkeitsarbeit stattfinden, und das ist was mir doch eigentlich Hauptsorge macht, ne. Negative Rückmeldungen haben sicherlich ne längere Laufzeit (LACHT EIN WENIG) als positive, also bleiben sicher auch bei den Mitarbeiterinnen und Mitarbeitern der Kassen und Ärzte auch mehr im Gedächtnis, ne?

Herr Mölln gibt ihr recht, unterstützt sie mit wissenschaftlichen Daten und lenkt im folgenden den Gruppenprozeß auf die Fallarbeit der letzten Sitzung:

M: Es gibt Untersuchungen, die zeigen, daß eine negative Stimme die neunfache Auswirkung von einer positiven Stimme hat, was die Patienten betrifft, die das dann weitergeben über Ärzte. Ja. Beim letzten Mal war ja die Situation der Klinik schon so. Aber wir haben dann ja gesagt, dennoch. Sie werden Ihre Arbeit dann auch unter diesen veränderten Rahmenbedingungen weitermachen wollen, und daß wir dann die Arbeit dann fortsetzen können. Wir hatten ne sehr heikle Frage, an nem Beispiel reingebracht, vielleicht können wir auch dran anknüpfen.

Der Supervisor steuert hier der sich ausbreitenden Resignation entgegen. Er knüpft an die Fallarbeit der letzten Sitzung an, die unter zugespitzten Krisenbedingungen stattfand. Sein *dennoch* betont, daß er die Handlungskompetenz des Teams noch nicht bedroht sieht. Er lädt die Teilnehmerinnen ein, sich dem konkreten psychotherapeutischen Tun auch unter den miserablen institutionellen Bedingungen zuzuwenden.

3.5.3 Anknüpfen an die letzte Sitzung

Die Falldarstellerin vom letzten Mal ist gerade aus dem Urlaub zurückgekehrt:

A: Ich war auf Kreta, ich bin irgendwie auf'm ganz anderen Stern, ich weiß gar nich mehr, was ich (LACHT) für ne Frage gestellt hab.

Herr Mölln erinnert sie zunächst, gibt dann aber die Erinnerungsarbeit zurück in die Kompetenz der Gruppe. Er bricht mit der Leiterzentrierung zu Beginn der Supervisionssitzung, und die Gruppe übernimmt die Rekonstruktionsarbeit:

M: Es ging um, um ne Patientin, mit // die selber Asthma hat – und ner fünfjährigen Asthma-Tochter, wo Sie so sagten, das ist ganz sch // oder erinnert sich sonst jemand von Ihnen daran?

C: Ich denk, die so bedürftig erschien, und du so im Konflikt warst, die Zeit (LACHT EIN WENIG) schlicht und einfach, #und äh, Energie, ...

A: Achso, ja.

C: ... kann und will ich eigentlich dieser Patientin widmen, angesichts der sonstigen #Patienten#.

A: #Ich erinner mich, dieses Dilemma, genau. #

D: #Ach doch.#

A: Ich hab die Zeit eigentlich gar nich, und dann war ich plötzlich doch irgendwie #drin so.#

C: #Ja, genau.#

Der Supervisor fragt Frau Aul nach ihren Eindrücken: *Wie war denn das, als Sie von der Insel zurückkamen?* Er nutzt damit die exzentrische Position der heimgekehrten Kollegin. Sich von außen zu betrachten ist eine in der Krisenintervention bewährte Interventionsstrategie. Während des Auftankens außerhalb der Institution scheint Frau Aul Kraft geschöpft zu haben, sich nicht in die widrigen Arbeitsbedingungen der Klinik zu fügen, sondern ihr Arbeitsethos aus früheren Zeiten beizubehalten. Frau Aul formuliert hier, wie der weitere Verlauf der Sitzung zeigt, stellvertretend für das Gesamtteam, Widerstandskraft. Die Behandlerinnen sind nicht bereit, mit einer fatalistischen Haltung halbherzige Arbeit abzuliefern:

A: Ach, ich bin jetzt im Moment eigentlich ganz gelassen, das berührt mich alles nich so sehr, im MOMENT. Das kann sich natürlich (LACHT EIN WENIG) wieder ändern. Ich mache halt was, was GEHT. Und dann, naja, du beschränkst dich halt, machst halt irgendwie kürzer. Ja, (LACHT EIN WENIG) dann hatt ich aber gestern auch wieder anzusetzen, dann wollt ich's schon kurz machen, und es geht halt einfach nich. Ich kann das nich, ich kann das nicht, so irgendwelchen Larifari, oberflächlich, also da bin ich, hab die Aufnahme gestern gemacht, und das hat ganz schön gedauert. Aber ich war damit zufrieden, als wenn ich so ne halbe Sache mache. So innerlich muß man sich entscheiden.

Herr Mölln kommt noch einmal auf die beim letzten Mal besprochene Patientin zurück und fragt nach dem Verabschiedungsgespräch. Die Schilderungen des weiteren Verlaufs der Behandlung wird zum Beleg dafür, daß das frühere Therapiekonzept effizienter war. Die Bedeutsamkeit der Einzelgespräche wird herausgestellt. Diese sind nach Ansicht des Teams unverzichtbar, da sie häufig den einzig indizierten therapeutischen Zugang zum Patienten darstellen. Die Einzelgespräche werden zum Knotenpunkt der Auseinandersetzung. Sie stellen die vom Team bevorzugte Arbeitsform dar und werden dementsprechend als förderlichstes Interventionsszenario in der Supervision vorgezeigt. Die institutionelle Problematik wird durch das Team am Einzelfall demonstriert. Die Patientin der letzten Sitzung wird an dieser Stelle zur Argumentationshilfe im Konflikt mit der Klinikleitung:

A: Sie war eigentlich sehr zufrieden mit dem Aufenthalt hier. ... Genau, ich wollt sie nämlich erst in die Gruppe irgendwie integrieren, und das #
C: #wollt sie nicht#

A: ... konnt sie sich nicht vorstellen, und dann hat sie mich im Einzelgespräch gehabt. ... Ja sie iss sehr zufrieden, ich denk, iss auch SICHER mit'n Teil von diesen Einzelgesprächen, die sie jetzt einfach luxuriös hier gekriegt hat, das kriegt ja nicht jeder, ne? Ist also vielleicht auch 'n Stück weit, weil ich so gedacht hab oder geSEHN hab, bei dem ersten Kontakt, daß sie eigentlich so die Bedürftigkeiten hat, und daß sie, daß sie's BRAUCHT und daß ihr das gut tut. Und die fährt hochzufrieden ab. ... Und da denk ich, ist eigentlich DOCH wichtig eben, diese Einzelgespräche. Das laß ich mir auch nicht wegreden (LACHT EIN WENIG).

Herr Mölln fragt die Psychologin Frau Bauer, die die Einzelgespräche während des Urlaubs von Frau Aul weitergeführt hat, nach ihren Erfahrungen. Er macht in seiner Nachfrage deutlich, daß er davon ausgeht, daß die Aufrechterhaltung der früheren Arbeitsstandards nur um den Preis des persönlichen Mehreinsatzes zu gewährleisten ist:

M: Hmm. Frau Bauer, Sie hatten ja diese Einzelgespräche dann geführt, und wahrscheinlich auch von Ihrer persönlichen Zeit etwas zusätzlich eingesetzt.

B: Ich hab mit ihr zusammengearbeitet und Neuland betreten, ja? Ich denke, sie war noch nie in Situationen, Gesprächssituationen dieser Form, eher so mit lustig sein und sich auch lustig machen über andere, also so mehr Distanz, ne. Und ich denke, wir hatten da 'n ganz guten Draht. Also nich so distanziert, wie sie sonst mit dem Partner auch geredet hat. Es war'n Partnerkonflikt, wo wir so'n paar Ansätze rausgearbeitet haben, wie sie ansetzten könnte, und beleuchtet haben, wie sie mit ihren Problemen umgeht, zufriedener werden kann, das ist schon schön, ne. War nicht so aufwendig, ich glaube, es waren drei oder vier, höchstens fünf Termine, ich weiß es nicht ganz auswendig. ... Die war auch sehr zufrieden, die war ja auch wegen dem Kind gekommen, und das hat sich wirklich ganz toll gemacht, die Haut. Da war sie natürlich auch entlastet, und das hat natürlich auch sehr gut getan.

Frau Bauer zeigt, daß es so aufwendig nicht ist, konkrete Hilfe zur Verbesserung der Lebenssituation der Patienten zu leisten. Ihre Perspektive wird durch die Ärztin Frau Eckardt ergänzt. Sie hat vor allem bei Visiten beobachtet, daß die Patientin keine Unruhe mehr auf der Station geschaffen hat und nicht mehr ständig den Kontakt zur Schwester suchte. *Sie ist völlig abgetaucht, untergetaucht,* was im Team als Zeichen dafür gewertet wird, daß die Patientin gelernt hat, selbstverantwortlich für ihr Wohlbefinden zu sorgen.

3.5.4 Falldarstellung

M: Das ist ja ne erfreuliche Entwicklung, ermutigend. Dann können wir vielleicht an dieser Stelle jetzt übergehen zu einer für uns neuen Beziehung. Wer von Ihnen könnte oder möchte erzählen?

B: Die L., die war vorhin schon aufgetaucht.

E: Die seit gestern da iss. Aber es zeigen sich schon ganz deutliche, massive Probleme jetzt.

M: Mhm. Schildern Sie mal!

Nach der Bestätigung des Behandlungserfolgs durch den Supervisor schafft dieser den Übergang zu einer neuen Arbeitssequenz. Die Psychologin Frau Bauer ermuntert die Ärztin Frau Eckardt, eine recht auffällige Patientin vorzustellen. Diese zögert zunächst, beginnt aber den Fallbericht, der zunächst an äußerlicher Faktizität orientiert ist:

E: Ist ne 42jährige Frau, die mit ihrer kleinen Tochter angereist iss und im Gespräch berichtet hat, die eigene Geschichte, vor allem eine sehr schwierige Ehebeziehung, mit nem Jugoslawen, der offensichtlich ne schwere Persönlichkeitsstörung hat. Und sie in der Ehe fortwährend gedemütigt hat, so daß sie völlig ihren eigenen Willen aufgegeben hat, bis sie sich nicht mehr aus'm Haus traute, Ängste entwickelt hat, konnte nich mehr einkaufen gehen, Ängste schon vor Menschen hatte und sich ganz auf die Beziehung eingestellt hat. Sie ist seit drei Jahren getrennt von dem Mann, vor drei Jahren war die Scheidung, hat ne Therapie gemacht, hat das für sich selber ganz gut in den Griff bekommen, war auch im Frauenhaus zwischendurch gewesen, also kann eigentlich alles wieder, was sie früher auch konnte, hat ne neue Partnerbeziehung. Schwierig ist es nur mit // der Umgang mit ihrer älteren Tochter, die jetzt also ganz ähnliche Probleme hat wie sie früher hatte. Die Tochter ist zehnjährig, sie hat noch ne vierjährige Tochter zuhause, mit der gibt's anscheinend keine Schwierigkeiten. Sie hängt sehr an ihrem Vater, sie war auch gegen die Scheidung damals, wirft das der Mutter immer noch vor. *3 * Es, es liegt ein Gerichtsbeschluß vor, nachdem sie den Vater alle zwei Wochen sehen darf, obwohl die Mutter eigentlich dagegen war. Nach allen diesen Vaterbesuchen ging's der Ruth (Tochter) jedesmal sehr schlecht, und es ist wohl auch regelmäßig so, daß Ruth körperliche Beschwerden bekommt, wenn sie den Vater sieht. Kopfschmerzen, Bauchschmerzen, Übelkeit, Wutausbrüche, das geht so weit, daß sie dann sogar ins Krankenhaus muß. Der Vater iss dann wohl hilflos, kann da nich mit umgehen, und läßt sie dann wieder abholen oder gleich ins Krankenhaus einweisen. Die Dynamik, die sich so zwischen Vater und Ruth abspielt, ist wohl die, daß der Vater Ruth so unter Druck setzt, und halt solche Botschaften derart rüberbringt, daß »wenn du mich wirklich lieb hättest, dann würd es dir jetzt nicht gut gehen, wenn es dir gut geht, dann hast du mich nich lieb. Du bist ja bei der Mama und nich bei mir, und von daher darf's dir bei der Mama eigentlich nich gutgehen.« Das sind natürlich auch Sätze, die im Grunde gegen seine ehemalige Frau gerichtet sind, wenn Ruth sich über irgendwas beschwert, was zuhause war, oder was ihr Mama verboten hat, dann zum Beispiel ja, wie »du kannst, du kannst alles tun, wozu du Lust hast.« Also ist jetzt natürlich die Schwierigkeit, daß Ruth eigentlich, wahrscheinlich ne neue Situation, Ihre Ängste bestehen auch darin, daß sie sich, daß es ihr sehr schwerfällt, sich auf was Neues einzulassen, sich von der Mutter zu trennen und andere Beziehungen zu Kindern einzugehn. Und das trifft hier jetzt alles zusammen. Sie müßte sich jetzt hier tagsüber im Kinderhaus aufhalten, während die Mutter Therapien bekommt, das ist alles neu, die Umgebung, und es sind viele neue Eindrücke, das macht ihr sicher sehr viel Angst. Andererseits kommt aber auch so'ne ganz starke Abwehrhaltung durch. Also sie macht im Moment der Mutter sehr große Vorwürfe, weigert sich radikal, an irgendwas hier teilzunehmen. Auf ne Art, das, das muß die Erzieherin erzählt haben, daß es überhaupt sehr schwer iss, an sie ranzukommen. Und die Mutter steht hilflos daneben, weiß kaum wie sie, das Verhalten iss wohl auch so abweisend, daß es überhaupt sehr schwer wird, mit steinharter Mine, und sagt »nee, ich will nicht«, beißt den Unterkiefer zusammen.

Herr Mölln evoziert mit seiner Nachfrage weiteres bildhaftes Material, um die Szene lebendiger zu machen:

M: Ist ja schon 'n sehr anschauliches Bild. Können Sie uns noch ein bißchen beschreiben, wie die MUTTER so aussieht, wie sie sich verhält, wie die auf sie wirkt, und vielleicht, daß Sie auch ne episodische, etwas wie ne Szene, was zwischen Ihnen war?

E: Die Mutter ist groß, schlank, kommt aus Hamburg, hat eigentlich ne sympathische Ausstrahlung, ist sehr ruhig, wirkt ausgeglichen. Kann sich differenziert ausdrücken, allerdings aber auch ne gewisse Dis // VORsicht oder Distanz zu spüren. Also sie hat // manchmal wirkt sie etwas starr oder unbeweglich im Gesicht. Kuckt dann ganz lange auf den selben Punkt. Ich hab das Gefühl, daß die Reaktionen eher so'n bißchen reduziert sind. Welche Problematik dahinter steckt, oder ob's mehr Angst iss? Erst beim zweiten Kontakt ist mir aufgefallen, kann damit zusammenhängen, daß das am Anfang ja noch nich so schwierig war, als sie angekommen waren, und daß jetzt sich die Sache mit Ruth...

Der Supervisor fragt noch einmal nach, und die Schilderungen der Ärztin werden emotionsreicher:

M: für uns ja besonders deutlich, wenn's so was von einer Szene gibt, in der etwas geschah zwischen Ihnen beiden, und wenn wir dazu erfahren, wie so auch Ihre Gefühle und Ihre Reaktionen waren. Gibt es da etwas zu erzählen?

E: Als ich die beiden das erste Mal sah, sie waren am Tag vorher angekommen, ich konnte se nich begrüßen, weil das ziemlich spät am Abend war, und dann kamen sie gleich am nächsten Morgen ins Stationszimmer, und wollten, daß jetzt unbedingt was passiert. Also die Mutter vor allem, hab ich schon gemerkt, daß sie sehr unter Druck steht und irgendwie unterschwellig aggressiv iss. Und da wurd ich genervt morgens, weil sie mir also // weil sie so plötzlich ins Zimmer eingefallen sind und jetzt sofort und ich gar nich gesehen habe, warum sie jetzt so aggressiv sind eigentlich, sowieso? Die wirkte sehr unbeweglich, aber stinksauer einfach, in etwas abgemildeter Form ähnlich unbeweglich, aber es war deutlich aggressiv. Bezeichnenderweise war das dann im Aufnahmegespräch nich mehr so. Also da hatte ich Empfindungen ihr gegenüber. Ich seh halt auch, daß sie jetzt offensichtlich erleichtert iss, daß was auffallend war, iss halt, daß, daß sie sehr wenig Reaktionen hatte. Es war alles sehr, ihr kaum ansehen, wie sie irgendwas auffaßt, weder Ärger noch Wut, noch Enttäuschung oder Trauer. Erst gegen

Ende, als sie dann noch mal auf die Beziehung zur Tochter zu sprechen kam, hat sie geweint.

M: Sachlich und neutral? Wie war denn so IHR Erleben, IHRE Reaktion auf das Erzählte?

Der Supervisor versucht nun die emotionale Reaktion der Behandlerin auf die Unbeweglichkeit, Versteinerung und Distanziertheit bei gleichzeitiger unterschwelliger Aggressivität der Patientin zu erfahren. Die Kollegin Aul antwortet mit einer Szene, die sie mit der Patientin erlebt hat. Diese stellt ihre Ansprüchlichkeit heraus, und die Ärztin zeigt deutlichen Ärger darüber, wie unselbständig sich die Patientin verhält, als diese versuchte, ihr Zimmer zu finden:

A: ... irgendwie so diese Hilflosigkeit, also da hätt ich se schütteln können, mein Gott, man kann doch mal um die Ecke gucken und vielleicht mal schauen, wo der Weg weitergeht, ich bin auch in Kreta auf Bergdörfer gestiegen und mußte (JEMAND LACHT) nach'm Weg suchen. Also MEIN Gott, also SOWAS von hilflos, #dann schaut mer halt e bissle.#

Die Ärztin Frau Eckardt identifiziert sich mit der Patientin, ergreift ihre Partei und betont, ihr Raum sei wirklich schwer zu finden. Frau Aul läßt sich jedoch nicht beirren. Sie ergänzt ihren Unmut über die Mutter mit dem über die Tochter:

A: Ja, aber mal bißchen so so Forscherdrang, irgendwie mal bissel zu kukken, abenteuerlustig. War überhaupt nix. ... Naja, das war das eine mit der Mutter, und dann hab ich das Kind eben heut morgen kurz gesehen, da lief se die Treppe hier so runter. Und ja, ich bin in der Regel gut gelaunt, wenn ich die Treppe hochgeh, und, und grüß die Leute, die mir entgegenkommen, und dieses (STIMME WIRD SEHR HOCH) KIND, das hat überhaupt net reaGIERT auf mein fröhliches Gesicht. ... Also wirklich so ganz versteinert, und hab // ich hatt so das Gefühl, daß muß total ANstrengend sein, jetzt auch so dem zu widerstehen und nich AUCH fröhlich zu sein, sondern so innezuhalten und so verkrampft ernst, und so zu kucken. Also das, dacht ich, das muß doch unheimlich viel Kraft kosten, und dann, OHNE irgendwie die Miene zu verziehen oder irgendwie zu reagieren auf was ihr auf der Treppe begegnet.

Die Teilnehmerinnen der Balintgruppe ergänzen ihr Erleben während des Fallberichts der Ärztin:

B: Also ich hab das Bild entwickelt, während deinem Erzählen, also erstmal nichts, sachlich, ja, kam überhaupt nix in Gang. Und erst so am Schluß hatt ich dann, da gab's doch früher so Nußknackerfiguren, ne? Und und so einen hab ich dann vor mir gesehen, mit richtig versteinertem (LACHT EIN WENIG) Gebiß, und STEIF, ne, ganz STARR, das war so'n Bild, was ich dann entwickelt hab. Da können wir uns die Zähne vielleicht dran ausreißen.

C: ...so daß ähm, grad am Anfang die Tochter für mich wesentlich lebendiger wurde. Die veranstaltet ja schon einiges, ne, beziehungsweise, ja, da passiert einiges, ne. Hochdramatisch, wenn sie zum Vater geht mit Krankenhausaufenthalt, ja, wo ich auch so gemerkt hab, und dann dieses sich ganz verschließen und ja, und die Mutter, ja so, da hab ich so überhaupt // iss überhaupt nichts lebendig geworden für mich, was ich DANN, wo ich stutzig wurde einfach, daß es da noch ne vierjährige Schwester gibt und ich dachte, die iss alleinerziehend, was iss eigentlich mit DER, ne. Also einfach so als als // da bin ich drüber gestolpert, ne.

Die Steifheit, Starre und Distanz der Mutter erzeugt zumindest bei Frau Bauer und Frau Catan zunächst einen Gegenübertragungswiderstand. Der emotionale Zugang zum Kind, das hochdramatisch inszeniert, erscheint für Frau Catan zunächst leichter. Sie bringt auch die »vergessene« kleine Schwester in die Gruppe. Die von der Falldarstellerin in die Gruppe getragene Hilflosigkeit der Mutter *(als ich die Hilflosigkeit gemerkt hab, daß die sich da halt auch nicht wohl gefühlt)* findet keine Resonanz. Die Gruppe rettet sich auf die faktische Ebene und regt die Falldarstellerin an, weitere Daten zu liefern *(Iss am Samstag umgezogen, und zwar mit dem neuen Lebensgefährten.)* Frau Catans Einleitung ihrer Frage

C: Wenn wir schon bei Erklärungen sind, hak ich doch noch mal nach, und die Vierjährige iss aber auch von diesem Mann, von dem sie sich getrennt hat?

macht deutlich, daß ihr klar ist, daß sich die Gruppe gerade von der Balintmethodik entfernt und biographische Daten erfragt, anstatt sich mit der Beziehung zwischen Behandlerin und Patientin zu beschäftigen. Der Einwurf von Frau Bauer *Warum ist sie überhaupt hier?* kann als Ausdruck dessen gewertet werden, daß sich die Teilnehmerinnen im Widerstand befinden und sich nicht mit der Patientin beschäftigen oder sie sogar loswerden wollen. Frau Catan scheint sich mit einem Wechsel auf die Deutungsebene helfen zu wollen:

C: Noch EINS, was mir jetzt grad so kam, was übernimmt auch die älteste Tochter für die Mutter.

Frau Aul gibt ihrer Mißbilligung Ausdruck, daß die Patientin sich mit ihrer Tochter ein paar Tage nach dem Umzug mit ihrem neuen Partner in ein gemeinsames Haus *abseilt, nur weil die Tochter so schwierig iss.* Die Falldarstellerin kämpft um Verständnis für ihre Patientin. Sie erklärt, die Kur sei seit langem beantragt und die Bewilligung ganz überraschend eingetroffen. Sie identifiziert sich mit der Patientin und ergreift Partei für sie, was als Zeichen einer bereits zum jetzigen Zeitpunkt tragfähigen Arbeitsbeziehung gewertet werden kann. Herr Mölln greift ein, indem er die Teilnehmerinnen der Balintgruppe auffordert, sich in den inneren Rollentausch mit der Ärztin Frau Eckardt zu begeben:

M: Das waren so jetzt die, die ersten Antworten, und die Gefühle oder Einfälle. Wir können jetzt hier mal so'n Perspektivenwechsel machen, und nach dem einen Aspekt besonders einstellen, nämlich, wie wär es für Sie gewesen, wenn Sie in der Beziehung zu dieser Patientin, insbesondere zu der 42jährigen Patientin, stünden?

B: Mir wäre es ähnlich gegangen wie dir, aggressive Impulse, und (wenn die) bei mir sehr stark sind, dann kommt bei mir sofort ein Vorsicht-Schild (LACHT EIN WENIG), weil ich dann denke, ist bei mir meistens ein Zeichen, da ist jemand besonders empfindlich. Also eigentlich muß ich da meinem Impuls gerade zuwider handeln und jemanden wie ein rohes Ei behandeln. Ich hab das (LACHT EIN WENIG) anstrengend, als sehr anstrengend erlebt.

Frau Bauer betont, wie mühsam es oft für sie ist, aggressive Gegenübertragungsgefühle zu verstehen und diese in durchgearbeiteter Form psychotherapeutisch nutzbar zu machen. Damit greift sie zugleich den noch latenten Gruppenprozeß auf. Im folgenden wird sichtbar werden, daß die Balintgruppe mit eben dieser emotionalen Arbeit beschäftigt ist (s. u.). Frau Catan fokussiert den von der Patientin ausgehenden Erwartungsdruck und die Delegation der mütterlichen Verantwortung auf die Klinik: *Für mich klingt's auch eher so, »ich hab eigentlich schon alles versucht, jetzt macht IHR mal, daß diese Tochter wieder funktioniert.«* Frau Aul schließlich beklagt die fehlende Motivation:

A: Daß die gar keine eigene Motivation haben. Die sind ja eigentlich eher so hergeschickt. Und die Tochter will ja schon mal hier eigentlich nix. ... Ich hab das Gefühl, die Mutter will doch gar nichts verändern.

Die Dynamik der Gruppe entwickelt sich erneut in Richtung auf eine aggressive Front gegen die Mutter. Dabei scheint es mir nicht unbedeutend zu sein, daß es nur weibliche Teilnehmer gibt. Das Agieren der Gruppe mag zum jetzigen Zeitpunkt der Abwehr weiblicher Traumatisierungen, weiblichen Opferseins dienen. In den Schuldzuschreibungen der Mutter gegenüber bleibt die Illusion von Handlungskompetenz erhalten. Gefühle der Ohnmacht und Hilflosigkeit können auf diese Weise kompensiert werden. Frau Franzen muß die Patientin immer wieder verteidigen und Eindrücke der Kolleginnen richtigstellen. Sie beschreibt Szenen, in denen die Patientin ein bißchen lebendiger wurde, z. B. als sie ihre Versuche darstellt, der Tochter zu helfen: *zu schaffen, was sie für sich selber geschafft hat, das möcht sie jetzt der Tochter weitergegeben.* Sie zeigt die Patientin als reflektiert und in ihren Ansichten differenziert. Die Falldarstellerin steht mit ihrer Sicht jedoch auf verlorenem Posten, sie dringt mit ihrer wertschätzenden und ressourcenorientierten Position nicht durch. Die Falldynamik einer ohnmächtigen Frau (s. u.) spiegelt sich im Gruppengeschehen wider. In dem sich anschließenden Beitrag der Psychologin Frau Bauer findet sich eine Wende. Die Gruppe beginnt sich für die Vorgeschichte der Patientin zu interessieren:

B: Iss die Frage, inwieweit sie das lebt, was sie da erzählt, ne. Oder inwieweit das nur so ein Selbstkonzept iss ... ich meine, mich würd das schon mal interessieren, wie sie das geschafft hat, sich von ihren Ängsten zu befreien.

E: Das ist vielleicht wichtig zu sagen, die Geschichte von der Mutter, sie hat schon mal vor 12 Jahren ne psychosomatischen Klinik kennengelernt. Sie hatte seit Jahren Angstzustände schon, aber nich so, daß sie deshalb irgendwie groß eingeschränkt gewesen wär, ham sie aber doch sehr belastet, und das ging darauf zurück, daß sie mit achtzehn von drei Männern vergewaltigt wurde, und da auch mit niemandem drüber gesprochen hat. In der Familie ging das wohl nich, die Eltern, die waren, da gab's sehr viele Tabus. Dann hat sie's aber ihrer Schwester erzählt, und ihre Familie sagt sie, daß diese Distanz zwischen allen ist.

M: Verändert das was für Sie?

E: In der Familie hat Gewalt ne große Rolle gespielt, ... aber verbale Gewalt, sie wurde erniedrigt, »du schaffst sowieso nix, du ...«

M: Ja, Entschuldigung, aber das, der Punkt mit der Gewalt. Mit 18 die Vergewaltigung durch drei Männer, und dann durch den jugoslawischen Ehemann. Die Patientin war ja schon vor, vor zwölf Jahren in einer psychosomatischen Klinik und ist jetzt wieder hier. Wenn wir uns mal in ihre Entwicklungsperspektive hineinversetzen, ja, wie hätten Sie dann dieses Gespräch mit der Frau gestaltet in dieser Beziehung?

Die vom Supervisor gewünschte Veränderung der Perspektiven tritt ein. Nachdem er die Gruppe auf die Übertragung der Patientin auf die Institution »psychosomatische Klinik« hingewiesen (die ihr vor 12 Jahren half und jetzt ihr und ihrer Tochter helfen soll) und die Teilnehmerinnen zur Identifikation mit der Patientin aufgefordert hat, gelingt das empathische Verstehen. Die Anforderungen an die therapeutische Beziehung werden herausgearbeitet:

A: Die Hoffnung, da iss jemand, der iss sehr einfühlsam, versteht das alles, das sich ja sicher was verändert.

C: Die hohe Erwartung, ne, also in der Therapie ist ihr ja zumindest ganz gut geholfen worden, so wie sich das anhörte, wie es in der // beim ersten Klinikaufenthalt aussah, das weiß man nicht, ne, also ich weiß nicht, was // in der zweiten Therapie ging's ihr ja glaub ich ganz gut, oder zumindest danach.

Die wenig invasive Strategie der behandelnden Ärztin wird im inneren Rollentausch der Psychologin Frau Bauer mit der Patientin als förderlich beschrieben:

B: Ich hab deine Distanziertheit als angenehm empfunden, daß man so drüber reden kann, ohne daß du dann zu nahe kommst, ich glaube, das ist gut.

Herr Mölln unterstützt den Beitrag von Frau Bauer, indem er auf die therapeutische Wirksamkeit der Ähnlichkeit in der Persönlichkeitsstruktur von Therapeutin und Klientin hinweist:

M: Dieses berühmte »Like me«, also wir beiden sind uns ähnlich, und dann gibt's die Hoffnung, daß wir uns verständigen können?
A: Ja, jaja.
M: Ja? (SEHR HOCH) Und wenn wir noch mal so die Eröffnungsszene einstellen, also die Patientin ist nach langer Reise hier angekommen, und dann haben Sie ja geschildert, wie's dann weiter war. Ja wie wär das denn für Sie als Patientin in dieser Situation gewesen?

Die Ärztin Frau Dassel, die sich bislang im Gruppenprozeß stark zurückgehalten hat, zeigt eine Analogie zu einer Szene mit einem ihrer Patienten auf:

D: Da ist sicher auch was, aber das, also von unseren äußeren Rahmenbedingungen, und dann, was sie an Erwartungen hierher bringt. Und das hat mich irgendwie so an'ne Szene erinnert, die ich mit 'nem Patienten hatte, wo ich den auch irgend // ich hatte den zwar am Vortag begrüßt, und dann am nächsten Tag kam er aber bei mir rein, und also auch unheimlich aggressiv und geladen, setzte sich bei mir an den Tisch, #und dann#...
M: #Also# AUCH unheimlich aggressiv und geladen? Mhm.
D: Und ich denk, das passiert einfach hier (LACHT EIN WENIG) ganz schnell, weil die von vielen anderen Patienten natürlich mit negativen Dingen, die hier in der Klinik passieren, überschüttet werden erstmals, und die Begrüßung läuft meistens noch ganz gut, und dann merkt man, aha, jetzt sind sie einen Tag angekommen, und jetzt kommen schon // haben schon ganz viel gehört über die Klinik. Und diese ganzen negativen Dinge muß man erstmal wieder ausbügeln, sag ich mal, oder muß man auch erstmal wieder ausgleichen. Und er kam dann auch bei mir rein, setzte sich bei mir an den Tisch und sagte, »so, was machen wir jetzt mit meinem Jungen?«, ne, und so ähnlich hatt ich so diese Szene

vorhin in der Statio // im Stationszimmer auch erlebt, ne, daß sie ganz aggressiv reinkam und sagte, »was, was läuft denn hier jetzt alles?« ... Es hat mich einfach nur an MEINE Szene mit diesem Patienten erinnert, und mich hat's innerlich so'n bißchen amüsiert, weil ich wußte wo auch // oder ich mir zumindest gedacht hab, wo so'n Teil dieser Aggressivität auch herkam und ich so das Gefühl hatte, also er will das gleich von vornherein klarstellen, hier muß, muß viel laufen, und er wird sich vielleicht nicht wie viele andere Patienten hier dann auch mit wenig abspeisen lassen, ne, sondern der Druck am Anfang iss besonders hoch, daß gleich am Anfang viel anläuft.

Die Gruppe nimmt die Institutionsdynamik auf, indem sie die Sprecherin über den berechtigten Unmut der Patienten erzählen läßt. Das Spannungsfeld zwischen den großen und berechtigten Erwartungen der Patienten einerseits und den geringen Möglichkeiten durch die immer enger werdenden Grenzen der Klinik andererseits wird aufgespannt. Der Supervisor hebt die emotionalen Reaktionen des Patienten hervor und verweist auf die zu supervidierende Interaktion zwischen der Patientin und der Ärztin E:

M: Die Sicht der Ärztin und dieses ergänzende Beispiel, was Sie erzählt haben, das gibt uns ja auch die Möglichkeit, uns noch in die Erlebnisperspektive der PATIENTIN hineinzuversetzen. Was ist in ihr vor sich gegangen, wie erlebt sie die Ärztin, so daß sie dann auch unheimlich aggressiv auftritt?

Die Gruppe zentriert sich um die Ängste der Frau, in der Klinik zu kurz zu kommen und keine Besserung der Symptomatik zu erfahren:

C: So (LACHT EIN WENIG) Ängste, daß die gar net kriegt, was sie will, weil das gar nich zu machen iss.

Der daraus erwachsende Erwartungsdruck erweckt bei der behandelnden Ärztin somatische Reaktionen:

E: Ja, mir wird's dann auch schon mulmig ... wenn die Erwartungen der Klientin da so langsam wachsen.
M: Phantasien zu mulmig?

Nachdem zunächst wenig berechenbare Prüfungssituationen als Einfall zu dem Begriff mulmig benannt werden, rückt nun der psychotherapeutische Prozeß in den Mittelpunkt:

C: ... Einerseits sich drauf einzulassen, andererseits vielleicht auch, wahrscheinlich auch jetzt aus der Sicht der Patientin vielleicht auch Ängste, und das paßt so zu dieser DISTANZ, die offensichtlich auch sich herstellt und auch wichtig ist, vielleicht auch ne Angst, weil das viel zu nah ist, oder viel zu intensiv, und ja, es vielleicht Dinge gibt, die zwar einerseits ne Rolle spielen, das war ja auch hier jetzt in der Sitzung so, aber (HOLT TIEF LUFT) viel Zeit brauchen, eh sie angesprochen werden können.

Analog zum Verlauf der Supervisionssitzung können die entscheidenden Dinge erst spät zum Ausdruck kommen. Allen scheint zum jetzigen Zeitpunkt klar zu sein, daß sie es mit einer gravierenden Problematik zu tun haben. Die Ärztin Dassel bringt die bislang vernachlässigte Tochter Ruth zurück in die Gruppe. Sie bringt ihrer Verweigerung Verständnis entgegen, wenn sie sich vorstellt, die Tochter einer Mutter mit einer solchen Vorgeschichte mit Traumatisierungen und daraus resultierenden Ängsten zu sein:

D: Ich würde vielleicht auch blockieren und sagen »Mensch, bring erstmal deine eigne Sache // eignen Sachen in Ordnung, bevor ich mich so verhalten muß, wie du das von mir erwartest.«

Frau Dassel benennt damit eine mögliche Haltung der Tochter, wie sie ähnlich von der Balintgruppe eingenommen wurde, die bislang recht kritisch zur Patientin Stellung nahm. Nun werden sowohl die Schuldgefühle der Patientin als auch deren Abwehrarrangement als Überlebensmodus plastisch:

D: ... Und was weiter, das zweite, das ich vorhin schon noch überlegt hatte, ich glaube, daß dieses vielleicht wenig schwingungsfähige, dieses wenige// was da auch vielleicht im Moment nicht an Emotionen rüberkommt, diese Patientin natürlich auch gut schützt. Einerseits Erwartungen von außen, und aber auch Erwartungen an sich selbst, vielleicht geschätzt hat in dieser Beziehung mit dem Jugoslawen, der sie da gedemütigt hat und sie vielleicht auch, ich denk, da sind Ängste ja vielleicht auch ganz wichtig für sie.

Der Supervisor ermuntert die Gruppe, weiter in die Tiefe zu gehen. Er äußert zwar selber keine konkreten Anmutungen, erweitert durch seine Intervention aber den Raum für weitergehende Phantasien:

M: Mulmig auch als EIN Aspekt der Gefühle, die mit Angst zu tun haben, und wenn ne Patientin aggressiv ist, dann kann ja im Therapeuten auch so was wie Angst entstehen. Dann dacht ich aber, und das ist jetzt ne etwas weitergehende Phantasie, daß mulmig ja auch sonst vielleicht ne große Rolle spielt. MIR wurde, könnt ich jetzt diesen Begriff anwendend sagen, noch an anderen Stellen mulmig hier, jenseits dessen, wo Ihnen mulmig wurde.

Seine Begleitung wirkt angstreduzierend, denn Frau Dassel unterläuft eine Fehlleistung, die wesentlich zum Verständnis der Falldynamik beiträgt:

D: An dieser Stelle iss mir aufgefallen, ich hab so'n bißchen Mühe, nachzuvollziehen, daß sie bereits in der dritten Partnerschaft iss und da auch hingezogen iss. Ich hab jetzt nur gedacht, also sie hat ja bis jetzt sehr sehr sehr viel Negatives von Männern erlebt, und ja, ich hab einfach damit Probleme, das dann auch ein Stück weit zu verstehen, wie kommt es, daß sie bereits in der dritten Partnerschaft #iss und//# ...

E: #Zweite. #

Die Verwechslung der Vergewaltigung mit einer Partnerschaft macht die Bindung der Patientin an dieses traumatisierende Erlebnis deutlich. Der Supervisor bewertet diese Fehlleistung als *einen möglichen zentralen Hinweis auf mulmig* und verweist auf die heftigen Reaktionen der Tochter. Die Gruppe wendet sich der Vater-Tochter-Beziehung zu:

C: ...#der Vater#ne, also diese dramatischen Szenen bei dem Vater. Da iss mir schon mulmig. Und es ist ja nicht ganz klar, ist es eigentlich schon vorher, oder ist es dann währenddessen, oder vielleicht spielt das keine ROLLE, jedenfalls ist es ja so, daß zum Teil der Kontakt dadurch verkürzt wird, und sie in ganz, sag ich jetzt mal, behütende (LACHT) Umgebung kommt, #bis hin zum Krankenhaus. #

Es wird herausgearbeitet, daß die Tochter nirgendwo einen sicheren Ort hat, weder beim Vater noch bei der Mutter. Es wird deutlich, daß der Vater hoch ambivalent besetzt ist, aber auf Ruth durchaus eine große Faszination ausübt. Frau Bauer spricht Frau Aul, die eine ganze Weile geschwiegen hat, auf ihre Gedanken an:

A: Ich hab mir grad // mir kam grad so, ich hab mich da in Kreta auch so'n bißchen mit der Geschichte beschäftigt, und da gab's auch so Opfer im Tempel, und mir kam's jetzt grad irgendwie so, als ob die da geopfert wird von der Mutter.

M: Wem?

A: Dem Vater. Um irgendwie so von ihren Schuldgefühlen da sich befreien zu können, oder irgendwie mit Opfer war grad sowas und eben auch so Menschenopfer.

Die Gruppe vermutet, daß die Tochter nicht freiwillig zum Vater geht, sondern von der Mutter an ihrer statt »geopfert« wird:

B: ...wird sie krank und kommt ganz geschwind zurück, hat halt einfach diesen unausgesprochenen Auftrag von der Mutter, dahinzugehen.

Die Empörung der Gruppe, daß die Mutter den Kontakt zum Vater nicht verhindert, wird von ihrer Therapeutin Frau Eckardt begegnet: Sie stellt richtig, daß die ernsthaften Bemühungen der Patientin vor Gericht durchzusetzen, daß der Vater Ruth nicht sehen darf, erfolglos verliefen. Die erneut aufkeimende kritische Haltung der Patientin gegenüber *(hätte in die zweite Instanz gehen können zum Beispiel, wenn ich wirklich will, kann sich nicht von einem Richterspruch abhängig machen)* wird von Herrn Mölln gewendet. Er durchbricht das aggressive Agieren der Teilnehmerinnen, die sich noch nicht an die zugrundeliegende Thematik vorwagen:

M: Vielleicht es war ja gerade so'ne Stille und Betroffenheit hier, und kurz vorher hatten Sie, Frau Bauer die Frau Aul angesprochen, »du bist so still«, und dann kam ja eine schlimme Phantasie dann, die, wenn Sie an der Stelle nich gefragt worden wären, hätten Sie wahrscheinlich da nich geäußert. Aber da ist so ganz viel drin in den damit zusammenhängenden Phantasien.

Frau Bauer bricht schließlich das Schweigen und benennt den im Raum stehenden Verdacht:

B: Mir fällt ein, daß ich ein Buch gelesen habe jetzt über's Wochenende von ner ähnlichen Schilderung, wo eben das Kind mißbraucht wurde, ne, vom Vater, und deshalb diese Symptome entwickelt hat. Beziehungsweise, es war überhaupt net klar, bis zum Schluß des Buches dann. Mit Kopfschmerzen und Erbrechen, und ja, tagelang daneben gewesen immer, nach diesen Pflichtbesuchen. Ne Beziehung, wo der // wo die Frau gegangen iss, und der Mann das auch nicht wollte. Die Frau hat auch gekämpft und auch ein Richterspruch, der alles offen ließ, ne. Also richtig parallel fast, wie du das jetzt so geschildert hast. Ich hab selber Zweifel gehabt während dem Buch, ne, dachte, »nee, Fragezeichen,« ne.

E: Was mir auch aufgefallen iss, daß ich die Phantasien eigentlich auch die ganze Zeit hatte.

Die Sorge um die allein gelassene jüngere Schwester von Ruth wird durch Frau Catan erneut thematisiert. Sie versteht die Mutter nicht, ist wütend auf sie, wenngleich sie keinen Verdacht auf Mißbrauch durch den neuen Lebenspartner schöpft. Es läuft auf das Ende der Sitzung zu und Herr Mölln interveniert stärker strukturierend und deutend. Er kommentiert den Beitrag von Frau Catan:

M: Sie sagen, ich kenne mich hier nicht aus.

Frau Bauer markiert deutlich die Grenzen der behandlerischen Möglichkeiten in der verbleibenden Zeit:

B: Das Thema ist viel zu heavy, und wenn die nur drei Wochen da ist, denk ich, »ach, wie schön, daß es noch Verhaltenstherapie gibt, (LACHT) haben wir doch da gleich mal 'n Programm«.

M: Also dies »viel zu heavy« paßt jetzt wieder zu ihrem Bild vorhin von dem Nußknacker, und dazu, daß Sie ja gesagt haben, »was für einen Aufwand braucht die Ruth, um auf freundliche Zuwendung mit Starre zu reagieren«. Die Nüsse kriegt Ruth aus den Beziehungen ihrer Mutter. Was muß Ruth verbeißen zu sagen, was könnte das sein?

A: Ne Frage jetzt?

M: Ne Phantasie und ne Frage, ja, mhm. Damals in der psychosomatischen Klinik konnte die Mutter zum ersten Mal ein zwölf Jahre nicht thematisiertes Ereignis zur Sprache bringen. Was können Sie oder Sie insgesamt dieser Mutter ermöglichen?

Es wird vorgeschlagen, eher nonverbal, z. B. mit der Hilfe einer Heilpädagogin, an der Mutter-Kind-Interaktion zu arbeiten. Herr Mölln läßt die Gedanken, die Behandlung zu delegieren nicht zu. Er fordert das Team auf, eine eigene Behandlungsstrategie zu entwerfen.

M: ... daß Sie so in IHRER Beziehung zu Ruth bleiben. Mit welcher Einstellung können Sie jetzt so in der Beziehung weitermachen? Was würden Sie sich so wünschen, wie sich das fortentwickelt? Kann jemand da 'n bißchen helfen, haben Sie Vorstellungen dazu?

Frau Franzen macht deutlich, daß sie sich nicht als zuständig für die Tochter empfindet. *Daß Ruth hier vielleicht ne Bezugsperson findet, zu der sie Vertrauen bekommt,* das soll jemand anderes übernehmen. Über die individuelle Psychodynamik von Mutter, Tochter und Vater sowie deren Familiensystem wird an dieser Stelle nicht weiter nachgedacht, sondern auf die Beziehungsgestaltung in der Klinik fokussiert:

M: Ich meine mehr die Beziehung, die SIE zu den beiden haben.

Frau Catan beschreibt die Entspannung, die sich durch die Äußerung des Verdachts auf sexuellen Mißbrauch in ihr breit gemacht hat. Stellvertretend für das Behandlerteam signalisiert sie damit die wiedergewonnene Arbeitsfähigkeit. Das Team hat sich aus der für die Balintarbeit notwendigen passageren Regression gelöst. Es hat nun die Falldynamik verstanden und sieht therapeutische Ansatzpunkte:

C: Ich merke, bei all der Dramatik, die da ja irgend // einfach dahinter ist, daß ich JETZT so ne größere Gelassenheit hätte im Kontakt mit denen so, so im MOMENT jedenfalls so der Druck auch raus wär. Also ich könnte so dieses für mich viel mehr nachvollziehbar, eben dieses, ich nenn's noch mal Nußknacker, also ich hätte nich das Gefühl da irgendwie, daß mich das jetzt in Spannung versetzt. Sondern ich könnte mir auch vorstellen, ne, daß vielleicht je nachdem auch anzusprechen, eben auch als 'n wichtiger Schutz, ich, für mich sind auch die ÄNGSTE, die dahinter stehen, irgendwie, ja, klar geworden vielleicht auch, ne, so'ne vermutete Angst, was könnte auch die TOCHTER jetzt vielleicht erzählen.

Die konkrete Behandlungsplanung bleibt offen. Die abschließenden Hinweise des Supervisors scheinen jedoch keinen aufdeckenden Zugang zu favorisieren. Herr Mölln beläßt die Entscheidung für die konkrete Ausgestaltung der Ärztin-Patientin-Beziehung bei der Falldarstellerin. Er stellt lediglich Wegweiser auf, die zur Orientierung im Therapieprozeß dienen können: Wiedererlangung einer Öffnung zur Welt, Nutzung der Gegenwelt Klinik, um Lebendigkeit zurückzuerobern und ein wenig Freude am Abenteuer zu entwickeln und durch Beachtung der warnenden Hinweisreize der Umwelt das Erlernen von Umsicht. Der Supervisor beläßt die diagnostische und therapeutische Kompetenz bei der Behandlerin. Er macht ihr durch den nochmaligen Hinweis auf die Seelenverwandtschaft zwischen ihr und der Patientin Mut, daß sie den Anforderungen des schwierigen Falls genügen kann.

M: Schön, wenn Sie der Patientin etwas von dem vermitteln könnten, was Sie vorhin beschrieben haben, nämlich eine Treppe vergnügt hochzugehen. Die Ruth ist ja runtergekommen, und sie schien sich ja ein bißchen zu wundern, daß die (LACHT EIN WENIG) Frau Aul so vergnügt diese Treppen hochgelaufen ist. Und dann auch noch diese Einstellung, mal rechts und links um die Ecke gucken, mal sehen, wo es höher hinauf geht, und dabei auch den Weg durch die Waschküche in Kauf zu nehmen. So einfach das so als, als Bild, ne. UND zu achten, wo sind Schilder, ja? Das heißt, sich auch darum zu bemühen, mögliche Wegweiser, die ja in Kreta besonders selten sind, und wo man sich verdammt verlaufen kann, also dort Wegweiser zu beachten, wo sie hinführen könnten. Das fänd ich eine ganz schöne Einstellung, wenn Sie das als Bild hätten. Wahrscheinlich sind Sie ja auch durch Ihre Art in mancher Hinsicht dieser etwas hanseatischen Patientin ein bißchen ähnlich, und das ist ja vielleicht andererseits auch 'ne innere Lebendigkeit.

E: (MURMELT, unv.)

M: Also das würd ich Ihnen gerne mit auf den Weg geben. Ich glaub, wir sind so am Ende unserer Zeit? (ZUSTIMMENDES BRUMMEN) Dann dank ich Ihnen. (Ende der Supervisionssitzung)

Herr Mölln greift für die abschließende Intervention die Methaphorik der Gruppe auf. Er bleibt in der Begrifflichkeit der Urlauberin Frau Aul, die durch die Unterbrechung ihrer Tätigkeit die größte Exzentrizität innehält. Sie war es auch, die durch den Hinweis auf die griechische Mythologie den entscheidenden Hinweis zum Verständnis der Falldynamik gab. Er scheint einen supportiven einem aufdeckenden-konfliktzentrierten therapeutischen Stil – auch in Hinblick auf die aktuellen Möglichkeiten in der Klinik – vorzuziehen.

3.6 Innenschau der Interventionen

Herr Mölln schätzt die Supervisionssitzung als eine in nahezu prototypischer Weise der Normalform entsprechende ein. Bemerkenswert ist die Einhaltung der Normalform unter Krisenbedingungen. Der Supervisor eröffnet dementsprechend mit einer Frage nach dem aktuellen Stand der betrieblichen Entwicklung und fokussiert damit die Institutionsdynamik.

3.6.1 Institutionsdynamik

M: Ja, die, ich sagte ja schon, in der letzten Zeit war kaum eine *3 * beziehungsorientierte Arbeit möglich, weil die *3 * die Ärzte im Praktikum, die Psychologinnen und die Ärztinnen so beansprucht sind von der Kurzarbeit, den Kündigungen und der extremen Überbelastung, daß sie eben jetzt doppelt so viel Patienten zu versorgen haben, wie vor einem Jahr. Und daß eben da die Frage gewesen ist, gerade von der Frau

Aul, wie kann ich verhindern, daß ne Beziehung zum Patienten besteht, wenn // ENTsteht, denn wenn die einmal entstanden ist, hab ich Schuldgefühle und fühle mich verpflichtet, aber so viel Privatzeit kann ich und will ich nicht opfern. Das war ja das Thema, und insofern war ich froh, daß war heute // ich fand's WICHTIG, dieses Institutionelle auch so auszusprechen, noch einmal.

Herr Mölln stellt die Verbindung zur letzten Sitzung her. Ihn leitet die Fallgeschichte, die in der Sitzung vor drei Wochen das Dilemma zwischen der Notwendigkeit intensiver Beziehungsnahme vom Patienten zum Behandler und dem gleichzeitigen Wissen um die zu bereitende Enttäuschung entsprechender Wünsche aufgrund der Krisensituation der Klinik deutlich macht. Die Behandlerinnen reagieren mit Schuldgefühlen, da sie hinter eigenen Ansprüchen zurückbleiben müssen. Sein innerer Bezug zur letzten Sitzung substituiert die Kontinuität, die das Team zur Zeit nicht aufbringen kann:

M: Hmm. *4 * Und DANN hab ich ja die, die Anknüpfung versucht, und das ist für mich häufig eindrucksvoll, wie wenig präsent für die Teilnehmerinnen die vergangene Sitzung ist. Wie weit das für die nach zwei oder drei Wochen zurückliegt.
I: Haben Sie ne Idee dazu?
M: Ja, die, die Aufenthaltsdauer ist dort ja von früher im Durchschnitt fünf Wochen auf jetzt drei Wochen verkürzt. *3 * Und dann auch, daß das, WAS erzählt wird, in den letzten Sitzungen nicht mehr so intensiv ist, wie es früher war.

Herr Mölln wählt auch an dieser Stelle keine individualisierende Interpretationsfolie, sondern bindet das Phänomen des Vergessens zurück an das momentan tonangebende *Notkonzept*.

M: Ja, UND eben dieses, wenn keine Einzelgespräche da sind, dann ist dieses Ausmaß, sich verantwortlich zu fühlen für die Patienten, viel geringer, und es kommt weniger an – aus der Sicht der Ärzte – intensiven Beziehungen zustande.
I: Jetzt können natürlich Gruppenbeziehungen auch intensive Beziehungen sein. Was glauben Sie, weshalb die BeWERTung genauso läuft?
M: Ja, die haben keine wirkliche Weiterbildung in Gruppenarbeit.

Herr Mölln teilt die Bewertung des Teams, daß die Einzelgespräche das Kernstück der Rehabilitationsmaßnahme darstellen. Gruppenzentriertes Arbeiten überfordert die Therapeutinnen, da diese über keine entsprechende Ausbildung verfügen. Er hält zudem Gruppenansätze für das Unterschichtsklientel der Klinik nicht für die Methode der Wahl:

M: Ja, ist auch meine Meinung. Also daß bei DER Art der Störung auch die Patienten erst in der Einzelbeziehung motiviert werden, sich an THERAPEUTISCHEN Gruppen zu beteiligen.

3.6.2 Rolle des Supervisors – Berufsbiographischer Hintergrund

Herr Mölln betont in seinem Selbstverständnis als Supervisor vor allem den Weiterbildungsaspekt supervisorischer Prozesse. Seine berufliche Schwerpunktbildung in der Forschung und praktischen Ausübung von Supervision in den letzten 20 Jahren habe sich originär aus seinen Tätigkeiten entwickelt. Er begreift die Rolle eines erfahrenen Assistenzarztes sowie die des Oberarztes als die eines internen Supervisors:

M: Ja, Supervision im Sinne von klinischer Anleitung, das passiert ja, wenn man erfahrener Assistent ist, oder wenn man Oberarzt ist, daß das zu den Aufgaben dazugehört.

Externe Supervision anzubieten entwickelte sich aus einer Anfrage, die sein damaliger Vorgesetzter erhielt. Da dieser zum einen wenig Zeit hatte und zudem, nach Ansicht von Herrn Mölln, dem Anforderungsprofil an einen Supervisor nicht genügte, übernahm er die Aufträge, die sich schließlich durch Mund-zu-Mund-Propaganda beständig vermehrten:

M: ...gefragt wurde, ob er in der psychiatrischen Klinik für das Team eine Supervision machen würde, daß er da gesagt hat, ja, aber weil sie so unregelmäßig da ist, sollte ich halt (RÄUSPERT SICH) dabei sein, und *4 * da er nicht so, so gut mit den Psychiatern und den psychiatrischen Patienten zurecht kam, hat es nur paar Wochen gedauert, da war ich dann allein der Gruppenleiter, und so, das sprach sich dann rum, und dann fragte der Chefarzt von DER Klinik und der Chefarzt von DER Klinik, und das hat sich dann so ergeben.

Auf die Frage nach seinen personalen und fachlichen Kompetenzen als Supervisor bettet Herr Mölln seinen Supervisionsschwerpunkt in seinen übergreifenden beruflichen Werdegang ein, er beschreibt seinen Weg zur Psychoanalyse:

I: Aber es müssen ja spezielle Kompetenzen sein, die Sie nun auch genau auszeichnen und die Sie mitbringen, daß Sie SO einen großen Teil auch doch zumindest Ihres zurückliegenden Berufslebens mit Supervision zugebracht haben in Forschung und praktischer Tätigkeit.

M: Ja. *4 * Ich war immer ein sehr guter Nachhilfelehrer. Ich hab mir sehr früh, wir waren fünf Kinder und es war wenig Geld da, ich hab mir sehr früh durch das Geben von Nachhilfestunden (KAUM HÖRBAR) Geld verdient. ... Und dann, und das war überhaupt mein Zugangsweg zur Psychoanalyse, bin ich sehr früh, nämlich schon mit *3 * knapp 16 von dem Leiter einer Jugendgruppe gefragt worden, ob ich denn nicht so Gruppenleiterhelfer werden wolle für die 8- bis 12jährigen, und habe da so zwischen 16 und 18 ne sehr anspruchsvolle Weiterbildung gemacht zum Gruppenleiter mit, mit Trainings, wo also auch Pädagogik, Soziologie, Psychologie und Psychoanalyse vorkam.

Im Erklären, Unterweisen und Helfen scheint Herr Mölln in seinem Element. Die frühe Übernahme von Verantwortung bot ihm die Möglichkeit eigenen Lernens, aber auch die des Erfahrens von Grenzen:

M: ABER es war auch eine große Enttäuschung, weil *3 * das, was ich alles gelernt hatte, oft in der Beziehung mit schwierigen Kindern überhaupt nicht half, und ich sehr viel Enttäuschung erlebt habe. Also, das denk ich, ist so mit ein wichtiger Hintergrund.

3.6.3 Rolle des Supervisors in der vorliegenden Sitzung

Seine Sorge galt zu Beginn der Sitzung der Psychologin Frau Bauer. Er vermutet, hier könnte sich die Krise der Institution zur Krise der Mitarbeiterin, die die Krise trägt, ausgeweitet haben:

M: Also ich war SEHR erschrocken über die Frau Bauer, weil deren Gesicht so aufgequollen war, und weil sie so sehr an Gewicht zugenommen hat. Das sah man sehr deutlich an ihrem Jackett, das hat ganz ganz viele Falten hier geworfen, und die, die Bluse, die sie trug, die war so weit auseinander, daß zwischen den Knöpfen das Hemd auseinander ging und man die Haut sah und ihr war das zwischendurch peinlich, und sie zog dann dieses Hemd ganz lang, damit man das nicht sah. Und ich dachte, »ja, hat die ne Kortison-Behandlung, oder hat die angefangen, Alkohol zu trinken und sieht so aufgeschwemmt aus«. Also es war für mich // und die Augen waren so verändert. Es war sehr erschreckend für mich.

Die personenzentrierte Perspektive verläßt er im weiteren Verlauf der Sitzung. Er würdigt die zentrale Rolle der Frau Bauer während des Supervisionsprozesses, spricht hier bereits ihren wichtigen Beitrag an, der die Wende in der Fallbearbeitung einleitete:

M: Und war dann hinterher SEHR angetan, wie sie sich beteiligt hat. Und sie hat dann ja auch einmal die Frau Aul angesprochen und hat gesagt, »du bist so still«. Also daß, daß sie darauf (SEHR LEISE) eingehen konnte.

Seine fürsorgende Rolle wird auch darin deutlich, daß er die Teammitglieder auf ihre Rechte hinweist und sie nach der Zusammenarbeit mit dem Betriebsrat fragt:

M: Na ja, es ist so, oft wissen die Mitarbeiter ja gar nicht so genau Bescheid, was ihre Rechte sind, und diese Verwaltungen wissen oft, daß das, was die Verwaltungen tun, sie nicht dürfen. Sie tun 's aber trotzdem, aus dem Denken heraus, »die sind ja sowieso doof und wissen das nicht,« oder »wir kriegen die schon klein, und die machen den Mund nich auf«. Es ist dieses // normalerweise ist ein solches Vorarbeiten, arbeitsrechtlich, dazu muß es ne besondere Vereinbarung geben. Und als ich da gefragt hab, wie ist das mit dem Betriebsrat, daraus hab ich geschlossen, okay, es gibt ne Betriebsvereinbarung, und dann brauch ich da nichts zu sagen. Sonst würde ich denen, also wenn ich das höre, mit der halben Besetzung die, die *4 volle Belegschaft an Patienten, das finde ich natürlich schrecklich.

Herr Mölln nimmt Anteil an der Krise der Mitarbeiter und der Institution. Er scheut sich nicht, den Teammitgliedern seine Kenntnisse im Bereich des Arbeitsrechts zur Verfügung zu stellen. Er riskiert auf diese Weise einen Konflikt mit der Administration. Er stellt den Mitarbeiterinnen des Teams fachliche Kompetenz zur Verfügung, die er sich in früheren Zeiten gewünscht hätte:

M: Und die fragen mich dann auch oft gezielt und sagen, »ach, wir haben von Ihnen gehört, Sie kennen sich damit aus, sagen Sie mal, wie ist denn eigentlich das und das«. Das find ich auch etwas, was, was mir gutgetan hätte, wenn ich das früher in den Assistentenjahren schon gewußt hätte.

Der Supervisor vergewissert sich gleichzeitig über die Sicherheit des Settings und der Kontinuität der Beziehung. Bei steigenden Belegungszahlen besteht Hoffnung auf Rücknahme der Kündigungen:

M: Ja, ob die dann doch ihre Stellen behalten können, daß die Kündigungen eben wirklich nur geknüpft sind an die Belegungsprozentsätze.
I: Das heißt, Sie versichern sich da noch mal des Status quo?
M: Ja, und das ist ja auch ein Stückchen »werden Sie dableiben, können wir dann in Zukunft weiter zusammen arbeiten?«.
I: Wie lang geht unsere Beziehung noch.
M: Ja, hm.

Durch seine Nachfragen und Kommentare nimmt er eindeutig zu berufspolitischen Fragen der Ärzte Stellung:

M: Das ist so etwas, was mich so ärgert, im AIP sollen die, die angehenden Ärzte ungefähr die Hälfte der Arbeit leisten wie die fertigen Ärzte. Sie werden aber zu 37 Prozent bezahlt im Vergleich zum Gehalt der Ärzte. Und die Träger machen's jetzt so, daß die die Arztstellen jetzt nicht besetzen, und statt dessen AIPs einstellen, und die AIPs aber so überfordern, die müssen so viel arbeiten wie sonst ein Arzt. Und das ist so eigentlich eine ganz üble kapitalistische Ausbeutung. Und jetzt sind sie dann fertige Ärzte, und es ist zu befürchten, daß die dann wieder mal zu wenig bezahlt bekommen.

Die Fürsorge des Supervisors, seine tatkräftige Unterstützung bis hin zu persönlichen Opfern füllen das Leitungsvakuum der Klinik in der Krise. Herr Mölln wird ein Garant für ein wenig verbleibende Sicherheit. Das Team spricht ihn als den »besseren« Leiter an.

M: Ja. Denn die haben den früher sehr verehrten Direktor verloren, der ist nicht mehr für sie da, die Oberärztin tritt überhaupt nicht mehr in Erscheinung, und der neue Chefarzt ist weniger als 50 Prozent anwesend.

I: Was bedeutet das dann für Ihre Rolle? Versuchen Sie zu kompensieren das Fehlende, oder wie handhaben Sie das?

M: Ja, daß so'n, ein bißchen wenigstens da ist, Kontinuität und Verläßlichkeit.

3.6.4 Interaktionsdynamik

Dem neu auftauchenden Phänomen des Zuspätkommens der Teilnehmerinnen mißt er keine auf die Gruppe gerichtete Aussagekraft zu. Er sieht darin keine gegen ihn oder die gemeinsame Arbeit gerichtete indirekte Botschaft:

M: Ja, die sagen ja, um HALB acht beginnt dort die Besprechung mit dem Chefarzt. Und die Besprechung ist früher um ACHT Uhr zu Ende gewesen, und dann konnten die noch etwas erledigen, und sind dann um acht Uhr dreißig in die Gruppensitzung gekommen. Und JETZT geht die Besprechung oft nicht nur bis acht, sondern bis um halb neun. Und dadurch kommen die später. Und das, was sie sonst in der Zwischenzeit gemacht haben, das müssen sie später machen. Und wenn eben etwas so DRINGEND ist, weil in der Nacht was war, dann müssen die eben, so wie die Frau G, dann erstmal auf die Station.

I: Hmm, ich hab Sie auch wenig darüber ärgerlich oder sonstwie erlebt, sondern Sie nahmen das als Faktum durch #die ganzen Veränderungen hin.

M: Ich denk, das ist ein Faktum, das kann man nur mit Bedauern wahrnehmen, und ich kann die jetzt nicht unter Druck setzen und sagen »ihr müßt wenigstens bei mir pünktlich sein« oder so. Ich hab nicht das Gefühl, daß das irgendwie GEGEN mich ist, oder daß darin eine nicht-so-Wertschätzung zum Ausdruck käme.

Herr Mölln erweist mit seiner Duldsamkeit dem Team Respekt und Unterstützung. Das Team besteht aus Mitarbeiterinnen mit unterschiedlichen Anstellungsverhältnissen. Es gibt von der LVA ausgeliehene Angestellte, die einen sichereren Arbeitsplatz innehalten, und Mitarbeiterinnen, die direkt bei der die Teilklinik tragenden Gesellschaft beschäftigt sind und eine unsicherere Perspektive haben. Diese Differenz hat nach Einschätzung des Supervisors keinen Einfluß auf die Gruppendynamik der Balintgruppe. Der solidarische Aspekt überwiegt, und *die Krise wird nicht gegeneinander gerichtet.*

3.6.5 Interventionsstrategie

Nach Abschluß des institutionellen Programms und des Nachberichts beginnt die Fallerzählung von Frau Eckardt. Die Psychologin Frau Bauer macht der Ärztin Frau Eckardt den Vorschlag, eine recht auffällige Patientin vorzustellen.

I: Eigentlich hatte ja die Psychologin ihr das zugeschoben, nicht? Sie hatte ja gesagt, »mach du«, und Sie haben nicht mehr abgewartet, ob sie denn// also Sie haben sie wenig zögern lassen, sondern freundlich ermunternd gesagt, »dann schildern Sie doch mal«. Was war da der Hintergrund?

Herr Mölln ist schon von der Beteiligung der Frau Eckardt bei der Nachlese der Fallbesprechung vom letzten Mal überrascht. Er sieht ihre ungewissen beruflichen Perspektiven als motivierend an:

M: Es ist ja so, daß die Frau Eckardt so Schwierigkeiten hat, etwas darzustellen, zu erzählen. Und ich war schon verwundert, daß sie überhaupt, auch ungefragt, bei der Ergänzung dazu erzählt hat, daß die Patientin zunächst so auffällig gewesen sei, die Patientin von der Frau Aul, und die dann untergegangen sei. Da hab ich mich schon drüber gewundert. ... Und mir war an dieser Stelle die Phantasie gekommen, »ach, wird sie jetzt aktiver«, in der Hoffnung, daß sie dann als AIPlerin weiter beschäftigt wird, wenn nämlich der Chefarzt die andern fragt, »wollt ihr, daß die bleibt oder geht«. Denn sie hatte schon Vorwürfe bekommen, daß sie zu wenig aktiv ist. Also das, das war so'n Gedanke, der mir da durch den Kopf ging.

Herr Mölln zentriert seine Interventionsstrategie ganz auf die Falldarstellerin und nicht auf die Psychodynamik der Patientin, ihrer Tochter oder die Familieninteraktion.

I: Welche Phantasien sind in Ihnen während der Falldarstellung hochgekommen? Hatten Sie gleich die Phantasie einer mißbräuchlichen Beziehung zwischen Tochter und Vater?

M: Erstmal ging's mir darum, wie krieg ich Frau Franzen dazu, daß sie *4* als Erzählerin eine Beziehung EINIGERmaßen bearbeitbar mal abliefert. Und diese Distanz und dieses etwas Gleichmäßige, da war mir gleich klar, auf zwei Gesichtspunkte werde ich achten, nämlich einmal darauf, wie hat Frau Franzen diese Patientin erlebt, und zwar, wie sieht die Patientin aus, wie verhält die sich, das ist ja zunächst mal gar nicht geschildert worden. Und an dieser Schilderung aber, nämlich aus der Erlebnisperspektive der Ärzte, denk ich immer, ja, wie weit kann die Erzählerin sich mit der Patientin identifizieren, oder tut das unbewußt. Wieviel Ähnlichkeiten werden mir deutlich zwischen der Erzählerin und der vorgestellten Patientin, also deshalb ist mir das wichtig. Und das zweite ist mir sehr wichtig, daß eine Interaktionsepisode erzählt wird, wo zwischen den beiden etwas geschieht, wo beide mit Gefühlen beteiligt waren, und möglichst auch erzählt wird, wie die Ärztin gehandelt hat.

Herr Mölln macht an dieser Stelle seine Arbeitsweise deutlich: Sein Interventionsschwerpunkt liegt bei der Arzt-Patient-Beziehung. Um diese zu fokussieren, brauchen der Supervisor und die Gruppe bearbeitbare Schilderungen. Diese speisen sich aus dem Erleben der Patientin durch die Behandlerin und deren anschaulichen Schilderungen des Äußeren und des konkreten Verhaltens der Patientin. Der Schwerpunkt liegt bei den geschilderten Interaktionssequenzen, dem konkreten Verhalten der Behandlerin und der korrespondierenden Gefühle. Das Team ist in diese Arbeitsweise über drei Jahre hineinsozialisiert worden. In einmal im Jahr stattfindenden Reflexionsgesprächen wird das Vorgehen transparent gemacht. Dem Team ist seine Aufgabe klar:

M: Also die wissen, was zu einer vollständigen Erzählung gehört. Und wenn da NICHT gebracht wird, dann schau ich erstmal, fordern die anderen Teilnehmer das ein, und wenn die das nicht tun, dann tu ich's selber.

Die Normalformerwartung kann demnach als etabliert gelten, so daß die Abweichungen mit Bedeutung belegt werden können. Der Supervisor erwartet entsprechende Gruppenaktivitäten und springt nur kompensierend ein, wenn die Normalform nicht ausgefüllt wird.

M: Also mir war erstmal noch wichtig, wieviel kann die Erzählerin selber von sich einbringen, ohne daß die anderen da einspringen, um ein Bild jetzt davon zu bekommen, was geht zwischen den beiden vor sich, oder was ist zwischen den beiden vor sich gegangen, und meine Frage, »wie hat die Patientin auf Sie gewirkt,« gerichtet an die Erzählerin, ist ja dann von der Frau Dassel beantwortet, die ist// Patientin ist da soundso aggressiv ins Stationszimmer gekommen.

Seine Aufmerksamkeit richtet sich während der Falldarstellung auf die bewußten und unbewußten Identifikationen der Behandlerin mit der Patientin:

M: *3* Also auf mich wirkt die wie eine s-sehr schwer gestörte Persönlichkeit, bei der ich mir auch vorstellen kann, daß die SELBER in der Biographie ne Gewalterfahrung hat, was sie erlitten hat.
I: Darum die Ähnlichkeit?
M: Hmm. Und als sie dann noch sagte, groß und schlank, zurückhaltend, distanziert.
I: Da war's augenfällig.
M: Das hab ich dann ja auch angesprochen, als ich das gesagt hab, ahja, da ist so etwas, wie man das so sagt, »like me«.

Der Supervisor nimmt die Perspektive der AIPlerin ein:

M: ... Es geht ja darum, was geschieht mit der Ärztin? Das ist der Fokus in dem Augenblick.

Erst wenn die Erzählung vollständig ist, wechselt Herr Mölln zum Team und erhebt die emotionalen Reaktionen der anderen Teilnehmerinnen:

M: Ja, mir ging's erstmal darum, die// das Erzählen so weit wie möglich kommen zu lassen, und dann die, die zweite Phase, nämlich, was ist durch das Erzählen, durch die Art und durch die Inhalte in den anderen lebendig geworden. Das ist so die// der zweite Abschnitt, den ich so deutlich markiere. Ich möchte ne möglichst vollständige Erzählung vorher haben.

Der nun folgenden ergänzenden Erzählung von Frau Eckardt mißt der Supervisor große Bedeutung zu. Durch die Komplettierung arbeitet sich die Gruppe zum Kern der Problematik vor:

M: Ja. Das ist was sehr Hilfreiches, dieses ergänzende Erzählen dann, nämlich »da ist mir noch eingefallen, das hätt ich noch erzählen müssen,« das ist immer für mich ein ganz wichtiger Indikator. Aha, jetzt ist beim Erzähler mehr in Gang gekommen. Es geht mir erstmal da auch wirklich um den Erzähler.

Herr Mölln bleibt konsequent beim Erleben der Erzählerin. Zum jetzigen Zeitpunkt wird es möglich, daß sie das traumatisierende Erlebnis der Vergewaltigung der damals 18jährigen Patientin durch drei Männer berichtet. Die von Herrn Mölln vermutete »Schicksalsgemeinschaft« zwischen Ärztin und Patientin blockiert den weiteren Prozeß nicht mehr. Dazu mag auch das von mir wahrgenommene aggressive Agieren der Gruppe – oben Patientinnenschelte genannt – beigetragen haben. Die Teilnehmerinnen signalisieren dadurch ihre Bereitschaft, das Kind als Opfer zu sehen. Sie senden indirekt die Botschaft: »Hier ist Platz für Aggression und wir halten ihr stand. Wir sind parteilich für die mißhandelten Kinder«. Herr Mölln mißt diesem Abschnitt der Sitzung keine große Bedeutung zu (*war nicht so der Fokus*). Er läßt es geschehen und wartet auf ergänzende Erzählungen:

M: Und dann später fand ich es ja SEHR eindrucksvoll, daß die Frau Dassel erzählte, mit einem anderen Patienten sei es für sie so ähnlich gewesen, als dann so die Frau Quasthoff nennt das glaub ich ergänzendes Erzählen, nee, komplementäres Erzählen. Also das find ich auch ganz wichtig, um von da aus dann// so die Phantasie, die ich dann habe, ist, jetzt wird aus einer anderen Erzählung etwas eingebracht, was an DIESER Beziehung irgendwie nicht möglich ist, wo aber die Frage ist, was von dort gehört hierhin, und wie kann das, ja, vermittelt und hineingebracht werden.

Er greift zweimal die emotionsreichste Tönung der analogen Geschichte von Frau Dassel auf:

M: Ja, also erstmal war ja »auch unheimlich aggressiv«, das hab ich zweimal hervorgehoben, und da sind die nicht drauf eingegangen. Dabei war DA meine Vorstellung natürlich auch, was ist denn der Ruth Aggressives bei dem aggressiven Vater passiert. Also DA hab ich dann schon// die Interaktion Patientin ist aggressiv zur Ärztin, da hab ich gedacht, ja, vielleicht kommen wir da an das Thema Aggression heran. Und bei dem MULMIG, das war ja sehr gefühlsbetont, und da wollt ich einfach MEHR an Gefühlen erfahren, welche Gefühle sind da bedeutsam.

Die Leitidee des Supervisors, daß es um Aggression gehen muß, erfährt durch den »Fehler« der Frau Dassel Unterstützung:

M: Ja, hmm. Also nicht als'n FEHLER im bis-drei-Zählen (LACHT EIN WENIG), sondern in in seiner Bedeutung das akzentuiert dann später.

Die Gruppe scheut sich noch, die Dinge beim Namen zu nennen. Herr Mölln entläßt sie jedoch nicht aus der Verantwortung, selbst über die Schwelle zu gehen. Er gibt Unterstützung, aber die Gruppe muß den Schritt tun, sich mit traumatisierendem biographischen Material, dem Schrecken, der Gewalt und der damit verbundenen Ohnmacht zu konfrontieren:

I: Das hab ich jetzt so gehört, irgendwie haben// die Psychologin, die mir gegenüber saß, drängte so darauf, »das waren ja nur die Schilderungen der Mutter« und so, als so'n Versuch der Gruppe, dieses Schreckliche wieder...

M: Ja loszuwerden so'n bißchen. Ja. Das war auch so, ich hätte ja nun an der Stelle meine weitergehende Phantasie auch insgesamt erzählen können, und statt dessen hab ich ja angefangen, und hab dann unterbrochen, hab gesagt, »oder wie war das denn da für Sie?«, also daß ich da ausprobiert hab, wieviel davon, wenn ich 'n Anstoß gebe, könnt ihr denn erzählen. Also ist ein, daß die, daß die Schwelle, das tatsächlich zu phantasieren und zu sagen, daß die nicht von MIR, sondern von DENEN überschritten wird. Es SOLLTE hier nicht gesagt werden. Und ich hab's bis kurz vor die Grenze geführt, dann ist sie bißchen gekommen, und dann sagt die Frau Bauer zu Frau Aul, »du bist so still«. Und dann sagt sie, »ja, ich bin noch in meinem Urlaub,« und bringt aber ne entscheidende Phantasie. Und die *3* da hat's ja ne Vergewaltigung gegeben, ne? Der der Poseidon hat sich doch an der Frau von Minos gerächt, indem er in Form eines Stiers die, die *3* die Frau vom Minos vergewaltigt hat.

Minos, Sohn des Zeus und der Europa, Vater der Ariadne, war König auf Kreta. Poseidon erhörte die Bitte des Minos, zur Legitimierung seiner Herrschaft einen Stier aus dem Meer steigen zu lassen. Doch als Minos das Tier nicht opferte, sondern seiner Herde beifügte, ließ das Poseidon rasend werden und die Gemahlin des Minos in Liebe zum Stier entbrennen. Die Frucht dieser Verbindung ist der mischgestaltige Minotauros, für den Minos durch Dädalus das Labyrinth erbauen und jährlich aus dem tributpflichtigen Athen Menschenopfer herbeischaffen läßt, bis es Theseus mit Hilfe der Ariadne gelingt, den Minotauros zu töten.

M: ... der ja, war eingesperrt, und es sollte dann ja den Theseus umbringen, und da hat doch die Ariadne dann das mit dem Faden gemacht. Also so ja, was, was gibt's denn da für Phantasien, und hat die aber als solche dann// hat nur den Aspekt des Opfers betont, und sonst das erstmal offengelassen.

Die Gruppe greift den Aspekt des Menschenopfers heraus und führt ihn fort. Sie sehen Ruth als von ihrer Mutter dem Vater geopfert an. Dabei scheint mir bedeutsam, daß es in der Mythologie nicht um Vergewaltigung geht, sondern um Begehren der Frau des Minos gegenüber dem rasenden Stier, wenngleich dieses durch Poseidon entfacht ist. Die Kinder müssen jedoch – analog zur Fallgeschichte – für das Fehlverhalten des Vaters und der Mutter geradestehen.

I: Und interessanterweise suchte das Team wieder bei der Mutter, ne, nach. Daß die hätte verHINdern müssen, daß es überhaupt Besuchsrecht gibt und so, hmm.

M: Ja, und die, die Erzählerin hat dann gesagt, das liegt aber an dem Richter. Und das ist natürlich ganz interessant, denn Minos ist ja nun einer der drei Richter der Unterwelt, es gibt drei Richter in der Unterwelt, und der Minos ist der eine von denen.

Nachdem die Dynamik der Eltern-Kind-Interaktion in der Gruppe durch die Verweise auf die Phantasien, die sich um die minoische Zeit ranken, zwar klargeworden aber nicht dezidiert ausgesprochen wurden, versucht Herr Mölln die Fallgeschichte zu Ende zu bringen:

M: *4* Also es ging jetzt ja darum, welche// was KANN jetzt in der Beziehung weiter geschehen.

I: Und was kann überhaupt in diesen /...

M: ... ja/ schmalen drei Wochen geschehen. Und was kann eben diese Einzeltherapeutin, die so da *5* hanseatisch ist, *3* was kann die bei dieser Patientin bewirken. Und da hab ich ja dann dieses Bild bemüht, eben der// auch wenn's die Treppen hochgeht, also jetzt wenn es schwere Arbeit ist, da nicht zu ächzen und zu stöhnen und außer Atem zu gelangen, sondern eben, wie die da sagte, sie sei ganz vergnügt. Und eben, dem Kind, das, dieses Zusammenbeißen des Kiefers und diese Anstrengung, NICHT freundlich zu sein und nicht etwas zu erzählen, also daß es möglich ist, daß erzählt wird. So wie damals die Mutter vor zwölf Jahren zum ersten Mal in der psychosomatischen Kur auch erzählt hat. Also daß, daß es erstmal darum ging, das war mir so, so wichtig.

Indem der Supervisor die Begegnungssequenz zwischen Frau Aul und der Patientin aufgreift, gibt er eine Behandlungsempfehlung:

I: Das heißt, es war ja schon eine Behandlungsempfehlung in diesem Bild /R: Ja/ des Treppensteigens ja enthalten, die ICH so verstanden hab, ich frag noch mal nach, ob ich sie richtig gehört hab, daß es nicht unbedingt drum gehen muß, über das Trauma zu reden.

Das Team soll es sich nicht zu schwer machen. Es geht zunächst einmal darum, dem Nußknacker die Kiefer zu lockern, d. h. Ruth die Anstrengung des kräftigen Zusammenbeißens der Zähne zu nehmen, das Kind durch freundliche Begegnung zum Reden zu bringen:

M: *3* Ja, das ist dann der In// also das Sprechen ist das Wichtige, und dann kommt das Trauma von allein zur Sprache.

Eine dezidierte Diagnose ist an dieser Stelle des Behandlungsprozesses noch nicht möglich. Dazu braucht es mehr Information, die das Kind wie von selbst liefern wird, wenn es nicht mehr am (selbst)auferlegten Sprechverbot klebt. Dabei kann Ruth sich der tatkräftigen Unterstützung durch die Mutter sicher sein, die anscheinend positive Übertragungen auf die Klinik hat. In einer psychosomatischen Klinik wurde ihr schon einmal geholfen. Der überstürzte Aufbruch auch in einer schwierigen Lebenssituation (Umzug) macht die Hoffnungen deutlich, die die Patientin für ihre Tochter hat:

M: Das hab ich# ja später thematisiert, ich hab gesagt, »so wie damals vor zwölf Jahren, die, die Patientin ja erstmal von der Vergewaltigung erzählen konnte, hat sie ja sicherlich die Erwartung und die Hoffnung, daß sie jetzt auch hier Hilfe bekommt«.

Auch in den Teilnehmerinnen der Supervisionsgruppe haben Mutter und Tochter tatkräftige Helferinnen:

M: Ich fand, daß die auch tapfer waren und sich bemüht haben, gut mitzumachen, und// *8* und eben *3* darin ja auch so'n Stück die Entscheidung liegt, *6* in Zukunft weiter an der Beziehung zu den Patienten zu arbeiten, und NICHT die Patienten nur zu verteilen und zu verwalten.

Herr Mölln schließt das Interview mit dem Hinweis auf die Ausgangslage der Behandlerinnen und zu welchen Leistungen sie im Verlauf der Sitzung in der Lage waren:

M: Ja, da gewinnen sie dann auch wieder ihre Identität, ihr Selbstverständnis wieder, »wir sind hierher gekommen, um Menschen mit schwierigen Schicksalen zu helfen, und wir lehnen das ab, so wie der jetzige Chefarzt und die Verwaltung, sie nur zu verwalten und Sportaktivitäten zu gestalten, zu animieren«, *4* ja.

Der typische Verlauf der Arbeit in einer Balintgruppe des Herrn Mölln ließe sich wie folgt darstellen:

- Frage nach einer neuen Beziehung, die bearbeitet werden soll.

- Entscheidung der Gruppe für eine Fallerzählung.
- Im Anschluß an die Präsentation Nachfrage nach Elementen, die die Szenen lebendiger machen (z.B. Aussehen, konkretes Verhalten etc.), um Vollständigkeit zu erreichen; Frage nach Interaktionsszenen: Was geschieht zwischen beiden? Was sind ihre Gefühle und Reaktionen?
- Perspektivwechsel: Identifikation des Teams mit der Behandlerin.
- Frage nach Veränderungen von Haltungen und Gefühlen aufgrund des Nachberichts und des Perspektivwechsels.
- Perspektivwechsel: Identifikation des Teams mit der Patientin.
- Frage nach Einfällen und Gefühlsreaktionen.
- Vertiefung einzelner Phantasien.
- Rückbindung der Gruppenergebnisse an die Ausgangsfrage: Welche Einstellung, welche Beziehungsgestaltung und welche Ziele ergeben sich aus der gemeinsamen Arbeit für die Falldarstellerin?
- Beenden der Sitzung durch Bündeln der Ergebnisse mitsamt einer konkreten Behandlungsempfehlung.

3.6.6 Interviewinteraktion

Herr Mölln reagierte spontan auf meine Untersuchungsanfrage. Er unterstützte mich tatkräftig in meinen Qualifizierungsbemühungen. Im Laufe des Interviews wurde ich mit Schuldgefühlen konfrontiert, einer massiv eingespannten Führungskraft so viel Zeit für die Erhebung »zu rauben«. Verstärkt wurde dieser Eindruck durch ein Mißverständnis über die vereinbarte Interviewzeit. Herr Mölln hatte zahlreiche Arbeiten zu erledigen, die er jedoch in Hinblick auf die Untersuchung zurückstellte.

Mein Interviewstil ist daher eher als paraphrasierend und als wenig konfrontativ zu beschreiben. Der Supervisor beeindruckt mich durch die außergewöhnlichen Kenntnisse, die er sich im Arbeitsrecht und in der Betriebswirtschaft erworben hat.

4 KRITIK DES METHODISCHEN VORGEHENS

Im Verlauf einer Sitzung ist die Möglichkeit des Supervisors zur Selbstreflexion eingeschränkt. Zu sich selbst in die exzentrische Position zu treten und damit die Beziehung zur Institution, zum Team und zur Fallgeschichte zu triangulieren hat seine »organischen« Grenzen nicht nur in der jeweils spezifischen Abwehrfigur, sondern auch in der Sinnerfassungskapazität des Supervisors. Es ist immer »nur ein ›persönliches‹ Maß an Selbstwahrnehmung« möglich »... der Supervisor kann seine eigene Person also nur im begrenzten Umfang mitreflektieren« (Graf-Deserno & Deserno 1998, 75).

Selbstkonfrontationsinterviews bieten eine ausgezeichnete Möglichkeit, Supervisionsprozesse außerhalb des Handlungsdrucks der Sitzungen in Ruhe zu betrachten und die Potentiale der Analyse der Übertragung-Gegenübertragungsdynamik füllig zu nutzen. Die Reflexion der supervisorischen Interventionen trägt auf einer Metaebene zum tieferen Verständnis der konflikthaften Team- und Institutionsdynamik und der Thematik des Falls bei. Sk-Interviews transponieren die Supervisionsprozesse in die Interaktion der Forscherin mit den Untersuchungspartnern. Es findet eine Supervision der Supervision statt, der untersuchte Gegenstand und die Forschungsmethode werden eins.

Die vorliegende Untersuchung zeigt deutlich, daß die Sk-Methodik dann ertragreich ist, wenn die Beziehung der Untersucherin zu den Forschungssubjekten trägt. Der hohe Grad von Intimität, den die Arbeit mit Sk-Interviews sowohl voraussetzt und als auch herstellt, hatte ich unterschätzt. Herr Siebeck kommt in einem Postskript noch einmal zu Wort:

> Beim Lesen des Sitzungstranskripts und während der Interviews wurde mir deutlich, daß ich hier eben nicht eine 08/15-Sitzung zur Diskussion gestellt hatte, sondern eine, aus der hervorgeht, daß mir die Balancierung meiner Rolle nicht so gelingt, wie dies meinen Forderungen an mich entspricht.
>
> Der erste Impuls war, dieses »unmögliche« Dokument zurückzuziehen, weil ich mich schämte und Angst vor Verurteilung hatte. Wenn ich dies nicht tue, dann deshalb, weil ich glaube, daß die sichtbar werdenden

Rollenkomplikationen und die dahinter stehende Dynamik so untypisch gar nicht sind und mit normalen Methoden der Supervision und des kollegialen Diskurses schwer zu fassen sind. Mir jedenfalls sind über das hinaus, was im Interview deutlich wird, vor- und unbewußte Motive zugänglich geworden, die ansonsten allzu leicht der Rationalisierung anheim fallen.

Das Transkript und die folgenden Interviews scheinen mir lohnende Wege der Supervision von Supervisoren zu sein mit der Besonderheit, daß Tiefenstrukturen und komplexe Motivationen zugänglich werden. Dies gilt in besonderer Weise für die Form der vollständigen Transkription mit der anschließenden Durchführung der vorbereiteten Interviews. Der Effekt rechtfertigt meines Erachtens den großen Aufwand. Ich glaube allerdings, daß persönliche Bekanntheit, Vertrautheit und Vertrauen Effizienz und Tiefe erheblich beeinflussen: Das Aufscheinen der Scham/Schuld-Dynamik es ist m. E. eben nicht nur ein Reflex institutioneller Thematik, sondern ganz wesentlich im Zusammenhang mit der Methodik zu verstehen.

Die Auseinandersetzung mit dem eigenen Supervisionsstil, der Ausgestaltung der Rolle in der jeweiligen Institution und dem Gegenübertragungsgeschehen muß, wenn sie erkenntnisträchtig sein soll, sehr persönlich gestaltet sein. Nicht alle Gegenübertragungsphänomene lassen sich als Spiegelungen der Institutions-, Team- bzw. Falldynamik verstehen. Paula Heimanns (1959, 83) bahnbrechende Verständnis der Gegenübertragungsphänomene als »eine Schöpfung des Patienten, als Teil der Persönlichkeit des Patienten« war eine fast revolutionäre Erweiterung der diagnostischen und therapeutischen Möglichkeiten. Wenngleich diese Perspektive gerade für supervisorische Prozesse die geeignete Interpretationsfolie darstellt (da sie hilft, die Grenze zur Psychotherapie zu wahren), besteht die Gefahr diese überzustrapazieren. Gegenübertragungsphänomene bleiben immer auch Schöpfungen der Supervisoren und sind Ausdruck und Teil ihrer Persönlichkeit. Nicht alles was Supervisoren in ihren Sitzungen erleben, läßt Rückschlüsse auf den jeweiligen Arbeitsfokus zu. Gerade die Unterscheidung zwischen team-, institutions-, fallgerichteter sowie supervisorzentrierter Interpretation macht Supervision zum Kunsthandwerk (s. u.) und die Untersuchung so brisant.

Einstellungen, Affekte, Phantasien und Denkfiguren der Supervisoren zerren ihr Persönlichstes ans Licht der Öffentlichkeit. Schnell gelangten wir während der Interviews zu Wünschen nach Macht, narzißtischen Gratifikationswünschen, Gegenübertragungsagieren und anderem mehr. Ohne dieses Maß an Selbstoffenbarung der Untersuchungspartner wäre der Forschungsansatz weniger ertragreich. So ist es nicht verwunderlich, daß Kollegen meiner eigenen supervisorischen Provenienz, mit denen ich sowohl inhaltlichen Konsens als auch eine langjährige kollegiale Verbundenheit teile, dieses hohe persönliche Risiko eher bereit waren einzugehen. Sie setzten sich in einer Radikalität mit ihrer Identität als Supervisoren auseinander, für die ich ihnen zutiefst dankbar bin.

Psychoanalytisch orientierte Supervisoren waren zu diesem Wagnis weniger bereit. Die Fülle von Kollegen, die ich anschrieb, lobten – wenn sie antworteten – den Forschungsansatz, hielten ihn für sinnvoll und unterstützenswert. Sie verfügten jedoch zur Zeit des Anschreibens über keine Supervisionsaufträge im Klinikkontext, hatten keine Zeit für die intensiven Interviews oder beschrieben das Projekt als nicht durchführbar. Manche gingen a priori davon aus, daß kein Team sich zur Verfügung stellen würde. Sicherlich gab es Supervisionsgruppen, die sich nicht untersuchen, und Klinikdirektoren, die keine Daten aus dem Krankenhaus in die Öffentlichkeit gelangen lassen wollten. Die Arbeit mit Tonbandaufzeichnungen ist im psychoanalytischen Supervisions- und Behandlungskontext noch immer umstritten. Viele psychoanalytisch arbeitende Kollegen erachten die Aufnahmen als massiven Eingriff in die Intimität der begleiteten Prozesse. Auf der einen Seite wird die Notwendigkeit der Forschung immer wieder proklamiert, auf der anderen Seite sind nur wenige Kollegen bereit, sich diesem »Abenteuer« zu stellen.

Viele Absagen lassen sich jedoch auch als Rationalisierungen der Angst verstehen, sich in seiner fachlichen und persönlichen Kompetenz zu zeigen. Der psychoanalytische Kollege, der sich dankenswerter Weise an der Untersuchung beteiligte, prägte das Interview durch teamgerichtete Kommentare. Seine inneren Bewegungen während der Supervisionsitzung behielt er für sich.

Vermutlich ist das Maß an *self-disclosure*, das die ertragreichen Sk-Interviews erforderlich machen, nur dann zu erzielen, wenn die Beziehung zwischen Forscherin und Interviewpartnern mit einem großen Vertrauensvorschuß einhergeht. Angst um die Tragfähigkeit der Beziehung wurde auf beiden Seiten virulent, sie ließ sich jedoch benennen und war damit handhabbar. Die Gefahr, die sich durch die Nähe und Vertrautheit mit den Kollegen integrativ-supervisorischer Provenienz ergibt, liegt auf der Hand. Die Vertrautheit mit dem supervisorischen Vorgehen kann blinde Flecken auf seiten der Untersucherin erzeugen. Sie mag z. B. die Kollegen zu sehr schonen, um die Beziehung zu ihnen nicht zu gefährden. Sie konfrontiert u. U. weniger, um deren Wertschätzung nicht zu verlieren. Diese Einschränkungen durch die Methodenwahl ließ sich durch die Vorstellung der Auswertungen im Forschungskolloquium mindern, ohne sie auflösen zu können.

Schon bei der Anfrage nach der Beteiligung an diesem Forschungsprozeß schien ein recht streng imaginierter Leser aufzutauchen, der die Darstellung dessen, was Supervisoren in ihrer Praxis tun, kritisch bewertet. Dieser Leser wird sicherlich andere Diagnosen stellen, alternative Interventionen im Sinn haben und vieles sehen, was den untersuchten Supervisoren in der konkreten Sitzung nicht offensichtlich war. Die Beurteilung der Angemessenheit von Diagnose und Intervention wird jeder Leser bis hierher bereits vollzogen haben. Selbstkritisch bitte ich Sie nun zu entscheiden, ob Sie sich in Anbetracht dieser Bewertungen je einer solchen Untersuchung unterzogen hätten.

Auch das Team stellt sich durch die Untersuchung dem Blick der Öffentlichkeit. Um den größtmöglichen Schutz der Anonymität der Supervisionsgruppen zu gewährleisten, mußten Passagen der Sitzungen und Interviews ausgelassen werden. Ich hoffe mit dieser Arbeit, eine gelungene Gradwanderung zwischen der vollständigen Abbildung in Hinblick auf die Objektivität der Forschung und den Auslassungen zum Schutz der untersuchten Personen erreicht zu haben.

Die Methodik hat trotz ihres Risikos einige Interviewpartner derart überzeugt, daß sie inzwischen Sk-Interviews in ihren Lehrsupervisionen einsetzen. Sk-Interviews sind zudem ein geeignetes Instrument der Selbstevaluation auch über Ausbildungskontexte hinaus. Im Rahmen des Forschungskonzeptes der DGSv werden ab 2000 Workshops angeboten, die die Selbstreflexion der Supervisoren mit Hilfe der Sk-Methode zum Inhalt haben.

4.1 Schamaffekt in der Supervisionsforschung

Was macht diesen Forschungsansatz so riskant? Das Wagnis, das die untersuchten Supervisoren eingingen, läßt sich am besten mit Hilfe des Schamaffekts ausleuchten, dem »Aschenbrödel der Affekte« (Rycroft 1968). Die Einsamkeit des supervisorischen Handelns wird durch die Untersuchung aufgehoben, und die Forschungspartner werden miteinander verglichen. Unterschiede in der Begabung können erkennbar werden, und Konkurrenzen und Rivalitäten entstehen schon in dem Moment der Zusage, sich an der Untersuchung zu beteiligen. Fehler, Irrtümer und Verstrickungen werden den phantasierten Kollegen und Lesern gegenüber offenbart, Kollusionen mit Supervisanden werden aufgedeckt, und die Identifikationen mit (vermeintlichen) Normen des eigenen supervisorischen Ansatzes werden sichtbar. Der Forschungsprozeß »zwingt« die Teilnehmer, ihr idealisiertes Selbstbild mit dem Tonband und dem Transkript zu vergleichen und u. U. illusionäre Vorstellungen über die eigene professionelle Kompetenz zu revidieren. J. P. Sartre (1943) formuliert diese Psychodynamik folgendermaßen: »Ich schäme mich meiner vor den anderen.« Das heißt, es sind die Zeugen der Scham, die Kollegen, die Untersucherin, die Leser, die Gutachter, die diesen Affekt so bedeutsam werden lassen.

Scham ist ein heftiger, oftmals in seiner Massivität als überwältigend erlebter Affekt. Beschämung erzeugt gleichsam den sprichwörtlichen Wunsch, »im Erdboden zu versinken«. Etwas Peinliches ist gesehen worden, man fühlt sich ertappt. Der phantasierte oder reale Blick der anderen aktiviert den eigenen inneren Blick. Es entsteht plötzlich ungewollte Öffentlichkeit. Der Grad der Abweichung von Institutscharakteristika wird deutlich. Die Frage, wieviel Differenzierung geduldet wird, steht im Raum. Das Anderssein und die Deutlichkeit der Unterscheidung erzeugen eher Angst als Souveränität (vgl. Möller 1998). Der Forschungsprozeß hat Einfluß auf das Selbstwertgefühl, denn es geht um Fragen der Zugehörigkeit zu einer professionellen Gemeinschaft. Die Experten der Supervision müssen in der Untersuchung ihr hohes Leistungsniveau unter Beweis stellen. Das Forschungsdesign kann u.U. folgende Aspekte des Schamaffekts (Systematik nach Hilgers 1996) evozieren:

a) Kompetenzscham
   Durch die Untersuchung könnten Kompetenzdefizite real erlebt oder phantasiert werden und sind somit nicht mehr vor sich selbst und den Kollegen verborgen. Sei es, daß die Untersuchungspartner ihr Supervisionsergebnis als nicht gut genug einschätzten oder daß sie Fehler in der Diagnosestellung und Interventionssetzung wahrzunehmen befürchten. Sie könnten »ertappt« werden, etwas übersehen zu haben, etwas nicht zu wissen oder zu oberflächlich zu sein. Es können Schwierigkeiten antizipiert werden, Gegenübertragungsgefühle adäquat zu benennen. Rational wird von den befragten Supervisoren sicherlich Duldsamkeit und Nachsichtigkeit gegenüber eigenen Defiziten gefordert. Die Möglichkeiten der Rationalisierung können jedoch an der Stelle eine Grenze finden, an der Schamaffekte aktiviert werden, die in unmittelbarem Zusammenhang mit der Sozialisationsgeschichte der einzelnen Supervisoren stehen. Die »verletzungsträchtigen« Themen hängen vermutlich mit frühen Erlebnissen, wie z. B. Traumatisierungen in der Leistungs- bzw. Schulgeschichte, zusammen.
b) Scham, die eine Diskrepanz zwischen Selbst und Ideal anzeigt
   Neben der (In-)Kompetenzscham gibt es die Scham, die entsteht, wenn zwischen dem Selbst des Supervisors und seinem Ideal eine Diskrepanz deutlich wird. Beide Aspekte des Schamaffekts sind nicht sauber zu trennen. Dabei sind maßvolle Schamaffekte notwendige Begleiter einer solchen Untersuchung und bewirken im Idealfall eine Veränderung von Selbst und Selbst-Ideal. Die Wahrnehmung der Inkongruenz zwischen Ist- und Sollzustand schmerzt. Wenn der Schamaffekt nicht traumatisierend wirkt, entwickeln sich Ideale, Werte und Selbstkonzepte an ihm.
c) Scham, die sich auf das plötzliche Sichtbarwerden von Selbstanteilen bezieht, von denen man zuvor nichts ahnte
   Ganz plötzlich, ohne es steuern oder kontrollieren zu können, werden Selbstanteile in den Sk-Interviews deutlich, und es macht sich ein Schamgefühl in seiner totalen eruptiven Qualität breit. Die Grandiositätsphantasie »ein guter Supervisor muß alle Persönlichkeitsaspekte durchgearbeitet haben« mag ursächlich für die Heftigkeit des Affekts sein. Entscheidend für den Forschungsprozeß ist, daß keine gezielte Entscheidung vorliegt, sich mit einem solchen Thema auseinandersetzen zu wollen.

d) Beschämung durch großes Lob

Auch positive Resonanz vom geschätzten Gegenüber, wie z.B. ein großes Lob oder Anerkennung der Professionalität, wird oft von Schamgefühlen begleitet. Die sichtbare Freude läßt die Grenzen zwischen den Forschungspartnern für einen Moment fallen. Der Schamaffekt sorgt für die Wiedereinsetzung der Selbstgrenzen.

4.2 Ethik qualitativer Sozialforschung

Da ich überzeugt davon bin, daß Erkenntnisfortschritt in der qualitativen Sozialforschung nur dann möglich ist, wenn die Untersuchungspartner das o.g. Risiko, sich in die professionellen und persönlichen Karten – die im supervisorischen Kunsthandwerk nur schwer voneinander zu scheiden sind – schauen zu lassen, möchte ich die Überlegungen zur Diskussion des methodischen Vorgehens mit einigen ethischen Anforderungen an qualitatives Forschungshandeln ausklingen lassen (vgl. auch Jaeggi et al. im Druck).

Wir müssen uns immer wieder vor Augen führen, daß unsere Interviewpartner uns keinen Auftrag erteilt haben, sie zu analysieren. Im gelungenen Fall einer Forschungsinteraktion ist ein Zuwachs an Selbstreflexion des Untersuchungspartners ein wünschenswertes Abfallprodukt, nie jedoch selbst das Ziel wissenschaftlicher Untersuchungen. Wir intervenieren nicht im Sinne der Selbsterfahrung, sondern bilden – wie in diesem Fall – Supervisionsprozesse zunächst einmal ab. Das Dilemma, das sich auftut, wenn wir zu wenig interpretieren oder zu viel Respekt vor den Untersuchungspartnern zeigen, besteht darin, daß wir nur Banalitäten zu berichten haben. Bei zu viel Vorsicht tut sich die Gefahr auf, daß wir uns analog der Kritik an Fragebogenkonstruktionen und anderen quantitativen Erhebungs- und Auswertungsmethodologien in hinlänglich vertrauten und bekannten Gewässern bewegen. Bleiben die Interpretationen nahe an den Selbstauskünften der Untersuchungspartner, betätigen wir uns als Sammler der Aussagen der Forschungsobjekte und verhindern Erkenntniserweiterung.

Bei der Annäherung an psychologische Wahrheiten mittels qualitativer Forschung wird das Moment der Partnerschaftlichkeit von

Forschungssubjekt und Forschungsobjekt immer wieder betont. Die potentiell symmetrische Interaktionsgestaltung – in dieser Untersuchung durch die kommunikative Validierung der Ergebnisse durch die Interviewpartner realisiert – scheint jedoch eher die Funktion eines ethischen Gebotes zu haben. »Die unterschiedlichen und unterschiedlich ›gewalttätigen‹ qualitativen Interpretationen ... machen jedoch deutlich, daß auch in der qualitativen Forschung das Forschungsobjekt in gewisser Weise dem Forschungssubjekt ausgeliefert ist« (Jaeggi et al. im Druck, 13).

Eine ethische Leitlinie tiefenpsychologisch-hermeneutischer Sozialforscher könnte der kategorische Imperativ Kants sein. Der innere Rollentausch als Basishandwerkzeug eines jeden Supervisors kann helfen, die angemessene Balance zwischen einem rein beschreibenden Umgang mit dem Datenmaterial und einer zudringlichen und entblößenden Interpretation zu finden. Meine Gegenübertragungsreaktionen und Differenzierungswünsche gegenüber Kollegen, meine Besserwisserei und meine Angst vor dem Scheitern der Untersuchung bleiben schließlich auch für den Leser im Dunkeln. Die narzißtische Aufwertung, die es bedeutet, sich an die Experten heranzutrauen, sich mit ihnen gemein zu machen und sogar deren Arbeit einer kritischen Reflexion zu unterziehen, sei deshalb an dieser Stelle nur angedeutet.

5 MERKMALE EXZELLENTER SUPERVISION IM STATIONÄREN SETTING

Im folgenden werden die Qualitätsmerkmale und Gütekriterien aufgezeigt, die sich aus der Analyse der Teamsupervisionssitzungen, den korrespondierenden Sk-Interviews und deren Komparation herausarbeiten ließen. Dabei lehne ich mich definitorisch an Berker & Buer (1998, 22) an, der Qualität definiert als »positive Bewertung der Beschaffenheit, Nützlichkeit und Güte einer Handlung oder eines Gegenstandes« gemessen an der Annäherung an ein klar umrissenes Ziel.

5.1 Die Aufgabenorientierung der Supervisoren

Fürstenau (1998, 71) weist der Supervision im Klinischen Setting den adäquaten Platz zu, wenn er schreibt: »Bei der Teamsupervision in psychiatrischen oder psychosomatischen Kliniken (und Suchtkliniken, die Autorin) handelt es sich um eine Beratungsbeziehung, die eine Arbeitsgruppe innerhalb einer Arbeitsinstitution nachsucht«. Die externe Beratung dient der Optimierung der fachlichen Aufgaben in der Organisation, die sie – so zeigt der Beratungswunsch – meinen, nicht mit eigenen Mitteln befriedigend lösen zu können. Er wendet sich mit seiner inhaltlichen Bestimmung des Supervisionsgeschehens gegen eine Auffassung von Supervision, die aus der Therapietheorie abgeleitet und 1:1 auf supervisorische Prozesse übertragen wird. Den Vorwurf, ausschließlich affektive Prozesse im Team zu fokussieren und die Teamsupervision als gegen die Vorgesetzten abgeschirmtes persönliches Unterfangen zu begreifen, richtet er vor allem gegen seine psychoanalytisch orientierten Kollegen, die ihre Wurzeln in der Einzel- und Gruppentherapie haben. Seine Kritik läßt sich ebenso auf Supervisionskollegen anderer psychotherapeutischer Provenienz ausweiten, die die Supervision nicht als eigenständige Profession begreifen, nicht als angewandte Sozialwissenschaft, die ein erweitertes Spektrum von Referenztheorien benötigt.

Bei allen untersuchten Supervisoren ließ sich die eindeutige Aufgabenorientierung finden. Die Programme »Selbstthematisierung,

Institutionsanalyse und Fallarbeit« werden entsprechend der Diagnostik zu Beginn des Supervisionskontraktes fokussiert. Bei Herrn Mölln, dem Balintgruppenleiter, läßt sich die ausgeprägteste Fallorientierung finden, ohne daß er institutionelle Bedingungen oder die Systemumwelt vernachlässigt. Die integrativen Supervisoren variieren die Programme auch innerhalb der Supervisionssitzungen. Diese arbeiten in monatlicher Frequenz und mit doppeltem Zeitrahmen als die Balintgruppe. Das zeitextendiertere Setting ermöglicht den gegenstandangemesseneren Programmwechsel zwischen Fall-, Team- und Institutionsdynamik der integrativen Supervisoren. Ihre größere theoretische Offenheit läßt sie die unterschiedlichen Foki flexibler handhaben.

5.2 Der Supervisor als Sozialwissenschaftler

Supervision ist unbestritten ein interdisziplinärer Ansatz, der multitheoretisch und multipragmatisch (Petzold et al. 1997a) ausgerichtet ist. Monotheoretische Ausrichtungen verbieten sich in Hinblick auf den Gegenstand der Supervision im Klinikkontext von selbst. Neben der psychotherapeutischen Kompetenz sind für den Supervisor im Kliniksetting sozialwissenschaftliche Kenntnisse unabdingbar. Neben seiner psychotherapeutisch-psychiatrisch-psychosomatischen Perspektive braucht er systemisch-organisationssoziologisches Wissen. »Der Supervisor braucht einen Blick dafür, welchen Stellenwert Absprachen, Regelungen, Ordnungen, Konzeptionen für die Koordination von Menschen zur Erfüllung gemeinsamer Ziele haben und wie sowohl die Eigenart dieser Regelungen als auch der Umgang mit ihnen die persönliche (seelische) Verfassung des betreffenden Personals tangiert und determiniert« (Fürstenau 1998, 79). Neben persönlichkeits- und sozialpsychologischen Kenntnissen sind betriebswirtschaftliche, beratungspsychologische, gruppendynamische und psychotherapeutische Kompetenz gefordert. Supervisoren benötigen zudem Ich-psychologisch ausgerichtetes Wissen, um Kognitionen, Wahrnehmung, Erwartung, Informationsverarbeitung, Denken, Sprechen und Kommunikationstheorie, um ein Supervisionssetting bereit zu stellen, das über reine Beziehungsanalyse und Beziehungsberatung hinausgeht. Zentrale Aufgabe von Supervision ist, was Petzold et al. (1997a, 22) unter »Konnektierung« versteht: »Das Vernetzen unterschiedlicher Wissensbestände in der Absicht, wechselseitige Erhellung und vielschichtige Interpretation von Kontingenz zu ermöglichen und Korrekturmöglichkeiten von Einseitigkeiten und Dogmatismen zu gewährleisten.«

Diplom-Psychologen mit supervisorischer Weiterbildung eignen sich meines Erachtens deshalb in besonderer Weise zur Ausübung dieser jungen Profession, da sie anders als Sozialarbeiter, Ärzte, Lehrer, Theologen etc. aufgrund ihres wissenschaftlichen Studiums auf mehrperspektivisches sozialwissenschaftliches Denken vorbereitet sind. Gerade die Verbindung zwischen Arbeits- und Organisationspsychologie und Klinischer Psychologie, die von den Studenten in Hinblick auf ihre zukünftige berufliche Tätigkeit zunehmend mehr gewählt wird, stellt ein Spannungsfeld dar, das für den Gegenstand Supervision als fruchtbar beschrieben werden kann: »Plurale Lebenszusammenhänge gilt es zu betrachten, zu verstehen und zu gestalten. Hierzu will Supervision Hilfen geben, und hierfür muß sie selbst Perspektiven der Betrachtung und Folien des Verstehens erarbeiten« (Petzold et al. 1997a, 23). Die reine Erschließung der Institutionsdynamik von der Ebene der Falldiskussion, wie Buchinger (1997), Leuschner (1985) oder Graf-Deserno & Deserno (1998) es empfehlen, der rein subjektive Zugang über die Abbildung der Institution in den Köpfen und Herzen der Mitarbeiter ohne organisationssoziologische Kenntnisse greift zu kurz.

Die untersuchten Supervisoren zeigen sich in ihrer Ausrichtung theoretisch breit gefächert, sie verfügen über Theorien für die materielle Welt des Objektiven, die soziale Welt des Intersubjektiven und die persönliche Welt des Subjektiven. Anders als systemisch ausgerichtete Supervisoren es oft tun, beziehen sie Stellung und machen ihren persönlichen Wertehintergrund transparent. Weder verleugnen sie Machtphänomene noch die Einbettung supervisorischen Geschehens in mikropolitische und gesamtgesellschaftliche Prozesse. Bei den Experten der Supervision lassen sich Standpunkte ausmachen, es findet sich keinerlei Beliebigkeit eines radikalen Konstruktivismus.

5.3 Feldkompetenz der Supervisoren

Für eine kompetente Supervision im stationären Setting ist eine Doppelprofession zu fordern. Um die beiden Ziele supervisorischer Prozesse zu erreichen, nämlich die stationäre psychotherapeutische Dienstleistung fachlich »gut genug« zu erbringen und zugleich eine Arbeitszufriedenheit für die Mitarbeiter der Institution zu erreichen, braucht es sowohl eine qualifizierte psychotherapeutische Ausbildung, die einen souveränen Umgang mit Einzelnen und Gruppen gewährleistet, als auch gute Kenntnisse über Kliniken als Institutionen mitsamt ihrer Systemumwelt. Aus Chefärzten und Verwaltungsleitern sind heute Manager geworden. Neue Ideen sind gefordert, wenn sich eine Institution auf dem Markt behaupten will. Der Leitung und den Mitarbeitern werden neue Aufgaben abverlangt, z.B. Qualitätssicherung im Krankenhausbereich sicherzustellen, sich mit neuen Abrechnungsmodellen für pflegerische Leistungen auseinanderzusetzen etc. Aus den Patienten sind heute kompetente Kunden geworden, um die es zu werben gilt, wenngleich die kritiklose Übernahme der Begrifflichkeit aus der Profitwelt sicherlich diskussionswürdig ist. Die Anforderungen an das Personal sind in einer Weise gewachsen, die noch vor 10 Jahren unvorstellbar waren. Supervisoren werden um Hilfe bei kreativen Anpassungsprozessen an eine sich wandelnde Systemumwelt gebeten. »Organisationsstrukturen müssen sich verändern, um diesen Herausforderungen gerecht zu werden« (Ferner 1998, 84).

So wird von Supervisoren, die in Kliniken arbeiten, gefordert, daß sie die bedrängende und die sicherheitstiftende Qualität von Institutionen am eigenen Leibe erfahren haben sollten. »Neben der feldbezogenen und der psychoanalytisch-sozialpsychologischen Kompetenz des Supervisors ist hier also eine der Menschenkenntnis vergleichbare Kenntnis der Vielfalt möglicher institutioneller Ordnungen und Regelungen hinsichtlich deren Vor- und Nachteilen, Unterschieden, Konsequenzen, Interdependenzen und Auswirkungen auf das Personal gefragt« (Fürstenau 1998, 79). Herr Mölln und Herr Siebeck blicken jeweils auf eine lange Erfahrung als Mitarbeiter und/oder Leiter von Kliniken zurück. Frau Kiese tut dies nicht, ohne daß ihr supervisorisches Tun darunter leidet. An ihrem Beispiel läßt sich zeigen, daß Feldkompetenz auch in langjähriger Erfahrung als

Supervisorin und Lehrsupervisorin wächst. Durch »vikarielles Erleben«, der Teilhabe an Berichten und Erfahrungen von Weiterbildungsteilnehmern wurden ihr zahlreiche Arbeitsfelder vertraut. Es soll nicht unerwähnt bleiben, daß die viel beschworene Forderung nach Feldkompetenz 1. Ordnung, im Sinne einer Erfahrung am eigenen Leib, auch ein Merkmal der Marktregulation darstellt. Die Konkurrenz wird z.B. ausgefochten über den möglichen Anspruch (der Autorin): »Meine fünf Jahre Erfahrung als Psychologin in Justizvollzugsanstalten machen mich, und nur mich, zur Expertin für Supervision im Gefängnis«.

5.4 Triangulierungskompetenz der Supervisoren

In den untersuchten Teamsupervisionen sind folgende Hierarchieebenen von Bedeutung:

- der Träger (bzw. Eigentümer),
- die Leitungsebene (Chefarzt, Pflegedienstleitung, Verwaltungsleitung),
- die Leitungsperson für die betreffende Abteilung oder Station (Oberarzt, Abteilungspflegeleitung),
- die Mitarbeiter, die direkt mit dem Klientel arbeiten.

Die kontinuierlich mitsteuernden Vorgesetzten sind in der Sitzung von Frau Kiese anwesend. In den anderen untersuchten Fällen findet der Einbezug der Leitungsebene in regelmäßigen Bilanzierungsgesprächen über den Supervisionsprozeß statt. Da die Dienstvorgesetzten Verantwortung für die Konzeption der Institution, für die Organisation des Klinikalltags und die Leitlinien der psychotherapeutischen Arbeit tragen, würde ein Nicht-Einbeziehen der Leitungspersonen die Supervision unwirksam machen. Die Leitung der Institution aus dem Auge zu verlieren, bedeutet, die Institutionsmatrix unzulässig auf eine Gruppenmatrix zu reduzieren (vgl. Pühl 1998, 51). Der Kontakt zur Leitung ist gerade zu Beginn der Supervisionsarbeit wichtig, um die Besonderheiten der Institution kennenzulernen und Vorstellungen über das Profil der Einrichtung, das nicht unwesentlich durch Leitungspersonen geprägt wird, zu erkunden.

Transparenz der Begegnung mit der Leitung dem Team gegenüber ist – sofern sie in der Supervisionssitzung nicht selbst zugegen ist – unabdingbar, auch um paranoider Phantasienbildung der Supervisionsteilnehmer vorzubeugen.

Als das wichtigste Gütekriterium gelungener Supervision kann dementsprechend die ausgewogene Balancierung institutioneller Dreiecke gelten. Das erste von Pühl (1998, 155) gekennzeichnete Spannungsverhältnis lautet: Team–Leitung–Supervision.

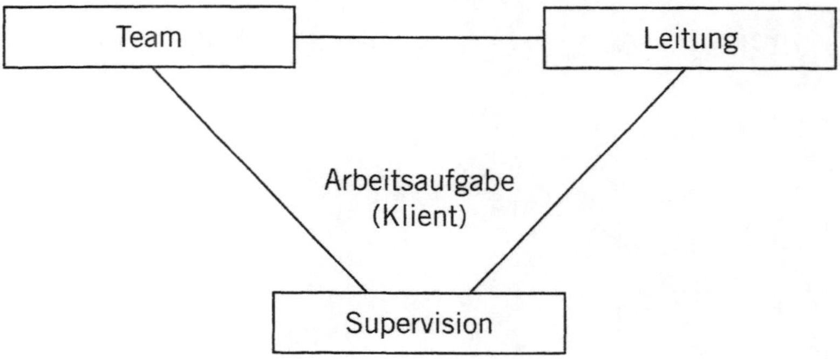

Die untersuchten Experten zeigen sich als prägnante Leitungsfiguren. In der Beziehungsgestaltung mit dem Team gelingt die Unterscheidung zwischen Beraten und Führen nicht immer ganz sauber. Alle Supervisoren kompensieren Leitungsschwäche in der jeweiligen Institution. Herr Mölln ist der Fels in der Brandung einer krisengeschüttelten Klinik, Herr Siebeck gleicht die mangelnde Kompetenz der psychologischen Leiterin aus, indem er unterrichtet und Konzepte von Suchttherapie implantiert, Frau Kiese zeigt mit ihrer Person dem Team ein Modell gelungener Leitungskompetenz. Supervision nachzufragen, läßt sich sowohl als Delegation von Leitungsaufgaben (s. Kap. 1) als auch als »Ersatzmanagement auf Zeit« begreifen. Keiner der befragten Supervisoren hat allerdings diesen Auftrag. Es mag sein, daß »Experten der Supervision« in besonderer Weise der Verführung erliegen, die besseren Leitungspersonen zu sein. Pühl (1998) deutet den Wunsch, Supervisor zu sein, grundsätzlich als verborgenen Leitungswunsch. Dabei läßt sich die kompensatorische Übernahme von Leitungsfunktion sowohl als Antwort auf die Notwendigkeiten der Institution – im Sinne der Beobachtung, »daß die verborgene institutionelle Konfliktdynamik sich szenisch immer in der Beziehung zum Supervisor konstelliert, (...) etwas Charakteristisches für alle Formen von Team-Supervision und Institutionsanalyse« (Pühl 1998, 109) ist – wie auch als »Restneurose« oder »Kernneurose« der Supervisoren begreifen.

Den untersuchten Supervisoren gelingt hingegen die Balance des zweiten Spannungsverhältnisses: Fachberatung–Selbstreflexion–Klientenarbeit optimal.

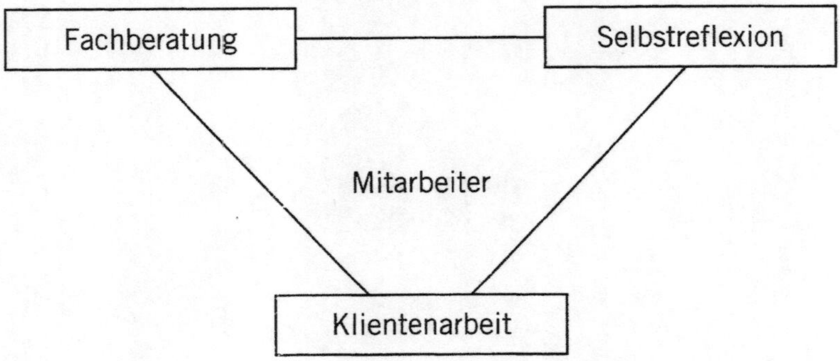

Das dritte Spannungsverhältnis Supervision (SV)–Organisationsentwicklung (OE)–Institution

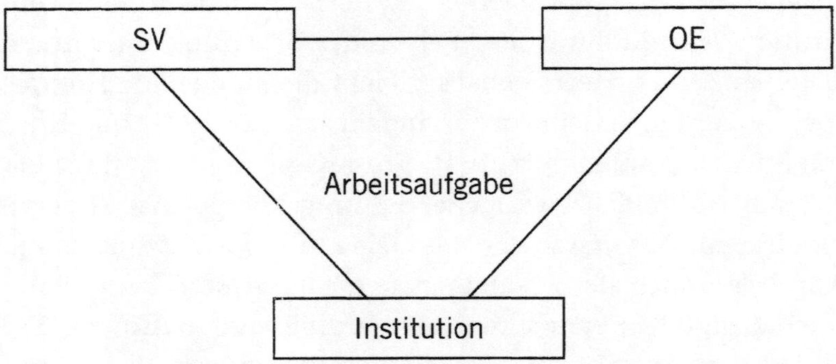

wird von den untersuchten Supervisoren unterschiedlich gestaltet. Herr Mölln spricht zwar das institutionelle Geschehen an, setzt jedoch keine Interventionen, die auf strukturelle Veränderung abzielen. Frau Kieses Maß an Einflußnahme auf die Institution ist deutlich höher. Durch das Leitungscoaching will sie der ärztlichen Leiterin zur Rollenübernahme verhelfen. Ihrer Hypothese nach geht mit der diffusen Leitungsstruktur die ungeklärte Aufgabenstruktur des Teams einher. Herr Siebeck wagt sich in dieser Hinsicht am weitesten vor. Er regt in den Bilanzierungsgesprächen mit dem Klinikchef organisatorische Veränderungen (andere Teamaufteilungen, andere Besprechungsgruppen, Beauftragung der ärztlichen Kollegen mit Leitungsaufgaben etc.) an.

Die gelungene Triangulierung hat zur Voraussetzung, daß der Supervisor seine »Triadische Grundangst« (Pühl 1998), die Angst ausgeschlossen zu werden, angemessen bewältigt. Ausdruck einer nicht gelungenen Triangulation stellt z. B. die Bewältigung durch Bündnisbildung mit den (vermeintlich) Mächtigen, den Trägern, den medizinischen Direktoren etc. dar. Eigene Wünsche nach Geld, Macht und Erfolg finden ihren Ausdruck in »Anbiederungsversuchen an die Interessen der Geschäftsführer von Organisationen« (Gaertner 1998, 95). Supervision kann auf diese Weise zu einem Instrument der *Appeacement-Politik* verkommen, nämlich unreflektiert die Anpassung der Mitarbeiter einer Organisation sicherzustellen. Durch unkritisches Effektivitätsdenken und utilitaristische Supervisionsstrategien, die auf die Durchsetzung administrativer Interessen abzielen, machen sich Supervisoren zu Handlangern einer Herrschaftspolitik und tragen zur Entwertung des Instruments Supervision bei.

Auf der anderen Seite stehen Supervisoren in der Gefahr, von ihren narzißtischen Wünschen nach Anerkennung durch das Team geleitet zu werden. Der unbewußte Pakt (vgl. Graf-Deserno & Deserno 1998) mit den Supervisanden gegenüber dem Auftraggeber ist ebenso kontraproduktiv wie die oben gekennzeichnete Bündnisbildung oder die Verwandlung der Beziehung zu den Supervisanden in eine Alltagsbeziehung. Als Prophylaxe o.g. Phänomene sei u. a. auf die Forderung nach emotionaler und finanzieller Unabhängigkeit des Supervisors verwiesen (vgl. Fürstenau 1992).

Es ist davon auszugehen, daß die sorgsame Triangulierung unmittelbare Auswirkungen auf die Klientenebene hat: »Gelingt es aber der Leitung aus historischen, organisatorischen oder gruppendynamischen Gründen nicht, die Dimension des Dritten einzuführen und in der Rollenorganisation zu verankern, wird in psychoanalytischer Sicht das Team nicht in einen kooperativen Entwicklungsprozeß eintreten können, der es den Patienten tatsächlich ermöglicht, in der Dialektik von Raum und Rahmen ein Übergangsfeld zu finden, in der sie in dosierter Form ihre konflikthaften Selbst- und Objektanteile äußern und in der Auseinandersetzung mit der Grenze einen Versuch machen können, sich mit den Problemen von Verbundenheit, Trennung und Abhängigkeit, sowie der Differenzierung von Innen und Außen auseinanderzusetzen« (Overbeck 1995, 166).

5.5 Abstinenz in der Supervision

Bauriedl (1998, 134) regt an, den Begriff der Abstinenz im Kontext der Supervision beziehungsanalytisch zu fassen. Sie definiert ihn »als Versuch, Grenzen zu ›halten‹«. In der »Entbehrung« (Freud 1915) zu arbeiten, heißt für Supervisoren, »der psychischen Ansteckung zu widerstehen« (Bauriedl 1998, 134), z.B. die Verschmelzungsgefahr mit dem Auftraggeber zu vermeiden. Aktive Abstinenz bedeutet in ihrem Sinne, daß es dem Supervisor gelingen muß, die psychische Getrenntheit von Team, Träger, Klientel und Institution aufrechtzuerhalten, d.h. seine Unterscheidungsfähigkeit in der Rolle zu bewahren, ohne Polarisierungen vornehmen zu müssen. Abstinenz bedeutet, die Fähigkeit zu haben, das Ineinanderwirken personaler und organisatorischer Strukturen wahrzunehmen und dennoch die beiden Perspektiven gesondert voneinander zu halten.

Fengler (1998) belegt das gleiche Phänomen mit dem Begriff der allseitigen Parteilichkeit und Fürstenau (1998) nennt es Allparteilichkeit. Diese Begriffe sind für supervisorisches Handeln sicher sinnvoller als der der Abstinenz. »Abstinere« bedeutet »sich enthalten«, und Supervision ist immer ein aktives Eingreifen in intrapsychische, interaktionale und organisatorische Prozesse.

Die Mühsal, die es bedeutet, in diesem Sinne »aktiv abstinent« zu sein, zeigen die drei Fallstudien deutlich: Herr Mölln macht sich in Krisenzeiten zum väterlichen Fürsorger des Teams, Frau Kiese weiß z.Z. besser zu leiten als die ärztliche Leitung, und Herr Siebeck verhält sich als Fortbilder der zu entwickelnden Supervisionsgruppe. Keiner der Supervisoren macht klare Fehler, dennoch sind sie temporär aus dem oben skizzierten Dreieck gefallen. Einzelne Sitzungen können jedoch wenig zur Einhaltung der aktiven Abstinenz aussagen. Erst die Beobachtung eines langfristigen Supervisionsprozesses kann zeigen, ob die Balance stimmt oder nicht.

5.6 Übertragung in der Supervision

Anders als in der tiefenpsychologischen Krankenbehandlung haben wir es in der Supervision mit sogenannten »spontanen Übertragungen« zu tun. Qualitativ hochwertige Supervision ist nicht regressionsfördernd angelegt und ist bestrebt, Übertragungen auf Vorgesetzte, Klienten, andere Teammitglieder, Institutionen (vgl. Mentzos 1990) und auf den Supervisor selbst zunächst zu verstehen und dann aufzulösen. »Als die wichtigsten spontanen Übertragungen begegnen uns in der Supervision die Arbeitsfeldübertragungen, die sich als ›primäre Beziehungsschemata‹ in Prozessen sekundärer Sozialisation gebildet haben und Inhalte des Gegenwartsunbewußten geworden sind« (Oberhoff 1998, 58). »Falsche Verknüpfungen« (Freud 1895) finden in der Supervision vornehmlich mit den Personen im Arbeitsfeld und mit der Institution statt, weitaus weniger auf den Supervisor (s. u.). Das Hier-und-Jetzt der Supervision zeigt lebensgeschichtlich gewachsene spontane oder fluktuierende Übertragungen im Sinne erfahrungsbedingter Ausbildung von Erwartungen, die an die berufliche Situation herangetragen werden. Sie sind Hindernis und Hilfsmittel der supervisorischen Zielsetzung zugleich, nämlich als Versuch, »adäquates Wahrnehmen und Handeln des Supervisanden in beruflichen Praxissituationen« (Freud 1895, 61) zu erreichen. Übertragungsphänomene lassen sich als verlorengegangene Erinnerungen fassen, die sich in der Supervision zeigen. Sie sind zu verstehen als mißlungene Problemlösungsversuche angesichts überfordernder Beziehungserfahrungen. Deshalb zeigen Übertragungen in der Supervision den Wunsch, defizitäre Beziehungsmuster zu überwinden. »Die Bewältigung der Adoleszenz als Krise wird gerade in den sozialen Berufen zu einer entscheidenden Vorausssetzung für eine gelingende, schöpferische Professionalität. In der Perspektive der Supervision können Krisen und die zwischen ihnen liegenden Phasen der Konsolidierung als Bestandteile eines professionellen Bildungsprozesses aufgefaßt werden« (Graf-Deserno & Deserno 1998, 34).

Übertragungen erscheinen z. B. in mißlungener Rollenverkörperung und gehen vor allem auf Prozesse sekundärer Sozialisation zurück. Geschwisterübertragungen, Latenz- und Adoleszenzerfahrungen, insbesondere im Bereich Schule und Leistung, sind die hauptsächlichen Erscheinungsformen. Sie sind als Erwartungshaltungen an die Institution, die Kollegen, die Klienten und den Supervisor spürbar. Bisherige Beziehungserfahrung zeigt sich im Schnittfeld des Rollensets, das die Institution zur Verfügung stellt, und im Kommunikationsstil, der miteinander gepflegt wird. Übertragungen verstanden als Zuschreibungsphänomene sind in der Supervision bearbeitbar, ohne die Grenze der Intimität der Person zu verletzen. Gelingt dies, so hat die Arbeit an Übertragungsprozessen, die ja niemals explizit angestrebt wird und eher ein Nebenprodukt supervisorischer Arbeit darstellt, persönliches und professionelles Wachstum zur Folge: »Supervisorische Übertragungsanalyse fördert wesentlich den Prozeß beruflicher Identitätsbildung, indem in ihr Wir-Identität (Institutionelle Identität) und Ich-Identität miteinander verbunden und ausbalanciert werden« (Oberhoff 1998, 58). Die untersuchten Supervisoren sind in diesem Sinne als Erwachsenenbildner tätig.

Alle untersuchten Supervisoren übernehmen Führung, sie strukturieren die Sitzung und sie sichern das Setting. Damit beugen sie der Regression der Teams vor, geben Halt, ohne das Team zu bedrängen und ihm die Freiheit zu rauben. Alle Experten der Supervision verhalten sich nicht psychoanalytisch abstinent. Sie beziehen Position, werten, werden als Personen erkennbar. Damit halten sie die Übertragungsbereitschaft des Teams gering. Sie verbünden sich alle mit dem »unanstößigen Übertragungsanteil«, dem Teil des gesunden Ich der Teammitglieder, das an Problemlösung, Arbeits- und Kooperationsverbesserung interessiert ist. Die jeweiligen Teams sehen in ihnen kompetente Berater, die ihnen auf diesem Weg Begleiter sein können. Die angebotene Übertragung seitens der Supervisanden gleichen – wie oft in gelungenen Supervisionsprozessen – denen eines Alternativentwurfes, dem Wunschbild eines adoleszent-ödipalen Elternteils (vgl. Graf-Deserno & Deserno 1998, 43). Milde Übertragungsprozesse bilden die emotionale Arbeitsgrundlage, fördern das gemeinsame Verstehen. Die Supervisanden der Untersuchungspartner müssen um Wertschätzung und Anerkennung (mit Ausnahme von Frau Jürgen) nicht kämpfen. »Aus der Sicht der Übertragung verkörpert der idealisierte Supervisor etwas, das zu erreichen sich lohnt und von Supervisanden erstrebt wird. Erst wenn idealisierte Übertragungen in größerer Intensität auftreten, dienen sie auch als Abwehr von Konflikten« (Graf-Deserno & Deserno 1998, 45).

Die Beziehungsgestaltung der Mitglieder aller untersuchten Teams mit ihrem jeweiligen Supervisor sind von leichter Idealisierung und Identifizierung geprägt. Die narzißtisch-libidinösen Gefühle für die Supervisoren stehen jedoch im Dienste des Ich. Es finden sich wenig Wiederholungen (mit Ausnahme von Frau Jürgen) infantiler Regungen, sondern emotionale Lernwünsche, die eine vertrauensvolle Beziehung und einen sicheren Rahmen benötigen. Die Selbstobjekt-Übertragungen auf den Supervisor finden im Sinne der Etablierung einer Beziehung zu einem »Bedeutsamen Anderen« (Mead 1973) statt.

5.7 Widerstand in der Supervision

»Dem Wunsch nach Einsicht und Veränderung steht derjenige, etwas zu verdecken und beim Erreichten zu verharren, entgegen« (Graf-Deserno & Deserno 1998, 18). In der Supervision findet sich sowohl bewußtseinsfähiger als auch unbewußter Widerstand. Widerstand in der Supervision zeigt sich als ein »Sträuben gegen die Einflußnahme anderer« (Schreyögg, A. 1991). Widerstand wird als Schutz gegen innere Paniksituationen immer dann virulent, wenn zuviel Angst mobilisiert wird. Bloßstellungsängste und Kränkungsgefahren, die die Selbstachtung gefährden, spielen in der Supervision eine große Rolle. Da die Arbeit ein hauptsächlich identitätsstiftender Faktor ist, evoziert die Selbstreflexion beruflicher Praxis notwendigerweise die Abwehr »in actu« (vgl. Petzold 1988). Fachliche und/oder persönliche Defizite könnten in der Supervision offenbar werden und Kritik an der Arbeit als Kritik an dem existentiellen Sosein (Schreyögg, A. 1991) mißverstanden werden. In jedem Supervisionswunsch steckt die Ambivalenz, Veränderung anzustreben und zugleich abzuwehren. Wir finden in jedem Supervisionsprozeß das Phänomen des *resistence to change* (Lewin). Daneben dient der Widerstand als Beziehungsabwehr des Teams untereinander und dem Supervisor gegenüber. In der Supervision werden u. U. starke Affekte wach: Für eine angemessene Fallbearbeitung müssen die Teammitglieder temporär regredieren, um Zugang zu ihrem primärprozeßhaften Erleben zu bekommen, was wiederum Schuld- und Schamgefühle auslösen kann. Sexuelle Gefühle für und sexuelle Phantasien über vorgestellte Patienten können mit Widerstand als angemessener Form der Selbstregulation von Teams beantwortet werden. Supervision beinhaltet subjektiv immer die Gefahr, von Impulsen überschwemmt zu werden und nicht mehr rational denken zu können.

Bei der supervisorischen Arbeit an strukturellen Momenten der Organisation spielen die Angst um eigene Privilegien und personelle und materielle Ressourcen eine große Rolle. Alle informellen Strukturen, die nicht transparent sind, und alle Vorgänge, die nicht geregelt sind, bieten Raum für Machtmanöver und Freiräume des Handelns. Auch die Aufgabe des »sekundären Krankheitsgewinns« der Organisation durch gelungene Supervisionsprozesse kann Widerstand hervorrufen.

Für die Supervision ist es unabdingbar, den Aspekt des »technischen Widerstandes« zu berücksichtigen, der durch überfordernde methodische Vorschläge, nicht zu verdauende Deutungen (z.B. weil zeitlich falsch plaziert), fehlende Orientierung am Schwächsten des Teams etc. verursacht wird. Widerstand im Team kann durch technische Fehler des Supervisors verursacht sein: durch die falsch gestellte Indikation eines methodischen Vorschlags, eine supervisorische Intervention, die weder auf das Setting, noch auf die Thematik abgestimmt ist.

Fürstenau (1998, 80) zieht neben der psychoanalytischen die systemische Perspektive auf den Widerstand zu Rate: »Gefühle des Supervisors von Ohnmacht und Hilflosigkeit sind ein Zeichen dafür, daß der Supervisor (oder Therapeut) etwas will, was der Verfassung des Klientensystems gegenwärtig nicht entspricht.« Es sucht die »guten Gründe«, warum sich das Team so verhält. Die positive Umdeutung erschließt »Ansatzpunkte positiver Weiterentwicklung« oder Hinweise darauf, daß »die Supervision zu beenden ist« (Fürstenau 1998, 80). Hilfreich scheint es, die Leistung eines Teams als die bestmögliche zu diesem Zeitpunkt und in dieser Situation zu verstehen. Den Widerstand zu »schmelzen« kann auch bedeuten, mit dem Team nach Erfahrungen zu suchen, in denen Widerstand nicht notwendig oder weniger stark ausgeprägt war.

Die untersuchten Supervisoren zeigen modellhaft vorbildliche Arbeit am und mit dem Widerstand, der den Teammitgliedern ja selbst in ihrer täglichen Arbeit begegnet. Bis auf wenige Ausnahmen haben ihre Interventionen überwiegend spannungsmindernde Funktion. Bei der Supervisionssitzung von Herrn Mölln wird am ehesten die schöpferische Leistung, als die der Widerstand zu verstehen ist, in den Vordergrund gestellt. Er wartet zu, bis sich die konflikthafte Thematik des Falls in der Sitzung ausbreitet. Die integrativen Supervisoren hingegen versuchen viel aktiver, den Widerstand anzugehen. Frau Kiese verstärkt jedoch in der Arbeit mit der ärztliche Leiterin deren »Notwendigkeit zu widerstehen«. Frau Jürgen regrediert im Laufe der Sitzung zusehends, bis hin zur Verweigerung ihrer Rolle. An dieser Stelle ist es nicht gelungen, den Widerstand zu reduzieren. Die Supervisorin begibt sich in einen Machtkampf mit der ärztlichen Leiterin und verläßt an dieser Stelle ihre sonst von Akzeptanz und Sinnverstehen getragene Haltung.

5.8 Ressourcenorientierung in der Supervision

Ullmann (1991) versteht Ressourcen als Quellen, Stärken, Materialien, Erfahrungen und Bedeutungszuschreibungen – einschließlich des Widerstandes. Der Ressourcenorientierung kommt in der Supervision besondere Bedeutung zu, da die Stärkung der Autonomie und die Entwicklungsfähigkeit von Teams im Vordergrund stehen. Der Gefahr zu starker Psychotherapeutisierung, den Blick auf den Mangel zu richten und sich der Leidensseite zuzuwenden, entkommen alle untersuchten Supervisoren. Alle betonen sie in ihrer supervisorischen Arbeit weniger die Defizitgeschichte eines Teams und dessen Unfähigkeiten, als vielmehr unter einer salutogenetischen Perspektive (Antonovsky 1979) den Möglichkeitsraum der Teams. Die Supervisoren verbünden sich mit den gesunden Ich-Anteilen der Supervisanden. Sie lösen alle den Anspruch Fürstenaus (1998, 77) ein: »Klagen, Konflikte und anstößige Verhaltensweisen in lösbare begrenzte Aufgaben zu überführen.« Es gilt, die Teams von einem anklagenden, jammernden oder depressiven Ton, von pessimistisch-resignativer Haltung sowie einem selbst- und fremdentwertenden Stil, modellhaft zu befreien und die Handlungskompetenz in den Vordergrund zu rücken. Allen untersuchten Supervisoren gelingt dies zweifellos.

Die Haltung der Supervisoren, den Teams Veränderungsbereitschaft und -fähigkeit zuzutrauen, erweist sich dabei als förderlich.

Negative affektive Reaktionen von einzelnen Teammitgliedern, Teilgruppen des Teams und dem Supervisor gegenüber versteht Fürstenau als »Hinweise auf Unklarheiten und Differenzen im Umgang mit den jeweils tangierten Regelungen oder als Hinweise auf Mängel oder Lücken dieser Regelungen« (Fürstenau 1998, 77). Er fordert den Supervisor auf, seine Wahrnehmung der affektiven Reaktionen des Personals in den strukturellen Ordnungszusammenhang innerhalb der Institution zu richten. Auf diese Weise kann er die Phänomene kognitiv aufbereiten und lösungs- und erfolgsorientiert intervenieren. Nur die professionelle Distanz ermöglicht auch Spiegelphänomene, die aus dem Klientel stammen, von den affektiven Reaktionen des Teams zu scheiden. Man könnte Fürstenaus Ausführungen als ein Plädoyer dafür verstehen, als Supervisor überhaupt nicht auf der intergruppalen Ebene des Teams zu arbeiten, sondern Teamkonflikte immer auf der Ebene fachlicher Kooperationsprobleme aufgrund von unzureichender Aufgabendifferenzierungen, mangelndem Informationsaustausch, Ringen um Behandlungskonzeptionen, therapeutischen Standards und Methoden zu verstehen. Damit würde man den verletztungsträchtigsten Aspekt von Supervision, die Bearbeitung der Gruppendynamik im Team, vermeiden.

Herr Siebeck jedoch legt ebenso wie »sein Team« großen Wert auf sogenannte Beziehungsklärung, ohne jedoch institutionelle Verregelungen, wie Konferenzgestaltung, Urlaubs- und Vertretungsplanung, den Modus der Einweisung neuer Mitarbeiter, die Kommunikation mit Leitung und Verwaltung, zu vernachlässigen. Frau Kiese nimmt sehr stark gruppenanalytisch orientiert wahr, interveniert jedoch institutions- und individuumbezogen. Herr Mölln praktiziert patientenzentrierte Fallarbeit, die die Reibungskonflikte mit der Leitung nur benennt aber nicht bearbeitet oder gar in Handlung umsetzt. Frau Kieses Interventionen münden in konkrete Handlungsvorschläge für das Team.

5.9 Der Supervisor als Team- und Personalentwickler

Mit der Ressourcenorientierung geht ein Verständnis von Supervision als Instrument der Teamentwicklung einher (vgl. Fürstenau 1998). Auch wenn im Interview mit Frau Kiese eher die defizitorientierte Perspektive zum Vorschein kommt, arbeitet sie – abgesehen von der Beziehung zur ärztlichen Leiterin – an der Kompetenzentwicklung der einzelnen Teammitglieder.

Alle Supervisoren strukturieren stark, schlagen eine Vorbereitung der Supervisionssitzungen vor. Damit zeigen sie (abweichend von traditionellen psychoanalytischen Zugängen), daß auch tiefenpsychologisch orientierte Supervision durchaus vom Team vorbereitet werden kann und die Einigung über das Thema nicht der labilisierten Anfangssituation überlassen werden muß. Sie alle wenden sich damit gegen eine eher meditative Ausprägung supervisorischen Tuns.

Sie geben ein Modell grundsätzlicher Offenheit und Prozessualität vor, verkörpern mit ihrem Supervisionsstil die »letztendliche Unverfügbarkeit« (Petzold et al. 1997b, 474) von Wahrheit. Auch wenn Supervisanden nach letzten Antworten und Sicherheit suchen, demonstrieren die Supervisoren mit ihrer Haltung modellhaft Angsttoleranz. Sie variieren im Verflüssigen und Stabilisieren von Strukturen innerhalb der Sitzungen. Sie bieten Weiterbildung und die Verfeinerung diagnostischer und therapeutischer Kompetenz an und tragen damit zur fachlichen Kompetenzentwicklung der einzelnen Teammitglieder bei. Diese erfahren mehr als nur Unterstützung bei der Arbeit an therapeutischen, sozialarbeiterischen und pflegenden Fähigkeiten.

Die von Gaertner (1992) beschriebene »Fallstrukturierungskompetenz« meint eine »psychische Fähigkeit, von einem konflikthaften Thema, auch wenn es anwesende Personen betrifft, so viel Abstand zu nehmen, daß es wieder reflektierbar wird. Damit ist sie ein unentbehrlicher Bestandteil der Professionalität derer, die im weitesten Sinne soziale Arbeit leisten« (Graf-Derserno & Deserno 1998, 173). Supervision wird auch in dieser Hinsicht zu einem wirksamen Instrument der Personalentwicklung.

Zumeist wird die Entlastungsfunktion von Supervision in der Literatur beschrieben (Bönninger 1995, Fengler 1996) und die *Burnout*-Prophylaxe betont. Die Evaluation von Stationsteam-Supervision in der Inneren Medizin von Werner & Hennch (1998) zeigen folgende Effekte von Supervisionsprozessen, die über ein Jahr zu drei verschiedenen Meßzeitpunkten erhoben wurden: Neben einer Zunahme der Zufriedenheit mit der Arbeitssituation in allen Bereichen wird eine signifikante Verbesserung im Bereich Freizeit bzw. Familie berichtet. »Die Verbesserung im privaten Bereich ist im Zusammenhang mit der Entlastungsfunktion zu sehen, was man sich so vorstellen kann, daß belastende Erlebnisse durch die Supervision am Arbeitsplatz, statt zu Hause verarbeitet werden können« (Werner & Hennch 1998, 136).

5.10 Der Supervisor als Organisationsberater

Alle untersuchten Supervisoren sind in den jeweiligen Institutionen verändernd tätig. Die Kontraktgestaltung selbst wird als determinierende Intervention begriffen. »Indem der Supervisor im Zuge der Vertragsverhandlungen bestimmte Fragen über die Institution und den Auftrag aufwirft und bestimmte Deklarationen über seine Auffassung von der Supervision abgibt, setzt er Supervision als professionell gesteuerte Veränderungsbegleitung in der betreffenden Abteilung in Gang« (Werner & Hennch 1998, 74).

Die viel proklamierte Fiktion einer möglichen sauberen Trennung zwischen Supervision und Organisationsentwicklung (vgl. Kap. 1) ist damit obsolet geworden. Die untersuchten Supervisoren verstehen sich allesamt als Begleiter von Organisationswandel: »Dem Einigungsprozeß über die Supervision kommt in diesem Sinne Modellfunktion zu« (Fürstenau 1998, 75). So stellt der Ausgangspunkt von Supervisionsprozessen oftmals ein Leiden an zu starrer Regelsetzung oder ein Leiden an zu wenig Strukturierung dar. Modellhaft wird in der Supervision Leiden an nicht verhandelter Regelung behoben.

Wenngleich die Trennschärfe zwischen Organisationsentwicklung und Supervision durch die Praxis nicht mehr gehalten werden kann, steht die genauere Begriffsbestimmung, die Kompetenzbeschreibung der Anbieter und deren spezifisches methodisches Inventar innerhalb der Schwerpunktsetzungen noch aus. Berufspolitisch und referenztheoretisch wird vielfach an der Möglichkeit einer klaren Unterscheidungsmöglichkeit beider Settings festgehalten. Neben markt- und machtpolitischen Erwägungen mag die Angst als motivierend an dieser Stelle gelten. Dem Schein einer möglichen Differenzierung kommt eine identitätsstiftende und damit sichernde Funktion zu. Die Anforderungen der Praxis machen jedoch eine Aufweichung der fiktiven Grenzen beider Beratungsansätze notwendig. Als beispielhaft mag an dieser Stelle die Arbeit der Kommission »Wissenschaft und Forschung« der Deutschen Gesellschaft für Supervision (DGSv) gelten, die in Kooperation mit der Kommission »Organisationsentwicklung« und der Arbeitsgemeinschaft Arbeits- & Organisationspsychologie in der Neuen Gesellschaft für Psychologie (NGfP) durch Forschungsworkshops, Expertenanhörungen und eigene konzeptionelle Arbeit versucht, genau diese Schnittstelle beginnt auszuloten. Hier stellen sich zahlreiche weitere Forschungsfragen.

Ein Spannungsfeld sei an dieser Stelle exemplarisch angedeutet: die Sicherheit des Settings. Der schützenden Funktion des Rahmens kommt in der Supervision eine hohe Bedeutung zu. Gelungene Supervision geht einher mit der Labilisierung des Ichs der Mitarbeiter und »Der Rahmen sichert den Übergangsraum« (Overbeck 1995, 177). In der Organisationsberatung muß dieser Rahmen potentiell in anderer Weise in Frage gestellt werden. Den Organisationsentwicklern kommt – sofern sie seriös arbeiten – eine andere Notwendigkeit zu, eine Balance struktureller und persönlicher Intervention zu halten. Supervision findet ihr Ende im traditionellen Verständnis an der Stelle, wenn es um verändernde Eingriffe in die Organisation geht. Regeländerungen liegen üblicherweise nicht im Kompetenzbereich von Teamsupervision. Sie sind jedoch zur Qualitätsverbesserung der Arbeit mit dem Klientel und des Miteinanders u. U. unabdingbar.

5.11 Supervision als Dienstverpflichtung

Alle untersuchten Experten der Supervision sind in Institutionen tätig, in denen Supervision als Dienstpflicht aller Teammitglieder verstanden wird. Da die Teilnahme an den Sitzungen keinesfalls freigestellt ist, ist es die Pflicht des Supervisors, den Supervisionsprozeß so zu gestalten, daß sie jedem Mitglied des Teams zumutbar ist. Diesen Anspruch lösen alle untersuchten Supervisoren ein. Sie vermeiden »unzumutbare Situationen« (vgl. Fürstenau 1998, 74), indem sie die private Persönlichkeitssphäre schützen. Sie fokussieren nur das persönliche Arbeitsverhalten und die damit unmittelbar in Zusammenhang stehenden Persönlichkeitsaspekte. In den Interviews wird deutlich, daß die Supervisoren in ihrer internen Hypothesenbildung darüber hinausgehen. Sie diagnostizieren durchaus auch personenspezifisch. Kommuniziert werden jedoch nur die Aspekte ihrer Wahrnehmung, die ausdrücklich auf die Arbeit und Kooperationsfähigkeit der Teammitglieder gerichtet sind. Andere Daten bilden eine Art Hintergrundfolie, mit deren Hilfe Diagnosen über die Institution erstellt werden. Analog der Verpflichtung von Vorgesetzten zur Fürsorge für die Mitarbeiter regulieren sie ihre Interventionen bekömmlich, d.h. entsprechend dem Angst- und Kompetenzniveau, das in der Gruppe vorherrscht. Auf diese Weise erreichen sie ihr Ziel, die Versorgung der Patienten zu verbessern und zugleich die Kooperation und Arbeitszufriedenheit der Mitarbeiter im Auge zu haben.

5.12 Endliche versus unendliche Supervision

Neuere Supervisionstheoretiker (Pühl 1998, Fürstenau 1998, Gieseke & Rappe-Giesecke 1997) plädieren für zeitlich begrenzte Supervisionskontrakte. Nach einer Diagnosephase erfolgt die diagnosegestützte Kontraktgestaltung mit der Schwerpunktsetzung für einen festgelegten Zeitraum. Am Ende dieser Vereinbarung oder in festgelegten Abständen erfolgen Bilanzierungsgespräche, denen die Leitungspersonen beiwohnen, wenn sie nicht von vornherein integrierter Bestandteil der Supervisionssitzungen sind. Nach einer solchen Arbeitsphase von etwa 5 bis 15 Sitzungen wird die supervisorische Arbeit beendet oder eine Einigung über eine andere Schwerpunktsetzung, andere Aufgaben und Ziele angestrebt. Dabei kommt der Verhandlung über die grundsätzliche Ausrichtung der Supervision, deren Ziel und Sinn eine besondere Bedeutung zu. Diese neuere Entwicklung steht im Einklang mit ersten Ergebnissen der Supervisionsforschung (vgl. Beer & Gediga 1998). Je klarer die Ziele zu Beginn eines Supervisionsprozesses herausgearbeitet sind, desto größer wird der supervisorische Erfolg im Anschluß eingeschätzt.

Supervision als »organischer Bestandteil« eines Klinikalltags gerät zunehmend in den Hintergrund. Der Vorteil zeitlich begrenzter Supervisionskontrakte liegt darin, daß Teams sich nicht als stetig einer externen Hilfe bedürftig entwerfen. Es kann durchaus kompakt an institutionellen, teamdynamischen oder klientenzentrierten Themen gearbeitet werden, ohne daß sich ein Team auf Dauer an den »Tropf« der Supervision legt. Es kann ein Team durchaus stärken, zeitweise ohne Supervision zu arbeiten. Supervision als Dauereinrichtung schwächt nicht nur die Supervisanden potentiell, sie macht auch den Supervisor betriebsblind. Ein zu ausgedehntes Verweilen in ein und derselben Institution trübt den Blick. Drei Jahre gelten dabei als Richtwert.

Frau Kiese arbeitet am deutlichsten in dieser modernen Supervisionskonzeption. Herr Siebeck arbeitet auch diagnosegestützt mit deklarierter Schwerpunktsetzung, er wird die Klinik im nächsten Jahr verlassen, um nicht Teil des Systems zu werden. Herr Mölln ist als Psychoanalytiker eher traditionellen Supervisionskonzepten verpflichtet. Er arbeitet mit einem Schwerpunkt in der Balintmethodik, fallsupervidierend und ohne zeitliche Limits. Dies mag mit der Krise der Klinik in Zusammenhang stehen. Er verkörpert in der Zeit vieler Wechsel und Veränderungen Kontinuität.

5.13 Fallsupervision versus Teamsupervision

Keiner der untersuchten Supervisoren macht reine Fallarbeit. Herr Siebeck und Frau Kiese haben den Programmwechsel zwischen der Arbeit an der Team- und Institutionsdynamik und der Arbeit an den Therapeut-Klient-Beziehungen per Kontrakt festgeschrieben. Die Hälfte der anberaumten Zeit der monatlichen Supervisionssitzungen werden für je ein Programm genutzt. Pühl (mündl. Mitteilung) lehnt diese Koinzidenz ab, da er befürchtet, daß eine Kontraktgestaltung, die beide Arbeitsfoki beeinhaltet, zu viel Raum für Agieren eröffnet. Die Arbeit an Fällen wird zur Abwehr, sich der Team- und Institutionsdynamik zuzuwenden, genutzt und vice versa. Er plädiert dafür, daß das Team sich für einen der Arbeitsschwerpunkte entscheiden muß. Ich halte diese Trennung für künstlich und dem Gegenstand Supervision im Kliniksetting für nicht angemessen. Die Entscheidung für ein Programm verschenkt die reichhaltigen Möglichkeiten der gegenseitigen Verweisung von Klientel, Team und Institution. Supervisoren, die über die Doppelqualifikation Psychotherapie- und Supervisionsausbildung verfügen, sind in der Lage, Programmwechsel situationsadäquat vorzuschlagen (vgl. Rappe-Giesecke 1994). »Es zeigt sich, daß die Fallarbeit selbst ein komplexer integrativer Vorgang ist: Sie erhält sowohl die Kohärenz des Teams aufrecht als auch seine Fähigkeit, den institutionellen Auftrag zu realisieren. Wir sehen daher im Wechsel von Falldiskussionen über die Klientel und Falldiskussionen über das Team einen wichtigen selbstregulativen Mechanismus der Teamsupervision« (Graf-Derserno & Deserno 1998, 106).

Auch Herr Mölln beschränkt sich nicht ausschließlich auf die Arbeit an den Therapeutinnen-Klient-Beziehungen. Er thematisiert institutionelle Fragen nach Bedarf, wenngleich sein Schwerpunkt auf der Arbeit der Supervisandinnen mit ihren Klienten liegt. Reine Fallarbeit, ohne die institutionellen Faktoren zu berücksichtigen, ist obsolet geworden. Werner & Hennch (1998, 133) zeigen, daß bei längerer Supervisionserfahrung keine explizit patienten- bzw. teamzentrierten Sitzungen zu verzeichnen sind, sondern »kontinuierlich integrierte Betrachtungsweise beider Aspekte. Bei kontinuierlicher Stationsteam-Supervision über einen längeren Zeitraum entwickelt sich also die Fähigkeit, patientenbezogene Probleme und Teamkonflikte in ihrer gegenseitigen Wechselwirkung zu erkennen und integriert zu bearbeiten«.

Graf-Deserno & Deserno (1998, 131) sehen es folgendermaßen: »Wir möchten noch eine Anmerkung zu der verbreiteten Auffassung machen, die für eine Trennung von Fallsupervision und Institutionsanalyse plädiert. Diese Aufteilung ist unserer Auffassung nach künstlich, da doch die Fallsupervision bereits ein Stück bisher nicht geglückter Institutionalisierung in einer Arbeitsorganisation darstellt. Mit der vom Supervisor angeleiteten Falldiskussion wird die regelmäßige Reflexion der zu bewältigenden Aufgabenstellung am Arbeitsplatz eines Teams institutionalisiert.« Den Fokus auf die Organisationsstruktur richtend, spricht Buchinger (1997) von Supervision als organisatorischer Selbstreflexion. Beide Male geht es um das Institutionalisieren von Selbstreflexion.

5.14 Der Supervisor als Lehrer

Der Supervisor ist nicht nur im stationären Setting ein Transporteur von Wissen. Gute Supervision zeichnet sich dadurch aus, daß neuere Erkenntnisse aus der Forschung, vor allem der Psychotherapieforschung, der Sozialpsychologie und der Arbeits- und Organisationspsychologie in die supervisorische Arbeit einfließen. Sie stellen zum einen den Handlungshintergrund der exzellenten Supervisoren dar. Zum anderen tragen moderne Theorien, Konzepte und Forschungsergebnisse zur fachlichen Weiterqualifikation der Supervisanden bei. Supervision ist nicht nur in der Psychotherapieausbildung didaktisch angelegt. Die Beratung professioneller Prozesse ist immer didaktisch unterlegt, will sie für sich qualitätssichernde Funktion in Anspruch nehmen. Wissen zu vermitteln, kann als Basisaufgabe von Supervision verstanden werden (vgl. Kap. 1).

In dieser Hinsicht verkörpern alle Supervisoren eine Lehrerfunktion. Frau Kiese erklärt den Supervisanden das Phänomen der Zwillingsübertragung, sie weist auf die emotionale Ladung von Videoaufzeichnungen hin. Herr Mölln erklärt, auf sozialpsychologische Experimente rekurrierend, die heftige Wirkung negativer Propaganda und beschreibt sich selbst als »Nachhilfelehrer«. Herr Siebeck betreibt Weiterbildung von Suchttherapeuten in diagnostischer und therapietechnischer Hinsicht »auf Grundschulniveau«. Um die Beziehungsgestaltung zur Supervisionsgruppe jedoch nicht allzu asymmetrisch werden zu lassen, scheint es förderlich zu sein, die Haltung des Ringens einzunehmen, z. B. um den »richtigen« Behandlungsansatz für einen Patienten. Wir haben es mit einer Vielfalt von Nosologien und psychotherapeutischen Möglichkeiten zu tun. Auch an dieser Stelle ist Mehrperspektivität gefragt, die der Eigenart des Klientels und den Möglichkeiten und Grenzen des Personals Rechnung trägt. Es gibt nicht *das* Behandlungskonzept, *die* therapeutische Methodik für z. B. psychiatrische Patienten (vgl. Janssen 1987). Die untersuchten Supervisoren gehen mit ihrer fachlichen Souveränität sicherlich auf das Bedürfnis nach behandlungstechnischer Sicherheit der jeweiligen Teams ein. Ein wenig mehr an offensichtlicher Suchbewegung könnte die Teammitglieder jedoch weniger autoritätsgläubig und kompetenter werden lassen.

5.15 Der Supervisor als Forscher

Alle untersuchten Experten der Supervision beteiligen sich an der Theorie- und Konzeptentwicklung von Supervision. Die Interviews machen deutlich, daß die Supervisoren sowohl supervisionsrelevante Literatur rezipieren (sie beziehen sich in den Interviews immer wieder auf neuere Supervisionstheorien) als auch an der Entwicklung der jungen Disziplin – wenn auch in unterschiedlichem Maß – aktiv beteiligt sind. Gute Supervisoren verstehen sich als Teil der supervisorischen Gemeinschaft. Auch wenn nicht alle Supervisoren sich an Forschung und Theorieentwicklung beteiligen können, so ist ein Merkmal ihrer Qualität, ihre Praxis reflektierend zu begleiten. Das von Freud für die Psychoanalyse proklamierte Junktim zwischen Heilen und Forschen auch für die Supervision (vgl. Kap. 2) ernst zu nehmen beginnt da, wo Supervisoren zum Verstehen ihres Handelns auf Theorien zurückgreifen können, ihre supervisorischen Prozesse konzeptuell entwerfen und begleiten. Wenn sie in Intervisionsgruppen, Balintgruppen für Supervisoren oder Lehrsupervision ihre Praxis überschauen lassen und sich der kollegialen Kritik stellen, nehmen sie teil an der Fortentwicklung supervisorischer Theorie.

Es geht bei supervisorischem Handeln um ein im höchsten Maße subjektives Geschehen, das keinen gesetzmäßigen Ablauf darstellt und sich nicht experimentell reproduzieren läßt. Dies macht es zu einem Kunsthandwerk (s. u.), in dem es gerade um die individuelle Einzigartigkeit des Geschehens geht. Diese Einzigartigkeit ist jedoch keineswegs zufällig und beliebig. In ihr drückt sich vielmehr Allgemeines in einer eigentümlichen Weise aus. Die Kunst besteht vielleicht gerade darin, am Einzelfall gesellschaftliche und historische Wahrheit zu exemplifizieren. Allgemeines wird nicht dadurch erkannt, daß man, dem Gesetz der großen Zahl folgend, über den »Einzelfall« hinweg schließt, ihn zu Kennziffern verrechnet und damit zum Verschwinden bringt, sondern gerade umgekehrt: Je tiefer wir in einzelne Supervisionsgeschichten einsteigen und sie zu verstehen versuchen, um so mehr erfahren wir über allgemeine und strukturelle Zusammenhänge (vgl. dazu etwa Bude 1990, 1995).

In den Weiterbildungen zur Supervisorin/zum Supervisor sollte Hilfe zum wissenschaftlichen Arbeiten im o.g. Sinne vermittelt und angehende Supervisoren ermutigt werden, sich als lebenslang mit Neugier und Auseinandersetzungsfreude Lernende zu verstehen.

5.16 Der Supervisor als Rollenspieler

Für gelungene Supervisionsprozesse erscheint es förderlich, rollentheoretische Perspektiven einzunehmen. Die mir günstig erscheinende zentrale rollentheoretische Position der integrativen Supervision sieht im Anschluß an Plessner (1982) die Rolle als Ort in einem sozialen System und als Antizipation von Zuschreibungen. Er ergänzt die Auffassung Parsons (1951), den Menschen als soziales Wesen immer unter dem Zwang der Verkörperung sozialer Rollen zu sehen, die ihm »qua Gesellschaft abverlangt werden« (Schreyögg, A. 1991, 262), mit der Unmöglichkeit vollständiger Verkörperung und der daraus erwachsenen Fähigkeit zur Exzentrizität. Die innere Distanzierung postuliert den inneren Rollentausch, die Betrachtung seiner selbst mit den Augen der anderen. Im Anschluß an Mead (1973) bietet die Transparenz gegenseitiger Zuschreibungsphänomene in der Supervision eine Möglichkeit der Überprüfung und Modifikation von Rollenübernahme, -ausgestaltung und -handeln. Bisherige Beziehungserfahrung, sich daraus entwickelnde Erwartungshaltung an die Teammitglieder und die Institution können herausgearbeitet, interpretiert werden und in förderliche Interaktionsmuster gewandelt werden. Verbesserte gegenseitige Verhaltenseinsteuerungen von Teams münden in gelungenen Supervisionsprozessen in tragfähige Regelungen, Rolleninterpretationen und Absprachen. Diese soziologische Rollenperspektive wird vor allem von Frau Kiese eingenommen.

5.17 Der Supervisor als Sprachkünstler – Supervision als kreativer und poetischer Prozeß

Buchholz & Hartkamp (1997) hält dafür, daß sich das Verhältnis zwischen Wissenschaftlichkeit und dem professionellen Handlungssystem der Supervision nicht hierarchisch darstellen lasse, so als stehe Wissenschaft letztinstanzlich über dem praktisch-professionellen Tun. Beide Bereiche haben sich vielmehr als eigenständige und nebeneinander stehende Diskurs- und Handlungsformen herausgebildet. »Professionell«, so Buchholz, »ist, eine Antwort auf komplexe, instabile, einzigartige und unsichere Situationen zu finden, von denen man selbst ein Teil ist« (Buchholz & Hartkamp1997, 83). Er fügt dem eine wichtige Präzisierung an: Es gehe nicht eigentlich darum, eine Antwort zu »finden«, sondern sie zu »er-finden«. Auch Supervisoren greifen dabei vornehmlich auf metaphorische Gleichungen zurück, die es erlauben, die Situation neu bzw. in einem anderen Licht wahrzunehmen.

Wenn einem Therapeuten in einer Supervisionssitzung etwa zu einer Patientin, die sich gegenüber ihrem Freund nicht durchsetzen kann und mit psychosomatischen Symptomen reagiert, sich in der Therapie aber immer attraktiver zeigt, einfällt, sie gehe gleichsam mit ihm fremd und der Supervisor dies in die metaphorische Formel »Therapie ist Fremdgehen« zu fassen versteht, so wird mit dieser Formel die therapeutische Situation neu erschlossen. Weil der Therapeut erkennen konnte, daß er Teil der Situation ist, wird auch die Patientin auf eine neue Weise Teil der Situation. Therapeutisches Handeln gleicht ebenso wie Supervision einem eher ästhetischen bzw. poetischen Tun, das neue Welten intersubjektiv und dialogisch herstellt. Durch metaphorische Gleichungen, die nicht mit Definitionen zu verwechseln sind, verändert sich die Perspektive und ruft etwas hervor, das vorher nicht »da« war.

Alle untersuchten Supervisoren zeichnen sich durch eine Sprache aus, die reich an Metaphern ist. Damit bündeln sie die einzelnen Beiträge der Supervisanden und verhelfen zu neuem Sinnverstehen. Metaphern lassen sich fassen als »Geistige Figuration, von der aus und durch die jeweils Welt gedeutet, verstanden und erkannt wird« (Wedewer 1985, 53). Sie dienen der Eröffnung eines neuen Wahrnehmungsraums. Sie lassen sich gleichsam als dichterisches Symbolschaffen verstehen. Metaphern sind nie exakt, können nicht in ihrer wörtlichen Bedeutung verstanden werden. Nach Freud knüpfen sie an uralten intellektuellen Besitz an, wodurch das Unfaßbare faßbarer wird. Metaphern beseelen sogar unbelebte Natur und ermöglichen in der Supervision eine andere Qualität der Kommunikation und Rezeption. »Metaphern dienen der Aufhebung vernünftiger Denkgesetze und entbindet damit die Phantasie als ästhetisches Prinzip« und helfen »mit dem Herzen zu denken« (Wiethege 1992, 47).

Die Methapher des »Knäckebrots«, die Frau Kiese für den Arbeitsplatz ihrer Supervisanden findet, »der Mythos des Minotaurus«, der der Schlüssel zum Fallverstehen in der Sitzung Herrn Möllns wird, und der Begriff des »Zwiebelschälens«, der die Fall- und Teamdynamik in der Sitzung des Herrn Siebeck begreifen läßt, zeigen exemplarisch den kompetenten Einsatz von Metaphorisierung in der Supervision. Die gewählten Metaphern werden jeweils zu Schlüsselbegriffen in den Supervisionssitzungen, sie eröffnen neue Perspektiven und treiben einen leiblich anmutenden Verständnisprozeß voran.

Die Experten der Supervision orientieren sich in ihrer Ausdrucksweise an dem Sprachgebrauch der jeweiligen Teams. In den Suchteinrichtungen fallen recht drastische Worte, in der psychosomatischen Klinik wird symbolisiert und auf alte Mythenbildung zurückgegriffen. Auf diese Weise schließen sie sich mittels ihrer Sprache der Institutionskultur an. Des weiteren lassen sich bei allen Supervisoren förderliche Fragetechniken finden. Ihre Fragen öffnen, sie tragen weiter und ermuntern zum Weiterdenken.

5.18 Supervision zwischen Kunst und Wissenschaft

Supervision ist nicht nur ein wissenschaftlicher, sondern auch ein künstlerischer Prozeß. »Kunst und Wissenschaft – ein unüberbrückbarer Gegensatz, gar Widerspruch oder ein sich befruchtendes Verhältnis? Beide haben sich im Laufe der letzten Jahrhunderte immer weiter auseinander entwickelt. Es scheint sich um weitgehend voneinander unabhängige und fast gänzlich voneinander geschiedene Bereiche zu handeln, die nach je eigenen, nicht ineinander überführbaren Regeln und Prinzipien funktionieren. Zählt in der Kunst Kreativität, Intuition und Subjektivität, so ist Wissenschaft traditionell durch andere Tugenden beherrscht: Der Erkenntnisprozeß soll geregelt, möglichst unter Ausschluß von subjektiver Willkür und vermittels des disziplinierten Einsatzes einer objektiven Vernunft vonstatten gehen« (Hegener & Möller 1997, 217). Wie kann sich Supervision in diesem Verhältnis situieren? Ist sie ganz dem Kanon wissenschaftlicher Verfahren zuzuschlagen, wie es die Mehrheit der Forscher und auch einige Praktiker wollen? Oder kommt sie in die Nähe eines poetischen und ästhetischen Tuns und bringen im supervisorischen Tun

Menschen nicht durchaus kunstvoll eine neue Wirklichkeit hervor, die einer Novelle oder einem Roman gleicht (Freud 1895). Es liegt zum Abschluß dieser Arbeit nahe, sowohl die wissenschaftlichen als auch die kreativen Prozesse zu betonen, die im supervisorischen Tun eine Rolle spielen.

Supervision ist nicht den Ingenieurwissenschaften vergleichbar, die traditionell als Anwendungen der theoretischen Naturwissenschaften gelten. Das behauptete Spannungsverhältnis läßt sich genauer so formulieren: Einerseits entstammt Supervision als Disziplin der modernen Sozialwissenschaft. Andererseits jedoch ist den meisten Praktikern und auch einigen Forschern zunehmend klar, daß es eine unüberbrückbare Differenz gibt zwischen den Erfordernissen einer empirisch-quantitativen Forschungsmethodologie und denen des alltäglichen supervisorischen Tuns. Während bei jenem der Experimentator bzw. Untersucher scheinbar eine objektive und neutrale Beobachtungsposition einnehmen kann, ist in diesem der Supervisor notwendigerweise und unumgänglich Teil der Situation.

5.18.1 Kreative Prozesse in der Supervision – Supervision als gemeinsames Sinnverstehen

Durch gleichschwebende Aufmerksamkeit des Supervisors, der »seine Wachen von den Toren des Verstandes« (vgl. Freud 1900) zurückzieht, wie Schiller es nennt, öffnet er sich den verbalen und nonverbalen Äußerungen der Supervisanden so weit wie möglich, um ein angemessenes Verständnis ihrer inneren und äußeren Welt zu entwickeln. Supervisorische Interventionen, z.B. Gegenübertragungsdeutungen, die nachhaltig Wirkung zeigen, brauchen diesen Rückzug von zu engen, vorgegebenen Deutungsmustern. Das hermeneutische Verstehen in der Supervision meint »Verstehen als emotionale Teilhabe, empathisches Verstehen und Verstehen als Sinnverstehen« (Körner 1985, 66). Sinnverstehen ist dabei die Produktion von etwas gemeinsamen Neuen. Vor dem Hintergrund der jeweils eigenen Lebensgeschichte verschränken sich die Sinnperspektiven von Supervisor und Supervisanden zu einer subjektiven und einzigartigen Kreation. In den tiefenpsychologisch fundierten Supervisionsprozessen wird versucht, etwas Neues zu finden und nicht zu den verborgenen, latenten Sinngehalten des Gesprochenen, also etwas schon

Fertigem, vorzudringen. Die Interpretation muß aus dem Wort heraus – in der Sprache der Falldarsteller – entwickelt werden, aber nicht im Sinne von Aufdecken des »wirklich« oder »eigentlich« Gemeinten.

Hermeneutisches Verstehen in den tiefenpsychologischen Supervisionsverfahren setzt die Reflexion der eigenen Voraussetzungen, der kontextuellen Bedingungen und der aus der Interaktion gewonnenen Daten und des Übertragungs-Gegenübertragungsgeschehens in der Supervisionssitzung voraus. Um sich dem nie abgeschlossenen Prozeß des Sinnverstehens zuzuwenden, braucht der Supervisor Zugriff auf sein primärprozeßhaftes Erleben. Es bedarf einer hohen Sinnerfassungskapazität – ähnlich wie bei einem Künstler – auf Seiten des Supervisors, damit es gelingt, die inneren Prozesse, die in der Begegnung mit dem Supervisanden, der Supervisionsgruppe oder dem Team evoziert werden, füllig zu nutzen. Nur dann können Gegenübertragungsphänomene für die Diagnostik und Intervention wirksam werden. Zum Verständnis der Worte, Szenen und Einfälle der Supervisanden gibt es keine eindeutigen Übersetzungsregeln. Formeln wie »Jeder Borderliner spaltet das Team« greifen zu kurz, wenden den supervisorischen Prozeß in Richtung kausal-mechanistischer Weltauffassung.

Der psychischen Verfaßtheit des Supervisors muß insofern viel Augenmerk gewidmet werden, da seine Ängste, Hemmungen und Symptome während des Supervisionsprozesses ein janusgesichtiges Phänomen sind. Sie können auf der einen Seite den Erkenntnisprozeß blockieren oder stören, sie sind aber auf der anderen Seite auch Ausdruck der Psychodynamik des Patienten oder der Gruppendynamik des Teams. Im Laufe einer gelungenen supervisorischen Weiterbildung läßt sich die persönliche Abwehrschwelle, die die Wahrnehmung des Supervisors einengt, herabsetzen. Die methodische Selbstreflexion ist wesentliche Voraussetzung gelungener Supervision, denn sie hilft, Gegenübertragungsphänomene adäquat einzuordnen. Die Methode der Selbstreflexion ist eine kritische Hermeneutik der Selbsterkenntnis: »Das Selbst verfremdet sich, stellt sich selbst gegenüber, objektiviert sich, macht sich damit zum Gegenstand der Analyse und gelangt auf diese Weise zu Erkenntnissen von seiner Beschaffenheit, Genese und unbewußten Einbettung in die soziale Lebenssituation, wie sie ihm innerlich ist. Ein entscheidender Aspekt in diesem Prozeß der Selbsterkenntnis ist, daß das Selbst (Ich) sich selbst gegenüber Distanz, einen Spielraum gewinnt, der es ermöglicht, sich von verschiedenen Gesichtspunkten aus wahrzunehmen, verschiedene Haltungen sich selbst gegenüber einzunehmen und auszuprobieren. Damit ist die Möglichkeit der Selbstkritik und Selbstveränderung gegeben« (Leithäuser & Volmerg 1988, S.214 f).

Supervision kann bei der Wahrnehmung des Primärprozeßhaften nicht stehenbleiben. Der Dialog mit den Supervisanden verläuft niemals als »reine« »theoriefreie« Begegnung. Wir brauchen Hilfsmittel bei der Übersetzung ins Sekundärprozeßhafte, nämlich vorhandene und bewährte ätiologische Konzepte psychischer Störungen – und Supervisionstheorie. Die jeweils leitenden Therapie- und Supervisionskonzepte können als Dolmetscher bei der Übersetzung des Primärprozeßhaften ins Sekundärprozeßhafte verstanden werden. Bei den emotionalen Prozessen des Supervisors handelt es sich demnach nicht um originäre Abbildungen der Psychodynamik des Patienten oder des Teams, sondern um das Ineinandergreifen seiner subjektiven Wirklichkeit in die seines Gegenübers. Die jeweiligen professionellen Verarbeitungsprozesse des Supervisors sind schulenspezifisch sozialisiert. Die Wahrnehmung ist in spezifischer Weise gerichtet, und die Interventionsstrategie beeinflußt von der spezifischen intellektuellen Heimat des Supervisors, sei es nun die Familientherapie, die Psychoanalyse, die Gestalttherapie oder die Systemtheorie, das Vorgehen. Auch der Supervisand wird im Laufe des supervisorischen Prozesses in die jeweilig leitenden Paradigmen hineinsozialisiert.

Es geht im supervisorischen Geschehen immer wieder um den Wechsel zwischen einerseits Involvierung in die emotionalen Prozesse der Supervisionsgruppe sowie deren Interaktion mit uns und andererseits theoriegeleiteter Distanznahme: sich einzulassen auf die Narrationen der Supervisanden und wieder aus ihnen herauszutreten und mit den zur Verfügung stehenden Mitteln der Erkenntnis analytisch klar zu blicken. Petzold (1988) beschreibt diese Haltung des Psychotherapeuten als *partielles Engagement*. Er beschreibt ein Beteiligtsein, ohne verstrickt zu werden, das getragen ist vom Respekt den Supervisanden und deren Klientel gegenüber.

5.18.2 Systematische Heuristik

Die Arbeit von Supervisoren kann als »systematische Heuristik« verstanden werden; so verstanden ist sie Kunst und Wissenschaft zugleich. Es stellt sich in diesem »Kunsthandwerk« die Aufgabe, in flexibler Weise Teiltheorien zu verbinden und Erklärungsmodelle zu generieren. Dies erfolgt in der Verbindung mit Alltags- und klinisch-professioneller Erfahrung sowie theoretischem Wissen. Supervision kann wie Psychotherapie als hermeneutische Suchbewegung (vgl. hierzu Petzold 1988) in unbekannten und wenig erfaßten Bereichen beschrieben werden. Aufgrund breiter Kenntnisse verschiedener Theorien können synoptisch, d. h. in der Zusammenschau vieler Ergebnisse, handlungsleitende Konzepte entwickelt werden. Phänomenologie und Heuristik erweisen sich hier als besonders geeignete methodische Grundlagen. Probleme werden in der systematischen Heuristik durch »virtuelle Korrespondenzprozesse« (Petzold 1988), d. h. in der Auseinandersetzung mit theoretischen Positionen und durch Praxisdiskurse, geklärt.

6 AUSBLICK

6.1 Brauchen wir eine Supervisionswissenschaft mit eigenen Forschungsmethoden?

Die Supervisionsforschung steht heute genau wie die Sozialarbeit seit Jahren vor der Entscheidung, ob sie eine eigenständige Forschungsmethodologie oder sogar eine eigene Wissenschaft braucht. Angesichts der Schwierigkeiten, ihre Praxis von anderen Beratungsformen und der Psychotherapie abzugrenzen, erscheint dieser Weg wenig erfolgversprechend. Durch diese Bemühungen würde viel Energie in eine methodologische Nabelschau fließen, die wahrscheinlich besser in konkrete Praxisforschung einmünden sollte, die sich den vielen Anforderungen und Fragen der Praxis stellt. Zu denen gehört insbesondere die Beantwortung der Frage, welche Grenzen und klaren Indikationskriterien es zum Einsatz von Supervision mit ihren unterschiedlichen Settings gibt. Zur Klärung dieser praxisrelevanten Fragen sollte der Versuchung widerstanden werden, eine Aufwertung von Supervision zu erzielen, indem man sich auf die Entwicklung abgrenzbarer Forschungsmethodologien konzentriert.

6.2 Brauchen wir ein integriertes Supervisionskonzept?

Wir kennen den Ruf nach allgemeiner Psychotherapie (vgl. Grawe 1992), die den Schulenstreit in der psychotherapeutischen Landschaft überwinden soll. So stellt sich auch die Frage nach der Notwendigkeit einer einheitlichen Supervisionstheorie. Diese birgt die Gefahr der Monokultur in der Supervisionszene. Ich halte es für sinnvoller, mit der Vielfalt zu leben und im konkreten supervisorischen Handeln die Frage nach theoretischer und praktischer Kompatibilität einzelner Elemente zu überprüfen. Um effizient zu arbeiten, ist auch theoretische Konsistenz meiner Arbeit unabdingbar. Ich bin froh, daß die Auseinandersetzung unter Supervisoren nicht so unfruchtbar verläuft, wie der Schulenstreit der Psychotherapeuten. Es herrscht die Tendenz vor, die Vielfalt zu belassen, Gütekriterien zu benennen und an der Verbesserung des Instruments Supervision gemeinsam zu arbeiten. Die Dominanz zweier Paradigmen, wie sie das Psychotherapeutengesetz (PTG) für den Bereich der Psychotherapie erzwungen hat, kann in den freieren Markt der Supervision glücklicherweise nicht sehr weit übergreifen. Diese Arbeit hat hoffentlich einen Beitrag zur Beibehaltung der Pluralität geleistet.

Ein integriertes Supervisionskonzept setzt voraus, daß es eine Übersetzungsmöglichkeit zwischen dem Sozialen und Psychischen gibt. Die erarbeiteten Gütekriterien legen dieses mehr als nahe. Um diese Integrationsarbeit wird seit jeher gerungen und sicher ist mit Freuds Kulturtheorie, seiner Massenpsychologie und Ich-Analyse ein wichtiger Schritt vollzogen worden. Auch moderne soziologische Autoren wie Beck (1986), Giddens (1997), Luhmann (1978), Dahrendorf (1974) und Sennett (1998), die sich aktuell um den Vertrauensbegriff in der Postmoderne bemühen, machen dazu Anleihen bei der Psychoanalyse, insbesondere bei der Objektbeziehungstheorie. Psychisches Erleben muß vor dem Hintergrund von Globalisierung und Flexibilisierung neu verstanden werden, da es sich vermutlich anders konstituiert. Dem Begriff der Arbeit (z.B. bei Böhme, 1985) kommt dabei eine zentrale Stellung zu, die im psychologischen Diskurs noch viel zu wenig beleuchtet ist. Moderne Unternehmen, die zum Teil bereits zu virtuellen Institutionen geworden sind, bedienen sich der Bindungstheorie Winnicotts (1974) und nutzen die Kenntnisse der Abwehrphänomene Bions, um in ihren Unternehmen Räume für förderliches und Effizienz steigerndes Miteinander zu etablieren.

Die Suche nach Verbindungsgliedern zwischen dem Sozialen und Psychischen, nach den gegenseitigen Bedingungsgefügen ist fruchtbar. Dennoch bleibt ein »rätselhafter Sprung« erhalten, der ähnlich dem des Psychischen ins Körperliche letztlich unaufgeklärt ist und u. U. als unüberwindbar zu beschreiben ist. Vielleicht hat die Suche nach Kausalitäten eine Grenze, mit der wir leben müssen. Vielleicht lassen sich nur Korrespondenzverhältnisse nachzeichnen, unterschiedliche Sprachwelten (Schütz 1974) aufzeigen, die gerade in der Supervision einander vermittelt werden müssen. Durch Supervision ein dialogisches Prinzip der Mehrperspektivität zu implantieren ist vielleicht alles, was wir haben.

LITERATURVERZEICHNIS

Adler, M. (1993). Ethnopsychoanalyse: das Unbewußte in Wissenschaft und Kultur. Stuttgart; New York: Schattauer.

Albott, W. (1984). Supervisory characteristics and other sources of supervision variance. The Clinical Supervisor (2), 27–41.

Allen, G. T., Szollos, S. J. & Williams, B. E. (1986). Doctoral students comparative evaluation of best and worst psychotherapy supervision. Professional Psychology: Research and Practice (17), 91–99.

Antonovsky, A. (1979). Health, stress and coping. San Fransisco: Jossey-Bass.

Antons, K. (1976). Praxis der Gruppendynamik – Übungen und Techniken. Göttingen: Verlag für Psychologie.

Antons, K. & Schulz, W. (1977). Normales Trinken und Suchtentwicklung. Göttingen: Hogrefe.

Argelander, H. (1970). Das Erstinterview in der Psychotherapie. Darmstadt: Wissenschaftliche Buchgesellschaft.

Argelander, H. (1980). Die Struktur der »Beratung unter Supervision«. Psyche (34), 55–77.

Auckenthaler, A. (1995). Supervision psychotherapeutischer Praxis. Organisation – Standards – Wirklichkeit. Stuttgart: Kohlhammer.

Balint, M. (1955). Psychotherapeutische Ausbildung des praktischen Arztes. Psyche (9), 370–389.

Balint, M. (1957). Der Arzt, sein Patient und die Krankheit. Stuttgart: Klett-Cotta (10. Auflage 2001).

Bandura, A. (1976). Lernen am Modell. Stuttgart: Klett-Cotta.

Bardé, B. & Mattke, D. (1991). Das Problem der Macht in psychoanalytisch-therapeutischen Teams. Ein Beitrag zu Teamdynamik und Behandlungsprozeß in der stationären Psychotherapie von psychosomatischen Patienten. Gruppenpsychotherapie und Gruppendynamik (27), 120–140.

Bardé, B. & Mattke, D. (Hg.) (1993). Therapeutische Teams. Göttingen: Vandenhoeck & Ruprecht.

Bartlett, W. E., Goodyear, R. K. & Bradley, F. O. (1983). Guest editors' introduction. The counseling Psychologist (11), 1.

Bateson, G. (1982). Geist und Natur – eine notwendige Einheit. Frankfurt a. M.: Suhrkamp.

Bauer, A. & Gröning, K. (Hg.) (1995). Institutionsgeschichten, Institutionsanalysen: Sozialwissenschaftliche Einmischungen in Etagen und Schichten ihrer Regelwerke. Freiburg: Edition discord.

Bauriedl, T. (1998). Abstinenz in der Supervision. Freie Assoziation, (1/2) 134–160.

Beck, R. & Schwarz, G. (1995). Konfliktmanagement. Alling: Sandmann.

Beck, U. (1986). Risikogesellschaft. Auf dem Weg in eine andere Moderne. Frankfurt a. M.: Suhrkamp.

Beck, W. (1998). Grundlagen gruppenanalytischer Supervision. In: C. Hennch, A. Werner & G. Bergmann (Hg.). Formen der Supervision. Supervisionskonzepte und Praxis im Klinikkontext. Frankfurt a. M.: VAS, 58–70.

Becker, H. (Hg.) (1995). Psychoanalytische Teamsupervision. Göttingen; Zürich: Vandenhoeck und Ruprecht.

Beer, T. (1997). Evaluation von Supervision. Ein Beitrag zur Qualitätssicherung berufsbezogener Beratung. DGSv aktuell (3), 22–23.

Beer, T. (1998). Evaluation von Supervision. Ein Beitrag zur Wirkungsforschung und Qualitätssicherung berufsbezogener Beratung. In: P. Berker & F. Buer (Hg.). Praxisnahe Supervisionsforschung. Felder – Designs – Ergebnisse. Münster: Votum, 99–129.

Beer, T. & Gediga, G. (1998). Evaluation von Supervision: Eine Untersuchung im Bereich der Sozialen Arbeit. In: H. Holling & G. Gediga (Hg.): Evaluation in den Arbeitswissenschaften. Göttingen (i. V., zit. nach Manuskript).

Belardi, N. (1992). Supervision – Von der Praxisberatung zur Organisationsentwicklung. Paderborn: Junfermann.

Berger, P. & Luckmann, T. (1982). Die gesellschaftliche Konstruktion von Wirklichkeit. Frankfurt a. M.: Fischer.

Berker, P. (1997). Der Beitrag von Supervision zur Qualitätskontrolle. Supervision (1), 17–31.

Berker, P. & Buer, F. (Hg.) (1998). Praxisnahe Supervisionsforschung. Felder – Designs – Ergebnisse. Münster: Votum.

Bernler, G. & Johnsson, L. (1993). Supervision in der psychosozialen Arbeit. Integrative Methodik und Praxis. Weinheim: Beltz.

Bion, W. R. (1971). Erfahrungen in Gruppen. Frankfurt a. M.: Fischer.

Böhme, G. (1985). Anthropologie in pragmatischer Hinsicht. Frankfurt a. M.: Suhrkamp.

Bönninger, C. (1995). Supervision für Pflegekräfte: Psychohygiene oder mehr? (1. Teil) Pflege (8), 37–42.

Bosse, H. & Knauss, W. (1984). Erfahrungen mit Jugendlichen in Neu-Guinea. Psychosozial (23), 68–90.

Brandau, H. (Hg.) (1996). Supervision – aus systemischer Sicht. Salzburg: Otto Müller.

Brandau, H. & Schüers, W. (1995). Spiel- und Übungsbuch zur Supervision. Salzburg: Otto Müller.

Breuer, F. (1991). Analyse beraterisch-therapeutischer Tätigkeit. Münster: Aschendorff.

Brody, R. (1993). Effectively managing human service organizations. Newbury Park, London, New Delhi: Sage Publications.

Buchholz, M. B. (1990). Die Rotation der Triade. Forum der Psychoanalyse (6), 116–134.
Buchholz, M. B. & Streeck, U. (Hg.) (1994). Heilen, Forschen, Interaktion. Psychotherapie und Qualitative Sozialforschung. Opladen: Westdeutscher Verlag.
Buchholz, M. B. (Hg.) (1995). Psychotherapeutische Interaktion. Qualitative Studien zu Konversation und Metapher, Geste und Plan. Opladen: Westdeutscher Verlag.
Buchholz, M. B. & Hartkamp, N. (Hg.) (1997). Supervision im Fokus. Opladen: Westdeutscher Verlag.
Buchinger, K. (1997). Supervision in Organisationen. Den Wandel begleiten. Heidelberg: Carl Auer.
Bude, H. (1990). Lebensrekonstruktion. In G. Jüttemann (Hg.). Komparative Kasuistik. Heidelberg: Asanger.
Bude, H. (1995). Das Altern einer Generation – Die Jahrgänge 1938–1948. Frankfurt a. M.: Suhrkamp.
Buer, F. (1996). Psychodramatische Supervision – Das Modell in seiner Bedeutung für die Reflexion und Erforschung sozialpädagogischen Handelns. Supervision (29), 81–92.
Buer, F. (1998) Einführung. In: P. Berker & F. Buer (Hg.). Praxisnahe Supervisionsforschung. Felder – Designs – Ergebnisse. Münster: Votum, 8–13.
Bünte-Ludwig, C. (1984). Gestalttherapie – Integrative Therapie. Leben heißt wachsen. In: Petzold, H. (Hg.). Wege zum Menschen. Methoden und Persönlichkeiten moderner Psychotherapie, Bd. I. Paderborn: Junfermann, 217–308.

Caemmerer, D. v. (Hg.) (1970). Praxisberatung (Supervision). Ein Quellenband. Freiburg.
Carifio, M. S. & Hess, A. K. (1988). Was kennzeichnet den idealen Supervisor? Report Psychologie (42) 18–27.
Conrad, G. & Pühl, H. (1983). Team-Supervision. Gruppenkonflikte erkennen und lösen. Berlin: Marhold.

Dahrendorf, R. (1974). Homo Sociologicus. Opladen: Westdeutscher Verlag.
Dammasch, F., Metzger, H.-G. & Overbeck, A. (1997). »...es war ja mein Anliegen, die ... äh..., Patientin...«. In: M. B. Buchholz & N. Hartkamp (Hg.). Supervision im Fokus. Opladen: Westdeutscher Verlag, 145–190.
Däumling, A. M., Fengler, J., Nellesen, L. & Svensson, A. (1974). Angewandte Gruppendynamik – Selbsterfahrung – Forschungsergebnisse – Trainingsmodelle. Stuttgart: Klett-Cotta.
Devereux, G. (1974). Normal und anormal. Aufsätze zur allgemeinen Ethnopsychiatrie. Frankfurt a. M.: Suhrkamp.
Devereux, G. (1992). Angst und Methode in den Verhaltenswissenschaften. Frankfurt a. M.: Suhrkamp.

Dreyfus, H. L. & Dreyfus, S. E. (1987). Künstliche Intelligenz – Von den Grenzen der Denkmaschine und dem Wert der Intuition. Reinbek: Rowohlt.

Duerr, H. P. (1978).Traumzeit: Über die Grenzen zwischen Wildnis und Zivilisation. Frankfurt a. M.: Suhrkamp.

Eck, D. (Hg.) (1998). Supervision in der Psychiatrie. Bonn: Psychiatrie Verlag.

Edding, C. (1985). Supervision – Teamberatung – Organisationsentwicklung. Ist denn wirklich alles dasselbe? Supervision (7), 9–24.

Erdheim, M. (1984). Die gesellschaftliche Produktion von Unbewußtheit. Eine Einführung in den ethnopsychoanalytischen Prozeß. Frankfurt a. M.: Suhrkamp.

Erdheim, M. (1988). Psychoanalyse und Unbewußtheit in der Kultur. Aufsätze 1980–1987. Frankfurt a. M.: Suhrkamp.

Ericsson, K. A. & Simon, H. A. (1984). Protocol analysis. Verbal reports as data. Cambridge: Mass.

Erikson, E. H. (1984). Kindheit und Gesellschaft. Stuttgart: Klett-Cotta.

Ertel, U. (1995). Supervision und Betreuung. In: H. Becker (Hg.). Psychoanalytische Teamsupervision. Göttingen: Vandenhoeck & Ruprecht, 100–126.

Fatzer, G. (1990) (Hg.). Supervision und Beratung: ein Handbuch. Köln: Edition Humanistische Psychologie.

Felbermeyer, S. (1996). Evaluation von Team-Supervision bei Krankenhauspflegepersonal. Unveröff. Diplomarbeit, TU Berlin, Klinische Psychologie.

Fengler, J. (1996). Helfen macht müde. Zur Analyse und Bewältigung von Burnout und beruflicher Deformation, 4. erw. Auflage. München: Pfeiffer.

Fengler, J. (1998). Supervision aus gruppendynamischer Sicht. In: C. Hennch, A. Werner & G. Bergmann (Hg.). Formen der Supervision. Supervisionskonzepte und Praxis im Klinikkontext. Frankfurt a. M.: VAS, 42–57.

Ferner, H. (1998). Supervision in Institutionen. In: C. Hennch, A. Werner & G. Bergmann (Hg.). Formen der Supervision. Supervisionskonzepte und Praxis im Klinikkontext. Frankfurt a. M.: VAS, 84–98.

Flick, U. (1991). Triangulation. In: U. Flick, E. v. Kardorff, H. Keupp, L. v. Rosenstiel, S. Wolff (Hg.). Handbuch Qualitative Sozialforschung. München: Psychologie Verlags Union, 432–435.

Foulkes, S. H. (1974). Gruppenanalytische Psychotherapie. München: Kindler.

French, W. L. & Bell, C. H. (1977). Organisationsentwicklung. München: UTB.

Freud, S. (1895). Studien über Hysterie. GW I, 75–312.

Freud, S. (1900). Traumdeutung. GW II.

Freud, S. (1912). Ratschläge für den Arzt bei der psychoanalytischen Behandlung. GW VIII, 376–387.

Freud, S. (1915). Bemerkungen über die Übertragungsliebe. GW X, 306–321.

Freud, S. (1927). Nachwort zur Laienanalyse. GW XIV: 287–296.

Freud, S. (1933). Neue Folge der Vorlesungen zur Einführung in die Psychoanalyse. GW XV.

Freud, S. (1940) Abriß der Psychoanalyse. GW XVII, 63–138.

Friedlander, M. L. & Snyder, J. (1983). Trainees' expectations for the supervisory process: Testing a developmental model. Counselor Education and Supervision (22), 342–348.

Friedlander, M. L. & Ward, L. G. (1984). Development and validation of Supervisory Styles Inventory. Journal of Counseling Psychology (31), 541–557.

Fürstenau, P. (1990). Supervision. Interview mit Prof. Dr. Peter Fürstenau. Sozialpsychiatrische Information (2), 2–7.

Fürstenau, P. (1992). Entwicklungsförderung durch Therapie – Grundlagen psychoanalytisch-systemischer Psychotherapie. München: Pfeiffer.

Fürstenau, P. (1998) Psychoanalytisch-systemische Teamsupervision im psychiatrisch-psychosomatischen Bereich zwecks Förderung der Teamentwicklung. In: C. Hennch, A. Werner & G. Bergmann (Hg.). Formen der Supervision. Supervisionskonzepte und Praxis im Klinikkontext. Frankfurt a. M.: VAS, 71–82.

Gaertner, A. (1988). Supervision. In: D. Kreft & I. Mielentz (Hg.). Wörterbuch sozialer Arbeit. Weinheim: Beltz, 563–565.

Gaertner, A. (1992). Supervision in der Fortbildung – eine Fallstudie. In: M. Clemenz, C. Beier, S. Buchen, H. Deserno & A. Gaertner. Psychoanalyse in der Weiterbildung. Opladen: Westdeutscher Verlag.

Gaertner, A. (1998). Professionalismus und Dequalifizierung der Supervision. Forum Supervision (12), 86–114.

Gaertner, A. (1999). Gruppensupervision. Theoriegeschichte und fallanalytische Untersuchungen. Tübingen: edition discord.

Gagliardi, P. (1995). Organisationsentwicklung, organisatorischer Wandel und Cultural Change. Organisationsentwicklung, Supervision, Clinical Management (1), 7–14.

Gfäller, G. R. (1993). Team-Supervision nach dem Modell von S. H. Foulkes. In: H. Pühl & W. Schmidtbauer (Hg.). Supervision und Psychoanalyse. Selbstreflexion der helfenden Berufen. Frankfurt a. M.: Fischer, 66–101.

Giddens, A. (1997). Konsequenzen der Moderne. Frankfurt a. M.: Suhrkamp.

Giesecke, M. (1988). Die Untersuchung institutioneller Kommunikation – Perspektiven einer systemischen Methodik und Methodologie. Opladen: Westdeutscher Verlag.

Giesecke, M. & Rappe, K. (1982). Setting und Ablaufstruktur in Supervisions- und Balintgruppen. Ergebnisse einer kommunikationswissen-

schaftlichen Untersuchung. In: D. Flader et al. (Hg.). Psychoanalyse im Gespräch. Frankfurt a. M.: Suhrkamp, 208–302.
Giesecke, M. & Rappe-Gieseke, K. (1997). Supervision als Medium kommunikativer Sozialforschung. Frankfurt a. M.: Suhrkamp.
Glaser, B. G. & Strauss, A. L. (1976). The discovery of grounded theory. Strategies for qualitative research. Chicago: Aldine.
Glasl, F. (1994). Konfliktmanagement. Stuttgart: Geist und Leben.
Goffman, E. (1967). Stigma. Über Techniken zur Bewältigung beschädigter Identität. Frankfurt a. M.: Suhrkamp.
Goffman, E. (1977). Rahmenanalyse. Frankfurt a. M.: Suhrkamp.
Goodyear, R. K. & Bradey, F. O. (1983). Theories of counselor supervision. Points of convergence and divergence. The Counseling Psychologist (11), 59–67.
Goodyear, R. K., Abadie, P. D. & Efros, F. (1984). Supervisory theory into practice: Differential perception of supervision by Ekstein, Ellis, Polster and Rogers. Journal of Counseling Psychology (31), 228–237.
Graf-Derserno, S. & Deserno, H. (1998). Entwicklungschancen in der Institution – Psychoanalytische Teamsupervision. Frankfurt a. M.: Fischer.
Graumann, C. F. (1977). Psychologie – humanistisch oder human? Psychologie heute (8), 40–45.
Grawe, K. (1992). Psychotherapieforschung zu Beginn der neunziger Jahre. Psychologische Rundschau (43), 132–162.
Grawe, K. (1998). Psychologische Therapie. Göttingen: Hogrefe.
Grünbaum, A. (1928). Die Idee der Psychoanalyse und die Erkenntnistheorie. In: H. Prinzhorn & K. Mittentwey (Hg.). Krisis der Psychoanalyse – Auswirkungen der Psychoanalyse in Wissenschaft und Leben. Leipzig: Der neue Geist.

Haley, J. (1995). Über die Kunst, Supervisor zu sein, ohne zu wissen, wie man jemanden verändert. Zeitschrift für systemische Therapie, 13 (1), 39–50 (orig. Journal of Systemic Therapy (JST) Winter 1993, 41–52).
Hartmann, H. (1975). Ich-Psychologie und Anpassungsprobleme. Stuttgart: Klett-Cotta.
Hegener, W. & Möller, H. (1997). Psychotherapie zwischen Kunst und Wissenschaft? Psychomed. 9 (4), 217–222.
Heidegger, M. (1954). Vom Wesen der Wahrheit. Frankfurt a. M.: Klostermann.
Heigl-Evers, A. (1980). Depression und Sucht. In: Sozialtherapie in der Praxis: Psychoanalytisch orientierte Suchtkrankentherapie. Kassel.
Heigl-Evers, A. & Heigl, F. (1975). Zur tiefenpsychologisch fundierten oder analytisch orientierten Gruppenpsychotherapie des Göttinger Modells. Gruppenpsychotherapie und Gruppendynamik (9), 237–266.
Heimann, P. (1959). On Counter-Transference. Int. J. Psychoanal. (31) 81–84.

Hempel, C. G. (1966). Philosophy of natural science. Englewood Cliffs, N. J.: Prentice-Hall. (Philosophie der Naturwissenschaften. München: DTV 1974).

Heppner, P. P. & Handley, P. G. (1982). The relationship between supervisory behaviour and perceived supervisor expertness, attractiveness and trustworthiness. Counselor Education and Supervision (22), 37–45.

Heppner, P. P. & Roehlke, H. J. (1984). Differences Among Supervisees at Different Levels of Training: Implications for a Developmental Model of Supervision. Journal of Counseling Psychology (31), 76–90.

Herzog, W. (1984). Modell und Theorie in der Psychologie. Göttingen; Toronto; Zürich: Hogrefe.

Hess, A. K. (1987). Psychotherapy supervisions: Stages, Buber and a theory of relationship. Professional Psychologie: Theory, Research and Practice (18), 251–259.

Hogan, R. A. (1964). Issues and Approaches in Supervision. Psychotherapy: Theory, Research and Practice (1), 1739–1741.

Hilgers, M. (1996). Scham – Gesichter eines Affekts. Göttingen: Vandenhoeck & Ruprecht.

Hille, J. (1995). Technik und Praxis der Integrativen Supervision: Integrative Supervision als Problemlösungsprozeß und Prozeßsteuerung. Unveröffentl. Manuskript.

Holloway, E. L. & Hosford, R. E. (1983). Towards developing a perscriptive technology of counselor supervison. The counseling Psychologist (11), 73–77.

Holloway, E. L., Freund, R. D., Gardner, S. L., Nelson, M. L. & Walker, B. R. (1989). Relations of Power and involvement to theoretical orientation in supervision: An analysis of discourse. Journal of Counseling Psychology (36), 88–102.

Holzkamp, K. (1986). Die Verkennung von Handlungsbegründungen als empirische Zusammenhangsannahmen in sozialpsychologischen Theorien: Methodologische Fehlorientierung infolge von Begriffsverwirrung. Zeitschrift für Sozialpsychologie (17), 216–238.

Howard, K. I., Kopta, S. M., Krause, R., Merton S. & Orlinsky, D. E. (1986). The dose-effect relationship in psychotherapy. American Psychologist 41 (2) 159–164.

Howard, K. I., Lueger, R. J., Maling, M. S. & Martinovich, Z. (1992). A phase theory of psychotherapy. Annual International Meeting of the Society for Psychotherapy Research, Berkeley, USA.

Huber, G. L. & Mandl, H. (Hg.) (1982). Verbale Daten. Eine Einführung in die Grundlagen und Methoden der Erhebung und Auswertung. Weinheim: Beltz.

Jaeggi, E. (1991). Der Wechselbalg Psychotherapie. Verhaltenstherapie und psychosoziale Praxis (2), 117–129.

Jaeggi, E. (1994). Das Flimmern auf der Leinwand: Psychotherapieforschung und Psychotherapie. Journal für Psychologie (1), 53–64.

Jaeggi, E., Klotter, C., Möller, H., Mruck, K. (im Druck). Qualitative Forschung – Wege, Irrwege und Illusionen.

Jannssen, P. L. (1987). Psychoanalytische Therapie in der Klinik. Stuttgart: Klett-Cotta.

Kadushin, A. (1990). Supervision in der Sozialarbeit. Supervision (18), 4–24.

Kaiser, E. (1993). Qualitative Psychotherapieforschung – modernes Paradigma oder Potemkinsches Dorf? Forum der Psychoanalyse (9), 348–366.

Kernberg, O. F. (1988). Innere Welt und äußere Realität. München; Wien: Verlag Internationale Psychoanalyse.

Kernberg, O. F. (2000). Ideologie, Konflikt und Führung. Psychoanalyse von Gruppenprozessen und Persönlichkeitsstruktur. Stuttgart: Klett-Cotta.

Kersting, H. J., Krapohl, L. & Leuschner, G. (1988) (Hg.). Diagnose und Intervention in Supervisionsprozessen. Aachen: Kersting.

Kieser, A. & Kubicek, H. (1983). Organisation. Berlin; New York: de Gruyter.

Koch, S. (1981). The nature and limits of psychological knowledge. Lessons of a century qua »science«. Am. Psychology (36), 257–269.

König-Fuchs, C. (1991). Therapeutischer Erfolg und Mißerfolg. Kausalattributionen von Therapeuten, Klienten und Supervisoren. Frankfurt a. M.: Peter Lang.

Körner, J. (1985). Vom Erklären zum Verstehen in der Psychoanalyse. Göttingen: Vandenhoeck & Ruprecht.

Krause, A. A. & Allen, G. J. (1988). Perception of counselors supervision: An examination of Stoltenberg's model from perspective of supervisor and supervisee. Journal of Counseling Psychology (35), 77–80.

Kutter, P. (1985). Psychoanalytische Interpretation und empirische Methoden. Frankfurt a. M.: Fachbuchhandlung für Psychologie.

Kutter, P. (1988). Empathische Kompetenz – Begriff, Training, Forschung. Psychotherapeutische Med. Psychologie (31), 37–41.

Kutter, P. (1990). Empathietraining in Balint-Gruppen: Forschung mit Psychologiestudenten. Die Balint-Gruppe in Klinik und Praxis (5), 167–180.

Kutter, P. (1992). Das direkte und indirekte Spiegelphänomen. In: H. Pühl (Hg.). Handbuch der Supervision. Berlin: Edition Marhold, 291–302.

Kutter, P. (1994). Spiegelungen und Übertragungen im Supervisionsprozeß. In: H. Pühl (Hg.). Handbuch der Supervision II. Berlin: Edition Marhold, 52–62.

Kutter, P., Laimböck, A. & Roth, J. K. (1979). Balint-Gruppenarbeit mit Studentenberatern. Gruppenpsychotherapie & Gruppendynamik (14), 248–264.

Lambert, M. J. (1980). Research and the supervisory process. In: A. K. Hess

(Hg.). Psychotherapy supervision: Theory, research and practice. New York: Wiley.
Lambert, M. J. & Arnold, R. C. (1987). Research and the supervisory process. Professional Psychology: Research and Practice (18), 217–224.
Lambert, M. J., Bergin, A. E. (1994). The effectivieness of psychotherapy. In: S. L. Garfield & A. E. Bergin (Eds.). Handbook of psychotherapy & behaviour change, 4 ed. New York: John Wiley & Sons, 143–189.
Lazar, R. A. (1994). W. R. Bions Modell »Container-Contained» als eine (psychoanalytische) Leitidee in der Supervision. In: H. Pühl. (Hg.). Handbuch der Supervision II. Berlin: Edition Marhold, 380–402.
Legewie, H. & Ehlers, W. (1994). Knaurs moderne Psychologie. München: Doemersche Verlagsanstalt.
Legewie, H. & Klotter, C. (1993). Alternativen der Psychotherapieforschung. Journal für Psychologie (2), 61–65.
Leithäuser, T. & Volmerg, B. (1988). Psychoanalyse in der Sozialforschung. Opladen: Westdeutscher Verlag.
Leuschner, W. (1985). Psychiatrische Anstalten – ein institutionalisiertes Abwehrsystem. Psychiatrische Praxis (12), 111–115.
Lewin, K. (1963). Feldtheorie in den Sozialwissenschaften. Bern: Huber.
Loch, W. (1964). Behandlung psychosomatischer Erkrankungen in der Praxis. Deutsches Ärzteblatt (2), 73–79.
Loganbill, C., Hardy, E. & Delworth, U. (1982). Supervision: A conceptual model. Counseling Psychologist (10), 3–42.
Lohmer, M. (Hg.) (2000). Psychodynamische Organisationsberatung. Konflikte und Potentiale in Veränderungsprozessen. Stuttgart: Klett-Cotta.
Loos, W. (1993). Coaching für Manager – Problembewältigung unter vier Augen. Landsberg/Lech: Verlag Moderne Industrie.
Lorenzer, A. (1970). Sprachzerstörung und Rekonstruktion. Frankfurt a. M.: Suhrkamp.
Lorenzer, A. (1972). Zur Begründung einer materialistischen Sozialisationstheorie. Frankfurt a. M.: Suhrkamp.
Luborsky, L., Crits-Christoph, P., Mintz, J. & Auerbach, A. (1988). Who will benefit from Psychotherapy? Predicting therapeutic outcomes. New York: Basic Books.
Luborsky, L. et al. (1975). Comparative studies of psychotherapies: Is it true that »everybody has won and all must have prizes«? Arch. Gen. Psychiatry (32), 995–1008.
Ludwig-Körner, C. (1991). Übertragung und Gegenübertragung in der Psychoanalyse, Gestalttherapie und Integrativen Therapie. Integrative Therapie (17), 466–489.
Luhmann, N. (1978) Vertrauen, ein Mechanismus zur Reduktion sozialer Komplexität. Stuttgart: Enke.
Luhmann, N. (1984). Soziale Systeme. Frankfurt am Main: Suhrkamp.
Lyotard, J. F. (1982). Das postmoderne Wissen. Graz; Wien: Passagen-Verlag.

Märtens, M. & Möller, H. (1998). Supervisionsforschung ohne Zukunft? Supervision als homöopathische Inszenierung, Organisationsentwicklung, Supervision. Clinical Management, (3), 205–221.
Martin, J. S., Goodyear, R. K. & Newton, F. B. (1987). Clinical supervision. An intensive case study. Professional Psychology: Research and Practice (18), 225–235.
Mayring, P. (1983). Qualitative Inhaltsanalyse. Grundlagen und Techniken. Weinheim: Beltz.
Mead, G. H. (1973). Geist, Identität und Gesellschaft. Frankfurt a. M.: Suhrkamp.
Mentzos, S. (1990). Interpersonale und institutionelle Abwehr. Frankfurt a. M.: Suhrkamp.
Merleau-Ponty, M. (1976). Die Struktur des verhaltens. Berlin: de Gruyter.
Merleau-Ponty, M. (1984). Das Auge und der Geist. Hamburg: Felix Meiner.
Mertens, W. (1994). Psychoanalyse auf dem Prüfstand? Eine Erwiderung auf die Meta-Analyse von Klaus Grawe. Berlin; München: Quintessenz.
Möller, H. (1996). Zur Emanzipation der Intuition. Zum Verhältnis von Psychotherapie und qualitativer Sozialforschung. Integrative Therapie (2), 56–67.
Möller, H. (1998). Schamerleben in Supervisionsprozessen. Gruppenpsychotherapie und Gruppendynamik (4), 403–419.
Möller, H. & Märtens, M. (1999) Evaluation von Supervision wohin? In: H. Pühl (Hg.). Supervision und Organisationsentwicklung. Opladen: Leske & Budrich, 104–122.
Moreno, J. L. (1936).Organization of the social atom. Sociometric Review (1), 11–16.
Moreno, J. L. (1964). Psychodrama, Bd. I. Beacon: Beacon House.
Morgenthaler, F., Weiss, F. & Morgenthaler, M. (1984). Gespräche am sterbenden Fluß. Frankfurt a. M.: Fischer.

Nadig, M. (1986). Die verborgene Kultur der Frau. Ethnopsychoanalytische Gespräche mit Bäuerinnen in Mexiko. Subjektivität und Gesellschaft im Alltag von Otomi-Frauen. Frankfurt a. M.: Fischer.
Nadig, M. et al. (1991). Formen gelebter Frauenkultur. Ethnopsychoanalytische Fallstudien am Beispiel von drei Frauengenerationen des Züricher Oberlandes. Forschungsbericht an den Nationalfond. Zürich.
Neidhardt, N. (1972). Beiträge zur Gruppensupervision I. Nachrichtendienst (11).
Nellessen, L. (1982). Supervision – Vom Drauf-schauen übers Vor-machen zum Mittun! In: Gesamthochschule Kassel (Hg.). Beiträge zur Supervision. Band 1, Kassel: Gesamthochschule Kassel, 46–66.
Newell, A. & Simon, H. A. (1972). Human problem solving Prentice-Hall. Englewood: Cliffs.

Nisbett, R. E. & Wilson, T. D. (1977). Telling more that we can know: Verbal reports on mental processes. Psychological Review (84), 231–259.

Nitschke, B. (1994). Die besondere Wissensform der Psychoanalyse: Wissenschaftshistorische Anmerkungen zum Junktim zwischen Heilen und Forschen in der Freudschen Psychoanalyse. In: M. B. Buchholz & U. Streeck (Hg.). Heilen, Forschen, Interaktion. Opladen: Westdeutscher Verlag, 13–39.

Oberhoff, B. (1998). Übertragungsanalyse in der Supervision. Freie Assoziation (1/2), 58–80.

Overbeck, A. (1995). Der Triangulierungsprozeß als Grundlage von Symbolbildung und Erkenntnis – diskutiert am Beispiel eines psychoanalytisch-hermeneutisch ausgewerteten Supervisionsprotokolls. In: G. Schneider & G. H. Seidler (Hg.). Internalisierungen und Strukturbildung. Theoretische Perspektiven und klinische Anwendungen in Psychoanalyse und Psychotherapie. Opladen: Westdeutscher Verlag, 159–180.

Parin, P. (1977). Das Ich und die Anpassungsmechanismen. Psyche (31), 481–515.

Parin, P. (1978). Der Widerspruch im Subjekt: Ethnopsychoanalytische Studien. Frankfurt a. M.: Suhrkamp.

Parin, P, Morgenthaler, F. & Parin-Mathèy, G. (1963). Die Weißen denken zuviel. Psychoanalytische Untersuchungen bei Dogon in Westafrika. Zürich: Verlag.

Parson, T. (1951). The social system. New York: Free Press.

Perls, F. S. (1976). Grundlagen der Gestalttherapie. München: Pfeiffer.

Perls, F. S., Hefferline, R. F., Goodman, P. (1988). Gestalt-Therapie. Lebensfreude und Persönlichkeitsentfaltung. Stuttgart: Klett-Cotta.

Peters, T. J. & Waterman, R. H. (1982). Auf der Suche nach Spitzenleistungen. Landsberg/Lech: Verlag für moderne Industrie.

Petzold, H. & Brown, G. I. (Hg.) (1977). Gestaltpädagogik, Konzepte der Integrativen Erziehung. München: Pfeiffer.

Petzold, H. (1988). Integrative Bewegungs- und Leibtherapie: ein ganzheitlicher Weg leibbezogener Psychotherapie. Paderborn: Junfermann.

Petzold, H. (1989). Supervision zwischen Exzentizität und Engagement. Integrative Therapie (3/4), 352–363.

Petzold, H. (1993). Integrative Therapie. Ausgewählte Werke, Bd. II, 3: Klinische Praxeologie. Paderborn: Junfermann.

Petzold, H. (1996). Die normierende Kraft der Leitbilder und Qualitätsstandards – ein Diskussionsbeitrag. DGSv aktuell (2), 23–28.

Petzold, H. (1998). Integrative Supervision, Meta-Consulting & Organisationsentwicklung. Paderborn: Junfermann.

Petzold, H., Lemke, J. & Rodriguez-Petzold, F. (1995). Feldentwicklung und supervisorisches Lernen – Überlegungen zur Weiterbildung von Lehrsupervisoren aus Integrativer Perspektive: Kontexte, Ziele, Qualitätsprofil, didaktische Konzeption. Gestalt und Integration (1), 298–345.

Petzold, H., Rodriguez-Petzold, F. & Sieper, J. (1997a). Supervisorische Kultur und Transversalität – Grundkonzepte Integrativer Supervision Teil I. Integrative Therapie (1/2), 17–59.

Petzold, H., Rodriguez-Petzold, F. & Sieper, J. (1997b). Supervisorische Kultur und Transversalität – Grundkonzepte Integrativer Supervision Teil II. Integrative Therapie (4), 472–511.

Plessner, H. (1970). Philosophische Anthropologie. Frankfurt a. M.: Suhrkamp.

Plessner, H. (1982). Mit anderen Augen. Aspekte einer philosophischen Anthropologie. Stuttgart: Reclam.

Pollak, T. (1995). Zur Methodik und Technik psychoanalytischer Teamsupervision. In: H. Becker (Hg.). Psychoanalytische Teamsupervision, 51–79.

Pühl, H. (1984). Methodische Überlegungen zur Bearbeitung unbewußter Gruppenprozesse – am Beispiel einer Team-Supervision. Supervision (1), 91–99.

Pühl, H. (1986). Supervision in der Ausbildung: Bindeglied zwischen Theorie und Praxis. In: H. Pühl & W. Schmidtbauer (Hg.). Supervision und Psychoanalyse. München: Kösel, 22–44.

Pühl, H. (1992a) (Hg.). Handbuch der Supervision I. Berlin: Edition Marhold.

Pühl, H. (1992b). Der Supervisor als Lehrer und Leiter. In: H. Pühl (Hg.). Handbuch der Supervision I. Berlin: Edition Marhold, 22–33.

Pühl, H. (1992c). Supervision als praktische Ethnopsychoanalyse. Supervision (22), 38–45.

Pühl, H. (1994a). Der Supervisor als Lehrer und Leiter. In: H. Pühl (Hg.). Handbuch der Supervision II. Berlin: Edition Marhold, 353–364.

Pühl, H. (Hg.) (1994b). Handbuch der Supervision II. Berlin: Edition Marhold.

Pühl, H. (1994c). Angst in Gruppen und Institutionen. Hille: Ursel Busch Fachverlag.

Pühl, H. (Hg.) (1996). Supervision in Institutionen – Eine Bestandsaufnahme. Frankfurt a. M.: Fischer.

Pühl, H. (1998). Teamsupervision. Von der Subversion zur Institutionsanalyse. Göttingen: Vandenhoeck & Ruprecht.

Pühl, H. & Schmidtbauer, W. (Hg.) (1993). Supervision und Psychoanalyse. Selbstreflexion der helfenden Berufe. Frankfurt a. M.: Fischer.

Rappe-Giesecke, K. (1987). Probleme der Anwendung der Balintgruppenmethode auf Teamsupervisionen. In: N. Lippenmeier (Hg.). Beiträge zur Supervision (6), Gesamthochschule Kassel.

Rappe-Giesecke, K. (1994). Supervision Gruppen- und Teamsupervision in Theorie und Praxis. Berlin: Springer.

Rechtien, W. (1992). Angewandte Gruppendynamik: Ein Lehrbuch für Studierende und Praktiker. München: Quintessenz.

Reichmayr, J. (1995). Einführung in die Ethnopsychoanalyse. Geschichte, Theorien und Methoden. Frankfurt a. M.: Fischer.

Ricciardi, A. (1981). Das Tavistock-Modell des Human Relation Trainings. In. P. Kutter (Hg.). Gruppendynamik der Gegenwart. Darmstadt: Wissenschaftliche Buchgesellschaft, 376–392.

Richter, H. E. (1969). Eltern, Kind, Neurose. Hamburg: Rowohlt.

Ricoeur, P. (1969). Die Interpretation. Versuch über Freud. Frankfurt a. M.: Suhrkamp.

Roheim, G. (1932). Die Psychoanalyse primitiver Kulturen. In: Imago (18), 296–563.

Rost, W.-D. (1988). Als Supervisor in einer Fachklinik – Ein Erfahrungsbericht. Supervision (14), 50–60.

Rost, W.-D. (1990). Psychoanalyse des Alkoholismus. Stuttgart: Klett-Cotta.

Roth, A. & Fonagy, P. (1996). What works for whom? A critical review of psychology research. New York: Guilford Press.

Royce, J. R. (1983). The implications of Langer's philosophy of mind for a science of psychology. Journal of Mind Behavior (4), 491–506.

Rycroft, C. (1968). A critical dictionary of psychoanalysis. New York: Basic Books.

Sackmann, S. (1983). Organisationskultur. Die unsichtbare Einflußgröße. In: Gruppendynamik (4), 393–406.

Sandner, D. (1978). Psychodynamik in Kleingruppen. München: UTB.

Sartre, J. P. (1943). L'être et le néant, 23ième édu. Paris: Gallimard.

Sathe, V. (1983). Implications of corporate cultur. Organizational Dynamics, 12, 5–23.

Schein, E. H. (1984). Coming to a new awareness of organizational Culture. Sloane Management Review (25), 4–10.

Scheler, M. (1913). Über Scham und Schamgefühl. In M. Scheler (1957). Gesammelte Werke Bd. X. Schriften aus dem Nachlaß Bd. I: Zur Ethik und Erkenntnislehre. Bern: Francke, 67–154.

Schlippe, A. v. & Schweitzer, J. (1997). Die Bedeutung einer systematischen Perspektive in der Supervision von Psychotherapeuten. Organisationsberatung, Supervision, Clinical Management (2), 101–118.

Schmidbauer, W. (1997). Macchiavelli und das Helfersyndrom. Organisationsberatung, Supervision, Clinical Management (2), 175–187.

Schmidt-Lellek, C. & Heimannnsberg, B. (Hg.) (1995). Macht und Machtmißbrauch in der Psychotherapie. Köln, Edition Humanistische Psychologie.

Schneider, K. & Müller, A. (1995). Evaluation von Supervision. Supervision (27), 86–98.

Schneider, S. F. (1990). Psychology at a crossroads. Am. Psychol. (45), 521–529.
Schreyögg, A. (1991). Supervision – ein integratives Modell. Paderborn: Junfermann.
Schreyögg, A. (1992). Integrative Gestaltsupervision: Ein methodenplurales Modell. In: H. Pühl (Hg.). Handbuch der Supervision I. Berlin: Edition Marhold, 340–356.
Schreyögg, A. (1994a). Wieviel »Brillen« verwenden Berater? Organisationsberatung, Supervision, Clinical management (1), 5–28.
Schreyögg, A. (1994b). Supervision – Didaktik & Evaluation. Paderborn: Junfermann.
Schreyögg, A. (1995a). Coaching – eine Einführung für Praxis und Ausbildung. Frankfurt a. M.; New York: Campus.
Schreyögg, A. (1995b). Macht und Ohnmacht in der Teamsupervision. In: Chr. Schmidt-Lellek & B. Heimannsberg (Hg.). Macht und Machtmißbrauch in der Psychotherapie. Köln: Edition Humanistische Psychologie, 123–147.
Schreyögg, A. (1995c). Organisationskulturen von Human Service Organizations. Organisationsentwicklung, Supervision, Clinical Management (1), 15–34.
Schreyögg, G. (1990). Organisation I: Einführung in die Organisationslehre. Organisation V: Politische und symbolische Prozesse in Organisationen. Studienhefte der Fernuniversität Hagen.
Schütz, A. (1974). Der sinnhafte Aufbau der sozialen Welt. Wien: Springer.
Schulz, W. (1984). Analyse negativer Therapieeffekte und Probleme der Kontraindikation. In: G. Jüttemann (Hg.). Neue Aspekte klinisch-psychologischer Diagnostik. Göttingen: Hogrefe.
Schumacher, B. (1997). Ist Ihr Supervisor verkehrssicher? – Plädoyer und Checkliste für einen Supervisions-TÜV. Familiendynamik 22 (3), 312–315.
Schwendter, R. (1991). Totale Institutionen. Gestaltbulletin (1), 64–71.
Seidler, G. (1990). Erleben und Nicht-Erleben von Scham in der Balint-Arbeit. Die Balint-Gruppe in Klinik und Praxis (5), 133–141.
Seidler, G. H. (1995). Der Blick des anderen. Eine Analyse der Scham. Stuttgart: Verlag Internationale Analyse.
Seiffge-Krenke, I. (1974). Probleme und Ergebnisse der Kreativitätsforschung. Bern; Stuttgart; Wien: Huber.
Selvini-Palazzoli et al. (1988). Hinter den Kulissen der Organisation. Stuttgart: Klett-Cotta.
Sennett, R. (1998). Der flexible Mensch. Die Kultur des neuen Kapitalismus. Berlin: Berlin Verlag.
Sievers, B. (Hg.) (1977). Organisationsentwicklung als Problem. Stuttgart: Klett-Cotta.
Strauß, B. (1998) Evaluation in der stationären Psychotherapie. Expertentagung: Wirksamkeitskriterien in der Psychotherapie. Köln am 7.5.98.

Streek, U. & Dally, A. (1995). Inszenierung, Interaktion und Kontextualisierung im psychotherapeutischen Dialog. In: M. B. Buchholz (Hg.). Psychotherapeutische Interaktion. Opladen: Westdeutscher Verlag, 207–228.
Strozier, A. L., Klivlinghan, D. M. & Thorseson, R. (1993). Supervisor intentions, supervisors reactions and helpfullness: A case study of a process of supervision. Professional Psychology: Research and Practice (24), 13–19.

Ullmann, H. (1991). Alternative Methoden der Hypnotherapie. Versuch einer Antithese zur »klassischen« Therapie mit Hypnose. Ärztliche Praxis und Psychotherapie (13), 15–20.

Volkart, R. (1995). Patient und Therapeut zwischen Skylla und Charybdis! Die Interpretation eines Transkriptes mit dem Psychotherapie-Prozeß-Modell von Joseph Weiss. In: M. B. Buchholz: Psychotherapeutische Interaktion. Opladen: Westdeutscher Verlag, 127–173.

Wagner, G. (1985). Das absurde System. Heidelberg: C. F. Müller
Wampold, B. E. (1997). Methodological problems in identifying efficacious psychotherapies. Psychotherapy Research (7), 21–44.
Ward, L. G., Friedlander, M. L., Schoen, L. G. & Klein, J. G. (1985). Strategic self-presentation in supervision. Journal of Counseling Psychology (32), 11–118.
Watzlawick, P., Beavin, J. H., Jackson, D. D. (1982) Menschliche Kommunikation. Formen, Störungen, Paradoxien. Bern; Stuttgart; Wien: Huber.
Weber, M. (1921). Wirtschaft und Gesellschaft. Grundriß der verstehenden Soziologie. Tübingen: Paul Siebeck.
Wedewer, R. (1985). Zur Sprachlichkeit von Bildern. Ein Beitrag zur Analogie von Sprache und Kunst. Köln: W. König.
Weigand, W. (1989). Sozialarbeit – das Ursprungsland der Supervision. Integrative Therapie (15), 248–259.
Weigand, W. (2000). Jedem Anfang wohnt eine Ende inne ... Supervision (1), 3–4.
Weiss, J. (1993). How psychotherapy works. Prozess and technique. New York: Guilford.
Wellendorf, F. (1993). Supervision als Institutionsanalyse. In: H. Pühl & W. Schmidtbauer (Hg.). Supervision und Psychoanalyse. Frankfurt a. M.: Fischer, 49–65.
Wellendorf, F. (1996). Überlegungen zum »Unbewußten« in Institutionen. In: H. Pühl. (Hg.). Supervision und Institution. Frankfurt a. M.: Fischer, 173–186.
Werner, A. & Hennch, C. (1995). Stationsteam Supervision. Deutsches Ärzteblatt 92 (17), 921–922.
Werner, A. & Hennch, C. (1998). Evaluation von Stationsteam-Supervision in der Inneren Medizin. In: C. Hennch, A. Werner & G. Bergmann (Hg.).

Formen der Supervision. Supervisionskonzepte und Praxis im Klinikkontext. Frankfurt a. M.: VAS, 125–139.
Wiethege, K. (1992). »Jede Metapher ein kleiner Mythos«. Studien zum Verhältnis von Mythos und moderner Metaphorik in frühexpressionistischer Lyrik. Münster; New York: Waxmann.
Wilker, F. W. & Höfling, S. (1995). Praxisorientierte ethische und juristische Aspekte supervisorischen Handelns. In: F. W. Wilker (Hg.). Supervision und Coaching. Aus der Praxis für die Praxis. Bonn: Deutscher Psychologen Verlag, 275–282.
Willke, H. (1991). Beobachtung, Reflexion, Supervision aus systemtheoretischer Sicht. Vortrag auf der Tagung »Supervision in Großorganisationen und totalen Institutionen« (Akademie Remscheid und EAG).
Willutzki, U. (1995). NovizInnen und erfahrene TherapeutInnen: Brauchen alle dieselbe Supervisionsform? Verhaltenstherapie und psychosoziale Praxis (3), 419–435.
Winnicott, D. W. (1974). Playing and Reality. Harmondsworth: Penguin, 116–121.
Wittenberger, G. (1998). Supervision und Qualitätssicherung – ein quergedachter Beitrag zum 3. Deutschen Supervisionstag. Sonderheft 2 Forum Supervision, 117–132.
Wolf, M. (1995). Angewandte Psychoanalyse in der Teamsupervision als Forschungsansatz. Zur Ethnopsychoanalyse psychiatrischer Institutionen. In: H. Becker (1995) (Hg.). Psychoanalytische Teamsupervision. Göttingen; Zürich: Vandenhoeck und Ruprecht.
Wolff, S. (1994). Innovative Strategien qualitativer Sozialforschung im Bereich der Psychotherapie. In: M. B. Buchholz & U. Streeck (Hg.). Heilen, Forschen, Interaktion. Opladen: Westdeutscher Verlag, 39–66.
Woodcoock, J. (1970). Langfristig mit Psychopharmaka versorgte Patienten. In: M. Balint, J. Hunt, O. Joyce, M. Marinker & J. Woodcoock (Hg.). Das Wiederholungsrezept. Behandlung und Diagnostik. Stuttgart: Klett-Cotta, 156–187.
Wurmser, L. (1990). Die Maske der Scham. Berlin; Heidelberg; New York: Springer.

Zimmer, D. et al. (1990). Supervision in der Institution – Subsystem oder Supersystem. Psychosozial (1), 22–34.
Zucker, P. & Wothington, E. L. (1986). Supervision of interns and postdoctoral applicants for licensure in university counseling centers. Journal of Counseling Psychology (33), 87–89.

REGISTER